〖明文 中國正史 大系〗

原文 註釋 國譯

漢書(三)

後漢 班固 著
陳 起 煥 譯註

明文堂

漢(한) 文帝(문제) 像(상)

漢(한) 武帝(무제) 像(상)

茂陵(무릉, 武帝의 능)
陝西省(섬서성, Shǎn xī) 咸陽市(함양시) 소재.
西安市(서안시) 서쪽 40km. 漢(한) 황릉 중 제일 거대.

樊噲(번쾌)

賈誼(가의) 故居(고거)의 長懷井(장회정)
湖南省(호남성) 長沙市(장사시) 소재

〖明文 中國正史 大系〗

原文 註釋 國譯

漢書(三)

後漢 班固 著
陳 起 煥 譯註

明文堂

차례

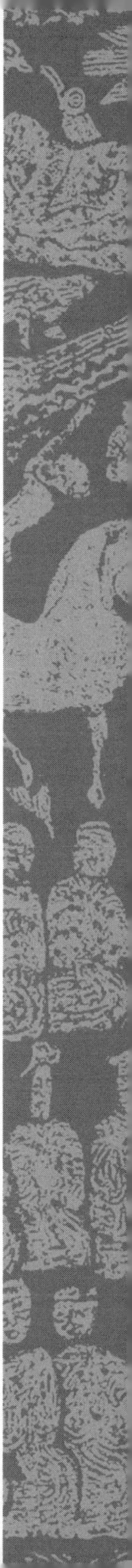

●《漢書(三)》

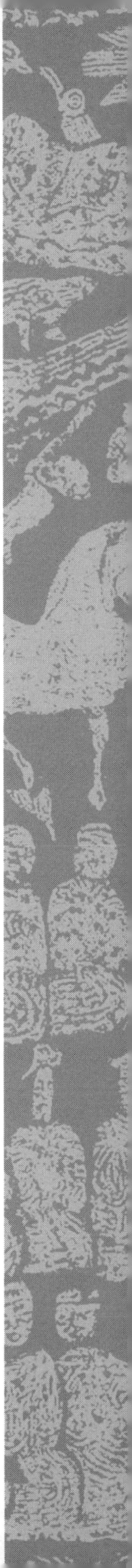

원문 주석 국역

한서(三)

41 樊酈滕灌傳靳周傳
〔번,역,등,관,부,근,주전〕

41-1. 樊噲

原文

樊噲者, 沛人也. 以屠狗爲事, 後與高祖俱隱於芒碭山澤間.

陳勝初起, 蕭何,曹參使噲求迎高祖, 立爲沛公. 噲以舍人, 從攻胡陵,方與, 還守豐, 擊泗水監豐下, 破之. 復東定沛, 破泗水守薛西. 與司馬尼戰碭東, 卻敵, 斬首十五級, 賜爵國大夫. 常從, 沛公擊章邯軍濮陽, 攻城先登, 斬首二十三級, 賜爵列大夫. 從攻陽城, 先登. 下戶牖, 破李由軍, 斬首十六級, 賜上聞爵. 後攻圉都尉, 東郡守尉於成武, 卻敵,斬首十四級, 捕虜十六人, 賜爵五大夫. 從擊秦軍, 出亳南, 河間守軍於杠里, 破之. 擊破趙賁軍開封北, 以卻敵先登, 斬候一人, 首六十八級, 捕虜二十六人, 賜爵卿. 從攻破楊熊軍於曲逆. 攻宛陵, 先登, 斬首八級, 捕虜四十四人, 賜爵封號賢成君. 從攻長社, 轘轅, 絶河津, 東攻秦軍於尸鄕, 南攻秦軍於犨. 破南陽守齮於陽城. 東攻宛城, 先登. 西至酈, 以卻敵, 斬首十四級, 捕虜四十四人, 賜重封. 攻武關, 至霸上, 斬都尉一人, 首十級, 捕虜百四十六人, 降卒二千九百人.

| 註釋 | ○樊噲(번쾌, ? - 前 189) - 漢 開國功臣, 封 武陽侯. 樊 울타리 번. 噲 목구멍 쾌. ○屠狗 - 개를 잡다. 狗는 고대부터 제사 희생물로 사용. ○芒碭 - 芒山(망산)과 碭山(탕산), 今 河南省 직할 永城市 북쪽(河南省의 동쪽 끝 安徽省과 접경). ○舍人 - 가까운 측근. ○胡陵(호릉) - 縣名. 今 山東省 濟寧市 魚台縣. ○方與 - 縣名. 今 山東省 魚台縣 서쪽. ○豐(풍) - 邑名. 泗水郡 沛縣 豊邑. 今 江蘇省 徐州市 豊縣. ○泗水(사수) - 郡名. 今 安徽省 淮北市 일원. 監은 郡監. ○薛(설) - 縣名. 薛郡의 薛縣. ○司馬尼(사마니) - 秦의 장수 章邯의 司馬(관직명)인 尼(니). 司馬를 성씨로 보고 이름이 尼라는 주석도 있다. 司馬는 職名. 大將軍, 將軍, 校尉, 衛尉, 中尉(執金吾)의 속관. ○碭(탕) - 郡名. 치소는 碭縣. 今 河南省 商丘市 관할의 夏邑縣. ○級 - 秦制에 적 1名(首)을 죽이면 1級을 올려 시상했다. 죽인 사람 수를 세는 단위. ○國大夫 - 官大夫. 20位 작위 중 下에서 6급. ○濮陽(복양) - 縣名. 今 河南省 濮陽市. ○列大夫 - 7급 작위. ○陽城 - 縣名. 漢에서는 城陽. 今 山東省 菏澤市 동북. ○戶牖(호유) - 古 鄕名. ○李由 - 秦 李斯(이사)의 아들. ○上

聞爵 – 8급 爵位. ○圉(어) – 縣名. 今 河南省 開封市 杞縣. ○東郡 – 郡名. 今 河南省 濮陽市(복양시) 일대. ○守尉 – 縣尉의 대리직. ○成武 – 縣名. 今 山東省 菏澤市 成武縣. ○五大夫 – 9등급 작위. ○亳(박) – 邑名. ○河間 – 郡名. 치소는 今 河北省 동쪽의 滄州市 獻縣. ○杠里(강리) – 古 地名. 今 山東省 菏澤市 동북. ○爵卿(작경) – 20등급 작위 중 10등급부터 18등급까지를 卿이라 불렀다. 20등급이 최상급임. ○楊熊(양웅) – 秦의 장수. ○曲逆(곡역) – 지명. 曲遇와 同. ○宛陵(완릉) – 縣名. ○賢成君 – 楚의 작위 이름. ○長社 – 縣名. ○轘轅(환원) – 山名. ○尸鄉(시향) – 邑名. ○犨(주) – 縣名. 今 河南省 중부의 平頂山市 魯山縣. ○南陽 – 郡名. 今 河南省 南陽市. ○齮(의) – 秦의 장수 呂齮(여의). ○酈(역) – 縣名. ○重封 – 2개의 封號를 받다. ○武關(무관) – 今 陝西省 서남쪽에서 관중에 들어가는 關門.

〖國譯〗

樊噲(번쾌)는 沛縣 사람으로 개 잡는 일을 하였다. 뒤에 고조와 함께 망산과 탕산의 산이나 계곡에 숨어 다니기도 했다.

陳勝이 처음 기의했을 때, 蕭何와 曹參은 번쾌에게 고조를 데려오라 하여 沛公으로 옹립하였다. 번쾌는 舍人(사인)이 되어 패공을 따라 胡陵(호릉)과 方與(방여)를 공격한 뒤 돌아와 豐邑을 수비하면서 泗水郡의 監郡이 거느린 군사를 豐邑 근처에서 공격하여 격파하였다. 다시 동쪽으로 나아가 沛縣(패현)을 평정하고 泗水 군수를 薛縣(설현) 서쪽에서 격파하였다. 秦의 司馬인 尼(니)와 碭縣(탕현) 동쪽에서 싸워 물리치고 15명을 죽여 國大夫의 작위를 받았다. 번쾌는 늘 패공을 따라다녔는데 패공이 秦 장한의 군사와 복양현에서 싸울 때 성을 공격하며 맨 먼저 성에 올라 23명을 죽여 列大夫의 작위를 받았다. 패공을 따라 陽城을 공격할 때 先登하였다. 戶牖鄉(호유향)

을 점령하고 李由의 군대를 격파하며 16명을 죽여 上聞爵을 받았다. 이어 圉縣(어현)의 都尉를 공격하고 東郡의 임시 현위와 成武에서 싸워 이기면서 14명을 죽이고 16명을 포로로 잡아 五大夫의 작위를 받았다. 패공을 따라 秦軍을 격파하며 亳邑(박읍) 남쪽으로 진격해 河間 군수의 군사를 杠里(강리)에서 격파하였다. 秦將 趙賁(조분)의 군대를 開封縣 북쪽에서 격파할 때 적을 물리치며 맨 먼저 성에 올라 秦의 軍侯(군후, 장교) 1명과 적 68명을 죽였고 26명을 포로로 잡아 卿의 작위를 받았다. 패공을 따라 楊熊(양웅)의 군사를 曲逆(곡역)에서 공격하여 격파하였다. 宛陵縣(완릉현)을 공격할 때 먼저 성에 올라 8명을 참수하고 44명을 포로로 잡아 賢成君이라는 봉호를 받았다. 패공을 따라 長社縣과 轘轅山(환원산) 일대를 공격하여 황하의 나루를 점령하였고 동쪽으로 나아가 秦軍을 尸鄉(시향)에서 공격했고 남쪽으로 秦軍을 犨縣(주현)에서 공격하였다. 南陽郡守 呂齮(여의)를 陽城에서 격파하였다. 동쪽으로 宛城(완성)을 공격할 때 先登하였다. 서쪽으로 酈縣(역현)에 이르러 적을 이기면서 14명을 죽였고 44명을 포로로 잡아 2개의 봉호를 한 번에 받았다. 武關을 공격하고 함양 근처인 霸上(패상)에 이를 때까지 都尉 1명과 적 10명을 죽이고 146명을 포로로 잡았으며 2,900여 명의 항복을 받았다.

原文

項羽在戲下, 欲攻沛公. 沛公從百餘騎因項伯面見項羽, 謝無有閉關事. 項羽既饗軍士. 中酒, 亞父謀欲殺沛公, 令項莊拔劍舞坐中, 欲擊沛公, 項伯常屛蔽之. 時獨沛公與張良得入坐, 樊噲在營外, 聞事急, 乃持盾入. 營衛止噲, 噲直撞入, 立帳下. 項羽目之, 問爲誰. 張良曰, "沛公參乘樊噲." 項羽曰, "壯士." 賜之卮酒彘肩. 噲旣飮酒, 拔劍切肉食之. 項羽曰, "能復飮乎?" 噲曰, "臣死且不辭, 豈特卮酒乎! 且沛公先入定咸陽, 暴師霸上, 以待大王. 大王今日至, 聽小人之言, 與沛公有隙, 臣恐天下解, 心疑大王也."

項羽默然. 沛公如廁, 麾樊噲去. 旣出, 沛公留車騎, 獨騎一馬, 與樊噲等四人步從, 從山下走歸霸上軍, 而使張良謝項羽. 項羽亦因遂已, 無誅沛公之心矣. 是日微樊噲奔入營誰讓項羽, 沛公事幾殆.

| 註釋 | ○戱下(희하) – 지명. 今 陝西省 渭南市 潼關縣 북쪽. ○項伯(항백) – 항우의 숙부. ○中酒 – 술에 취하다. ○亞父 – 范增(범증). ○項莊(항장) – 항우의 사촌 동생. ○蔽 – 덮을 폐. 엄호하다. ○參乘(참승) – 수레를 탈 때 貴人을 모시고 우측에 타는 사람. 驂乘. 陪乘. 수레는 모두 서서 탄다. 尊者(左) – 御駕(어마, 中) – 參乘(右). ○卮酒(치주) – 卮(술잔 치)는 4升 짜리 큰 술잔. 漢代의 1升은 200ml, 4승이면 곧 800cc. 술 도수가 어느 정도인지는 모르지만 생맥주 1,000cc 정도. ○彘肩(체견) – 돼지의 넓적다리(猪腿). ○豈特卮酒乎 – 어찌 겨우 치주를 사양하겠습니까! ○暴師霸上 – 霸上(패상)에서 야영하다. 暴는 曝. 風霜雨露를 맞다. ○解 – 천하가 분열된다면. ○如廁(여측) – 변소에 가다. ○麾樊噲去 – 번쾌를 데리고 나가다. ○微 – 작을 미. 無也. ○誰讓(초양) – 항우를 비난하다. 항우에게 따지다. 誰는 責하다. ○幾殆(기태) – 거의 위태롭다. 殆 위태할 태.

〖國譯〗

項羽는 戲下(희하)에 주둔하면서 沛公을 공격하려고 했다. 沛公은 100여 기병을 거느리고 가서 項伯을 통해 항우를 만나 관문(함곡관)을 막은 것은 다른 뜻이 없다고 사과하였다. 항우는 패공의 군사들에게 음식을 내려 주었다. 술을 마시는 중간에 아부 범증은 패공을 죽이려고 項莊(항장)에게 술자리에서 칼을 들고 춤을 추다가 패공을 죽이라 하였으나 항백이 끝까지 패공을 막아주었다. 그때 패공과 장량만이 자리에 있었는데 번쾌는 영문 밖에 있다가 사태가 위급하다는 것을 알고 방패를 들고 장막 안으로 들어갔다. 장막을 지키는 군사가 번쾌를 막았으나 번쾌는 밀치고 들어가 휘장 안에 섰다. 항우가 번쾌를 보고서는 누구인가 물었다. 장량이 "패공의 驂乘(참승)인 번쾌입니다."라고 대답했다. 항우가 말했다. "장사로다!" 번쾌에게 卮酒(치주)와 돼지 다리를 주었다. 번쾌는 술을 다 마시고 칼로 고기를 썰어 먹었다. 항우가 물었다. "더 마실 수 있는가?" 번쾌가 말했다. "저는 죽음조차도 사양하지 않거늘 어찌 술을 사양하겠습니까? 그리고 패공께서는 먼저 咸陽에 들어와 평정한 뒤에 패상에서 군사를 야영하며 대왕을 기다렸습니다. 대왕이 이제 와서 소인의 말을 듣고 패공과 틈이 벌어졌다는데 신이 걱정하는 것은 천하가 분열되면 사람들이 마음으로 대왕을 의심할 것입니다."

항우는 말이 없었다. 패공은 변소에 간다며 번쾌를 데리고 나갔다. 패공은 밖에 나온 뒤에 수레와 기병을 그냥 두고 혼자 말에 올랐고 번쾌 등 4명은 따라 걸어서 산 아랫길로 패상의 본진으로 돌아왔고 장량을 시켜 항우에게 사과케 하였다. 항우도 그럭저럭 자리를 파하고 패공을 죽이려는 마음도 없어졌다. 그날 번쾌가 장막 안으로 밀고 들어가 항우에게 따지지 않았으면 패공은 아주 위험했었다.

原文

後數日, 項羽入屠咸陽, 立沛公爲漢王. 漢王賜噲爵爲列侯, 號臨武侯. 遷爲郎中, 從入漢中.

還定三秦, 別擊西丞白水北, 雍輕車騎雍南, 破之. 從攻雍,斄城, 先登. 擊章平軍好畤, 攻城, 先登陷陣, 斬縣令丞各一人, 首十一級, 虜二十人, 遷郎中騎將. 從擊秦車騎壤東, 卻敵, 遷爲將軍. 攻趙賁,下郿,槐里,柳中,咸陽. 灌廢丘, 最. 至櫟陽, 賜食邑杜之樊鄉. 從攻項籍, 屠煮棗. 擊破王武, 程處軍於外黃. 攻鄒,魯,瑕丘,薛. 項羽敗漢王於彭城, 盡復取魯,梁地. 噲還至滎陽, 益食平陰二千戶, 以將軍守廣武一歲. 項羽引東, 從高祖擊項籍, 下陽夏, 虜楚周將軍卒四千人. 圍項籍於陳, 大破之. 屠胡陵.

| 註釋 | ○列侯 – 徹侯, 20등급 작위 중 최고 등급(20등급), 武帝의 이름을 諱字(휘자)하여 列侯로 개칭. ○郎中 – 郎中令의 屬官. 황제의 측근에서 侍衛, 秩 三百石의 하급 관리. ○漢中 – 郡名. 치소는 南鄭(今 陝西省 漢中市 동쪽). ○西丞 – 西縣(今 甘肅省 天水市 서쪽)의 副 縣令. 丞은 보좌관 내지 副職責. ○白水 – 강 이름. 甘肅省의 白水江. ○雍輕車騎 – 雍王 章邯의 輕武裝한 戰車와 騎兵. ○雍南 – 雍縣 남쪽. ○斄城(태성) – 縣名. 斄는 땅 이름 태. 털이 긴 소 태. ○好畤(호치) – 今 陝西省 咸陽市 乾縣의 큰 고개 이름.

○郎中騎將 – 郎中令의 속관. ○壤東 – 壤鄕의 동쪽. ○下郿,槐里 – 모두 縣名. ○柳中 – 지명. 細柳. 咸陽의 서남쪽 지명. 槐里縣은 今 陝西省 咸陽市 관할의 興平市 ○灌廢丘 – 廢丘縣에 水攻을 하다. 灌 물댈 관. ○櫟陽(역양) – 縣名. 今 陝西省 臨潼縣 동쪽. ○食邑 – 卿이나 大夫의 封地. 采邑(채읍). 그 지역의 賦稅를 걷어 생활비로 사용. ○杜(두) – 縣名. 今 陝西省 西安市 동남. ○煮棗(자조) – 邑名. 今 山東省 지역. ○鄒(추),魯,瑕丘(하구),薛(설) – 모두 縣名. 今 山東省 지역. ○平陰(평음) – 縣名. 今 河南省 洛陽市 孟津縣, 黃河의 나루 이름. ○廣武 – 邑名. ○陽夏(양하) – 縣名. 今 河南省 周口市 太康縣.

〖國譯〗

그 며칠 뒤에, 項羽는 咸陽에 들어와 사람들을 도륙하였고 沛公을 漢王에 봉했다. 漢王은 번쾌에게 작위를 내려 열후에 봉하고 臨武侯라 하였다. 번쾌는 낭중이 되었고 한왕을 따라 漢中郡에 들어갔다.

한왕이 관중으로 진출해 三秦 땅을 평정하면서 번쾌는 별도로 西縣의 縣丞이 거느린 군대를 白水 북쪽에서 격파하였다. 雍王〔章邯(장한)〕의 輕車騎兵을 옹현 남쪽에서 격파하였다. 한왕을 따라 옹현, 斄城(태성)을 공격할 때 성에 먼저 올라갔다. 章平(장평)이 거느린 군사를 好畤(호치)에서 격파하고 성을 공격하며 먼저 성에 올라가 적진을 무너뜨렸으며 현령과 현승 각각 1인의 목을 베고 11명을 죽였으며 20명을 생포하여 郎中騎將으로 승진하였다. 한왕을 따라 秦의 거기병을 壤鄕(양향)의 동쪽에서 공격하여 물리쳤고 장군이 되었다. 趙賁(조분)을 공격하고 郿縣(미현), 槐里縣(괴리현), 柳中, 咸陽 등을 함락시켰다. 廢丘邑을 水攻할 때 공이 가장 컸다. 櫟陽縣에 이르러 杜縣의 樊鄕(번향)을 식읍으로 받았다. 한왕을 따라 항우를 공격하며 煮棗邑(자조읍)을 도륙하였다. 王武와 程處의 군사를 外黃縣에서 격파하였다. 鄒縣(추현), 魯縣, 瑕丘縣(하구현), 薛縣(설현)을 공격했다. 항우가 한왕을 彭城(팽성)에서 격파하고 다시 魯縣과 梁의 땅을 빼앗았다. 번쾌는 滎陽縣(형양현)에 진출했고 平陰縣 2천 호를 식읍으로 더 받았고 장군으로 廣武邑을 1년 동안 수비하였다. 項羽가 군사를 이끌고 동쪽으로 가자 번쾌는 한왕을 따라 항우를 공격하면서 陽夏縣을 함락하고 楚의 周 장군의 병졸 4천 명을 포로로 잡았다. 항우를 陳縣에서 포위하고 대파하였다. 胡陵을 크게 무찔렀다.

原文

項籍死, 漢王卽皇帝位, 以噲有功, 益食邑八百戶. 其秋, 燕王臧荼反, 噲從攻虜荼, 定燕地. 楚王韓信反, 噲從至陳, 取信, 定楚. 更賜爵列侯, 與剖符, 世世勿絕, 食舞陽, 號爲舞陽侯, 除前所食. 以將軍從攻反者韓王信於代. 自霍人以往至雲中, 與絳侯等共定之, 益食千五百戶. 因擊陳豨與曼丘臣軍, 戰襄國, 破柏人, 先登, 降之定淸河,常山凡二十七縣, 殘東垣, 遷爲左丞相. 破得綦毋卬,尹潘軍於無終,廣昌. 破豨別將胡人王黃軍於代南, 因擊韓信軍參合. 軍所將卒斬韓信, 擊豨胡騎橫谷, 斬將軍趙既, 虜代丞相馮梁, 守孫奮, 大將王黃, 將軍大將一人, 太僕解福等十人. 與諸將共定代鄕邑七十三. 後燕王盧綰反, 噲以相國擊盧綰, 破其丞相抵薊南, 定燕縣十八, 鄕邑五十一. 益食千三百戶, 定食舞陽五千四百戶. 從, 斬首百七十六級, 虜二百八十七人. 別, 破軍七, 下城五, 定郡六, 縣五十二, 得丞相一人, 將軍十三人, 二千石以下至三百石十二人.

| **註釋** | ○項籍死 - 前 202년. ○燕王臧荼(장도) - 漢王 五年(前 202), 고조가 항우의 부하들을 제거하기 시작하자 연왕 장도는 두려워서 漢에 반기를 들었다. 고조는 장도를 親征하고 盧綰(노관)을 燕王에 봉했다. ○燕地 - 今 河北省 북부 지역과 北京市 일원. ○舞陽 - 今 河南省 漯河市(탑하시) 舞陽縣. ○代 - 今 山西省 大同市 동쪽, 河北省 張家口市 서쪽 지역. ○霍人(곽인) - 縣名. 今 山西省 지역. ○雲中 - 郡名. 今 內蒙古 呼和浩特市 동남 일대. ○陳豨(진희) - 前 196年, 代王이라 자칭하며 반란. 高祖 親征. ○曼丘臣(만구신) - 韓王 信의 부장으로 진희와 연결되어 漢을 공격. ○襄國(양국) - 縣名. 今 河北省 邢台市(형태시). ○柏人(백인) - 縣名. 今 河北省 邢台市 內丘縣. ○淸河 - 郡名. 치소는 淸河縣, 今 河北省 邢台市 관할의 淸河縣(山東省 접경 지역). ○常山 - 郡名. 치소는 今 河北省 石家莊市 元氏縣. ○殘 - 멸하다. ○東垣(동원) - 縣名. ○綦毋卬(기모앙, ? - 前 196) - 진희와 韓王信에 가담한 장수. 綦毋는 複姓. ○無終(무종) - 縣名. 今 天津市 薊縣(계현). ○廣昌 - 縣名. ○參合(참합) - 縣名. 今 山西省 大同市 陽高縣. ○橫谷 - 地名. ○燕王 盧綰反 - 34권, 〈韓彭英盧吳傳〉 참고. ○抵(저) - 人名. ○薊(계) - 縣名. 今 北京市 동남.

〖國譯〗

項籍이 죽자 漢王은 皇帝의 자리에 올랐고 공은 많이 세운 번쾌에게 食邑 8백 호를 더 주었다. 그 해 가을, 燕王 臧荼(장도)가 반기를 들자 번쾌는 고조를 따라 장도를 공격하여 사로잡았고 燕地를 평정하였다. 楚王 韓信이 반기를 들었을 때 번쾌는 고조를 따라 陳縣에 가서 한신을 체포하고 楚를 평정하였다. 번쾌는 다시 열후의 작위를 받고 符節을 갈라 대대로 이어간다고 약속했고 무양현을 식읍으로 받아 舞陽侯가 되었으며 이전에 받은 식읍은 없앴다. 번쾌는 장군으로 고조를 따라 代國에서 반기를 든 韓王 信을 토벌하였다. 霍人縣(곽인현)에서부터 雲中郡까지 絳侯(강후) 주발 등과 함께 평정하여 식읍 1500호를 더 받았다. 진희와 曼丘臣(만구신)의 군사를 토벌하면서 양국현에서 싸웠고 백인현을 격파하면서 성에 선등하였으며 淸河郡과 常山郡의 총 27개 현을 평정하였으며 東垣縣(동원현)을 격파하여 左丞相으로 승진하였다. 반란에 가담한 綦毋卬(기모앙)과 尹潘(윤반)의 군사를 無終縣과 廣昌縣에서 격파하였다. 진희의 別將인 흉노족 王黃의 군사를 代縣 남쪽에서 격파하였으며 韓王 韓信의 군사를 參合縣에서 격파하였다. 번쾌가 거느린 장졸이 韓王 信을 죽였고 진희의 기병을 橫谷이란 곳에서 격파하면서 장군 趙旣(조기)를 죽였으며, 代國의 王相인 馮梁(풍량)과 군수 孫奮(손분), 大將 王黃과 또 다른 大將 1명, 太僕인 解福 등 10명을 생포하였다. 번쾌는 諸將과 함께 모두 代國의 73개 鄕이나 邑을 평정하였다. 그 후에 燕王 盧綰(노관)이 반역했을 때 번쾌는 相國의 지위를 가지고 노관을 공격하여 燕國의 승상인 抵(저)를 薊縣(계현) 남쪽에서 격파하고 燕의 18개 縣과 51개 鄕邑을 평정하였다. 그리하여 식읍 1,300호를 더 받아 무양현 5,400호를 식읍으로 확정하였다. 번쾌는 고조를 따라 176명의 목을 베고 287명을 포로로 잡았다. 번쾌는 이와 별도로 7개 軍을 격파하고 5개 성을 함락했으며 6개 郡과 52현을 평정하고 승상 1명, 장군 13명, 2천석 이하 3백석까지 관리 13명을 생포하였다.

原文

噲以呂后女弟呂須爲婦, 生子伉, 故其比諸將最親.

先黥布反時, 高祖嘗病甚, 惡見人, 臥禁中, 詔戶者無得入群臣. 群臣絳,灌等莫敢入. 十餘日, 噲乃排闥直入, 大臣隨之. 上獨枕一宦者臥. 噲等見上流涕曰, "始陛下與臣等起豐沛, 定天下, 何其壯也! 今天下已定, 又何憊也! 且陛下病甚, 大臣震恐, 不見臣等計事, 顧獨與一宦者絶乎? 且陛下獨不見趙高之事乎?" 高帝笑而起.

其後盧綰反, 高帝使噲以相國擊燕. 是時高帝病甚, 人有惡噲党於呂氏, 卽上一日宮車晏駕, 則噲欲以兵盡誅滅戚氏, 趙王如意之屬. 高帝聞之大怒, 乃使陳平載絳侯代將, 而卽軍中斬噲. 陳平畏呂后, 執噲詣長安. 至則高祖已崩, 呂后釋噲, 使復爵邑.

| 註釋 | ○呂須(여수) – 呂嬃(여수)라고도 쓴다. 여태후가 죽으면서 피살된다. ○伉 – 짝 항. 本音은 강. ○排闥 – 문을 밀치다. 闥은 문 달. 궁중 소로의 문. ○又何憊也 – 이제 어찌 이리 지치셨습니까! 憊는 고달플 비, 지칠 비. ○趙高 – 秦 始皇帝의 환관. 황제의 조서를 위조하여 長子 扶蘇를 죽이

고 胡亥를 등극케 했다. ○宮車晏駕(궁거안가) – 황제의 죽음. 황제는 일찍 일어나 宮車를 타고 조회에 임한다. 궁거가 늦게(晏 늦을 안) 나온다는 것은 황제의 질병이나 붕어를 뜻한다. 宮車晚出.

〖國譯〗

번쾌는 呂后의 여동생인 呂須를 아내로 삼았고 아들 樊伉(번항)을 얻었는데, 그래서 다른 장수들보다 가장 황제와 가까웠다.

그전에 경포가 배반하였을 때 고조는 병이 깊어서 사람 만나기를 싫어하면서 궁중에 누워 문지기에게 신하들을 들여보내지 말라고 하였다. 강후 주발이나 관영 등 여러 신하도 들어갈 수가 없었다. 10여 일이 지나서 번쾌는 곧바로 문을 밀치고 들어갔고 여러 대신들도 번쾌의 뒤를 따라갔다. 고조는 혼자 환관을 베고 누워 있었다. 번쾌는 고조를 보고 눈물을 흘리며 말했다.

"전에 폐하와 저희들이 豊沛에서 기의하여 천하를 평정할 때 그 얼마나 씩씩했습니까! 이제 천하를 다 평정하였는데 어찌 이리 지치셨습니까! 또 폐하의 병환이 심하다고 대신들이 모두 두려워 떨고 있는데 저희들을 만나 일을 논의하지 않고 환관 하나와 함께 세상을 버리려 하십니까? 그리고 폐하께서도 趙高가 했던 짓을 어찌 모르겠습니까?"

이에 고조는 웃으며 일어났다.

그 후에 노관이 반란을 일으키자 고조는 번쾌를 相國으로 삼아 燕을 토벌하게 하였다. 이때 고조의 병환이 심각해지자 누군가가 번쾌를 여씨의 일당이라며 헐뜯었는데 곧 어느 날 황제가 붕어한다면 번쾌는 군사를 내어 척부인과 趙王 如意 등을 모두 죽일 것이라고 하였다. 고조는 이 말을 듣고 대노하면서 진평에게 강후 주발을 데리고 가서 장수를 교체하고 군영에 가는 대로 번쾌를 죽이라고 하였다. 陳平은 여태후가 두려워 번쾌를 잡아 장안으로 데려왔다. 진평이 장안에 오자 고조는 이미 죽었기에 여태후는 번쾌를 석방하고 작읍을 예전대로 회복시켰다.

原文

孝惠六年, 樊噲卒, 謚爲武侯. 子伉嗣. 而伉母呂須亦爲臨光侯, 噲高后時用事顓權, 大臣盡畏之. 高后崩, 大臣誅呂須等 因誅伉, 舞陽侯中絶數月. 孝文帝立, 乃復封噲庶子市人爲侯, 復故邑. 薨, 謚曰荒侯. 子佗廣嗣. 六歲, 其舍人上書言, "荒侯市人病不能爲人, 令其夫人與其弟亂而生佗廣, 佗廣實非荒侯子." 下吏, 免. 平帝元始二年, 繼絶世, 封噲玄孫之子章爲舞陽侯, 邑千戶.

| 註釋 | ○孝惠六年 - 前 189년. ○顓權 - 專權. 마음대로 휘두르다. ○高后崩 - 前 180년. ○市人 - 人名. ○謚 - 시호 시. 제왕, 귀족, 대신들이 죽은 뒤에 생전의 사적을 평가하여 붙여주는 칭호. ○病不能爲人 - 병들어서 사람 구실을 못하다. 생식능력이 없다. ○平帝元始二年 - 西紀 2년.

〖國譯〗

혜제 6년, 번쾌가 죽었는데 시호는 武侯라 했다. 아들 樊伉(번항)이 뒤를 이었다. 번항의 모친 呂須(여수)도 臨光侯가 되었는데 번쾌와 高后 때에 권력을 마음대로 휘둘렀고 대신들이 모두 두려워했다. 고후가 죽자 대신들이 여수를 죽였고 이어 번항도 죽였기에 舞陽侯는 몇 달 동안 단절되었다. 文帝가 즉위하고 곧 번쾌의 서자 樊市人(번시인)을 제후로 봉하고 옛 식읍을 회복시켜 주었다. 번시인이 죽자 시호를 荒侯라 하였다. 아들 樊佗廣(번타광)이 뒤를 이었다. 6년 뒤에 그의 舍人이 上書하였다. "荒侯 市人은 병 때문에 사람 노릇을 할 수 없었는데 그 夫人을 시켜 그 동생과 음행을 하여 타광을 낳았으니 타광은 사실 荒侯의 자식이 아닙니다." 관리에게 넘겼고 지위를 빼앗았다. 平帝 元始 2년에 단절된 제후의 후세를 회복시킬 때 번쾌 玄孫의 아들 樊章을 무양후로 봉하고 식읍 1천 호를 주었다.

41-2. 酈商

原文

酈商, 高陽人也. 陳勝起, 商聚少年得數千人. 沛公略地六月餘, 商以所將四千人屬沛公於岐. 從攻長社, 先登, 賜爵封信成君. 從攻緱氏, 絶河津, 破秦軍雒陽東. 從下宛, 穰, 定十七縣. 別將攻旬關, 西定漢中.

| **註釋** | ○酈商(역상, ? – 前 180) – 說客 酈食其(역이기)의 동생. 酈 땅이름 역.(音 歷). ○高陽 – 陳留縣의 邑名. 今 河南省 開封市 杞縣. ○岐(기) – 여기서는 今 河南省 開封市 근처의 古 地名. ○長社 – 邑名. ○緱氏(구씨) – 縣名. 今 河南省 洛陽市 관할 偃師市(언사시) 동남. 緱는 칼자루 감을 구. ○宛(완),穰(양) – 현명. ○旬關(순관) – 今 陝西省 安康市 관할의 旬陽縣의 관문.

〖國譯〗

酈商은 高陽 사람이다. 陳勝이 기의하자 역상은 젊은이 수천 명을 모았다. 沛公이 곳곳을 평정하기 6개월, 역상은 자신이 거느린 4천 명과 함께 岐(기)란 곳에서 패공에 합세하였다. 역상은 패공을 따라 長社를 공격할 때 성에 먼저 올랐고, 작위를 받아 信成君에 봉해졌다. 패공과 함께 緱氏縣(구씨현)을 공격했고 황하의 나루를 봉쇄했으며 秦軍을 낙양 동쪽에서 격파하였다. 패공과 함께 宛縣, 穰縣 등 17개 현을 평정하였다. 별도로 군사를 이끌고 旬關(순관)을 공격하고 서쪽으로 나아가 漢中을 평정했다.

原文

沛公爲漢王, 賜商爵信成君, 以將軍爲隴西都尉. 別定北地郡, 破章邯別將於烏氏,栒邑,泥陽, 賜食邑武成六千戶. 從擊項籍軍, 與鍾離眛戰, 受梁相國印, 益食邑四千戶. 從擊項羽二歲, 攻胡陵.

| 註釋 | ○隴西(농서) – 郡名. 치소는 狄道縣(적도현, 今 甘肅省 定西市 臨洮縣). ○北地郡 – 치소 馬嶺縣(今 甘肅省 동부의 慶陽市 서북). ○烏氏(오씨) – 縣名. 今 甘肅省 平涼市. ○栒邑(순읍) – 縣名. 今 陝西省 咸陽市 旬邑縣 동북. ○泥陽(이양) – 縣名. 今 甘肅省 慶陽市 관할의 寧縣. ○武成 – 縣名. 今 陝西省 渭南市 관할의 華縣 동쪽.

〖國譯〗

沛公은 漢王이 되어 역상에게 信成君 작위를 내렸고 역상은 將軍으로 隴西郡의 都尉가 되었다. 역상은 별도로 北地郡을 평정하면서 章邯의 別將을 烏氏縣(오씨현), 栒邑縣(순읍현), 泥陽縣(이양현) 등지에서 격파하고 食邑으로 武成縣의 6천 호를 받았다. 역상은 한왕을 따라 항우의 군사를 격파하며 鍾離眛(종리매)와 싸웠고 梁의 相國 印을 받고 食邑 4천 호를 더 받았다. 역상은 한왕을 따라 항우와 2년간 싸우면서 胡陵을 공격하였다.

原文

漢王卽帝位, 燕王臧荼反, 商以將軍從擊荼, 戰龍脫, 先登, 陷陣, 破荼軍易下, 卻敵, 遷爲右丞相, 賜爵列侯, 與諸侯剖符, 世世勿絶, 食邑涿郡五千戶. 別定上谷, 因攻代, 受趙相國印. 與絳侯等定代郡,雁門, 得代丞相程縱,守相郭同, 將軍以下至六百石十九人. 還, 以將軍將太上皇衛一歲. 十月, 以右丞相擊陳豨, 殘東垣. 又從擊黥布, 攻其前垣, 陷兩陳, 得以破布軍. 更封爲曲周侯, 食邑五千一百戶, 除前所食. 凡別破軍三, 降定郡六,縣七十三, 得丞相,守相,大將軍各一人, 小將軍二人,二千石以下至六百石十九人.

| 註釋 | ○龍脫(용탈) - 今 河北省의 지명. ○易 - 縣名. 今 河北省 保定市 동북의 易縣. ○右丞相 - 우승상은 명예직. 이는 虛稱. ○涿郡(탁군) - 郡名. 今 河北省 保定市 관할의 涿州市. ○上谷 - 郡名. 今 河北省 張家口市 관할의 懷來縣 동남. ○代郡 - 치소는 代縣. ○雁門(안문) - 郡名. 治所는 善無縣(今 山西省 朔州市 관할의 右玉縣 동남). ○守相 - 승상 직무대리. ○前垣(전원) - 선봉부대. 垣은 담 원. ○陷兩陳 - 양쪽 군진을 무너트리다. 陳은 陣과 同. ○曲周侯(곡주후) - 曲周는 縣名. 今 河北省 邯鄲市(한단시) 관할의 曲周縣 동북.

〖國譯〗

漢王이 제위에 오르자 燕王 臧荼(장도)가 반기를 들었고, 역상은 장군으로서 고조를 따라 장도를 토벌하러 나가 龍脫(용탈)에서 싸우면서 성에 먼저 올랐고 적진을 함락시키고, 장도의 군사를 易縣 근처에서 격파하였으며 적을 물리쳐 右丞相 반열에 승진하였으며(명예직), 열후의 작위를 받고 다른 제후와 함께 부절을 나눠 갖고 대대로 지위를 이어가기로 맹약하였고 식읍으로 涿郡(탁군)의 5천 호를 받았다. 역상은 별도로 上谷郡을 평정하고 이어 代國을 공격하였으며 趙의 相國의 직인을 수여받았다. 絳侯(강후) 주발 등과 함께 代郡과 雁門郡(안문군)을 평정하면서 代國의 丞相 程縱(정종)과 승상 직무대리 郭同(곽동), 將軍 이하 질 6백석의 관리까지 19명을 사로잡았다. 개선한 역상은 장군으로서 太上皇을 1년간 호위하였다. 10월에 역상은 右丞相의 직함으로 陳豨(진희)를 치면서 東垣(동원)의 보루를 깨트렸다. 또 고조를 따라 黥布(경포)의 반란을 진압하면서 그 선봉부대를 공격하여 양쪽 진영을 깨트리고 경포의 군사를 섬멸하였다. 역상은 다시 曲周侯에 봉해졌고 食邑 5,100호를 새로 받고 이전 식읍은 삭제하였다. 역상의 군공을 종합한다면 3번의 반군을 격파하였고 6개 군과 73현을 평정하였으며 승상, 승상대리와 대장군을 각 1명씩 그리고 小將軍 2명, 2천석 이하 질 6백석에 이르는 관리 19명을 생포하였다.

原文

商事孝惠,高后. 呂后崩, 商疾, 不治事. 其子寄, 字況, 與呂祿善. 及高后崩, 大臣欲誅諸呂, 呂祿爲將軍, 軍於北軍, 太尉勃不得入北軍. 於是乃使人劫商, 令其子況紿呂祿, 呂祿信之, 與出遊, 而太尉勃乃得入據北軍, 遂誅諸呂. 商是歲薨, 謚曰景侯. 子寄嗣. 天下稱酈況賣友.

| **註釋** | ○呂后崩 – 前 180년. ○呂祿善 – 呂祿(여록)은 呂后의 친정 조카. 당시 여록의 작위는 趙王. 呂祿과 呂產이 兵權을 장악하고 있었다. ○紿 – 속일 태. ○酈況賣友 – 역황(酈寄)이 친구를 이용하다. 賣友는 賣交.

〖國譯〗

역상은 孝惠帝와 高后를 섬겼다. 고후가 죽었을 때 역상은 병중이라 업무를 보지 않았다. 역상의 아들 酈寄(역기)는 字가 況(황)인데 呂祿의 친우였다. 高后가 죽었을 때, 대신들이 여씨 일족을 제거하려 했지만 呂祿이 장군으로 北軍을 장악하고 있어 太尉 周勃이 북군을 지휘할 수가 없었다. 이에 주발이 사람을 보내 역상에게 압력을 넣어 아들로 하여금 여록을 속이게 하였고, 여록은 역기의 말을 믿어 함께 놀러 나갔고, 태위 주발은 북군 군영에 들어가 마침내 여씨 일족을 제거하였다. 역상은 이 해에 죽었고, 시호는 景侯이다. 아들 酈寄(역기)가 지위를 이었으나 사람들은 역기가 친구를 배신했다고 말했다.

原文

孝景時, 吳,楚,齊,趙反, 上以寄爲將軍, 圍趙城, 七月不能下. 欒布自平齊來, 乃滅趙, 王自殺, 除國. 孝景中二年, 寄欲取平原君姊爲夫人, 景帝怒, 下寄吏, 免. 上乃封商它子堅爲繆侯, 奉商後. 傳至玄孫終根, 武帝時爲太常, 坐巫蠱誅, 國除. 元始中, 賜高祖時功臣自酈商以下子孫爵乎關內侯 食邑凡百餘人

| **註釋** | ○孝景時 – 경제 3년, 前 154년. ○欒布(난포) – 장군, 37권, 〈季布欒布田叔傳〉에 立傳. ○孝景中二年 – 경제는 재위 8년째에 改元을 하여 이를 中元이라 하였다. 中 2년은 前 148년이다. ○平原君姊爲夫人 – 平元君은 景帝의 2번째 황후인 王皇后(武帝의 생모)의 母親인 臧兒(장아)란 여인이다. 臧兒는 燕王 臧荼(장도)의 孫女로 王仲에게 시집을 가서 아들 王信(이 사

람 이름은 〈張陳王周傳〉에서 주아부에 관한 부분에서 나온다)과 장녀 王氏(뒷날 景帝의 2번째 황후)를 낳았다. 장아는 왕중이 죽자 다시 長陵 田氏에게 시집을 가서 田蚡(전분)과 田勝을 낳았다. 장아와 王仲 사이의 딸(왕씨)은 김씨에게 출가해 딸을 낳았는데, 장아는 자기 딸과 딸이 낳은 외손녀를 함께 태자궁(경제)에 보냈다(王美人). 이 왕미인이 태자의 아들을 잉태하여 출산하니 이가 뒷날 武帝이다. 장아는 武帝가 즉위한 뒤에 '平原君'의 봉호를 받는다. 곧 이때는 '平原君'이라는 칭호를 받기 전이다. 평원군 臧兒는 景帝의 장모이며 武帝의 외할머니가 된다. 酈寄가 아내로 맞이하고자 했던 여인이 과부 臧兒(평원군의 봉호를 받기 전)인지 그 장아의 여자 형제인지는 논란이 되고 있다. 판본에 따라 '平原君爲夫人'으로 된 판본도 있다. ○元始中 – 西漢 平帝(재위 서기 1–5년)의 연호.

〖國譯〗

孝景帝 때 吳, 楚, 齊, 趙가 반기를 들자(七國의 亂), 경제는 酈寄(역기)를 장군으로 삼아 趙의 도성을 포위 공격하게 하였으나 7개월 동안 함락시키지 못했다. 장군 欒布(난포)가 齊를 평정하고 돌아오면서 趙를 함락시켰고, 趙王은 자살하고 趙나라는 없어졌다. 孝景帝 中元 2년에 역기는 平原君의 동생을 부인으로 맞이하려 했는데 경제는 화를 내며 역기를 정위에게 넘겼고 지위를 박탈하였다. 경제는 역상의 다른 아들 酈堅(역견)을 繆侯(무후)로 봉해 역상의 제사를 받들게 했다. 제후의 지위가 역상의 玄孫인 終根(종근)에게 전해졌는데 종근은 무제 때 太常이 되었다가 巫蠱(무고)에 연좌되어 죽었고 나라는 없어졌다. 平帝 元始 연간에 高祖 때의 공신으로 酈商 이하 그 자손에 이르기까지 관내후의 작위와 식읍을 받은 사람이 모두 백여 명이었다.

41-3. 夏侯嬰

原文

夏侯嬰 沛人也. 爲沛廐司禦, 每送使客, 還過泗上亭, 與高祖語, 未嘗不移日也. 嬰已而試補縣吏, 與高祖相愛. 高祖戲而傷嬰, 人有告高祖. 高祖時爲亭長, 重坐傷人, 告故不傷嬰, 嬰證之. 後獄覆, 嬰坐高祖繫歲餘, 掠笞數百, 終脫高祖.

| 註釋 | ○夏侯嬰(하후영, ? – 前 172) – 夏侯는 복성. 嬰 어린아이 영. 소설 《三國演義》에 나오는 曹操의 부장 夏侯惇(하후돈), 夏侯淵(하후연) 등은 모두 하후영의 후손. ○廐司禦 – 마방에서 말을 키우고 수레는 몰다. 廏 마구간 구. ○泗上(水)亭 – 今 江蘇省 徐州市 沛縣에 泗水亭公園이 있는데 그곳 石碑에는 班固가 지은 〈泗水亭賦〉가 새겨져 있다. 秦·漢代에는 십 리마다 1정을 설치하고 병역을 마친 사람으로 亭長을 두어 도독 체포와 郡 都尉의 업무 보조 또는 民事의 訴訟 立證 등을 하게 하였다. 정장은 그 아래에 求盜와 亭夫를 거느렸다. ○未嘗不 – ~ 아니한 적이 없다. 이중 부정. ○移日 – 해가 서산에 넘어가다. ○高祖戲而傷嬰 – 고조가 장난을 하다 하후영에게 상처를 입혔다. ○重坐傷人 – (관리이기에) 남을 다치게 하면 무겁게 법에 걸린다. ○後獄覆 – 나중에 옥안으로 바뀌다. 하후영이 위증했기에 고발이 되었다는 뜻.

〖國譯〗

夏侯嬰(하후영)은 沛縣 사람이다. 패현에서 말을 관리하며 수레를 몰았는데 매번 손님을 보내고 돌아오면서 泗上의 亭(정)에 들려 고조와 이야기를 나누었는데 해가 넘어가지 않을 때가 없었다. 하후영은 얼마 뒤에 임시 縣吏가 되었는데 고조와 서로 아껴주었다. 고조가 장난을 하다가 하후영을 다치게 했는데 다른 사람이 고조를 고발하였고 고조는 그때 亭長으로 (관리였기에) 사람을 다치게 하면 무겁게 처벌을 받아야했기에 고의로 하지 않았다고 말했으며 하후영은 이를 입증했다. 뒤에 사안이 뒤바뀌어 (위증죄로) 하후영은 고조와 일 년 넘게 연좌되며 수백 대 볼기를 맞았지만 끝내 고조를 죄에서 벗어나게 했다.

原文

高祖之初與徒屬欲攻沛也, 嬰時以縣令史爲高祖使. 上降沛一日, 高祖爲沛公, 賜爵七大夫, 以嬰爲太僕 常奉車. 從攻胡陵, 嬰與蕭何降泗水監平, 平以胡陵降之, 賜嬰爵五大夫. 從擊秦軍碭東, 攻濟陽, 下戶牖, 破李由軍雍丘, 以兵車趣攻戰疾, 破之, 賜爵執帛. 從擊章邯軍東阿, 濮陽下, 以兵車趣攻戰疾, 破之, 賜爵執珪. 從擊趙賁軍開封, 楊熊軍曲遇. 嬰從捕虜六十八人, 降卒八百五十人, 得印一匱. 又擊秦軍雒陽東, 以兵車趣攻戰疾, 賜爵封, 轉爲滕令. 因奉車從攻南陽, 戰於藍田,芷陽, 至霸上. 沛公爲漢王, 賜嬰爵列侯, 號昭平侯, 復爲太僕, 從入蜀漢.

| 註釋 | ○縣令史 - 縣에서 문서를 다루는 小吏. 縣令은 본래 인구 1만 명 이상의 행정단위의 지방관. 秩은 1천석에서 6백석. 보좌관으로 縣丞과 縣尉가 있는데 이들도 모두 중앙에서 임명하였다. 변방의 현은 인구 1만 명이 안 되더라도 현령을 두었다. ○太僕(태복) - 황제의 어가와 마필을 관리하고 나라의 馬政도 담당. 여기서는 마부. ○碭(탕) - 郡名. 치소는 碭縣(今 河南省 商丘市 夏邑縣 동남). ○濟陽 - 縣名. 今 河南省 開封市 동쪽 蘭考縣. ○戶牖(호유) - 鄉名. ○李由 - 秦 李斯의 아들. ○雍丘(옹구) - 縣名. 今 河南省 開封市 杞縣. ○趣攻 - 促攻. ○執帛(집백) - 楚國의 작위 이름. 패공의 군중에서는 楚의 작위를 수여하기도 했다. ○東阿(동아) - 邑名. 今 山東省 聊城市 陽谷縣. ○執珪(집규) - 楚의 작위. ○匱 - 함 궤. 대형 목제 상자. ○滕令 - 滕縣 현령. 滕縣은 今 山東省 남부의 棗莊市(조장시) 滕州市. ○南陽 - 郡名. ○藍田(남전),芷陽(지양) - 縣名. 今 陝西省 지역.

〖國譯〗

高祖가 처음 기의하여 무리와 함께 패현을 공격하려 했는데 하후영은 그때 현의 令史로 고조를 위해 심부름을 했다. 고조가 패현을 함락시킨 그날 고조는 패공이 되어 하후영에게 七大夫의 작위를 하사하고 太僕(태복)으로 삼았는데 그 이후로 늘 수레를 몰았다. 하후영이 고조를 따라 胡陵縣을 치면서 蕭何와 함께 泗水監인 平(평)의 항복을 받았고, 平(평)은 호릉현을 투항케하여, 그 공적으로 하후영은 五大夫의 작위를 받았다. 고조를 따라 秦軍을 탕현 동쪽에서 격파하고 제양현을 공격하고 호유향을 점거하였으며 李由의 군사를 옹구현에서 격파했는데, 하후영은 兵車로 빨리 공격하며 신속한 전투로 격파했기에 執帛(집백)의 작위를 받았다. 복양을 함락시킬 때도 병거로 속공하여 격파하였기에 執珪(집규)의 작위를 받았다. 고조를 따라 趙賁(조분)의 군사를 開封에서, 楊熊의 군사를 曲遇(곡우)에서 격파하면서 하후영은 포로 68명과 투항한 군졸 850명, 각종 인장 한 궤를 획득하였다. 또 秦軍을 낙양 동쪽에서 격파할 때도 병거를 써서 신속하게 공격하고 무찔러 작위와 봉호를 받았고 滕縣(등현) 현령에 임용되었다. 고조의 수레를 몰고 남양군을 공격하면서 藍田縣과 芷陽縣(지양현) 등의 전투를 거쳐 霸上(패상)에 주둔하였다. 沛公은 漢王이 되어 하후영에게 列侯의 작위를 내려 昭平侯가 되었는데 여전히 太僕으로 한왕을 수행하여 蜀과 漢(漢中)에 들어갔다.

原文

還定三秦, 從擊項籍. 至彭城, 項羽大破漢軍. 漢王不利, 馳去. 見孝惠,魯元, 載之. 漢王急, 馬罷, 虜在後, 常蹳兩兒欲棄之, 嬰常收載行, 面雍樹馳. 漢王怒, 欲斬嬰者十餘, 卒得脫, 而致孝惠,魯元於豐. 漢王既至滎陽, 收散兵, 復振, 賜嬰食邑祈陽. 擊項籍下邑, 追至陳, 卒定楚, 至魯, 益食茲氏.

| **註釋** | ○彭城(팽성) - 郡名. 治所는 彭城縣. 今 江蘇省 徐州市. 項羽 楚國의 도읍. 본래 秦의 泗水郡. ○孝惠 - 뒷날의 혜제. 劉盈(유영). ○魯元 - 노원공주. 呂后의 친딸. ○馬罷, 虜在後 - 말은 지쳤고 적은 뒤에 있다. 罷는 疲(지칠 피) 通. 虜(포로 로)는 적병. ○蹳 - 넘어질 발. 발로 차다. 밟다. 跋, 踢(찰 척)과 同. ○面雍樹 - (아이가) 나무를 껴안듯 목에 매달리다. ○祈陽(기양) - 鄕名. 위치 미상. ○下邑 - 邑名. 今 安徽省 최북단 碭山縣. ○茲氏(자씨) - 縣名. 今 山西省 중부의 呂梁市 관할의 汾陽市.

〖國譯〗

한왕이 關中으로 진출하여 三秦 지역을 평정할 때 하후영은 한왕을 따라 항우를 공격했다. 彭城(팽성)을 점령했을 때, 項羽가 漢軍을 크게 격파하였다. 한왕은 불리하여 도주하였다. 하후영은 길에서 어린 惠帝와 노원공주를 보고 수레에 태웠다. 한왕은 위급하고 말은 지쳤으며 적병은 뒤에 추격하기에 여러 번 두 아이를 발로 차내어 버리려 했지만 하후영은 매번 주워 태웠고 하후영은 아이들을 목에 매달고 달렸다. 한왕은 화를 내며 십여 차례 하후영을 죽이려 했지만 결국은 탈출하여 혜제와 노원공주를 풍현에 데려다 주었다. 한왕은 형양현으로 가서 흩어진 병사를 모으고 다시 전력을 회복하였으며 하후영에게는 기양 땅을 식읍으로 주었다. 항우를 下邑에서 격파하였고 陳縣까지 추격했으며 마침내 楚를 평정하였으며 魯에 들어가서는 하후영에게 茲氏縣(자씨현)을 식읍으로 더 주었다.

原文

漢王卽帝位. 燕王臧荼反, 嬰從擊荼. 明年, 從至陳, 取楚王信. 更食汝陰, 剖符世世勿絶. 從擊代, 至武泉,雲中, 益食千戶. 因從擊韓信軍胡騎晉陽旁, 大破之. 追北至平城, 爲胡所圍, 七日不得通. 高帝使使厚遺閼氏, 冒頓乃開圍一角. 高帝出欲馳, 嬰固徐行, 弩皆持滿外向, 卒得脫. 益食嬰細陽千戶. 從擊胡騎句注北, 大破之. 擊胡騎平城南, 三陷陳, 功爲多, 賜所奪邑五百戶. 從擊陳豨,黥布軍, 陷陳卻敵, 益千戶, 定食汝陰六千九百戶, 除前所食.

| 註釋 | ○取楚王信 – 초왕 한신을 체포하다. ○汝陰(여음) – 縣名. 今 安徽省 북서부의 阜陽市. ○武泉 – 縣名. 今 內蒙古 呼和浩特市 동북. ○雲中 – 군명. 치소는 雲中縣(今 內蒙古 呼和浩特市 서남). ○韓信 – 韓王 韓信. ○平城 – 縣名. 今 山西省 大同市. ○爲胡所圍 – 흉노에게 포위당하다. ○閼氏(연지) – 흉노 군왕 單于(선우) 正妻의 칭호. ○冒頓(묵독, 묵돌, 묵특, ? – 前 174) – 흉노 최고 통치자인 單于(선우)의 이름. 冒頓은 (mò dú 墨毒)이라는 音讀에 의거 우리말은 '묵독'으로 표기한다. 秦 2세 원년(전 209)에 자기 부친을 죽이고 자립. 고조 7년(전 200)에 고조를 平城 白登山에서 포위하여 고조를 크게 위협했다. 冒은 선우 이름 묵. 탐할 모. 頓은 흉노왕 이름 돌. 조아릴 돈. ○細陽 – 縣名. 今 安徽省 阜陽市 관할의 太和縣 동남. ○句注 – 句注山, 今 山西省 忻州市 관할의 代縣 서북.

〖國譯〗

한왕이 帝位에 올랐다. 燕王 臧荼(장도)가 배반하자 하후영은 고조를 따라 장도를 격파하였다. 다음 해, 고조를 따라 陳縣에 가서 楚王 韓信을 압송해왔다. 汝陰縣(여음현)을 식읍으로 더 받았고 황제와 부절을 나눠 대대로 제후를 계승한다고 약속했다. 고조를 수행해 代國을 격파하고 武泉縣과 雲中縣을 평정하고 식읍 1천 호를 더 받았다. 이어 韓王信의 군사와 흉노 기병을 晉陽縣 부근에서 대파하였다. 흉노를 추격하여 平城縣에 이르렀으나 흉노에게 포위되어 7일간 벗어날 수가 없었다. 고조는 사람을 시켜 흉노의 연지에게 후한 예물을 보냈고 묵독은 포위망의 한쪽을 열어주었다. 고조는 벗어나면서 빨리 달리고 싶었으나 하후영은 굳이 서행하면서 쇠뇌에 화살을 먹여 밖을 향해 당긴 채로 벗어날 수 있었다. 고조는 하후영에게 細陽縣의 1천 호를 식읍으로 더 주었다. 하후영은 고조를 따라 구주산 북쪽에서 흉노 기병을 대파하였다. 다시 平城縣 남쪽에서 흉노의 기병을 대파하고 3개 군진을 깨트리는 공이 많아 빼앗은 지역 5백 호를 식읍으로 더 받았다. 고조를 따라 陳豨(진희)와 黥布(경포)의 반군을 격파하고 적진을 함락시키고 적을 이겨 식읍 1천 호를 더 받았는데 식읍으로 汝陰縣의 6,900호를 새로 확정하고 이전의 식읍은 삭제하였다.

原文

嬰自上初起沛, 常爲太僕從, 竟高祖崩, 以太僕事孝惠. 孝惠帝及高后德嬰之脫孝惠, 魯元於下邑間也, 乃賜嬰北第第一, 曰"近我", 以尊異之. 孝惠帝崩, 以太僕事高后. 高后崩, 代王之來, 嬰以太僕與東牟侯入淸宮, 廢少帝, 以天子法駕迎代王代邸, 與大臣共立文帝, 復爲太僕. 八歲薨, 謚曰文侯. 傳之曾孫頗, 尙平陽公主, 坐與父御婢奸, 自殺, 國除.

初嬰爲滕公令奉車, 故號滕公. 及曾孫頗尙主, 主隨外家姓 號孫公主. 故滕公子孫更爲孫氏.

| **註釋** | ○德 – 은덕을 입다. ○北第第一 – 제일 좋은 북쪽의 저택. 第는 집 제. 第宅. ○以尊異之 – 그를 특별히 존중하다. ○東牟侯(동모후) – 齊王 劉肥의 아들 劉興居. ○尙平陽公主 – 평양공주는 景帝의 長女. 武帝의 누

나. 처음에는 曹參의 증손 曹壽에게 출가했으나 曹壽가 악질이 있어 武帝의 허가를 받아 大將軍 衛靑과 재혼하였다. 여기 '平陽公主'란 기록은 착오이고 다른 公主로 추정한다. 평양공주의 생모는 王皇后이기에 外家의 성이 孫氏가 아니다. ○御婢 – 황실에서 보내준 婢女. ○尙主 – 公主와 결혼하다. ○主隨外家姓 – 공주는 外家의 성을 따르기도 한다. ○孫公主 – 景帝의 황후는 薄皇后와 王皇后이고 妃嬪으로는 栗姬, 程姬, 賈夫人, 唐姬, 王夫人이 있지만 손씨 성을 가진 사람은 없다. 기록 착오가 분명. ○故滕公子孫更爲孫氏 – 하후영의 후손은 어머니의 성을 따랐다는 뜻.

〖國譯〗

하후영은 고조가 패현에서 봉기할 때부터 늘 太僕(태복)으로 고조가 죽을 때까지 수행했으며 태복으로 혜제를 섬겼다. 孝惠帝와 高后는 하후영이 혜제와 노원공주를 下邑에서 구해준 것을 은덕으로 생각하였는데 하후영에게 궁궐 북쪽에 제일 좋은 집을 하사하며 '내 가까이 살라!' 하면서 특별히 존중하였다. 혜제가 죽자 하후영은 태복으로 高后를 섬겼다. 고후가 죽고 代王을 모셔올 때 하후영은 태복으로서 동모후 유흥거와 함께 궁궐의 다른 세력을 제거하고 少帝를 내쫓고 천자의 어가로 대왕의 관저에서 모시어 다른 대신과 함께 문제를 옹립하였고 다시 태복이 되었다. 그 8년 뒤에 하후영이 죽었는데 시호는 文侯이었다. 증손인 夏侯頗(하후파)까지 지위가 이어졌는데 하후파는 平陽公主를 맞이하였으나 아버지 소유의 御婢(어비)와 간통한 죄에 걸려 자살하였고 나라는 없어졌다.

그전에 하후영은 滕公(등공)으로 어가를 몰았기에 보통 등공이라 불렀다. 그 증손 하후파가 공주를 맞이했고 공주는 외가의 성을 따라서 '孫公主'라 불렀다. 그래서 등공의 후손은 孫氏가 되기도 하였다.

41-4. 灌嬰

原文

灌嬰 睢陽販繒者也. 高祖爲沛公, 略地至雍丘, 章邯殺項梁, 而沛公還軍於碭, 嬰以中涓從, 擊破東郡尉於成武及秦軍於杠里, 疾鬪, 賜爵七大夫. 又從攻秦軍亳南, 開封,曲遇, 戰疾力, 賜爵執帛, 號宣陵君. 從攻陽武以西至雒陽, 破秦軍尸北, 北絶河津, 南破南陽守齮陽城東, 遂定南陽郡. 西入武關, 戰於藍田, 疾力, 至霸上, 賜爵執珪, 號昌文君.

| 註釋 | ○灌嬰(관영, ? - 前 176) - 漢朝 開國功臣, 太尉, 丞相 역임. ○睢陽(수양) - 縣名. 今 河南省 商丘市. ○繒 - 비단 증. 絲織物의 총칭. 帛과 同. ○雍丘(옹구) - 縣名. 今 河南省 開封市 인근 杞縣(기현). ○中涓(중연) - 황제 측근 시종관. ○東郡 - 郡名. 今 河南省 濮陽市(복양시) 서남. ○疾鬪(질투) - 용감하게 싸우다. ○陽武 - 縣名. 今 河南省 新鄉市 관할의 原陽市. ○齮 - 인명. 呂齮. 깨물 기(의). ○陽城 - 縣名.

〖國譯〗

灌嬰(관영)은 睢陽縣(수양현)에서 비단을 파는 사람이었다. 高祖가 沛公으로 각지를 공략하며 雍丘縣(옹구현)에 이르렀을 때 (秦將) 章邯(장한)이 項梁(항량)을 죽이자, 沛公은 군사를 돌려 碭縣(탕현)에 주둔하였는데 관영은 中涓(중연)으로 패공을 수행하면서 東郡 郡尉을 成武에서, 또 다른 秦軍을 杠里(강리)에서 격파했는데 관영은 용감히 싸워 七大夫의 작위를 받았다. 다시 패공을 따라 秦의 군사를 亳(박)의 남쪽과 개봉현, 曲遇(곡우)에서 무찌르면서 용감하게 싸워 執帛(집백)의 작위를 받고 宣陵君(선릉군)이라고 불렸다. 패공을 따라 陽武에서 서쪽으로 낙양에 이르면서 진의 군사를 尸縣(시현) 북쪽에서 격파하고 북쪽으로 나아가 황하의 나루를 차지하였으며 남쪽으로 南陽 태수 呂齮(여의)를 陽城 동쪽에서 격파하여 마침내 남양군을 차지하였다. 관영은 서쪽으로 나아가서 武關에 진입하고 藍田에서 싸울 때 온 힘을 다해 패상에 이르렀고 執珪(집규)의 작위를 받고 昌文君이라 불리었다.

原文

沛公立爲漢王, 拜嬰爲郎中, 從入漢中, 十月, 拜爲中謁者. 從還定三秦, 下櫟陽, 降塞王. 還圍章邯於廢丘, 未拔. 從東出臨晉關, 擊降殷王, 定其地. 擊項羽將龍且, 魏相項佗軍定陶南, 疾戰, 破之. 賜嬰爵列侯, 號昌文侯, 食杜平鄉.

| **註釋** | ○中謁者(중알자) – 나라의 빈객을 접대하는 직책. ○櫟陽(역양) – 縣名. 今 陝西省 西安市 臨潼區 동북. 곧 당시 咸陽 일원. ○塞王(새왕) – 司馬欣(사마흔), 항우가 한왕의 관중 진출을 막으려 봉한 三秦의 하나. ○章邯(장한) – 雍王. ○臨晉關(임진관) – 蒲津關. 관중에서 趙 지역으로 갈 수 있는 黃河의 요지. 今 陝西省 渭南市 大荔縣(대려현). ○殷王(은왕) – 司馬卬(사마앙). 三秦의 하나. ○龍且(용저) – 인명. 楚의 장수. ○定陶(정도) – 今 山東省 菏澤市(하택시) 定陶縣. ○杜平鄉 – 杜縣의 平鄉. 杜는 당시 長安

城 서쪽의 현명. 今 陝西省 西安市 동남. 후에 宣帝의 杜陵 때문에 杜陵縣으로 개칭.

〖國譯〗

沛公은 漢王이 되어 관영을 郞中에 임명했고, 관영은 한왕을 따라 漢中에 들어갔고 그 10월에 中謁者에 임명되었다. 한왕을 따라 관중으로 나와 三秦을 평정할 때, 櫟陽縣(역양현)을 함락시키고 塞王(새왕) 사마흔을 굴복시켰다. 군사를 돌려 雍王(옹왕) 장한을 廢丘(폐구)에서 포위 공격했으나 이기지 못했다. 한왕을 따라 동쪽으로 진출하여 임진관을 지나 殷王 사마앙을 공격하여 항복케 하고 그 땅을 평정하였다. 항우의 부장 龍且(용저)와 魏의 승상 項佗(항타)의 군사를 定陶縣 남쪽에서 격파할 때 용감하게 싸웠다. 한왕은 관영에게 列侯의 작위를 주고 昌文侯라 하였고 杜縣(두현)의 平鄕을 식읍으로 주었다.

原文

復以中謁者從降下碭, 以至彭城, 項羽擊破漢王. 漢王遁而西, 嬰從還, 軍於雍丘. 王武, 魏公申徒反, 從擊破之. 攻下外黃, 西收軍於滎陽. 楚騎來衆, 漢王乃擇軍中可爲騎將者, 皆推故秦騎士重泉人李必, 駱甲習騎兵, 今爲校尉, 可爲騎將. 漢王欲拜之, 必,甲曰, "臣故秦民, 恐軍不信臣, 臣願得大王左右善騎者傅之." 灌嬰雖少, 然數力戰, 乃拜灌嬰爲中大夫, 令李必,駱甲爲左右校尉, 將郎中騎兵擊楚騎於滎陽東, 大破之. 受詔別擊楚軍後, 絶其饟道, 起陽武至襄邑. 擊項羽之將項冠於魯下, 破之, 所將卒斬右司馬, 騎將各一人. 擊破柘公王武, 軍燕西, 所將卒斬樓煩將五人, 連尹一人. 擊王武別將桓嬰白馬下, 破之, 所將卒斬都尉一人. 以騎渡河南, 送漢王到雒陽, 使北迎相國韓信軍於邯鄲. 還至敖倉, 嬰遷爲御史大夫.

| 註釋 | ○遁而西 – 숨어 달아나 서쪽으로 가다. 遁 달아날 둔, 숨을 둔. ○外黃 – 縣名. 今 河南省 商丘市 관할의 民權縣. ○校尉 – 상급의 軍官. ○傅 – 보필하다. ○饟道 – 糧道. 饟은 마른 군량 양. ○樓煩(누번) – 縣名. 今 山西省 북부 忻州市(흔주시) 관할의 寧武縣. 종족 이름. 樓煩은 춘추 전국시대 이후 今 山西省 북부, 河北省 서북부 일대에 거주, 晉(趙)과 燕나라와 관계가 많았으며, 목축이 생업. 여기 출신들이 騎射에 능했다. ○連尹(연윤) – 楚國의 관직명. 射官. ○白馬 – 縣名. 今 河南省 동북부 安陽市 관할의 滑縣(활현). ○敖倉(오창) – 今 河南省 滎陽市 동북쪽. 군량 창고.

〖國譯〗

관영은 中謁者(중알자)로 한왕을 따라 碭縣(탕현)을 점령하고 彭城(팽성)으로 진출했으나 항우는 한왕을 대파하였다. 한왕은 서쪽으로 도주하고 관영도 한왕을 따라 옹구에 주둔하였다. 王武와 魏公 申徒(신도) 등이 漢에 반기를 들자 한왕을 따라 그들을 격파하였다. 外黃縣을 공격 점령하고 서쪽으로 진출하여 滎陽(형양)에서 패군을 수습하였다. 楚의 騎兵이 대거 공격해오자 漢王은 군사 중에서 기병의 장수를 뽑으려 했는데 여러 사람이 秦의 기사이었던 重泉 사람 李必

과 駱甲(낙갑)이 騎兵으로 뛰어나고 지금 교위이기 때문에 기장이 될 만하다고 추천하였다. 한왕이 그들을 임명하려 하자 이필과 낙갑이 말했다. "저희는 옛 秦의 장수라서 군사들이 우리를 믿지 않을까 걱정이 되니 대왕께서 측근 중 기병에 능숙한 사람을 뽑아 우리가 보필할 수 있게 해 주십시오."라고 말했다. 관영은 비록 젊었지만 많은 전투를 경험했기에 바로 관영을 中大夫에 임명하고 이필과 낙갑을 좌우 교위로 삼아 郎中의 기병을 거느리고 楚의 기병을 형양현 동쪽에서 공격하여 완전히 격파하였다. 관영은 한왕의 명을 받아 별도로 楚軍의 후방을 공격하여 그들의 군량 공급 길을 막으면서 陽武에서 襄邑縣(양읍현) 일대를 차지하였다. 항우의 장수 項冠을 魯縣 부근에서 공격하여 이겼고 관영의 장졸들이 楚軍의 右司馬와 騎將 1명씩을 죽였다. 柘公(자공) 王武를 격파하고 燕의 서쪽에 주둔하였고 부하 장졸이 樓煩(누번) 족의 장수 5명과 連尹 1명을 참수하였다. 王武의 別將인 桓嬰(환영)을 白馬縣 근처에서 공격하여 격파하였는데 부하 장졸이 都尉 1명을 죽였다. 관영은 기병을 거느리고 河南으로 건너가 한왕을 낙양까지 호위하였고 북쪽으로 趙의 相國인 韓信의 군사를 邯鄲(한단)에서 영접하였다. 관영은 敖倉(오창)으로 회군하였고 어사대부로 승진하였다.

原文

三年, 以列侯食邑杜平鄉. 受詔將郎中騎兵東屬相國韓信, 擊破齊軍於歷下, 所將卒虜車騎將軍華毋傷及將吏四十六人. 降下臨菑, 得齊守相田光. 追齊相田橫至嬴,博, 破其騎, 所將卒斬騎將一人, 生得騎將四人. 攻下嬴,博, 破齊將軍田吸於千乘, 斬之. 東從韓信攻龍且,留公於假密, 卒斬龍且, 生得右司馬, 連尹各一人, 樓煩將十人, 身生得亞將周蘭.

| 註釋 | ○三年 - 前 204년. ○相國韓信 - 韓信은 趙 지역을 평정하고 趙의 相國이라는 직함을 받았다. ○歷 - 歷城, 縣名. 今 山東省 濟南市. ○華毋傷(화무상) - 장수 이름. 將吏는 장교, 군관. ○臨菑(임치) - 齊의 都城. 今 山東省 淄博市(치박시). ○守相 - 승상 직무대리. ○田橫(전횡, ? - 前 202) - 田齊의 宗室. 秦漢 교체기에 齊國의 宰相을 역임하고 齊王으로 自立하였으나 패전하고 海島(今 田橫島)로 숨었다. 漢高祖 劉邦의 압박에 田橫이 不屈하고 낙양 근처에서 자결하니 그의 門客 500여 명이 모두 主君을 위해 섬(山東省 田橫島)에서 자결했다. 33권, 〈魏豹田儋韓王信傳〉 참고. ○嬴(영) - 縣名. 今 山東省 萊蕪市(내무시) 서북. 博(박)은 邑名. 今 山東省 泰安市 동남. ○留公 - 留는 縣名. 留의 縣令. ○假密(가밀) - 縣名. 高密. 今 山東省 濰坊市 관할의 高密市 부근. ○亞將 - 副將, 次將.

『國譯』

漢王 3년, 관영은 열후로 杜縣 平鄕을 식읍으로 받았다. 한왕의 명을 받고 郎中騎兵을 거느리고 동쪽으로 나아가 趙의 相國 韓信에게 소속되어 齊軍을 歷縣 근처에서 격파하였는데 그의 將卒이 齊의 車騎將軍 華毋傷(화무상)과 장교 46명을 생포하였다. 臨菑(임치)를 함락시키고 齊의 승상 대리 田光을 사로잡았다. 齊相 田橫을 嬴縣(영현)과 博邑(박읍)까지 추격하여 그 기병을 무찌르면서 그의 장졸이 적의 騎將 1명을 죽였고 騎將 4명을 생포하였다. 영현과 박읍을 함락시키고 齊의 將軍 田吸(전흡)을 千乘邑에서 격파하고 죽였다. 동쪽으로 나아가 韓信과 함께 楚의 龍且(용저)와 留縣의 현령을 假密縣(가밀현)에서 공격하여 마침내 龍且를 죽이고 右司馬와 連尹(연윤) 각 1명, 樓煩(누번)의 장수 10명을 생포하였는데 관영은 직접 亞將인 周蘭(주란)을 생포하였다.

原文

齊地已定, 韓信自立爲齊王, 使嬰別將擊楚將公杲於魯北, 破之. 轉南, 破薛郡長, 身虜騎將一人. 攻博陽, 前至下相以東南僮,取慮,徐. 度淮, 盡降其城邑, 至廣陵. 項羽使項聲,薛公,郯公復定淮北. 嬰度淮北, 擊破項聲,郯公,下邳, 斬薛公, 下下邳,壽春. 擊破楚騎於平陽, 遂降彭城. 虜柱國項佗, 降留,薛,沛,酇,蕭,相. 攻苦,譙, 復得亞將周蘭. 與漢王會頤鄉. 從擊項籍軍於陳下, 破之, 所將卒斬樓煩將二人, 虜騎將八人. 賜益食邑二千五百戶.

| **註釋** | ○韓信自立爲齊王 – 前 203년. ○公杲(공고) – 인명. 杲 밝을 고. ○薛郡 – 郡名. 治所는 魯縣(今 山東省 曲阜市). ○博陽(박양) – 縣名. 今 山東省 서남부 棗庄市. ○下相 – 縣名. 今 江蘇省 宿遷市 서남. ○僮(동),取慮(취려),徐(서) – 모두 縣名. ○廣陵 – 縣名. 今 江蘇省 揚州市 서북. ○留,薛,沛,酇(찬),蕭(소),相 – 모두 縣名. ○復得亞將周蘭 – 먼저 생포되었다가 항복한 뒤 다시 도주했다는 註가 있다.

〖國譯〗

齊의 땅이 다 평정되자 韓信은 자립하여 齊王이 되었고, 한왕은 관영을 시켜 별도로 군사를 거느리고 楚將 公杲(공고)를 魯縣 북쪽에서 격파하게 했다. 관영은 군사를 돌려 薛郡의 郡長을 격파했고 자신이 騎將 1인을 생포하였다. 博陽縣을 공격했고 전진하여 下相縣 동남의 僮縣(동현)과 取慮縣(취려현), 徐縣을 차지하였다. 淮水를 건너 그 지역 성읍을 함락시키면서 廣陵縣까지 평정하였다. 항우는 項聲과 薛公(설공), 郯公(담공)을 시켜 다시 회수 북쪽을 차지하게 했다. 관영은 회수 북쪽으로 진격하여 항성과 담공, 下邳(하비) 현령을 격파하고 薛公(설공)을 참수하고 하비현, 수춘현을 점령했다. 楚의 기병을 平陽에서 격파하고 마침내 彭城을 차지하면서 楚의 上柱國인 項佗(항타)를 포로로 잡고 留縣, 薛縣, 沛縣, 酇縣(찬현), 蕭縣(소현), 相縣을 항복케 하였다. 관영은 苦縣, 譙縣(초현)을 공격하고 다시 楚의 亞將 周蘭(주란)을 생포하였다. 관영은 漢王과 頤鄉(이향)에서 합류하였다. 한왕을 따라 항우의 군사를 陳縣 부근에서 격파하였고 관영 휘하의 사졸이 누번의 장수 2명을 죽이고 그 기병 장수 8명을 생포하였다. 관영은 식읍 2,500호를 더 받았다.

原文

項籍敗垓下去也, 嬰以御史大夫受詔將車騎別追項籍至東城, 破之. 所將卒五人共斬項籍, 皆賜爵列侯. 降左右司馬各一人, 卒萬二千人, 盡得其軍將吏. 下東城, 歷陽. 渡江,破吳郡長吳下, 得吳守, 遂定吳,豫章,會稽郡. 還定淮北, 凡五十二縣.

| 註釋 | ○垓下(해하) – 今 安徽省 東北部 宿州市 靈璧縣(영벽현). ○東城 – 縣名. 今 安徽省 중부 淮南市 관할의 定遠縣. 東城 陰陵에서 失道하여 관영의 추격을 받았는데 '身死東城' 했다면 항우가 烏江에 갔는가? 못 갔는가는 논의의 여지가 있다. ○卒五人 – 항우의 고향 친우 呂馬童 등. ○歷陽 – 縣名. 今 安徽省 馬鞍山市 관할의 和縣. ○渡江 – 長江을 건너다. 고대부터 '江'이라는 고유명사로 사용되다가 漢代에는 '大江'이란 이름이 출현했고 六朝부터 '長江'이라는 이름이 사용되었다. '揚子江'은 南京 하류지역의 長江을 지칭하는 말로 隋代 이후 사용되었다. ○吳郡 – 郡名. 治所는 吳縣, 今 江蘇省 蘇州市. 項羽가 會稽郡을 나누어 吳郡을 설치했고 漢에서 이어오다가 武帝 때 폐지되었다. ○豫章(예장) – 郡名. 治所는 今 江西省 南昌市. ○會稽(회계) – 郡名. 會稽郡〔會의 拼音은 kuài(快)이나 우리말에는 이를 사용하지 않는다.〕 治所는 吳縣(今 江蘇省 蘇州市).

〖國譯〗

항우가 垓下에서 패해 남으로 도주하자 관영은 어사대부로 한왕의 명을 받아 항우를 東城까지 추격하여 격파하였다. 관영의 사졸 5인이 항우를 죽여 모두 열후의 작위를 받았다. 左 右司馬 각 1인과 군졸 12,000명이 투항하였고 그 군관을 모두 생포하였다. 東城縣과 歷陽縣을 점령했다. 장강을 건너 吳縣 근처에서 吳郡 군장이 거느린 군사를 격파하고 吳의 군수를 생포하고 마침내 吳郡, 豫章郡, 會稽郡(회계군)을 평정하였다. 군사를 돌려 회수 북쪽으로 총 52현을 평정하였다.

原文

漢王卽帝位, 賜益嬰邑三千戶. 以車騎將軍從擊燕王荼. 明年, 從至陳, 取楚王信. 還, 剖符, 世世勿絶, 食潁陰二千五百戶.

從擊反韓王信於代, 至馬邑, 別降樓煩以北六縣, 斬代左將, 破胡騎將於武泉北. 復從擊信胡騎晉陽下, 所將卒斬胡白題將一人. 又受詔並將燕,趙,齊,梁,楚車騎, 擊破胡騎於硰石. 至平城, 爲胡所困.

|註釋| ○燕王荼 - 燕王 臧荼(장도)의 반란. ○明年 - 前 201년. ○潁陰(영음) - 縣名. 今 河南省 許昌市. ○馬邑 - 縣名. 今 山西省 朔州市. ○代左將 - '代左相' 이어야 함. ○武泉 - 縣名. 今 內蒙古 呼和浩特市 동북. ○晉陽 - 今 山西省 太原市 서남. ○胡白題 - 胡(흉노)의 일족인 白題族. 이마를 희게 칠하는 습속이 있었다. 題는 이마 제. ○硰石(사석) - 邑名. 今 山西省 忻州市(흔주시) 관할 靜樂縣.

〖國譯〗

漢王은 제위에 올라 관영에게 식읍 3천 호를 하사하였다. 관영은 車騎將軍으로 고조를 따라 燕王 臧荼(장도)의 반란을 진압하였다. 다음 해. 고조를 따라 陳縣에 가서 楚王韓信을 체포하였다. 낙양으로 돌아와 황제와 부절을 나눠 갖고 대대로 제후의 자리를 이어간다는 맹약을 하고 관영은 潁陰縣(영음현)의 2,500호를 식읍으로 받았다.

관영은 고조를 따라 代王인 韓王 信의 반란을 토벌하러 馬邑에 가서 별도로 樓煩縣(누번현) 이북의 6현을 정복하고 代의 左將(左相)과 흉노의 騎將을 武泉縣 북쪽에서 죽였다. 다시 고조를 따라 韓王信과 흉노의 기병을 晉陽縣 부근에서 격파하고 부하 사졸이 흉노 白題族의 장수 1명을 죽였다. 또 명을 받아 燕, 趙, 齊, 梁, 楚의 車騎兵을 통합 지휘하여 硰石(사석)에서 흉노의 기병을 격파하였다. 고조는 平城에서 흉노에게 포위당했다.

原文

從擊陳豨, 受詔別攻豨丞相侯敞軍曲逆下, 破之, 卒斬敞及特將五人. 降曲逆,盧奴,上曲陽,安國,安平. 攻下東垣.

| 註釋 | ○陳豨(진희, ? - 前 196) - 진희가 代의 相으로 떠날 때, 회음후 韓信은 진희의 造反을 격려했었다. 前 196년, 진희는 代王을 자칭하며 代에서 반란을 일으켰고 고조는 직접 출정하여 토벌했고 진희는 樊噲(번쾌)에게 죽었다. ○曲逆(곡역) - 縣名. 今 河北省 保定市 관할의 順平縣. ○特將 - 한 지역 방어를 담당한 장군. ○盧奴(노노),上曲陽,安國,安平 - 縣名. 今 河北省 일원. ○東垣(동원) - 縣名. 今 河北省 石家庄市 동북.

〖國譯〗

관영은 고조를 따라 陳豨의 반란을 토벌하며 명을 받고 별도로 진희의 승상 侯敞(후창)의 군사를 曲逆縣 근처에서 격파하면서 마침내 후창과 그 부장 5인을 죽였다. 곡역현, 盧奴(노노), 上曲陽, 安國, 安平縣 등을 정복하였다. 東垣縣(동원현)을 공격하여 정복하였다.

原文

黥布反, 以車騎將軍先出, 攻布別將於相, 破之, 斬亞將, 樓煩將三人. 又進擊破布上柱國軍及大司馬軍. 又進破布別將肥銖. 嬰身生得左司馬一人, 所將卒斬其小將十人, 追北至淮上. 益食二千五百戶. 布已破, 高帝歸, 定令嬰食潁陰五千戶, 除前所食邑. 凡從得二千石二人, 別破軍十六, 降城四十六, 定國一, 郡二, 縣五十二, 得將軍二人, 柱國, 相國各一人, 二千石十人.

| 註釋 | ○黥布(경포) – 本 英布. 項羽가 九江王으로 봉했고 漢朝 건국된 뒤에는 淮南王이 되었다가 前 196년 反漢, 실패 후 피살. 34권, 〈韓彭英盧吳傳〉 참고. ○相 – 縣名. 今 安徽省 淮北市 관할의 濉溪縣(수계현). ○肥銖(비수) – 人名. ○上柱國 – 楚의 관직. 큰 전공을 세운 자가 차지할 수 있었다. 項梁도 이 직함을 갖고 있었다. 黥布도 반란을 일으키고 이 관직을 설치했다. ○大司馬 – 楚의 군사담당 고관. ○左司馬 – 중하급 軍官.

〖國譯〗

黥布(경포)가 반역하자 관영은 車騎將軍으로 먼저 출동하여 경포의 별장을 相縣에서 격파하고 亞將과 樓煩人(누번인) 장수 3명을 죽였다. 또 경포의 上柱國이 거느린 군사와 대사마의 군사를 진격하여 격파하였다. 또 진격하여 경포의 別將 肥銖(비수)를 격파하였다. 관영도 직접 左司馬 1명을 생포하였고 사졸들은 경포의 小將 10명을 죽였고 淮水 북쪽까지 추격하였다. 관영은 식읍 2500호를 더 받았다. 경포의 반란을 진압한 고조는 장안으로 돌아와 관영을 영음후를 봉하고 식읍 5,000호를 확정하고 이전 식읍은 삭제하였다. 관영의 전공은 고조를 따라 2천석 관리 2명을 생포하고 별도로 16개 군진을 격파하였고 46개 성을 정복했으며 1侯國, 2郡, 52縣을 평정하고 장군 2명, 상국 1인, 2천석 관리 10명을 생포하였다.

原文

嬰自破布歸, 高帝崩, 嬰以列侯事孝惠帝及呂后. 太后崩, 呂祿等欲爲亂. 齊哀王聞之, 擧兵西, 呂祿等以嬰爲大將軍往擊之. 嬰至榮陽, 乃與絳侯等謀, 因屯兵榮陽, 風齊王以誅呂氏事, 齊兵止不前. 絳侯等旣誅諸呂, 齊王罷兵歸. 嬰亦罷兵自榮陽還, 與絳侯, 陳平共立文帝. 於是益封嬰三千戶, 賜金千斤, 爲太尉.

| **註釋** | ○高帝崩 – 前 195년. ○太后崩 – 前 180년. ○齊哀王 – 悼惠王 劉肥의 아들 劉襄(유양). ○風 – 諷과 同. 소문을 내어 알게 하다.

〖**國譯**〗

관영이 경포의 반란을 진압하고 돌아오며 고조가 붕어하였고, 관영은 열후로서 혜제와 고후를 섬겼다. 여태후가 죽자 呂祿(여록) 등이 반란을 계획했다. 齊의 哀王은 이를 알고 거병하여 서쪽으로 출발하였는데 呂祿 등은 관영을 대장군으로 삼아 출정하여 진압하라 하였다. 관영은 榮陽(형양)에 이르러 絳侯(강후) 주발 등과 협의하여 형양에 주둔하고서 齊王에게 여씨 일족을 제거한다고 소문을 내어 齊의 군사를 더 전진하지 못하게 하였다. 강후 주발 등이 여씨 일족을 제거하자 齊王은 군사를 해산하고 돌아갔다. 관영 또한 원정을 취소하고 형양에서 회군하여 강후 주발 그리고 陳平과 함께 文帝를 옹립하였다. 이에 文帝는 관영에게 식읍 3천 호를 더 주고 금전 천 근을 하사하였으며 태위에 임명하였다.

原文

三歲, 絳侯勃免相就國, 嬰爲丞相, 罷太尉官. 是歲, 匈奴大入北地, 上令丞相嬰將騎八萬五千往擊匈奴. 匈奴去, 濟北王反, 詔乃罷嬰兵. 後歲餘, 嬰以丞相卒, 諡曰懿侯. 傳至孫彊, 有罪, 絶. 武帝復封灌嬰孫賢爲臨汝侯, 奉嬰後. 後有罪, 國除.

| **註釋** | ○絳侯勃免相就國 - 강후 주발의 봉국. 絳縣(강현)은 河東郡에 속했는데, 今 山西省 臨汾市(임분시) 曲沃縣 서남이다. ○罷太尉官 - 태위에서 사임하다. ○北地 - 郡名. 치소는 馬嶺縣(今 甘肅省 동부의 慶陽市). ○濟北王反 - 濟北王은 齊 悼惠王 劉肥의 아들 劉興居. 東牟侯(동모후)이었다가 文帝 옹립에 공이 있다 하여 前 178년 제북왕에 봉했으나 다음 해 문제가 흉노 정벌에 나선 틈을 타서 반란을 일으켰으나 柴武(시무)에게 패전하며 자살했다(前 177년). ○懿侯(의후) - 懿는 아름다울 의.

〖國譯〗

文帝 즉위 3년에, 絳侯 周勃은 승상에서 물러나 자신의 봉국으로 갔고, 관영이 승상이 되었고, 太尉의 직은 사임하였다. 이 해에 흉노가 北地郡에 대거 침입하자 문제는 승상 관영에게 기병 8만5천을 거느리고 출정하여 흉노를 토벌케 하였다. 흉노가 물러가자 濟北王이 반역을 했고 관영은 명에 의거 원정군을 해산하였다. 그 다음 해에 관영은 승상의 직위에서 죽었는데, 시호는 懿侯(의후)이다. 제후의 지위가 손자 灌彊(관강)에게 전해졌는데 죄를 지어 단절되었다. 武帝는 다시 관영의 손자 灌賢을 臨汝侯(임여후)를 봉하여 관영의 제사를 받들게 하였다. 그 뒤에 죄를 지어 나라를 없앴다.

41-5. 傅寬

原文

傅寬, 以魏五大夫騎將從, 爲舍人, 起橫陽. 從攻安陽,杠里,趙賁軍於開封, 及擊楊熊曲遇,陽武, 斬首十二級, 賜爵卿. 從至霸上. 沛公爲漢王, 賜寬封號共德君. 從入漢中, 爲右騎將. 定三秦, 賜食邑雕陰. 從擊項籍, 待懷, 賜爵通德侯. 從擊項冠,周蘭,龍且, 所將卒斬騎將一人敖下, 益食邑.

| 註釋 | ○傅寬(부관, ? – 前 190) – 《史記》 98卷 〈傅靳蒯成列傳〉이 있다. ○橫陽(횡양) – 邑名. 今 河南省 商丘市 부근. ○安陽 – 縣名. 今 河南省 북부 安陽市 부근. ○楊熊(양웅) – 秦의 장수. ○雕陰(조음) – 縣名. 今 陝西省 북부 延安市 관할 甘泉縣. ○懷(회) – 縣名. 今 河南省 焦作市(초작시) 관할 武陟縣. ○敖(오) – 산 이름. 今 河南省 鄭州市 관할 滎陽市 부근.

〖國譯〗

傅寬(부관)은 魏의 五大夫 騎將으로 패공을 따라 舍人이 되어 橫陽邑에서 기병하였다. 부관은 패공을 따라 安陽縣 杠里(강리)를 공격하였고 秦 趙賁(조분)의 군사를 開封에서 또 楊熊(양웅)의 군사를 曲遇와 陽武縣에서 공격하며 12명을 죽여 卿의 작위를 받았다. 또 함께 霸上(패상)에 주둔하였다. 沛公은 한왕이 되어 부관을 共德君에 봉했다. 부관은 한왕을 따라 漢中에 들어갔고 右騎將이 되었다. 한왕을 따라 三秦 땅을 평정하고 雕陰縣(조음현)을 식읍으로 받았다. 한왕을 수행해 항우를 치고 懷縣(회현)에서 한왕을 모시어 通德侯라는 작위를 받았다. 한왕을 따라 項冠(항관), 周蘭(주란), 龍且(용저)를 격파하면서 거느린 사졸들이 敖山(오산)에서 騎將 1명을 죽여서 식읍을 더 받았다.

原文

屬淮陰, 擊破齊歷下軍, 擊田解. 屬相國參, 殘博, 益食邑. 因定齊地, 剖符世世勿絶, 封陽陵侯, 二千六百戶, 除前所食. 爲齊右丞相, 備齊. 五歲爲齊相國. 四月, 擊陳豨, 屬太尉勃, 以相國代丞相噲擊豨. 一月, 徙爲代相國, 將屯. 二歲, 爲代丞相, 將屯. 孝惠五年薨, 謚爲景侯. 傳至曾孫偃, 謀反, 誅, 國除.

| **註釋** | ○淮陰(회음) - 회음후 韓信. 이때 한신은 대장군이었고 회음후는 아니었다. ○擊破齊歷下軍, 擊田解 - 歷下는 邑名. 당시 齊王 田廣(전광, ? - 前 203)은 華毋傷과 田解에게 역하에서 漢軍을 막으라고 시켰다. '擊田解'의 擊은 필요 없는 字. ○殘博(잔박) - 박현을 점령하다. 殘은 멸망시키다. 허물어트리다. 博은 현명. 今 山東省 泰安市 동남. ○以相國代丞相噲擊豨 - 이 구절은 燕王 盧綰(노관)의 반란에 주발의 공적인데 혼동하여 기록하였다는 주해가 있다. ○備齊 - 齊를 防備하다. ○將屯 - 군사를 거느리고 屯田하다. 둔전은 방어와 동시에 군량 확보의 방법이었다.

〖國譯〗

부관은 대장군 韓信에 소속되어 齊의 歷下에 주둔한 田解의 군사를 격파하였다. 상국 曹參의 휘하에서는 博縣(박현)을 함락시켜 식읍을 더 받았다. 齊의 땅이 다 평정되자 符節을 나눠 갖고 제후로 陽陵侯에 봉해졌고, 식읍은 2,600호로 정하고 전에 받은 것은 삭제하였다. 齊의 右丞相으로 齊를 수비하였다. 한왕 5년에 齊의 상국이 되었다. 四月에 陳豨(진희)의 반란을 토벌할 때 태위 주발의 휘하에서 진희를 토벌하였다. 1월에 代의 상국으로 자리를 옮겨 군사를 거느리고 둔전하였다. 2년에 승상으로 둔전병을 거느렸다. 부관은 孝惠帝 5년에 죽었는데, 시호는 景侯이었다. 증손 傅偃(부언)에게 이르러 모반으로 사형을 당했고 나라는 없어졌다.

41-6. 靳歙

原文

靳歙, 以中涓從, 起宛朐. 攻濟陽. 破李由軍. 擊秦軍開封東, 斬騎千人將一人, 首五十七級, 捕虜七十三人, 賜爵封號臨平君. 又戰藍田北, 斬車司馬二人, 騎長一人, 首二十八級, 捕虜五十七人. 至霸上. 沛公爲漢王, 賜歙爵建武侯, 遷爲騎都尉.

| 註釋 | ○靳歙(근흡, ? – 前 183) – 靳은 가슴걸이 근. 歙은 줄일 흡. 《史記》 98권, 〈傅靳蒯成列傳〉 참고. ○中涓 – 관직명. 황제 최측근 시종관. 涓人. ○宛朐(완구) – 縣名. 今 山東省 菏澤市(하택시) 관할의 定陶縣 서남. 서역의 나라 이름 원(大宛). ○濟陽(제양) – 읍명. ○李由 – 秦 李斯(이사)의 아들.

〖國譯〗

靳歙(근흡)은 中涓(중연)으로 패공을 따라 宛朐(완구)에서 기병하였다. 濟陽邑을 공격하였으며 李由의 군사를 격파하였다. 秦軍을 開封縣 동쪽에서 격파할 때 騎兵 1천 명을 거느리는 장수 1명의 목을 베고 57명을 죽였고 73명을 포로로 잡아 작위를 받고 臨平君에 봉해졌다. 또 藍田縣 북쪽에서 싸우면서 車司馬 2인과 騎長 1인의 목을 베고 28명을 죽였으며 57명을 포로로 잡았다. 패공을 따라 霸上(패상)에 주둔하였다. 패공이 한왕이 되어 근흡에게 建武侯의 작위를 내렸고, 근흡은 騎都尉로 승진하였다.

原文

從定三秦. 別西擊章平軍於隴西, 破之, 定隴西六縣, 所將卒斬車司馬, 候各四人, 騎長十二人. 從東擊楚, 至彭城. 漢軍敗還, 保雍丘, 去擊反者王武等. 略梁地, 別西擊邢說軍菑南, 破之, 身得說都尉二人, 司馬, 候十二人, 降吏卒四千一百八十人. 破楚軍滎陽東. 食邑四千二百戶.

| 註釋 | ○章平 – 雍王 章邯(장한)의 동생. ○隴西(농서) – 郡名. 治所는 狄縣(적현). 今 甘肅省 定西市 관할의 臨洮縣(임조현). ○候(후) – 都尉의 속관으로 帶兵하는 군관. 京師를 순찰하는 中尉의 속관. 하급 장교. 侯가 아님. ○王武 – 漢王에게 협력하다가 한왕이 항우에 패하자 반기를 들었다. ○邢說(형열) – 항우의 部將. ○菑(치) – 縣名. 今 河南省 商丘市 관할의 民權縣.

〖國譯〗

근흡은 漢王을 따라 三秦을 평정하였다. 별도로 서쪽으로 진격하여 章平의 군사를 隴西(농서)에서 격파하고 隴西郡의 6현을 평정하였는데 그가 거느린 사졸이 車司馬와 候(후) 각 4명, 騎長 12인을 죽였다. 한왕을 따라 동쪽으로 진출하여 楚軍을 격파하고 팽성에 진입하였다. 漢軍이 패퇴하고서 雍丘를 지키고 있을 때 王武 등 漢을 배반한 자들을 격파하고 梁地를 공략하였으며 별도로 서쪽으로 나아가 邢說(형열)의 군사를 菑縣(치현) 남쪽에서 격파하였는데 근흡은 직접 형열의 都尉 2명, 司馬와 候 12명을 생포하였고 軍吏와 병졸 4,180명의 항복을 받았다. 楚軍을 滎陽(형양) 동쪽에서 격파하였다. 근흡의 식읍은 4,200호였다.

原文

別之河內, 擊趙賁軍朝歌, 破之, 所將卒得騎將二人, 車馬二百五十匹. 從攻安陽以東, 至棘蒲, 下七縣. 別攻破趙軍, 得其將司馬二人, 候四人, 降吏卒二千四百人. 從降攻下邯鄲. 別下平陽, 身斬守相, 所將卒斬兵守郡一人, 降鄴. 從攻朝歌,邯鄲, 及別擊破趙郡, 降邯鄲郡六縣. 還軍敖倉, 破項籍軍成皐南, 擊絶楚饟道, 起滎陽至襄邑. 破項冠軍魯下. 略地東至鄫,郯,下邳, 南至蘄,竹邑. 擊項悍濟陽下. 還擊項籍軍陳下, 破之. 別定江陵, 降柱國,大司馬以下八人, 身得江陵王, 致雒陽, 因定南郡. 從至陳, 取楚王信, 剖符世世勿絶, 定食四千六百戶, 號信武侯.

| 註釋 | ○河內 - 郡名. 治所는 懷縣, 今 河南省 焦作市 武陟縣(무척현). ○朝歌(조가) - 縣名. 今 河南省 鶴壁市 淇縣(기현). 殷의 도읍지. ○棘蒲(극포) - 邑名. 河北省 邯鄲市 大名縣. ○平陽(평양) - 縣名. 今 山西省 臨汾市 서남. ○守相 - 군의 太守 또는 후국의 王相. ○兵守郡 - 군사를 거느린 군수. ○鄴(업) - 縣名. 今 河北省 邯鄲市 磁縣 서남. ○成皐(성고) - 邑名. 河

南省 滎陽市 서남. ○鄫(증),郯(담) – 縣名. 今 山東省 지역. ○下邳(하비) – 縣名. 今 江蘇省 徐州市. ○蘄(기) – 縣名. 今 安徽省 宿州市 宿縣 동남. ○江陵(강릉) – 縣名. 今 湖北省 荊州市 근처 江陵縣. ○江陵王 – 前 206년, 항우는 함양에 입성한 뒤 南郡을 평정하는데 공이 많은 共敖(공오)를 臨江王으로 봉해 江陵에 도읍케 하였다. 여기서는 共敖(공오)의 아들 共尉. ○南郡 – 郡名. 치소는 郢縣(영현, 今 湖北省 荊州市 관할의 江陵縣 서북). 武漢市 서쪽.

〖國譯〗

근흡은 별도로 河內郡에 진격하여 趙賁(조분)의 군사를 朝歌縣에서 격파하면서 그 사졸이 騎將 2명을 생포하고 거마 250필을 노획하였다. 한왕을 수행하여 安陽縣 동쪽을 공략하여 棘蒲邑(극포읍)에 이르는 7현을 평정하였다. 별도로 趙軍을 격파하고 그 장수 사마 2명과 候(후) 4인을 사로잡고 이졸 2,400명의 항복을 받았다. 한왕을 따라 邯鄲(한단)을 점령하였다. 별도로 平陽縣을 점령하여 직접 守相을 죽였고, 그의 사졸이 군사를 거느린 군수 1명을 죽이고 鄴縣을 점령했다. 한왕을 수행하여 朝歌縣과 邯鄲을 공략하였고, 또 별도로 趙郡을 격파하고 邯鄲郡의 6縣을 함락시켰다. 敖倉(오창)으로 회군하여 항우의 군사를 成皐邑(성고읍) 남쪽에서 격파하고 楚軍의 군량 공급로를 끊었으며 滎陽에서 襄邑까지를 평정하였다. 項冠의 군사를 魯縣 부근에서 격파하였다. 동쪽으로 鄫縣(증현), 郯縣(담현), 下邳縣(하비현)을 공략하였고, 남으로는 蘄縣(기현)의 竹邑에 이르렀다. 項悍(항한)의 군사를 濟陽 부근에서 격파하였다. 회군하여 항우의 군사를 陳縣 근처에서 격파하였다. 별도로 江陵縣을 평정하였고, 臨

江國의 上柱國과 大司馬 이하 관리 8인의 항복을 받았고 근흡이 직접 江陵王을 생포하여 낙양으로 송치하였으며 겸해서 南郡을 평정하였다. 한왕을 따라 陳縣에서 楚王 韓信을 생포하였으며, 부절을 나눠 갖고 대대로 제후의 지위를 이어간다고 약속했으며 식읍은 4,600호로 정하고 信武侯가 되었다.

原文

以騎都尉從擊代, 攻韓信平城下, 還軍東垣. 有功, 遷爲車騎將軍, 並將梁,趙,齊,燕,楚車騎, 別擊陳豨丞相敞, 破之, 因降曲逆. 從擊黥布有功, 益封定食五千三百戶. 凡斬首九十級, 虜百三十二人, 別破軍十四, 降城五十九, 定郡,國各一, 縣二十三, 得王,柱國各一人, 二千石以下至五百石三十九人.

高后五年, 歙卒, 謚爲肅侯. 子亭嗣, 有罪, 國除.

| **註釋** | ○韓信 - 韓王信. ○東垣(동원) - 縣名. 今 河北省 石家庄市 동북. ○梁,趙,齊,燕,楚 - 모두 漢의 侯國.

〖**國譯**〗

근흡은 騎都尉로 고조를 따라 代國을 토벌하러 나가 韓信을 平城 근처에서 공격하였고 東垣縣으로 회군하였다. 공을 세워 車騎將軍으로 승진하였고, 梁, 趙, 齊, 燕, 楚의 車騎兵을 통합 지휘하였고, 별도로 陳豨(진희)의 相인 敞(창)의 군사를 격파하고 曲逆縣을 평정하였다. 고조를 따라 黥布(경포) 토벌에 공을 세워 식읍을 늘려 5,300호를 받았다. (근흡의) 공적은 참수가 90급, 포로 132명이고, 별도로 14개 군진을 격파하였고 59개 성을 점령하였으며, 1郡과 1國, 23현을 평정하였고 王과 上柱國을 각 1명씩, 2천석 이하 5백석까지의 관리 39명을 생포하였다. 高后 5년에 근흡이 죽었는데, 시호는 肅侯(숙후)라 했다. 아들 근형이 뒤를 이었으나 죄를 지어 나라가 없어졌다.

41-7. 周緤

原文

周緤, 沛人也. 以舍人從高祖起沛. 至霸上, 西入蜀, 漢, 還定三秦, 常爲參乘, 食邑池陽. 從東擊項羽滎陽, 絶甬道, 從出度平陰, 遇韓信軍襄國, 戰有利不利, 終亡離上心. 上以緤爲信武侯, 食邑三千三百戶.

| 註釋 | ○周緤(주설, ? – 前 175) – 緤은 고삐 설. 잡아매다. 《史記》 98권 〈傅靳蒯成列傳〉 있음. ○池陽(지양) – 縣名. 今 陝西省 咸陽市 관할의 涇陽縣(경양현). ○平陰(평음) – 今 河南省 洛陽市 孟津縣, 黃河의 나루 이름. ○亡離上心 – 亡은 無. 上은 高祖. ○信武侯(신무후) – 앞에 나온 靳歙(근

흡)도 信武侯였다.

〖國譯〗

周緤(주설)은 沛縣 사람이다. 舍人(사인)으로 고조를 따라 패현에서 기의하였다. 霸上(패상)에 들어갔다가 서쪽으로 蜀漢(漢中)에 갔고 漢이 三秦을 정복할 때도 늘 참승이었으며 食邑은 池陽縣이었다. 한왕을 따라 동쪽으로 나아가 항우를 滎陽에서 공격하면서 甬道(용도)를 끊었으며 한왕을 따라 平陰津을 건너 韓信의 군사를 襄國에서 맞이했는데 전쟁이 유리하거나 불리하든 고조 곁을 떠나려는 마음이 전혀 없었다. 고조는 주설을 信武侯로 봉했고 식읍은 3,300호였다.

原文

上欲自擊陳豨, 緤泣曰, "始秦攻破天下, 未嘗自行. 今上常自行, 是亡人可使者乎?" 上以爲'愛我', 賜入殿門不趨.

十二年更封緤爲 鄘城侯, 孝文五年薨, 謚曰貞侯. 子昌嗣, 有罪, 國除. 景帝復封緤子應爲鄲侯, 薨, 謚曰康侯. 子仲居嗣, 坐爲太常, 有罪, 國除.

| 註釋 | ○未嘗自行 - (고조가) 몸소 간 적이 있지 않다. ○不趨(불추) - 종종걸음으로 빨리 걷다. 신하가 주군을 만나러 갈 때는 종종걸음으로 빨리 걸어야 했다. 趨 달릴 추. ○鄘城侯(배성후) - 지금 湖南省 長沙市 근처의 지명. 鄘는 나라 이름 배. ○鄲侯(단후) - 鄲은 今 安徽省 亳州市(박주시) 渦

陽縣(와양현).

〖國譯〗

고조가 陳豨(진희)의 반란에 몸소 토벌하러 가려 하자 주설이 울면서 말했다. "秦을 격파하며 천하를 평정할 때도 직접 나서지 않으셨습니다. 지금 폐하께서 친히 출정하시는 것은 보낼 사람이 없어서 그런 것입니까?" 고조는 주설이 '나를 아껴주는 것' 이라 생각하여 어전에 들어와서 종종걸음을 하지 않아도 좋다는 은전을 내렸다. 고조 12년에 주설을 郲城侯(배성후)에 봉했고 (주설은) 효문제 5년에 죽었는데, 시호는 貞侯이었다. 아들 주창이 계승했으나 죄를 지어 나라가 없어졌다. 景帝는 다시 주설의 아들 주응을 鄲侯(단후)로 봉했고 죽은 뒤 시호는 康侯이었다. 아들 周仲居가 이었으나 太常의 죄에 연좌되어 나라가 없어졌다.

原文

贊曰 仲尼稱 '犁牛之子騂且角, 雖欲不用, 山川其舍諸?' 言士不繫於世類也. 語曰 '雖有茲基 不如逢時', 信矣! 樊噲,夏侯嬰,灌嬰之徒, 方其鼓刀僕御販繒之時, 豈自知附驥之尾, 勤功帝籍, 慶流子孫哉? 當孝文時, 天下以酈寄爲賣友. 夫賣友者, 謂見利而忘義也. 若寄父爲功臣而又執劫, 雖摧呂祿, 以安社稷, 誼存君親, 可也.

| **註釋** | ○稱 – 말하다. 공자의 말은《論語 雍也》에 있다. ○犁牛之子 – 얼룩송아지. 미천한 부모 아래서 태어난 훌륭한 아들. 犁는 쟁기 리(이). 얼룩소. 役牛. ○騂且角 – 털이 붉고 뿔이 나다. 騂 붉은 소 성. ○其舍諸 – 어찌 버려두겠는가? 반드시 쓰임이 있다. ○世類 – 出身也. ○茲基(자기) – 농기구. 쟁기. 鎡(호미 자). ○鼓刀(고도) – 칼을 휘두르다. 번쾌는 개백정이었다. ○僕御(복어) – 수레를 몰다. 마부. 하후영은 본래 마부였었다. ○販繒 – 비단을 팔다. 관영은 비단 장사를 했었다. ○附驥之尾 – 천리마(훌륭한 사람)의 꼬리에 매달리다. 파리(虻 등에 맹)가 천리마 꼬리에 붙어 천리를 가다. 곧 훌륭한 사람을 만나 갑자기 출세를 하다. ○勤功帝籍 – 황제의 문서에 공을 기록하다. 큰일을 해내다. ○酈寄(역기) – 酈商의 아들. ○執劫(집겁) – 강요당하다. 태위 周勃 등이 酈商에게 압력을 넣어 역기가 여록에게 거짓말을 하게 하였다. ○摧 – 꺾을 최.

〖國譯〗

班固의 論贊 : 공자가 '얼룩송아지가 털이 붉고 뿔도 자랐는데 祭物로 쓰지 않으려 해도 山川의 神이 어찌 아니 받겠는가?' 라고 말했는데, 이는 文武의 士는 그 출신에 얽매지 않는다는 뜻이다. 속담에도 '농기구가 있더라도 때를 잘 만나는 것만 못하다' 라고 하였는데 이는 사실이다. 번쾌와 하후영과 관영 같은 사람들이 한창 개를 잡고 마부노릇을 하며 비단을 팔 때 훌륭한 사람을 만나서 나라의 큰일을 하고 그 복록을 자손에게 물려줄 것이라 어찌 알았겠는가?

孝文帝 당시에 사람들은 酈寄(역기)가 벗을 이용했다는 말을 했었다. 본래 벗을 이용한다는 말은 이득을 얻으려 의리를 버리는 것이다. 역기의 경우에 부친이 나라의 공신이었고 또 강요를 당하는 상

태였는데 비록 呂祿(여록)을 꺾어버렸지만 사직을 편안케 했고 주군과 부친에게 도리를 지켰으니 옳은 일이었다.

42 張周趙任申屠傳
〔장,주,조,임,신도전〕

42-1. 張蒼

原文

張蒼, 陽武人也, 好書律曆. 秦時爲御史, 主柱下方書. 有罪, 亡歸. 及沛公略地過陽武, 蒼以客從攻南陽. 蒼當斬, 解衣伏質, 身長大, 肥白如瓠, 時王陵見而怪其美士, 乃言沛公, 赦勿斬. 遂西入武關, 至咸陽.

| 註釋 | ○張蒼(장창, 前 253 – 152) – 秦漢 시기의 儒學者, 陰陽家의 대표적 인물. 뒷날 賈誼에게 영향. 文帝 때 승상 역임. 《史記》 96권 〈張丞相列傳〉 참고. ○陽武 – 今 河南省 新鄕市 原陽縣 동남. ○御史 – 秦代에 문서 담당관. 侍御史, 또는 어사대부의 간칭. ○柱下方書 – 柱下는 柱下史. 문서 담당

관. ○伏質 – 質은 도끼 받침대. ○瓠 – 표주박 호. ○王陵(? – 前 180) – 惠帝 때 우승상 역임. 40권, 〈張陳王周傳〉에 입전.

〖國譯〗

張蒼(장창)은 陽武縣 사람으로 詩書와 律曆에 관한 학문을 좋아하였다. 秦나라에서 御史가 되어 柱下史로 사방의 문서를 관리하였다. 장창은 죄를 짓고 도망하여 귀향했다. 패공이 각지를 평정하며 陽武縣을 지날 때 장창은 합류했고 패공을 따라 南陽郡을 공격하였다. (장창이 죄를 지어) 참수형을 당할 때 옷을 벗고 도끼 받침대에 누웠을 때, 키도 크면서 살이 찌고 박처럼 살결이 희었는데 王陵(왕릉)이 마침 이를 보고 잘 생긴 관리라 생각하여 패공에게 말하여 사면을 받아 참수를 면했다. (장창은) 나중에 한왕과 함께 서쪽으로 진격하여 武關을 지나 咸陽에 들어갔다.

原文

沛公立爲漢王, 入漢中, 還定三秦. 陳餘擊走常山王張耳, 耳歸漢. 漢以蒼爲常山守. 從韓信擊趙, 蒼得陳餘. 趙地已平, 漢王以蒼爲代相, 備邊寇. 已而徙爲趙相, 相趙王耳. 耳卒, 相其子敖. 復徙相代. 燕王臧荼反, 蒼以代相從攻荼有功, 封爲北平侯, 食邑千二百戶.

| 註釋 | ○陳餘(진여, ? – 前 205) – 秦末 漢初의 代王. 32권, 〈張耳陳餘傳〉. ○常山王 – 常山國. 치소는 元氏縣. 今 河北省 石家庄市. 관할의 元氏縣. ○備

邊寇 – 변방의 이민족의 침입에 대비하다. ○張敖(장오) – 張耳의 아들. 趙王, 魯元公主와 결혼, 고조의 사위.

〖國譯〗

沛公은 漢王이 되어 漢中에 들어갔다가 군사를 돌려 三秦을 평정하였다. 陳餘는 常山王 張耳를 축출하였고 장이는 漢에 귀부하였다. 漢에서는 장창을 常山郡 太守로 임명하였다. 장창이 韓信을 따라 趙를 격파할 때, 장창은 陳餘를 생포하였다. 趙地가 다 평정되자 漢王은 장창을 代國의 相으로 삼아 변경의 이민족 침입에 대비케 하였다. 얼마 후에 장창을 趙國의 相으로 임명하여 趙王 張耳를 보좌케 하였다. 장이가 죽자 그 아들 張敖(장오)를 보좌하였다. 다시 代의 相으로 임명하였다. 燕王 臧荼(장도)가 반란을 일으키자 장창은 代의 相으로 고조를 따라 장도 토벌에 공을 세웠고 北平侯에 봉해졌으며 食邑 1,200호를 받았다.

原文

遷爲計相, 一月, 更以列侯爲主計四歲. 是時, 蕭何爲相國, 而蒼乃自秦時爲柱下御史, 明習天下圖書計籍, 又善用算律曆, 故令蒼以列侯居相府, 領主郡國上計者. 黥布反, 漢立皇子長爲淮南王, 而蒼相之. 十四年, 遷爲御史大夫.

| 註釋 | ○計相 – 관직명. 丞相府의 속관. 각종 통계 작성. 主計는 計相의 다른 명칭. ○柱下御史 – 柱下史. ○計籍 – 計簿(계부)라고도 쓴다. 각 지방

의 호적, 인구, 전곡출납 등을 작성하는 일. ○算律曆 - 장창은 《九章算術》 증보 편찬하였고, 曆法은 秦의 〈顓頊曆〉을 채용하였다. ○長爲淮南王 - 劉長(고조의 막내아들. 前 198 - 174)은 회남왕이 되었다(前 196년). 淮南 國都는 壽春(今 安徽省 淮南市 관할의 壽縣). 영지는 九江郡, 衡山郡, 廬江郡(여강군), 豫章郡의 四郡.

〖國譯〗

장창은 자리를 옮겨 計相이 되었고 1月부터 열후이면서 主計로 4년을 근무하였다. 이때에 蕭何는 相國이었고 장창은 秦나라 때부터 柱下御史로 천하의 도서와 計籍 업무에 밝고 또 算學과 律曆을 잘 알아 장창은 列侯이지만 승상부에 근무하면서 郡國에서 올라오는 보고를 처리하게 하였다. 九江王이던 경포가 반기를 들자 漢에서는 皇子 劉長을 淮南王에 봉하고 장창이 보좌하게 하였다. 장창은 14년 뒤, 자리를 옮겨 御史大夫가 되었다.

42-2. 周昌

原文

周昌者, 沛人也. 其從兄苛, 秦時皆爲泗水卒史. 及高祖沛起, 擊破泗水守監, 於是苛,昌以卒史從沛公, 沛公以昌爲職志, 苛爲客. 從入關破秦. 沛公立爲漢王, 以苛爲御史大夫, 昌爲中尉.

| 註釋 | ○周昌(? - 前 192) - 정직, 강직한 성품. 고조의 부탁으로 趙王 如意를 보호했지만 조왕은 결국 여태후에게 독살된다. ○卒史 - 屬吏. ○守監 - 郡守와 郡監. ○職志 - 깃발 관리자. 職은 관장하다. 志는 旗幟(기치). ○客 - 빈객. 전담하는 일이 없는 관리. ○中尉 - 수도의 치안을 담당하는 무관. 武帝 때 執金吾(집금오)로 개칭.

〖國譯〗

周昌은 沛縣 사람이다. 그의 사촌 형 周苛(주가)와 함께 秦나라 때 泗水郡의 屬吏이었다. 고조가 패현에서 기병하고서 泗水郡의 군수와 군감을 격파하자 주가와 주창은 하급 관리로 패공을 따랐는데 패공은 주창을 깃발 관리자로 주가는 빈객으로 임명하였다. 두 사람은 패공을 따라 관중에 들어가 진을 격파하였다. 패공은 한왕이 되어 주가를 어사대부로 주창을 中尉(중위)에 임명하였다.

原文

漢三年, 楚圍漢王滎陽急, 漢王出去, 而使苛守滎陽城. 楚破滎陽城, 欲令苛將, 苛罵曰, "若趣降漢王! 不然, 今爲虜矣!" 項羽怒, 亨苛. 漢王於是拜昌爲御史大夫. 常從擊破項籍. 六年, 與蕭,曹等俱封, 爲汾陰侯. 苛子成以父死事, 封爲高景侯.

| 註釋 | ○若趣降漢王 – 若은 汝. 너. 당신. 趣은 빨리. ○今 – 卽也. ○亨 – 烹. 팽살하다. ○六年 – 前 201년. ○汾陰侯(분음후) – 汾陰은 縣名. 今 山西省 運城市 萬榮縣.

〖國譯〗

漢 3년, 楚는 滎陽縣에서 漢王을 매우 급박하게 공격했고 漢王은 성을 떠나면서 周苛에게 滎陽城을 수비하게 하였다. 楚는 滎陽城을 격파하였고 주가를 장수로 삼으려 하였지만 주가는 항우에게 욕을 하며 말했다. "당신은 빨리 한왕에게 항복하시오! 그렇지 않으면 곧 포로가 될 것이요." 항우는 화가 나서 주가를 팽살하였다. 한왕은 이에 주창을 어사대부로 임명하였다. 주창은 언제나 한왕을 수행하며 항우의 군사를 격파하였다. 漢 6년 주창은 소하나 조참 등과 함께 제후에 봉해져 汾陰侯(분음후)가 되었다. 주가의 아들 周成은 부친이 죽었기에 高景侯에 봉해졌다.

原文

昌爲人强力, 敢直言, 自蕭,曹等 皆卑下之. 昌嘗燕入奏事, 高帝方擁戚姬, 昌還走. 高帝逐得, 騎昌項, 上問曰, "我何如主也?" 昌仰曰, "陛下卽桀,紂之主也." 於是上笑之, 然尤憚昌. 及高帝欲廢太子, 而立戚姬子如意爲太子, 大臣固爭莫能得, 上以留侯策止. 而昌庭爭之强, 上問其說, 昌爲人吃, 又盛怒, 曰, "臣口不能言, 然臣心其其知其不可. 陛下欲廢太子, 臣期期不奉詔." 上欣然而笑, 卽罷. 呂后側耳於東箱聽, 見昌, 爲跪謝曰, "微君, 太子幾廢."

| **註釋** | ○强力 – 고집이 강하다. ○皆卑下之 – 모두가 주창(之)보다 못했다. ○燕 – 燕居, 한가히 쉴 때. ○戚姬(척희) – 戚夫人. ○騎昌項 – 주창의 목에 걸터앉다. ○桀,紂(걸주) – 夏의 桀王과 殷의 紂王. 폭군의 대명사. ○留侯 – 張良. ○庭爭之强 – 朝廷에서 강력하게 따지다. 庭은 廷也. ○吃 – 口吃. 말을 더듬다. 吃은 말 더듬을 흘. 먹다. ○盛怒 – 노기를 띠다. ○欣然而笑 – 선뜻 웃다. (말 더듬는 모습을 보고) 失笑하다. ○側耳 – 곁에서 듣다. 엿듣다. ○東箱 – 동쪽 복도. 箱은 廂(행랑 상). ○微君 – 微는 無也.

〖國譯〗

주창은 사람됨이 고집이 세면서도 직언을 서슴지 않았는데 소하 조참 같은 사람도 주창만 못했다. 한번은 주창이 황제가 한가한 시간에 업무를 상주하러 들어갔더니 고조는 척부인을 껴안고 있어서 주창은 돌아 나왔다. 고조가 따라 나와 주창의 목에 올라타고 물었다. "나는 어떤 主君인가?" 주창은 고조를 올려다보며 말했다. "폐하는 꼭 桀紂(걸주)와 같은 주군입니다." 그러자 고조는 웃고 말았지만 속으로는 주창을 더욱 어려워하였다.

고조가 태자를 폐하고 戚(척)부인 소생의 如意(여의)를 태자로 삼으려 할 때, 대신들이 완강히 간쟁을 하여도 통하지 않았으며 留侯 張良의 방책으로 폐하려는 뜻을 바꾸었다.

주창도 조정에서 강력하게 따지자 고조가 말을 해보라고 하였다. 주창은 말을 더듬었는데 크게 화난 모습으로 말했다.

"臣이 입으로는 말을 잘 못하지만 臣은 마음속으로 그~ 그것이 불가하다는 것을 압니다. 폐하께서 태자를 폐하려 하더라도 臣은 기~, 기필코 명을 따르지 않을 것입니다."

고조는 그 모습이 재미있어 실소하면서 조회를 파했다. 呂后가 동쪽 복도에서 엿듣고 있었는데 주창을 보고서는 무릎을 꿇고 사례하며 말했다.

"경이 아니었으면 태자를 거의 폐할 뻔 했습니다."

42-3. 趙堯

原文

是歲, 戚姬子如意爲趙王, 年十歲, 高祖憂萬歲之後不全也. 趙堯爲符璽御史, 趙人方與公謂御史大夫周昌曰, "君之史趙堯年雖少, 然奇士, 君必異之, 是且代君之位." 昌笑曰, "堯年少, 刀筆吏耳, 何至是乎!" 居頃之, 堯侍高祖, 高祖獨心不樂, 悲歌, 群臣不知上所以然. 堯進請問曰, "陛下所爲不樂, 非以趙王年少, 而戚夫人與呂后有隙, 備萬歲之後而趙王不能自全乎?" 高祖曰, "我私憂之, 不知所出." 堯曰, "陛下獨爲趙王置貴彊相, 及呂后,太子, 群臣素所敬憚者乃可.” 高祖曰, “然. 吾念之欲如是, 而群臣誰可者?” 堯曰, “御史大夫昌, 其人堅忍伉直, 自呂后, 太子及大臣皆素嚴憚之. 獨昌可.” 高祖曰, “善.” 於是召昌謂曰, “吾固欲煩公, 公彊爲我相趙.” 昌泣曰, “臣初起從陛下, 陛下獨奈何中道而棄之於諸侯乎?” 高祖曰, “吾極知其左遷, 然吾私憂趙, 念非公無可者. 公不得已强行!” 於是徙御史大夫昌爲趙相.

| 註釋 | ○是歲 – ‘後歲’가 되어야 함. ○如意(前 208 – 194) – 高祖와 寵妃 戚姬 소생. 고조는 前 195년 붕어. ○萬歲 – 죽다. 諱言. ○不全 – 살아남지 못하다. ○趙堯(조요) – 생몰 미상. 고조, 혜제 모두 죽은 뒤 여후는 조요가 조왕 여의를 위한 방책을 건의한 것을 미워하여 관직에서 내 쫓았다. ○符璽御史(부새어사) – 어사대부 속관. 符璽는 玉璽. ○方與公謂 – 方與의 현령. 方與縣은 今 山東省 濟寧市 魚台縣. ○異之 – 그를 우대하다. ○敬憚者 – 존경하며 어려워하는 사람. ○伉直(항직) – 强直. 抗直. ○吾固欲煩公 – 固는 必也. 煩은 煩勞. 폐를 끼치다. ○左遷 – 漢代에는 右를 높였기에 左遷(좌천)이라 했다.

〚國譯〛

뒷날 戚姬(척희)의 아들 如意를 조왕으로 봉했고 조왕의 나이 열 살이 되자 고조는 자신이 죽은 뒤 조왕이 온전할 수 없다는 것을 걱정하였다. 趙堯(조요)는 符璽御史(부새어사)가 되었는데 趙人인 方與縣의 현령이 御史大夫 周昌에게 말했다.

“경의 속관인 조요가 나이는 어리지만 재주가 있는 사람이니 경께서 꼭 우대해 주어야 하니 아마도 그가 경의 자리를 이을 것입니다.” 그러자 주창이 웃으면서 말했다. “조요는 나이도 어리고 문서나 다루는 하급 관리인데 어찌 그리 되겠는가?”

얼마 후에 조요가 고조를 모시고 있을 때, 고조는 홀로 마음이 울적하여 슬프게 노래를 했는데 다른 신하들은 왜 그러는가를 알지 못했다. 조요가 고조에게 나아가 물었다.

“폐하께서 울적하신 것은 趙王이 연소한데다가 戚夫人과 呂后 사이가 안 좋아 폐하의 萬歲 이후에 조왕 자신을 보전할 수 없기 때문이 아니겠습니까?”

高祖가 말했다. “나 혼자 걱정이지만 어찌해야 할지 모르겠다.” 이에 조요가 말했다 “폐하께서는 다만 趙王의 승상으로 고관 중에서도 강직하면서도 呂后나 太子도 평소에 존경하며 어렵게 생각하는 사람을 고르시면 될 것입니다.” 고조가 말했다. “맞다. 나도 그렇게 하고 싶은데 여러 신하 중 누가 좋겠는가?” 조요가 다시 말했다.

“어사대부 주창은 심지가 굳세며 강직하신 분이라 呂后로부터 太子, 그리고 大臣들이 평소에도 매우 어려워하십니다. 오직 주창이 적임자입니다.”

고조도 말했다. “옳은 말이다.” 그리고서는 주창을 불러 말했다. “내가 꼭 公에게 부탁하는데 公이 어렵지만 나를 위해 趙王을 도와주시오.” 그러자 주창이 울면서 말했다. “臣이 처음부터 폐하를 따랐는데 폐하께서는 왜 중간에 저만 제후국으로 보내시려 하십니까?” 고조가 말했다. “나도 이것이 좌천인 것을 잘 알지만 나 혼자 조왕을 걱정하다 보니 공이 아니라면 할 만한 사람이 없소. 어쩔 수 없지만 꼭 공이 가 주기 바라오.”

그리고서는 어사대부 주창을 趙王의 相으로 보냈다.

原文

既行久之, 高祖持御史大夫印弄之, 曰, "誰可以爲御史大夫者?" 孰視堯曰, "無以易堯." 遂拜堯爲御史大夫. 堯亦前有軍功食邑, 及以御史大夫從擊陳豨有功, 封爲江邑侯.

| 註釋 | ○弄之 – 인장을(之) 만지작거리다. ○孰視 – 熟視. 자세히 보다. ○無以易堯 – 堯를 대신할 사람이 없다. 趙堯만한 사람이 없다. 易은 代也. ○江邑侯 – 江邑은 今 河南省 駐馬店市 正陽縣.

〖國譯〗

주창이 떠나가고 얼마 뒤에, 高祖는 御史大夫의 職印을 만지작거리면서 말했다. "누가 어사대부의 적임자이겠는가?" 그리고서는 조요를 한참 바라보다가 말했다. "조요를 대신할만한 사람이 없어!" 그리고서는 조요를 어사대부로 임명하였다. 조요는 이전에도 군공으로 식읍을 받았었고, 뒷날 어사대부로 고조를 따라 진희의 반란을 토벌하는 공을 세워 江邑侯가 되었다.

原文

高祖崩, 太后使使召趙王, 其相昌令王稱疾不行. 使者三反, 昌曰, "高帝屬臣趙王, 王年少, 竊聞太后怨戚夫人, 欲召趙王並誅之. 臣不敢遣王, 王且亦疾, 不能奉詔." 太后怒, 乃使使召趙相. 相至, 謁太后, 太后罵昌曰, "爾不知我之怨戚氏乎? 而不遣趙王!" 昌既被徵, 高后使使召趙王. 王果來, 至長安月餘, 見鴆殺. 昌謝病不朝見, 三歲而薨, 謚曰悼侯. 傳子至孫意, 有罪, 國除. 景帝復 封昌孫左車爲安陽侯, 有罪, 國除.

| **註釋** | ○高祖崩 - 前 195년. ○屬(音 촉) - 囑(부탁할 촉). 委也(맡기다). ○謁 - 아뢸 알. 알현하다. ○爾 - 너 이, 당신은. ○被徵 - 徵은 사람을 불러들이다. 주창의 입장에서는 피동형임. ○見鴆殺 - 독살 당하다. 酖 짐새 짐. 짐독.

〖**國譯**〗

高祖가 죽자 呂太后는 사람을 보내 趙王을 소환하였으나 趙 승상 주창은 조왕이 병이 났다며 보내지 않았다. 使者가 3번이나 다시 오자 주창이 말했다. "高帝께서 나에게 趙王을 맡기셨고 왕은 어리며 또 태후가 척부인에게 원한을 갖고 있어 조왕을 불러 함께 죽이려 한다고 들었소. 나로서는 조왕을 보낼 수도 없으며 조왕 또한 병중이라서 명을 따를 수 없소이다."

태후는 화를 내며 사람을 보내 趙 승상을 소환하였다. 승상이 도착해 태후를 알현하자 태후는 주창을 꾸짖으며 말했다. "경은 내가 척씨에게 원한이 있다는 것을 모르오? 그리고도 조왕을 보내지 않다니!"

주창이 이미 불려왔기에 태후는 사람을 보내 조왕을 소환하였다. 조왕은 예상대로 도착했고 장안에 와서 한 달쯤 있다가 鴆毒(짐독)으로 살해당했다. 주창은 병을 핑계로 조정에 나가지 않다가 3년 뒤에 죽었고 시호는 悼侯(도후)이었다. 아들에 이어 손자 周意(주의)에 이어졌으나 죄를 지어 나라가 없어졌다. 景帝는 다시 주창의 손자 周左車를 安陽侯에 봉했으나 죄를 지어 나라가 없어졌다.

原文

初, 趙堯既代周昌爲御史大夫, 高祖崩, 事惠帝終世. 高后元年, 怨堯前定趙王如意之畫, 乃抵堯罪, 以廣阿侯任敖爲御史大夫.

| **註釋** | ○高后元年 – 前 187년. ○定趙王如意之畫 – 조왕 여의를 위한 계책을 마련하다. 畫는 그을 획. 대책, 계획하다. ○抵堯罪 – 조요가 죄를 지었다 하여.

『國譯』

그전에 趙堯는 周昌을 대신하여 어사대부가 되었고 고조가 죽자 혜제가 죽을 때까지 섬기었다. 高后 元年에 고후는 조요가 전에 趙王 如意을 위한 방책을 마련한 것을 미워하여 조요가 잘못을 했다 하여 廣阿侯 任敖(임오)를 어사대부로 임명하였다.

42-4. 任敖

原文

任敖, 沛人也, 少爲獄吏. 高祖嘗避吏, 吏繫呂后, 遇之不謹. 任敖素善高祖, 怒, 擊傷主呂后吏. 及高祖初起, 敖以客從爲御史, 守豐二歲. 高祖立爲漢王, 東擊項羽, 敖遷爲上黨守. 陳豨反, 敖堅守, 封爲廣阿侯, 食邑千八百戶. 高后時爲御史大夫, 三歲免. 孝文元年薨, 諡曰懿侯. 傳子至曾孫越人, 坐爲太常廟酒酸不敬, 國除.

| 註釋 | ○任敖(임오, ? - 前 179) - 敖 놀 오. 멋대로 하다. ○不謹 - 조심하지 않다. 태만하다. ○上黨守 - 上黨郡의 태수. 上黨郡의 영역은 今 山西省 長治市, 晉城市, 晉中市 동쪽 지역에 해당. ○孝文元年 - 前 179년.

〖國譯〗

任敖(임오)는 패현 사람인데 젊어 옥리가 되었다. 고조는 자주 관리들에게 쫓겨 다녔는데 관리가 呂后를 잡아가서 조심해 다루지 않았다. 임오는 평소에 고조와 잘 지냈기에 화가 나서 여후를 잡아간 관리에게 상처를 입혔다. 고조가 처음 기의했을 때 임오는 빈객으로 고조를 따라 어사가 되었고 풍읍을 2년 동안 수비하였다. 고조가 한왕이 되어 동쪽으로 진출해 항우를 공격할 때, 임오는 上黨郡의 태수가 되었다. 陳豨(진희)가 모반했을 때, 임오는 굳게 잘 막아내어 廣阿侯(광아후)에 봉해졌고 食邑은 1,800호였다. 高后 때에 어사대부가 되었다. 3년 뒤에 면직하였다. 孝文帝 원년에 죽었고 시호는 懿侯(의후)이었다. 아들에 이어 손자 任越人에게 전해졌으나 太常으로 종묘의 술이 시어 불경죄에 걸려 나라가 없어졌다.

原文

初任敖免, 平陽侯曹窋代敖爲御史大夫. 高后崩, 與大臣共誅諸呂. 後坐事免, 以淮南相張蒼爲御史大夫. 蒼來絳侯等尊立孝文皇帝, 四年, 代灌嬰爲丞相.

| 註釋 | ○平陽侯 曹窋(조줄, ? – 前 161) – 曹參의 아들. ○後坐事免 – 조줄은 呂氏 일족 제거에 협조하지 않아 면직되었다고 한다.

〖國譯〗

任敖(임오)가 사임하자 平陽侯 曹窋(조줄)이 임오의 뒤를 이어 어사대부가 되었다. 고후가 죽고 대신들이 함께 여씨를 제거하였다. 조줄은 뒤에 사안에 걸려 면직되고 淮南國의 승상인 장창이 어사대부가 되었다. 장창은 강후 周勃(주발) 등과 함께 孝文皇帝를 모셔 옹립하였고 효문제 4년에 장창은 灌嬰(관영)을 대신하여 승상이 되었다.

原文

漢興二十餘年, 天下初定, 公卿皆軍吏. 蒼爲計相時, 緖正律曆. 以高祖十月始至霸上, 故因秦時本十月爲歲首, 不革. 推五德之運, 以爲漢當水德之時, 上黑如故. 吹律調樂, 入之音聲, 及以比定律令. 若百工, 天下作程品. 至於爲丞相, 卒就之. 故漢家言律曆者本張蒼. 蒼凡好書, 無所不觀, 無所不通, 而尤邃律曆.

| 註釋 | ○軍吏－장교. 軍의 관리. ○緖正－근본을 찾아 정리하다. 緖는 단서. 시작. 正은 整과 通. ○不革－革은 改也. ○五德之運－五德(五行, 水, 火, 土, 金, 木)의 相生相剋의 순환과 변화. 이에 따라 왕조의 흥망이 이루어진다는 주장.〔전국시대 말 鄒衍(추연)의 주장〕. ○漢當水德－漢은 水德에 해당하다. ○上黑如故－예전처럼 흑색을 숭상하다. 秦도 흑색을 숭상하였다. ○吹律調樂－음악을 조정 조율하다. ○律令－법률조항. 형법과 행정 명령. ○若百工－百工이 도량형의 규정에 따르도록. 若은 順也. 규정에 따르다. ○程品－도량형의 표준 규격. 程은 度(길이), 量(부피), 衡(무게)의 단위나 규정을 종합하여 지칭하는 말. ○卒就之－마침내 실시하게 되었다. ○尤邃律曆－尤는 더욱 우. 邃 깊을 수. 학문이 깊다. 律曆은 曆法의 계산.

〖國譯〗

漢이 건국되어 20여 년에 천하는 비로소 안정되었지만 공경대신은 모두 軍吏 출신이었다. 장창이 처음에 計相으로 근무하면서 律曆의 단서를 찾아 바로 잡았는데 고조가 10월에 처음으로 霸上(패상)에 들어왔다 하여 이전에 秦나라에서 10월을 歲首로 하는 역법을 바꾸지 않았다. 장창은 五德의 운행(五德終始)에서 漢은 水德의 시기에 해당한다고 생각하여 예전처럼 흑색을 높였다. 음률에 따라 악기를 조율하여 5音을 맞추었으며 이런 음률에 맞춰 율령도 조절하였다. 온장 장인들이 규정을 따르도록 천하 도량형의 표준을 만들었다. 장창은 승상이 되면서 마침내 이를 적용하였다. 그래서 漢에서 律曆을 말하는 자는 장창을 근본으로 하였다. 장창은 모든 책을 좋아하였고 보지 않은 책이 없었고 모르는 것이 없었지만 특히 律曆에 조예가 깊었다.

原文

蒼德安國侯王陵, 及貴, 父事陵. 陵死後, 蒼爲丞相, 洗沐, 常先朝陵夫人上食, 然後敢歸家.

蒼爲丞相十餘年, 魯人公孫臣上書, 陳終始五德傳, 言'漢土德時, 其符黃龍見, 當改正朔, 易服色.' 事下蒼, 蒼以爲非是, 罷之. 其後黃龍見成紀, 於是文帝召公孫臣以爲博士, 草立土德時曆制度, 更元年. 蒼由此自絀, 謝病稱老. 蒼任人爲中候, 大爲姦利, 上以爲讓, 蒼遂病免. 孝景五年薨, 謚曰文侯. 傳子至孫類, 有罪, 國除.

| **註釋** | ○德安國侯王陵 – 안국후 왕릉에게 신세를 지다. 사형을 당할 장창을 왕릉이 살려주었다. ○洗沐(세목) – 관리의 휴가일. ○朝陵夫人 – 朝(cháo)는 ~로 向하다. ○公孫臣 – 인명. 陰陽家. 術士. ○傳 – 傳次, 순서. 秦은 水德이지만 수덕을 이긴 漢은 곧 土德에 해당한다고 생각하였다. 土는 방위에서는 중앙이고 黃色이다. ○當改正朔 – 당연히 正朔을 바꿔야 한다. 正朔(정삭)은 정월의 朔日, 곧 일년의 시작하는 날. 위에 언급한대로 漢은 秦의 역법을 그대로 계승하여 10월을 정삭으로 했었다. ○易服色 – 관리 복장

의 색을 바꾸다. ○成紀 – 縣名. 今 甘肅省 定西市 通渭縣 동북. ○自絀(자출) – 스스로 위축되다. 絀 굽힐 출, 詘(굽힐 굴)과 同. ○中候 – 工人 감독하는 직위. 候는 본다는 뜻이 있어 감독이란 뜻. ○大爲姦利 – 간교하게 이득을 챙기다. ○孝景五年 – 前 152년.

〖國譯〗

장창은 安國侯 王陵의 은덕을 입었기에 높이 등용되면서 왕릉을 아버지처럼 섬겼다. 왕릉이 죽은 뒤에 장창이 승상이 되었는데 洗沐日(세목일, 휴가)에는 언제나 먼저 왕릉의 부인에게 식사를 올린 뒤에야 귀가하였다.

장창은 10년이 넘도록 승상으로 근무했는데 魯人 公孫臣이란 사람이 상서하여 五德이 끝나고 시작하는 차례를 설명하면서 '漢은 土德의 시대이며 징표로 황룡이 출현할 것이니 당연히 正朔을 개정하고 관리의 복색을 바꾸어야 한다.' 고 주장하였다.

이 일이 장창에게 넘겨졌고 장창은 시비를 논하다가 그만 두었다. 그 뒤에 黃龍이 成紀縣에 출현하였는데 이에 文帝는 公孫臣을 불러 博士로 임명하고 土德에 맞는 曆法의 제도와 원년을 바꾸는 일 등의 초안을 마련하게 하였다. 장창은 이 때문에 위축되면서 병이 들었고 나이도 많다며 사임하려고 하였다. 마침 장창이 보증한 사람이 中候가 되어 간교하게 큰 이득을 편취한 일이 있었는데 文帝가 이 일로 장창을 추궁하자 장창은 병이 들었다며 사임하였다. 장창은 孝景帝 5년에 죽었고 시호는 文侯이었다. 제후가 아들 다음 손자인 張類에게 전해졌으나 죄를 지어 나라가 없어졌다.

原文

初蒼父長不滿五尺，蒼長八尺餘，蒼子復，長八尺，及孫類長六尺餘。蒼免相後，口中無齒，食乳，女子爲乳母。妻妾以百數，嘗孕者不復幸。年百餘歲乃卒。著書十八篇，言陰陽律曆事。

| 註釋 | ○不滿五尺 – 5척이 되지 않다. 漢代의 1척은 23.1cm로 알려졌다. 곧 120cm 미만. ○孕 – 아이 밸 잉. ○著書十八篇 – 《漢書 藝文志》에는 기록이 없다.

〖國譯〗

그전에 장창의 아버지 신장은 5자가 안 되었으나 장창의 신장은 8척이 넘었고 장창의 아들 張復(장복)도 8척이 되었으나 손자 張類(장류)는 6척 남짓이었다. 장창은 승상을 그만둔 뒤에 입에 치아가 없어 젖을 먹고 살았는데 여인을 유모로 두었다. 장창의 처첩은 백 단위로 세어야 했는데 한번 잉태한 여인은 다시 가까이 하지 않았다고 한다. 나이가 1백세가 넘어 죽었다. 저서 18편이 있는데 주로 陰陽과 律曆에 관한 내용이다.

42-5. 申屠嘉

原文

申屠嘉, 梁人也. 以材官蹶張從高帝擊項籍, 遷爲隊率. 從擊黥布, 爲都尉. 孝惠時, 爲淮陽守. 孝文元年, 擧故以二千石從高祖者, 悉以爲關內侯, 食邑二十四人, 而嘉食邑五百戶. 十六年, 遷爲御史大夫. 張蒼免相, 文帝以皇后弟竇廣國賢有行, 欲相之, 曰, "恐天下以吾私廣國." 久念不可. 而高帝時大臣餘見無可者, 乃以御史大夫嘉爲丞相, 因故邑封爲故安侯.

| **註釋** | ○申屠嘉(신도가, ? – 155) – 15세에 입대했다고 한다. 申屠는 복성. 屠는 잡을 도. 죽이다. ○梁 – 현명. 今 安徽省 宿州市 관할의 碭山縣. 安徽省의 최북단. ○材官蹶張 – 材官은 材士, 勇士. 蹶張(궐장)은 발로 큰 활을 밟고(蹶) 시위를 당기다(張). 곧 大弓手. ○隊率(대솔) – 隊長. 단위부대장. ○淮陽 – 郡名. 治所는 陳縣(今 河南省 周口市 淮陽縣). ○關內侯 – 列侯보다 한 단계 낮은 작위. 〔1位 公士 – 19位 關內侯 – 20位 徹侯(列侯) 秦의 제도를 漢에서도 그대로 적용〕. 관내후는 봉국이 없고 식읍의 규모를 공적에 따라 달리했다. 관내후는 보통 '君' 이라 통칭했다. ○竇廣國 – 文帝 竇皇后(두황후, 景帝의 生母)의 친정 남동생. 竇長君과 竇廣國이 있었다. ○餘見(여현) – 지금도 살아 근무하는. ○故安侯 – 故安은 今 河北省 易縣(역현).

〖國譯〗

申屠嘉(신도가)는 梁人이었다. 활을 쏘는 군졸로 고조를 따라 項籍(項羽)을 격파하였고 승진하여 隊長이 되었다. 고조를 따라 경포의 반란을 진압하고 도위가 되었다. 孝惠帝 때 淮陽郡守가 되었다. 孝文帝 원년에 옛 2천석의 관리 중 고조를 따라 종군했던 사람을 천거하여 모두 關內侯에 봉하여 식읍을 받은 자가 24명이었는데 신도가는 식읍 5백 호를 받았다. 문제 16년 승진하여 어사대부가 되었다. 張蒼(장창)이 승상을 사임하자 文帝는 竇皇后의 동생인 竇廣國(두광국)이 현명하고 또 행실이 바르기에 승상으로 삼으려 했으나 "온 나라 사람들이 내가 두광국을 사사로이 봐 준다고 말할 것 같다"면서 많이 생각하다가 그만두었다. 그러나 고조 때의 大臣으로 지금 살아 있는 사람 중 적합한 사람이 없자 어사대부인 신도가를 승상으로 임명하였고 옛 식읍대로 故安侯로 봉했다.

原文

嘉爲人廉直, 門不受私謁. 是時, 太中大夫鄧通方愛幸, 賞賜累巨萬. 文帝常燕飮通家, 其寵如是. 是時, 嘉入朝而通居上旁, 有怠慢之禮. 嘉奏事畢, 因言曰, "陛下幸愛群臣則富貴之, 至於朝廷之禮, 不可以不肅!" 上曰, "君勿言, 吾私之." 罷朝坐府中, 嘉爲檄召通詣丞相府, 不來, 且斬通. 通恐, 入言上. 上曰, "汝第往, 吾今使人召若." 通至丞相府, 免冠, 徒跣, 頓首謝嘉. 嘉坐自如, 弗爲禮, 責曰, "夫朝廷者,高皇帝之朝廷也, 通小臣, 戲殿上, 大不敬, 當斬. 史今行斬之!" 通頓首, 首盡出血, 不解. 上度丞相已困通, 使使持節召通, 而謝丞相, "此吾弄臣, 君釋之." 鄧通旣至, 爲上泣曰, "丞相幾殺臣."

| 註釋 | ○廉直 – 청렴하고 정직하다. ○私謁 – 私的인 방문. ○太中大夫 – 관직명. 郎中令의 속관, 정사에 관한 의론을 담당, 無 定員. 황제의 총신이 임명되었다. ○鄧通(등통) – 文帝의 寵臣(총신). 文帝의 악성 종기를 입으로 빨아 황제의 신임을 얻었다. 93권, 〈佞幸傳〉에 입전. ○賞賜累巨萬 – 蜀의 구리(銅) 광산을 등통에게 주어 私錢(鄧通錢)의 발행과 유통을 허용하여 大富가 되었다. 景帝가 즉위하여 등통의 재산을 몰수했고 등통은 아사했다. ○吾私之 – 내가 私的으로 가르치겠다. ○爲檄 – 檄書(길이 2자의 목간에 쓴 글)를 보내다. ○汝第往 – 너는 일단 가보라. 第는 다만. 但也. 若은 汝也. ○徒跣(도선) – 맨발. 跣 맨발 선. ○頓首(돈수) – 머리를 바닥에 조아리다. 바닥에 찧다. ○此吾弄臣 – 弄臣(농신)은 광대, 優, 侏儒(주유, 난쟁이)의 의미.

〖國譯〗

申屠嘉(신도가)는 사람됨이 청렴 정직하여 사사로운 일로 찾아오는 사람을 들이지 않았다. 그때 太中大夫인 鄧通(등통)은 한창 文帝의 총애를 받으며 황제가 내려주는 재물로 거만의 富를 누렸다 문제도 자주 등통의 집에 가서 편안하게 술을 마실 정도로 총애가 많았다. 어느 날 신도가가 입조하였는데 등통이 황제 가까이에서 예를 지키지 않고 무례하게 행동하였다. 신도가가 업무에 대한 상주를 끝내고서 이어 말했다.

"폐하께서 여러 신하를 총애하신다면 그 사람에게 부귀를 내려주면 되지만 조정의 예에 대해서는 엄격하지 않을 수 없습니다."

그러자 문제가 말했다. "경은 그만하시오. 내가 깨우치게 하겠소."

조회를 마치고 승상부에 와서 신도가는 격서를 보내 등통을 소환하여 승상부로 오라 하면서 오지 않으면 참수하겠다고 하였다. 등통이 두려워 궁에 들어가 황제에게 말했다. 문제는 "너는 일단 가야 하니 내가 곧 사람을 보내 너를 오라 하겠다." 등통은 승상부에 들어와 관을 벗고 맨발로 머리를 조아리며 신도가에게 사죄하였다. 신도가는 편안히 앉아 예를 갖추지 않고서 등통을 문책하며 말했다.

"조정은 高皇帝께서 만드신 것이니 등통 너 같은 소인이 궁전에서 장난질이나 하는 것은 크게 불경한 짓이니 응당 참수해야 한다. 담당관은 지금 저 사람을 참수하라!"

등통은 머리를 땅에 찧어대었고 머리에서 피가 많이 흘러도 내보내지 않았다. 문제는 승상이 등통을 적당히 혼냈을 것이라 생각하여 符節을 갖고 가서 등통을 데려오게 하면서 승상에게 사례하였다. "그 사람은 나의 어릿광대일 뿐이니 경께서는 풀어 주기 바라오."

등통은 궁에 들어가 울면서 문제에게 말했다. "승상이 저를 거의 죽이려 했습니다."

原文

嘉爲丞相五歲, 文帝崩, 孝景卽位. 二年, 鼂錯爲內史, 貴幸用事, 諸法令多所請變更, 議以適罰侵削諸侯, 而丞相嘉自絀所言不用, 疾錯. 錯爲內史, 門東出, 不便, 更穿一門, 南出. 南出者, 太上皇廟堧垣也. 嘉聞錯穿宗廟垣, 爲奏請誅錯. 客有語錯, 錯恐, 夜入宮上謁, 自歸上. 至朝, 嘉請誅內史錯. 上曰, "錯所穿非眞廟垣, 乃外堧垣, 故冗官居其中, 且又我使爲之, 錯無罪." 罷朝, 嘉謂長史曰, "吾悔不先斬錯乃請之, 爲錯所賣!" 至舍, 因嘔血而死. 謚曰節侯. 傳子至孫臾, 有罪, 國除.

自嘉死後, 開封侯陶青, 桃侯劉舍及武帝時柏至侯許昌, 平棘侯薛澤, 武强侯莊青翟, 商陵侯趙周, 皆以列侯繼踵, 娖娖廉謹, 爲丞相備員而已, 無所能發明功名著於世者.

| **註釋** | ○孝景卽位 – 前 156년. ○鼂錯(조조, 前 200 – 154) – '晁錯', '朝錯' 으로도 표기. 鼂(晁)는 朝의 古字. 《史記》와 《漢書》에는 鼂錯(아침 조, 둘 조)로 기록되었다. 조조는 法家의 학문을 공부하였고 태자의 家事 담당하는 太子家令으로 근무하였기에 경제의 신임이 두터웠다. 〈削藩策〉을 주장하여 吳楚七國의 亂의 원인을 제공하였다. 49권, 〈爰盎鼂錯傳〉에 입전. 《史記 袁盎鼂錯列傳》 참고. ○內史 – 수도의 행정을 담당. ○穿 – 뚫을 천. 구멍을 내다. ○太上皇廟 – 고조의 先親 廟堂. ○堧垣(연원) – 묘의 안쪽 담과 바깥 담 사이의 빈터. 堧 빈터 연, 垣 담 원. 여기서는 바깥 담. ○冗官(용관) – 散官. 특별한 소임이 없는 관리. 冗은 쓸데없을 용. 남아돌다. ○爲錯所賣 – 조조에게 당했다. ○莊青翟(장청적) – 嚴青翟, 高祖의 공신 嚴不職의 손자. 後漢 明帝 劉莊을 諱字(휘자)하여 嚴으로 표기. ○繼踵(계종) – 뒤를 잇다. 踵은 발꿈치 종. 뒤를 따르다. ○娖娖(착착) – 조심하고 근신하는 모양.

娖은 삼갈 착. ㅇ備員 - 예비 인원. 數나 채우다. 備位, 備使와 동. ㅇ發明 - 새로운 제도를 만들어내다.

〖國譯〗

신도가가 승상으로 재직 5년에 文帝가 죽고 孝景帝가 즉위하였다. 2년에 鼂錯(조조)가 內史로 황제의 신임을 받으며 권력을 행사하였고 여러 법령을 주청하여 변경하였고 제후가 잘못이 있으면 제후의 영지를 삭감해야 한다는 주장을 하였는데 승상 신도가는 승상의 의견이 받아들여지지 않아 스스로 위축되면서 조조를 미워하였다. 조조는 內史가 되어 동문으로 나오기가 불편하여 담에 새로운 문을 만들어 남쪽으로 출입하였다. 남쪽 대문 밖은 太上皇 묘당의 북쪽 담 안의 공터였다. 신도가는 조조가 종묘 담장을 무너트렸다 하여 황제에게 주청하고 조조를 죽이려 하였다. 그러나 다른 이가 이를 조조에게 말하자 조조는 겁이 나서 밤에 궁궐에 들어가 황제를 뵙고 황제에게 미리 이야기를 하였다. 조회를 하면서 신도가는 內史 조조를 주살해야 한다고 주청하였다. 이에 경제가 말했다.

"조조가 헐은 것은 종묘의 진짜 담이 아니라 바깥 공터이고 또 거기에는 다른 관리가 거처하기도 하였으며 또 내가 해도 좋다고 허락도 하였으니 조조는 죄가 없는 것이요."

조회를 마치고 신도가는 아래 長史에게 말했다. "내가 먼저 조조를 죽이고 이를 주청했어야 하지 않았기에 조조에게 이용당했으니 한스러울 뿐이다."

집에 돌아온 신도가는 피를 토하고 죽었다. 시호는 節侯이었다. 아들을 거쳐 손자 申屠臾(신도유)에 이르렀으나 죄를 지어 나라가 없어졌다.

신도가가 죽은 뒤로 開封侯 陶靑(도청), 桃侯 劉舍(유사) 및 武帝 때 柏至侯(백지후) 許昌, 平棘侯(평극후) 薛澤(설택), 武强侯 莊靑翟(장청적), 商陵侯 趙周 등이 모두 列侯로 그 뒤를 이었으나 조심조심하고 청렴 근신하면서 승상의 자리나 채웠을 뿐 새로운 일이나 공을 이루어 세상에 이름을 내질 못했다.

原文

贊曰, 張蒼文好律曆, 爲漢名相, 而專遵用奉之〈顓頊曆〉, 何哉? 周昌, 木强人也. 任敖以舊德用. 申屠嘉可謂剛毅守節, 然無術學, 殆與蕭,曹,陳平異矣.

| 註釋 | ○文好律曆 - 명분으로는 律曆에 밝았다지만. ○專遵用 - 전적으로 遵用하다. 개선이나 혁신이 없음을 비판하는 뜻이 담겨 있다. ○顓頊曆(전욱력) - 秦의 曆法. 10월을 歲首로 하였다. 景帝 다음 武帝 때(太初 원년, 前 104) 太初曆이 시행되면서 正月을 歲首로 하였으며, 24절기가 처음으로 채용되었다. ○木强 - 목석처럼 질박하고 억세다. ○以舊德用 - 옛 은덕으로 등용되었다. ○術學 - 識見, 見識.

〖國譯〗

班固의 論贊 : 장창은 글로는 律曆에 관해 밝았고 漢의 명상이라 하였지만 〈顓頊曆(전욱력)〉을 그대로 준용하며 받들었는데 왜 그리 했는가? 周昌은 나무처럼 질박한 사람이었다. 任敖(임오)는 呂后에게 베푼 옛 은덕으로 등용되었다. 申屠嘉(신도가)는 강직하고 節義를 지켰지만 식견이 부족하여 소하나 조참, 진평만 못하였다.

43 酈陸朱劉叔孫傳
〔역,육,주,유,숙손전〕

43-1. 酈食其

原文

酈食其, 陳留高陽人也. 好讀書, 家貧落魄, 無衣食業. 爲里監門, 然吏縣中賢豪不敢役, 皆謂之狂生.

及陳勝,項梁等起, 諸將徇地過高陽者數十人, 食其聞其將皆握齱好荷禮自用, 不能聽大度之言, 食其乃自匿. 後聞沛公略地陳留郊, 沛公麾下騎士適食其里中子, 沛公時時問邑中賢豪. 騎士歸, 食其見, 謂曰, "吾聞沛公嫚易人, 有大略, 此眞吾所願從游, 莫爲我先. 若見沛公, 謂曰 '臣里中有酈生, 年六十餘, 長八尺, 人皆謂之狂生, 自謂我非狂.' 騎士曰, "沛公不喜儒, 諸客冠儒冠來者, 沛公輒解其冠, 溺其中. 與人言, 常大罵. 未可以儒生說也." 食其曰, "第言之." 騎士從容言食其所戒者.

| **註釋** | ○酈食其(역이기, 前 268 – 204) – 별명이 高陽酒徒, 漢王의 謀臣. 食其(yì jī, 이기)는 '배불리 먹는다' 는 뜻. 食은 사람 이름 이. 辟陽侯 審食其(심이기)도 같은 경우. ○陳留 – 郡, 縣名. 今 河南省 開封市 동남. 高陽은 邑名, 今 河南省 開封市 관할의 杞縣. ○落魄(낙백, 낙탁) – 곤궁하며 실의한 모양. 魄은 넋 백. 찌끼 박. 영락할 탁. ○里監門 – 마을의 里門을 지키는 사람. ○握齪(악착) – 器量이 매우 좁음. ○好苛禮 – 번잡한 예를 따지다. ○自用 – 스스로 옳다고 믿다. '師心自用' 이란 말도 있다. ○嫚易(만이) – 남을 업신여기다. ○莫爲我先 – 나를 먼저 소개하지는 말라! ○溺 – 오줌 뇨(尿). 빠질 익. ○從容(종용) – 조용히. 침착하다. 차분하다. ○第言之(제언지) – 第는 일단. 부사로 쓰였다.

〖**國譯**〗

酈食其(역이기)는 陳留縣(진류현) 高陽邑 사람이다. 독서를 많이 했으나 집이 가난하여 실의 속에 의식을 해결할만한 일도 없었다. 마을의 문지기였으나 관리나 縣의 호걸 누구도 그를 쓰지 않았고 모두가 '미친 사람' 이라고 했다.

陳勝과 項梁(항량) 등이 起義하고 여러 장수들이 각지를 공략하며 고양현을 지나간 자가 수십 명이었으나 역이기는 그들이 모두 국량이 좁고 번잡한 예나 따지며 잘난 척하는 사람으로 큰 度量의 말을 들으려 하지 않는 사람이라고 생각하며 스스로 몸을 감추었다. 뒤에

沛公이 陳留 근처를 지난다는 말을 들었는데 마침 패공의 휘하에 역이기와 같은 마을의 騎士가 있었고, 패공은 가끔 고향에 현인이나 호걸이 있는가를 묻곤 하였다. 그 騎士가 고향에 들르자 역이기가 그를 만나 말했다.

"내가 알기에 패공은 사람을 업신여기지만 큰 度略(도략)이 있다고 하는데 이런 사람이 내가 진짜로 따르고 싶은 사람이나 나를 미리 이야기 하지는 말라. 만약 패공을 만나거든 '마을에 酈生이란 사람이 있는데 나이는 60이고 키는 8척에, 남들이 모두 미친 사람이라고 하지만 자신은 미치지 않았다고 한다.' 라고만 말하라."

그러자 騎士가 말했다. "패공은 유생을 좋아하지 않아 유자의 관을 쓰고 오는 자가 있으면 그 관을 벗겨 거기에 오줌을 눕니다. 그리고 남과 이야기를 할 때 늘 욕을 합니다. 그러니 유생이라 말해서는 안 됩니다."

역이기는 "일단 말을 해보라"고 하였다. 기사는 틈을 보아 역이기가 주의한대로 말했다.

原文

沛公至高陽傳舍, 使人召食其. 食其至, 入謁, 沛公方踞床令兩女子洗, 而見食其. 食其入, 卽長揖不拜, 曰, "足下欲助秦攻諸侯乎? 欲率諸侯破秦乎?" 沛公罵曰, "豎儒! 夫天下同苦秦久矣, 故諸侯相率攻秦, 何謂助秦?" 食其曰, "必欲聚徒合義兵誅無道秦, 不宜踞見長者."

於于沛公輟洗, 起衣, 延食其上坐, 謝之. 食其因言六國從衡時. 沛公喜, 賜食其食, 問曰, "計安出?" 食其曰, "足下起瓦合之卒, 收散亂之兵, 不滿萬人, 欲以徑入强秦, 此所謂探虎口者也. 夫陳留, 天下之衝, 四通五達之郊也, 今其城中又多積粟, 臣知其令, 今請使, 令下足下. 卽不聽, 足下擧兵攻之, 臣爲內應."

於是遣食其往, 沛公引兵隨之, 遂下陳留. 號食其爲廣野君.

| 註釋 | ○傳舍 – 驛傳의 客舍. ○踞床 – 踞는 웅크릴 거. 倨(거만할 거)와 同. ○長揖 – 揖은 손을 들어 올려 취하는 예. 長揖不拜는 윗사람에 대한 예를 다 갖추지 않다. ○足下 – 상대방에 대한 존칭. ○豎儒(수유) – 못난 놈! 豎는 더벅머리 수. ○瓦合之卒 – 烏合之衆. 瓦合은 깨진 기와를 맞추다. ○遂下陳留 – 下는 降也.

〔國譯〕

沛公은 高陽의 傳舍에서 사람을 보내 역이기를 오라고 하였다. 역이기가 도착하여 들어가 뵙자 패공은 막 평상에 걸터앉아 두 여인을 시켜 발을 씻으면서 역이기를 만났다. 역이기는 들어가 크게 揖(읍)을 하고 절을 하지는 않으며 말했다.

"足下께서는 秦나라를 도와 제후를 치려고 합니까? 아니면 제후를 통솔하여 진나라를 토벌하렵니까?"

패공이 욕을 하며 말했다. "못난 놈! 천하가 오랫동안 진나라 때문에 고통을 받았기에 제후들이 서로 힘을 합쳐 진나라를 토벌하는데 어찌 진나라를 돕는다고 하는가?"

이에 역이기가 말했다. "무리를 모으고 義兵을 통합하여 무도한 진을 꼭 없애려 한다면 걸터앉아 어른을 만나는 것이 아니요."

그러자 패공은 발을 씻다 말고 옷을 입고서 역이기를 맞아 상좌에 앉히며 사과하였다. 역이기가 이어 6국의 합종과 연횡의 시대상황을 이야기하였다. 패공은 좋아하며 역이기에게 식사를 대접하며 물었다. "어떤 계획을 갖고 있습니까?" 역이기가 말했다.

"족하께서 오합지졸로 기병하여 도망친 병졸을 모았지만 1만 명도 안 되는데 이들을 거느리고 강한 진나라를 곧바로 공격한다면 이는 호랑이 입안을 더듬는 것과 같습니다. 여기 陳留縣은 천하 요충지로 사통오달하는 곳이며 지금 성 안에는 많은 곡식을 비축해 두었는데 나는 현령을 알고 있습니다. 지금 使者로 들어가서 족하에게 항복하라고 권하겠습니다. 만약 따르지 않아 족하께서 군사로 공격하면 저는 내응하겠습니다."

이에 역이기를 진류현에 들여보냈고 沛公은 군사를 거느리고 가서 마침내 진류현을 항복시켰다. 그리고 역이기를 廣野君이라 불렀다.

原文

食其言弟商, 使將數千人從沛公西南略地. 食其常爲說客, 馳使諸侯.

漢三年秋, 項羽擊漢, 拔滎陽, 漢兵遁保鞏. 楚人聞韓信破趙, 彭越數反梁地, 則分兵救之. 韓信方東擊齊, 漢王數困滎陽,成皐, 計欲捐成皐以東, 屯鞏,雒以距楚.

食其因曰, "臣聞之, 知天之天者, 王事可成, 不知天之天者, 王事不可成. 王者以民爲天, 而民以食爲天. 夫敖倉, 天下轉輸久矣, 臣聞其下乃有臧粟甚多. 楚人拔滎陽, 不堅守敖倉, 乃引而東, 令適卒分守成皐, 此乃天所以資漢. 方今楚易取而漢後卻, 自奪便, 臣竊以爲過矣. 且兩雄不俱立, 楚,漢久相持不決, 百姓騷動, 海內搖蕩, 農夫釋耒, 紅女下機, 天下之心未有所定也. 願足下急復進兵, 收取滎陽, 据敖庾之粟, 塞成皐之險, 杜太行之道, 距飛狐之口, 守白馬之津, 以示諸侯形制之勢, 則天下知所歸矣. 方今燕,趙已定, 唯齊未下. 今田廣據千里之齊, 田間將二十萬之衆軍於歷城, 諸田宗强, 負海岱, 阻河濟, 南近楚, 齊人多變詐, 足下雖遣數十萬師, 未可以歲月破也. 臣請得奉明詔說齊王使爲漢而稱東藩."

上曰, "善."

| 註釋 | ○商 – 酈商. 酈食其 동생. 41권, 〈樊酈滕灌傅靳周傳〉에 입전. ○說客(세객) – 遊說 전문가. ○漢三年 – 前 204년. ○滎陽(형양) – 秦의 三川郡 소속 縣名. 今 河南省 鄭州市 관할의 滎陽市. ○鞏(공) – 縣名. 今 河南省 鞏義市.(鄭州市와 洛陽市 중간) ○成皐(성고) – 縣名. 今 河南省 鄭州市 관할 滎陽市 서북 汜水鎭. ○知天之天者 ~ –《管子》에 나오는 말. ○敖倉(오창) – 今 河南省 鄭州市 관할 滎陽市 동북. ○臧粟 – 藏粟. ○釋耒(석뢰) – 쟁기를 놓다. 농사를 짓지 못하다. ○紅女下機 – 부녀자가 길쌈을 하지 못

하다. 紅女(공여)는 工女. 織女. 紅은 일 공. ○敖庾之粟 – 오창의 곡식. 庾는 노적가리 유. 곳집. ○太行(태항) – 太行山, 北京市, 河北省, 山西省, 河南省에 걸친 400여 km의 산맥. 今 河北省과 山西省의 경계. ○飛狐 – 飛狐口(비호구) – 지명. 今 河北省 張家口市 蔚縣의 아주 좁은 關隘(관애) 지역. ○白馬之津 – 白馬津. 今 河南省 滑縣(활현)의 황하 나루터. ○田廣(? – 前 204) – 田榮의 아들, 齊王. 漢 2년(前 205) 田榮이 兵敗하고 平原縣으로 도주하였으나 그곳 사람들에게 살해된다. 항우는 田假를 齊王으로 봉했으나 田榮의 동생 田橫은 실지를 수복하고 田廣을 왕으로 내세운다. 33권, 〈魏豹田儋韓王信傳〉 참고. ○歷城 – 縣名. 今 山東省 濟南市. ○負海岱 – 동해와 태산을 등지고 있다. 岱(대)는 泰山. ○河濟 – 黃河와 濟水. ○東藩(동번) – 漢의 동쪽 藩臣(번신, 제후).

〖國譯〗

역이기는 동생 酈商(역상)에게 말했고 역상은 수천 명 군사를 거느리고 한왕을 따라 서남쪽으로 진출하며 각지를 공략했으며 역이기는 늘 說客(세객)으로 각 제후를 찾아다녔다.

漢 3년 가을, 항우는 漢을 공격하여 滎陽縣(형양현)을 차지했고 漢의 군사는 패하여 鞏縣(공현)을 지켰다. 楚 항우는 韓信이 趙 지역을 격파했으며 彭越(팽월)도 梁에서 반기를 들었다는 말을 듣고 군사를 나눠 그 지역을 구원하게 하였다. 한신이 동쪽으로 진출하여 齊를 공략하려 할 때, 한왕은 형양과 成皐(성고)에서 여러 번 패전하며 성고의 동쪽을 포기하고 鞏縣(공현)과 낙양을 확보하면서 楚을 막아내려고 했다. 이에 역이기가 말했다.

"臣이 알기로는 하늘이 하늘인 것을 아는 자는 王業을 이룰 수 있지만 하늘이 하늘인 줄을 모르는(그 근본을 모른다는 뜻) 자는 왕업을 이룰 수 없습니다. 王者는 백성을 하늘이라 생각하고 백성은 먹는 것을 하늘로 생각합니다. 저 敖倉(오창)은 오래 전부터 천하의 곡식이 모이는 곳인데 신은 그곳에 저장된 곡식이 매우 많다고 들었습니다. 楚는 형양을 차지하고서도 오창을 굳건히 지키지 않고 병력을 거느려 동쪽으로 진출하면서 약간의 군사를 나눠 成皐(성고)를 지키고 있으니 이는 하늘이 漢을 돕는 것입니다. 지금 楚는 쉽게 차지했고 漢은 뒤로 물러났지만 우리가 다시 빼앗기 쉬운데도 그렇게 하지 않는다면 臣은 잘못이라고 생각합니다. 그리고 한과 초 兩雄은 함께 존립할 수 없는 법이니 초와 한이 서로 오래 싸우며 결판이 나지 않으면 백성들이 동요하고 海內가 뒤흔들리게 되어 농부는 농사를 못 짓고 부녀자는 길쌈을 하지 못하여 천하의 민심이 갈 곳을 잃게 됩니다. 바라건대, 족하께서는 급히 다시 진격하여 형양을 되찾고 오창의 군량을 차지하고 成皐(성고)의 험지를 차단하면서 太行山(태항산)의 길을 막으며 飛狐口(비호구)의 좁을 길에서 방어하며 白馬津을 수비하여 제후들에게 유리한 지형을 선점하여 천하를 제패할 수 있다는 형세를 보여준다면 제후들이 어느 쪽으로 歸附(귀부)할 가를 결정할 수 있을 것입니다. 지금 燕과 趙 지역은 이미 평정되었지만 齊땅은 아직 평정하지 못하고 있습니다. 지금 齊王인 田廣은 齊의 천리 땅을 차지하였고 장수 田間(전간)은 曆省(역성)에 20만 대군을 거느리고 주둔하였는데 田氏 齊나라의 종친도 막강합니다. 또 齊는 동해와 태산을 등에 지고 黃河와 濟水에 의지하면서 남쪽으로는 楚와 인접하였으며 齊 사람들은 거짓과 변심이 많아 족하께서 비록 수십 만의 군사를 보낸다 하여도 어느 세월에 그들을 격파할지 기약할 수도 없습니다. 臣은 명을 받아 사신으로 가서 齊王을 설득하여 齊

를 한의 동쪽 藩臣(번신)으로 만들고자 합니다."

그러자 한왕은 "좋소이다."라고 했다.

原文

乃從其畫, 復守敖倉, 而使食其說齊王, 曰, "王知天下之所歸乎?" 曰, "不知也." 曰, "知天下之所歸, 則齊國可得而有也, 若不知天下之所歸, 卽齊國未可保也." 齊王曰, "天下何歸?" 食其曰, "天下歸漢." 齊王曰, "先生何以言之?"

曰, "漢王與項王戮力西面擊秦, 約先入咸陽者王之, 項王背約不與, 而王之漢中. 項王遷殺義帝, 漢王起蜀漢之兵擊三秦, 出關而責義帝之負處, 收天下之兵, 立諸侯之後. 降城卽以侯其將, 得賂則以分其士, 與天下同其利, 豪英賢材皆樂爲之用. 諸侯之兵四面而至, 蜀漢之粟方船而下. 項王有背約之名, 殺義帝之負, 於人之功無所記, 於人之罪無所忘, 戰勝而不得其賞, 拔城而不得其封, 非項氏莫得用事, 爲人刻印, 玩而不能授, 攻城得賂, 積財而不能賞. 天下畔之, 賢材怨之, 而莫爲之用. 故天下之士歸於漢王, 可坐而策也. 夫漢王發蜀漢, 定三秦, 涉西河之外, 援上黨之兵, 下井陘, 誅成安君, 破北魏, 擧三十二城, 此黃帝之兵, 非人之力, 天之福也. 今已據敖倉之粟, 塞成皐之險, 守白馬之津, 杜太行之阪, 距飛狐之口, 天下後服者先亡矣. 王疾下漢王, 齊國社稷可得而保也, 不下漢王, 危亡可立而待也."

田廣以爲然, 乃聽食其, 罷歷下兵守戰備, 與食其日縱酒.

| 註釋 | ○畫(획) - 방책. 획책. ○戮力(육력) - 온 힘을 다하여. 幷力. ○西面 - 서쪽을 향하다. ○責義帝之負處 - 責은 問. 문책하다. 따지다. 義帝가 있는 곳을 따져 묻다. 負字가 없어야만 文理가 통한다. ○得賂 - 재물을 차지하다. 賂는 뇌물 뇌. 재물. ○方船 - 배 두 척이 나란히 가다. 方은 幷也. ○非項氏莫得用事 - 여기서 用事는 주요 관직에 등용되다. ○玩而不能授 - 새기기는 했어도 (아까워서) 주지 못하다. 玩而不能授는 다음의 '積財而不能賞'과 짝이 된다. 따라서 '財'는 衍文(연문). ○畔 - 叛也. 畔은 밭두둑 반. 叛과 通. ○西河 - 黃河의 상류의 한 부분. 今 寧夏回族自治區와 내몽고 지역의 南에서 北으로 흐르는 황하를 지칭한다. ○援 - 끌어들이다. ○上黨 - 郡名. 지금의 山西省 長治市 전 지역과 晉城市 대부분 지역에 해당. 치소는 長子縣(今 山西省 長治市 長子縣). ○井陘(정형) - 縣名. 今 河北省 石家庄市 관할의 井陘市. ○成安君 - 陳餘(진여, ? - 前 205), 秦末 漢初의 代王. 32권, 〈張耳陳餘傳〉에 입전. ○破北魏 - 魏豹(위표, ? - 前 204)를 지칭. 戰國 말기 魏國 종실, 뒷날 項羽에 의해 西魏王에 봉해졌다. 漢王에 귀부하는 등 叛服이 무상하여 漢將 周苛(주가)에 의해 살해되었다. ○黃帝之兵 - 黃帝 軒轅氏의 군사, 蚩尤(치우)를 격파하였다. ○阨 - 좁을 애. 險要之地. ○日縱酒 - 날마다 술을 마시다. 縱酒(종주)는 술을 마음껏 마시다.

【國譯】

이에 한왕은 그 계책에 따라 다시 오창을 차지하였고 역이기를 보내 齊王을 설득케 하였는데 역이기가 齊王에게 물었다.

"왕께서는 천하가 누구 차지가 될지 아십니까?" "모르겠습니다."

"누가 천하를 차지하느냐를 알면 齊나라를 존속시켜 보유할 수 있으나 천하가 누구의 것일지 알지 못하면 제나라를 지킬 수 없을 것입니다." 그러자 齊王이 물었다. "천하는 누구의 것이 되겠습니까?" 역이기가 대답했다. "천하는 漢이 차지할 것입니다." 齊王이 다시 물었다. "선생은 왜 그렇게 말합니까?"

"漢王과 項王은 온 힘을 다해 서쪽을 향해 秦을 공격하면서 함양에 먼저 들어가는 자를 그 왕으로 한다고 약속하였지만 항우는 약속을 어기고 한왕에게 주지 않고 漢中의 왕으로 봉했습니다. 항왕은 義帝를 내쫓아 죽였고 한왕은 촉한의 군사를 거느리고 일어나 三秦을 격파하고 함곡관을 나와 義帝는 어디 있는가를 항우에게 따졌으며 천하의 군사를 모으며 6國의 후예를 제후로 봉했습니다. 성을 차지하면 그 장수를 제후로 봉했으며 재물을 얻으면 그 사졸들에게 나누어 주면서 온 천하 사람들과 이득을 같이 했기에 호걸이나 영웅들이 기꺼이 한왕을 위해 일했습니다. 그래서 諸侯의 군사들이 사방에서 모여들었고 蜀과 漢의 곡식을 실은 배가 나란히 동쪽으로 내려왔습니다. 項王에게는 약속을 어겼다는 명분만 남았고 義帝를 살해한 죄가 있으며 남의 공적은 알아주지 못하고 타인의 허물은 잊어버리지 못하며 전투에서 이겨도 상을 주지 못하고 성을 차지하더라고 분봉하지 못하며 항씨가 아니면 관직에 임용되지 못했고 부하에게 줄 직인을 새겨도 주지 못하며 성을 공략하여 재물을 차지해도 싸놓고 상으로 주지 못합니다. 온 천하가 항우를 등졌고 인재들은 항우를 원망하면서 그를 위해 일하려 하지 않습니다. 그래서 천하의 인재들이 한왕에게 귀부하기에 한왕은 앉아서 부릴 수 있습니다. 한왕이 촉과 한중에서 나와 三秦 땅을 평정하고 西河의 외곽을 건너왔으며

上黨郡의 병력을 이끌고 井陘(정형)을 지나 成安君 陳餘를 죽이고 北쪽 魏의 위표를 격파하면서 32개 성을 차지하였으니 이는 黃帝의 군사처럼 사람의 힘으로 된 것이 아니라 하늘이 내려준 복입니다. 한왕은 지금 이미 오창의 곡식을 차지하고 成皐(성고)의 험지를 차지하였고 황하의 白馬津을 수비하면서 太行山(태항산)의 험한 길을 끊었으며 飛狐口를 지키고 있으니, 지금 상황에서는 나중에 복속하는 자는 먼저 망하게 될 것입니다. 왕께서 빨리 한왕에게 항복한다면 齊國의 社稷을 차지하고 또 보조할 수 있을 것입니다만 한왕에게 항복하지 않는다면 망하는 것은 오래지 않을 것입니다."

齊王 田廣은 옳은 말이라 생각하여 역이기의 말에 따라 歷下(역하)의 수비 병력을 해산하고 역이기와 함께 날마다 술을 마음껏 마셨다.

原文

韓信聞食其馮軾下齊七十餘城, 乃夜度兵平原襲齊. 齊王田廣聞漢兵至, 以爲食其賣己, 乃亨食其, 引兵走.

漢十二年, 曲周侯酈商以丞相將兵擊黥布, 有功. 高祖擧功臣, 思食其. 食其子疥數將兵, 上以其父故, 封疥爲高梁侯. 後更食武陽, 卒, 子遂嗣. 三世, 侯平有罪, 國除.

| **註釋** | ○馮軾 – 수레를 타고 다니며. 구변과 遊說로. 馮 탈 빙. 凭(기댈 빙)과 同. 軾(가로나무 식)은 수레의 손잡이. 이를 잡고 예를 표한다. ○平原 – 黃河의 平原津. 今 山東省 德州市 平原縣. ○食其賣己 – 역이기가 자신을

이용해 먹다. 賣는 우롱하다. ○曲周侯酈商 – 역이기 동생. ○以丞相 – 토벌군의 지휘관으로 받은 虛銜(허함)이다. ○擧 – 分封하다. ○疥 – 옴 개. 옴은 피부병의 일종. ○高梁 – 읍명. 今 山西省 臨汾市 근처. ○後更食武陽, 卒, 子遂嗣 – 陽, 卒, 子 三字가 衍文(연문)이라는 註가 있다.《사기》97권〈酈生陸賈列傳〉에는 '封疥爲高梁侯. 後更食武遂' 로 되어 있다.

〖國譯〗

大將軍 韓信은 역이기가 수레를 타고 다니며 유세하여 齊 70여 성을 항복케 했다는 소식을 듣고서 밤에 平原津을 건너가 齊를 공격하였다. 齊王 田廣은 漢의 군사가 공격한다는 말을 듣고 역이기가 자신을 이용했다고 생각하여 역이기를 팽살하고 군사를 거느리고 도주하였다.

漢 12년, 曲周侯 酈商은 승상의 직함으로 군사를 거느리고 黥布를 격파하며 공을 세웠다. 고조는 공신을 분봉하면서 역이기를 생각하였다. 역이기의 아들 酈疥(역개)도 자주 군사를 지휘했는데 고조는 그의 부친을 생각하여 역개를 高梁侯에 봉했다. 나중에 식읍을 武陽으로 바꿔 주었는데 죽은 뒤에는 아들 酈遂(역수)가 뒤를 이었다. 3세손인 제후 酈平이 죄를 지어 나라가 없어졌다.

43-2. 陸賈

原文

陸賈, 楚人也. 以客從高祖定天下, 名有口辯, 居左右, 常使諸侯.

時中國初定, 尉佗平南越, 因王之. 高祖使賈賜佗印爲南越王. 賈至, 尉佗魋結箕踞見賈.

賈因說佗曰, “足下中國人, 親戚昆弟墳墓在眞定. 今足下反天性, 棄冠帶, 欲以區區之越 與天子抗衡爲敵國, 禍且及身矣. 夫秦失其正, 諸侯豪桀并起, 唯漢王先入關, 據咸陽. 項籍背約, 自立爲西楚霸王, 諸侯皆屬, 可謂至强矣. 然漢王起巴,蜀, 鞭笞天下, 劫諸侯, 遂誅項羽. 五年之間, 海內平定, 此非人力, 天之所建也. 天子聞君王王南越, 而不助天下誅暴逆, 將相欲移兵而誅王, 天子怜百姓新勞苦, 且休之, 遣臣授君王印, 剖符通使. 君王宜郊迎, 北面稱臣, 乃欲以新造未集之越屈强於此. 漢誠聞之, 掘燒君王先人冢墓, 夷種宗族, 使一偏將將十萬衆臨越, 卽越殺王降漢, 如反覆手耳.”

| 註釋 | ㅇ陸賈(육가, 前 240 – 170) – 《新語》를 저술하여 漢代 儒學의 기초 마련, 賈誼(가의), 董仲舒(동중서)에 영향. 陸生이라 호칭. ㅇ中國 – 황하

중하류 지역. 中原. ○尉佗(위타) – 본명 趙佗. 95권, 〈西南夷兩粤朝鮮傳〉에 立傳. ○魋結箕踞(추결기거) – 상투를 틀고 다리를 벌리고 앉다. 魋는 북상투 추. 箕 키 기. 곡식의 검불 같은 것을 날리는 농기구. 실내에서 손님을 만나거나 어른을 뵐 때는 무릎을 꿇고 앉아 발바닥을 보이지 않는 것이 禮이다. 두 다리를 뻗고 앉는 것은 무례한 짓이다. ○眞定 – 縣名. 今 河北省 省都(省會)인 石家莊市 동북. ○區區之越 – 區區는 작은(小) 모양. 抗衡(항형)은 대항하다. ○正 – 政也. ○鞭笞天下 – 鞭笞(편태)는 채찍으로 때리다. ○南越(남월) – 종족명, 고대의 국명. 五嶺 산맥 이남의 越人의 나라. 秦代에 桂林郡, 南海郡, 象郡을 설치. 秦末에 眞定人 趙佗(조타)가 都尉로 桂林郡 등 3郡을 평정하고 今 廣州에서 前 203년에 南越王(武王)을 자칭. 前 111년 멸망, 漢은 남해군 등 9개 군 설치. ○夷種宗族 – 종족의 씨를 없애 버리다. 夷는 滅也. ○如反覆手 – 覆 뒤집을 복. 아주 쉬운 일이다.

〖國譯〗

陸賈(육가)는 楚나라 사람이다. 빈객으로 고조의 천하 평정을 수행하였는데 口辯으로 이름이 있어 고조의 측근으로 제후에게 자주 사신으로 나갔다.

그때는 중원이 겨우 안정이 될 때였는데 尉佗(위타, 趙佗)가 南越(남월)을 평정하고 그곳 왕이 되었다. 高祖는 위타에게 王印을 하사하고 南越王에 봉하려고 육가를 사신으로 보냈다. 육가가 도착했을 때 위타는 상투를 틀고 다리를 뻗고 앉아 육가를 맞이했다.

그래서 육가가 위타에게 말했다.

"족하는 중국 출신으로 친척 형제와 조상의 분묘가 眞定에 다 있습니다. 지금 족하께서 천성에 어긋나게 冠帶도 갖추지 않고 구석진 남월 땅에서 천자와 대결하듯 적국이 되려 하니 곧 재앙을 당할 것입니다. 예전 秦이 정치를 잘못해서 제후와 호걸이 모두 일어났는데 오직 한왕만이 먼저 관중에 들어가 함양을 차지하였습니다. 항우는 약조를 어기고 자립하여 西楚의 霸王(패왕)이 되어 제후들이 다 복속케 하였지만 그것은 힘에 의한 강요였습니다. 그러나 한왕은 巴(파)와 蜀(촉)에서 기병하여 온 천하를 평정하고 제후들을 동원하여 마침내 항우를 죽였습니다. 5년 만에 海內를 평정하였는데 이는 인력이 아니고 하늘이 세운 것입니다. 천자께서는 왕께서 남월의 왕이 되었다는 소식을 들었지만 왕께서는 천하의 포악을 제거하는데 협조하지도 않았다 하여 漢의 將相들이 군사를 보내 군왕을 죽이고자 하였지만 천자께서는 백성들이 또 고생을 하는 것을 가엽게 여겨 일단 그만 두시면서 나를 보내 왕의 인수를 하사하고 부절을 나눠주며 사신을 왕래케 하라고 하셨습니다. 군왕은 당연히 성 밖까지 나와서 영접을 한 뒤 북향하고 稱臣해야 하는데 새로 차지해 아직 안정되지도 않은 이곳 越(월)에서 강한 척하고 있습니다. 漢 조정에서 이를 알면 군왕의 조상 무덤을 파내 불사르고 일족의 씨를 없앤 뒤에 장수 한 사람에게 10만 군사를 주어 월에 보내면 왕을 죽이고 漢에 소속케 하는 것은 손바닥을 뒤집듯 쉬운 일입니다."

原文

于是佗乃蹶然起坐, 謝賈曰, "居蠻夷中久, 殊失禮義." 因問賈曰, "我孰與蕭何, 曹參, 韓信賢?" 賈曰, "王似賢也." 復問曰, "我孰與皇帝賢?"

賈曰 "皇帝起豐沛, 討暴秦, 誅强楚, 爲天下興利除害, 繼五帝三王之業, 統天下, 理中國. 中國之人以億計, 地方萬里, 居天下之膏腴, 人衆車輿, 萬物殷富, 政由一家, 自天地剖判未始有也. 今王衆不過數萬, 皆蠻夷, 崎嶇山海間, 譬如漢一郡, 王何乃比于漢!"

佗大笑曰, "吾不起中國, 故王此. 使我居中國, 何遽不若漢?" 乃大說賈, 留與飮數月. 曰, "越中無足與語, 至生來, 令我日聞所不聞."

賜賈橐中裝直千金, 它送亦千金. 賈卒拜佗爲南越王, 令稱臣奉漢約. 歸報, 高帝大說, 拜賈爲太中大夫.

| 註釋 | ○蹶然(궐연) - 놀라는 모양. 蹶 넘어질 궐. ○孰與 - 비교하여 어떠한가? ○膏腴(고유) - 기름진 땅. 膏는 살찔 고. 腴는 기름진 고기 유. ○殷富(은부) - 아주 풍족하다. ○剖判(부판) - 開闢(개벽). ○崎嶇(기구) - 험하다. 崎 험할 기. 嶇 험할 구. ○何遽不若漢 - 어찌 漢과 같지 않았겠습니까? 遽는 갑자기 거. 여기서는 '何의 뜻으로 쓰인 複字' 라는 註에 따른다. ○日聞所不聞 - 평소 들어보지 못한 것을(所不聞) 날마다 듣는다(日聞). ○橐 - 전대 탁. 주머니. 直는 値와 同.

〖國譯〗

그러자 위타는 놀라 일어나 바로 앉으며 육가에게 사과하였다. "蠻夷(만이)의 땅에 오래 살다보니 예의를 몰랐습니다." 그리고서는 육가에게 물었다. "나와 蕭何(소하), 曹參(조참), 韓信과는 누가 더 나은 것 같습니까?" 육가가 말했다. "王께서 더 나은 것 같습니다." 그러자 다시 물었다. "나와 황제는 누가 더 낫습니까?" 육가가 말했다.

"황제께서는 豊沛(풍패)에서 起義하신 뒤에 잔악한 秦을 토벌했고 강한 楚를 치면서 천하를 이롭게 하고 해악을 제거하면서 五帝와 三王의 업적을 이어받아 천하를 통일하시어 중국을 다스리고 계십니다. 중국의 인구는 億으로 세어야 하고 땅은 만리에 걸쳤고 천하의 기름진 땅을 차지하였으니 사람이나 수레도 많고 모든 물자가 아주 풍족하며 政令은 한 분에게서 나오니 이는 천지개벽 후 처음입니다. 지금 군왕의 무리는 불과 수만 명이며 산과 바다를 낀 험한 땅은 漢의 일개 군과 같거늘 어찌하여 한과 비교하려 합니까?"

위타가 큰 소리로 웃으며 말했다. "내가 중국에서 홍기하지 못해서 여기서 왕을 합니다. 내가 중국에 살았더라면 왜 漢만 못했겠습니까?"

그리고서는 육가를 크게 환대하며 몇 달간 술을 같이 마셨다. 위타는 "越에서 같이 이야기 할 사람도 없었는데 선생께서 오신 뒤로 나는 평소에 못 들은 이야기를 날마다 듣습니다."라고 말했다.

위타는 육가에게 천금의 보배가 들어 있는 전대를 주었고 또 따로 千金을 보냈다. 육가는 위타에게 南越王을 제수하고 漢에 대하여 稱臣(칭신)하겠다는 약조를 받았다. 육가가 돌아와 보고하니 고조는 크게 기뻐하며 육가를 太中大夫에 임명하였다.

原文

賈時時前說稱《詩》,《書》. 高帝罵之曰, "乃公居馬上得之, 安事《詩》,《書》!" 賈曰, "馬上得之, 寧可以馬上治乎? 且湯,武逆取而以順守之, 文武幷用, 長久之術也. 昔者吳王夫差, 智伯極武而亡, 秦任刑法不變, 卒滅趙氏. 鄕使秦以幷天下, 行仁義, 法先聖, 陛下安得而有之?"

高帝不懌, 有慚色, 謂賈曰, "試爲我著秦所以失天下, 吾所以得之者, 及古成敗之國." 賈凡著十二篇. 每奏一篇, 高帝未嘗不稱善, 左右呼萬歲, 稱其書曰《新語》.

| 註釋 | ○稱《詩》,《書》 - 《詩經》과 《書經》을 인용하다. ○乃公 - 너의 아버지. 곧 高祖 자신. ○寧 - 설마 ~하는가? 寧은 '難道' 와 같은 의미. ○湯, 武 - 商의 湯王과 周 武王. ○逆取 - 무력에 의한 건국. 順守는 仁義에 의한 통치. ○吳王夫差 - '臥薪嘗膽(와신상담)' 에서 '와신' 한 사람. 결국 越의 句踐에게 망한다. ○智伯(지백) - 春秋 晉의 六卿의 한 사람. ○極武而亡 - 끝까지 무력에 의지하다가 망하다. ○卒滅趙氏 - 秦을 망하게 하다. 여기 趙氏는 周 穆王을 섬긴 秦나라의 조상. 趙氏는 秦나라. 嬴政(영정, 진시황)을 趙政(조정)으로도 표기. ○鄕 - 以前에. 원래. 앞서. ○安得而有之 - 어떻게 얻고 소유할 수 있겠는가? 강한 부정. ○不懌(불역) - 懌은 기뻐할 역. 高興. ○萬歲 - 황제의 장수를 기원하는 축복. 환호하다. '萬萬歲' 도 同. ○《新語》 - 陸賈의 저서. 崇王黜霸(숭왕출패)와 修身과 用人을 위한 儒家사상 강조. 《春秋》와 《論語》의 문장을 많이 인용, 〈藝文志〉에는 陸賈 23편이라 하였다. 상하 2권에 〈道基〉, 〈術事〉, 〈輔政〉 등 총 12편만 현존.

〖國譯〗

육가는 말하기 전에 언제나 《詩經》이나 《書經》의 글을 인용하였다. 고조는 육가에게 욕을 하며 말했다. "네 아비는 말 위에서 천하를 얻었는데 언제《詩》와《書》를 배웠겠는가?" 육가가 말했다.

"馬上에서 천하를 차지했다 하여 무력으로 다스릴 수 있겠습니까? 그리고 湯王과 武王도 무력으로 얻었지만 이룬 것을 仁義로 지켰으니 文武를 병용해야만 나라가 오래갈 수 있습니다. 옛날에 吳王夫差와 晉의 智伯은 끝까지 무력에 의존하다가 망했고 秦에서는 刑法에 의한 통치를 바꾸지 않았기에 결국 망했습니다. 지난 날 秦이 천하를 통일한 뒤 仁義의 정치를 하고 先聖을 본받았다면 폐하가 어찌 천하를 얻고 또 소유할 수 있었겠습니까?"

고조는 불쾌했지만 부끄러운 기색으로 육가에게 일러 말했다.

"나를 위해 秦나라가 왜 천하를 잃었고 내가 왜 차지할 수 있었는가를 또 옛 나라의 성공과 실패한 일들을 한번 저술해 보시오."

육가는 모두 12편을 저술하였다. 매번 1편씩 상주할 때마다 고조는 칭찬을 안 한 적이 없었고 좌우 신하들은 만세를 불렀는데 그 책을《新語》라 하였다.

原文

孝惠時, 呂太后用事, 欲王諸呂, 畏大臣及有口者. 賈自度不能爭之, 乃病免. 以好畤田地善, 往家焉. 有五男, 乃出所使越橐中裝, 賣千金, 分其子, 子二百金, 令爲生産. 賈常乘安車駟馬, 從歌鼓瑟侍者十人, 寶劍直百金, 謂其子曰, "與女約, 過女, 女給人馬酒食極飮, 十日而更. 所死家, 得寶劍車騎侍從者. 一歲中以往來過它客, 率不過再過, 數擊鮮, 毋久溷女爲也."

| **註釋** | ○用事 - 政事를 장악하다. 관직을 맡다. ○有口者 - 辯士. ○度 - 헤아리다. 두루 생각하다(思忖). ○好畤(호치) - 縣名. 今 陝西省 咸陽市 乾縣. ○子二百金 - 아들마다 2백 근의 금전. '黃金'이라 명시하지 않은 金은 금전(凡言黃金 眞金也, 不言黃 謂錢也.)을 의미. 漢代의 眞金 一金은 1萬錢이라는 주석도 있다. 여기서 2백 근은 2백 근 무게에 해당하는 금전. (1斤, 16兩, 248g)에 해당하는 금전. ○生產 - 밑천. ○安車駟馬 - 말 4마리가 끄는 앉아서 타는 수레. ○與女約 - 女는 汝. ○十日而更 - 10일마다 바꾸다. 다른 아들을 방문하겠다. ○率不過再過 - 대략 두 번을 넘지 않을 것이다. 率(솔)은 대개, 대체로. 再過는 두 번 들리다. ○數擊鮮 - 신선한 어육을 준비하라는 뜻. 擊은 때려잡다. 곧 肉, 鮮은 新鮮한 食物. 채소나 생선. ○毋久溷女爲也 - 오래 있어 너희들을 괴롭히지는 않을 것이다. 溷은 어지러울 혼. 힘들게 하다. 괴롭히다.

〖國譯〗

孝惠帝 때 呂太后가 정사를 맡아 처리하면서 呂氏 일족을 王으로 봉하고 싶었으나 대신과 언변 있는 문사들 때문에 걱정을 하였다. 육가는 여후에게 간쟁할 수 없다는 것을 알고 병을 핑계로 사임하였다. 好畤縣(호치현)의 田地가 좋은 것을 알고 그곳에 집을 마련하였다. 육가에게 아들 다섯이 있었는데 越(월)에서 받아 온 전대 안에 있던 것을 千金을 받고 팔아 아들마다 2百斤 금전을 나눠주어 밑천으로 삼게 하였다.

육가는 늘 말 4마리가 끄는 安車를 타고, 歌妓와 악사와 시종 등 10여 명을 거느리면서 百金 어치가 되는 보검을 가지고 다니며 그 아들들에게 말했다.

"너희들과 약속하겠는데 너희들 집에 들를 때마다 너희들은 시종들과 말에게 먹을 것을 충분히 주어야 하고 열흘마다 다른 곳으로 갈 것이다. 내가 죽을 때 있던 집에서 보검과 수레와 말과 시종들을 가지도록 하여라. 1년에 다른 집에 손님으로 왕래도 할 것이니 대체로 두 번 이상 들리지는 않을 것이니 신선한 어육을 준비하도록 할 것이며 나도 오래 머물러 너희들을 힘들게 하지는 않을 것이다."

原文

呂太后時, 王諸呂, 諸呂擅權, 欲劫少主, 危劉氏. 右丞相陳平患之, 力不能爭, 恐禍及己. 平常燕居深念. 賈往, 不請, 直入坐, 陳平方念, 不見賈. 賈曰, "何念深也?" 平曰, "生揣我何念?" 賈曰, "足下位爲上相, 食三萬戶侯, 可謂極富貴無欲矣. 然有憂念, 不過患諸呂,少主耳." 陳平曰, "然. 爲之奈何?" 賈曰, "天下安, 注意相, 天下危, 注意將. 將相和, 則士豫附, 士豫附, 天下雖有變, 則權不分. 權不分, 爲社稷計, 在兩君掌握耳. 臣常欲謂太尉絳侯, 絳侯與我戲, 易吾言. 君何不交驩太尉, 深相結?" 爲陳平畫呂氏數事. 平用其計, 乃以五百金爲絳侯壽, 厚具樂飮太尉, 太尉亦報如之. 兩人深相結, 呂氏謀益壞. 陳平乃以奴婢百人, 車馬五十乘, 錢五百萬, 遺賈爲食飮費. 賈以此遊漢廷公卿間, 名聲籍甚. 及誅呂氏, 立孝文, 賈頗有力.

孝文卽位, 欲使人之南越, 丞相平乃言賈爲太中大夫, 往使尉佗, 去黃屋稱制, 令比諸侯, 皆如意指. 語在〈南越傳〉. 陸生竟以壽終.

| 註釋 | ○擅權(천권) – 권력을 멋대로 하다. 專權. 擅은 멋대로 할 천. ○生揣我何念 – 선생은 내가 무엇을 생각하는지 맞춰 보시오. 揣는 잴 췌. 미루어 헤아리다. ○爲之奈何 – 무엇을 해야 하나. 어떻게 해야 하는가? 奈何(내하)는 어찌 하랴? ~을 어찌할 수 없다. ○注意 – 뜻을 따르다. ○士豫附 – 士가 기뻐하며 따르다. ○絳侯與我戲 – 강후는 나와 장난을 치는 사이. 戲는 戲狎(희압). ○易吾言 – 나의 말을 무시한다. ○絳侯壽 – 강후의 건강과 장수를 빌어주다. ○籍甚(자심) – 籍은 藉와 通. ○去黃屋稱制 – 天子의 儀仗(의장)과 칭호를 제거하다. 黃屋은 황색의 수레 덮개. 이는 황제만 할 수 있다. 稱制는 황제의 권한. 制는 황제의 명령. ○陸生 – 陸賈.

〖國譯〗

呂太后 때, 呂氏를 왕에 봉했고 여씨들은 권력을 멋대로 행사하며 少帝를 누르고 劉氏를 위태롭게 하였다. 우승상 진평은 이를 걱정했지만 힘으로 다툴 수도 없었고 화가 자신에게 미칠까 두려워했다. 진평은 늘 혼자 깊은 생각에 빠지곤 했다. 육가가 찾아가 상면을 청하지 않고 바로 들어가 앉아도 진평은 생각하느라고 육가가 온 줄도 몰랐다. 육가가 진평에게 말했다.

"무슨 생각이 그리 많습니까?" 진평이 말했다. "선생께서 내가 무슨 생각을 하는지 맞춰보시오." 이에 육가가 말했다.

"족하의 직위는 우승상이며 식읍 3만 호의 제후로 더 바랄 것이 없는 최고 부귀를 누리고 있습니다. 그래도 걱정이 있다면 여씨 일족과 어린 황제에 대한 걱정일 것입니다."

그러자 진평이 말했다. "맞습니다. 어찌해야 합니까?"

육가가 말했다. "天下가 편안하면 승상의 뜻을 따르고 천하가 불안정할 때는 대장군의 뜻을 따릅니다. 대장군과 승상이 화합하면 온 나라 사대부에 기꺼이 귀부하고 사대부들이 귀부한다면 천하에 변고가 있어도 권력이 분열하지 않습니다. 통치권이 쪼개지지 않는 것이 사직을 안정케 하는 방책이며 이는 두 분의 손에 달렸습니다. 내가 이런 이야기를 絳侯(강후, 周勃)에게 말하고 싶지만 강후는 나와 농담을 하는 사이라서 내 말을 무시합니다. 왜 당신은 태위와 친하게 지내며 서로 뜻을 같이 하지 않습니까?"

그리고 진평에게 여씨들에 관한 몇 가지 방책도 말해 주었다. 진평은 육가의 방책에 따라 곧 5百金을 내어 강후의 장수를 축하했고 풍성한 음식을 차려 태위와 함께 마시며 즐겼는데 태위 또한 그와 같이 답례하였다. 우승상과 태위가 가깝게 맺어지자 呂氏들의 계획은 많이 실패하였다.

이에 진평은 노비 100명과 거마 50승, 돈 5백 만을 육가의 음식비로 보내주었다. 육가는 그 돈으로 漢 조정의 공경대부들과 교유하였고 이를 바탕으로 육가의 명성은 더욱 높아졌다. 여씨들을 제거하고 孝文帝를 옹립할 때 육가는 많은 힘을 보태었다.

효문제가 즉위하고 南越(남월)에 사신을 보낼 때 승상 진평은 문제에게 말해 육가를 太中大夫로 임명해 越王 尉佗(위타)에게 사신으로 보냈는데, 육가는 위타가 황제의 의장을 쓰고 황제라 칭하는 것을 못하게 하고 보통 제후처럼 처신하게 해서 文帝의 뜻대로 처리하였다. 이는 〈南越傳〉에 실려 있다. 陸賈는 천수를 누리고 죽었다.

43-3. 朱建

原文

朱建, 楚人也. 故嘗爲淮南王黥布相, 有罪去, 後復事布. 布欲反時, 問建, 建諫止之. 布不聽, 聽梁父侯, 遂反. 漢旣誅布, 聞建諫之, 高祖賜建號平原君, 家徙長安.

爲人辯有口, 刻廉剛直, 行不苟合, 義不取容. 辟陽侯行不正, 得幸呂太后, 欲知建, 建不肯見. 及建母死, 貧未有以發喪, 方假貸服具. 陸賈素與建善, 乃見辟陽侯, 賀曰, "平原君母死." 辟陽侯曰, "平原君母死, 何乃賀我?" 陸生曰, "前日君侯欲知平原君, 平原君義不知君, 以其母故. 今其母死, 君誠厚送喪, 則彼爲君死矣." 辟陽侯乃奉百金稅, 列侯貴人以辟陽侯故, 往賻凡五百金.

| **註釋** | ○朱建(주건, ? – 前 177) – 《史記》 97권, 〈酈生陸賈列傳〉 참고. ○淮南王 黥布(英布) – 項羽가 九江王에 봉했으나 漢王에 협조하였다. 한왕에 의해 淮南王에 봉해졌다. 漢의 異姓 諸侯 억압에 불안을 느껴 前 196년에 반란. 패전하고 그 처남에게 피살. ○梁父(양보) – 縣名. 今 山東省 泰安市

동남. ○取容－비위를 맞추다. 남의 뜻에 따르다. 남의 환심을 사다. ○辟陽侯(벽양후)－審食其(심이기). 패현에서부터 오랫동안 여태후를 모셨기에 여태후의 총애를 받았다. ○假貣(가특)－빌리다. 貣 빌 특. 貸와 同. ○欲知－知는 知面. ○送喪－물건으로 喪家를 돕다. ○襚－수의(壽衣) 세. ○賻－부의(賻儀) 부.

〔國譯〕

朱建은 楚나라 사람이다. 그래서 일찍이 淮南王 黥布(경포)의 相이었는데 죄를 짓고 떠났다가 뒤에 다시 경포를 섬겼다. 경포가 漢에 반기를 들 때 주건에게 물었는데 주건은 반역하지 말라고 하였다. 경포는 듣지 않고 梁父侯(양보후)의 말에 따라 반란을 일으켰다. 漢이 경포 토벌을 끝낸 뒤, 주건이 경포에게 바른 말을 했다는 것을 알고 고조는 주건을 平原君에 봉했고 주건은 장안으로 이사하였다.

주건은 사람이 구변이 좋고 아주 청렴 강직하며 행동이 구차하지 않았으며 의리를 지켜 남의 환심을 사려 하지 않았다. 辟陽侯〔벽양후, 審食其(심이기)〕는 행실이 바르지 않았으나 여태후의 총애를 받았는데 주건과 교제하고자 했으나 주건은 벽양후를 만나주지 않았다. 주건의 모친이 죽었는데 주건은 가난하여 發喪을 하지도 못하다가 겨우 상복과 도구를 빌려야 했다. 육가는 평소에 주건과도 친했는데 벽양후 심이기를 만나보고 축하한다며 말했다. “평원군(주건)의 모친이 죽었습니다.” 벽양후가 말했다. “평원군 모친이 죽은 것이 왜 나에게 좋은 일입니까?” 陸生(육가)이 말했다. “전날 당신은 평원군과 교제하려 했는데 평원군이 의리상 당신과 교제하지 않은 것은 그 모친 때문이었습니다. 이제 그의 모친이 죽었으니 당신이 喪事에 많은 도움을 주면 저쪽에서는 당신을 위해 죽을 수도 있을 것입니다." 벽양후는 1百金을 수의 값으로 부조했고, 열후와 貴人들이 벽양후를 따라 喪家에 가서 부조하니 모두 5백금이나 되었다.

原文

久之, 人或毁辟陽侯, 惠帝大怒, 下吏, 欲誅之. 太后慚, 不可言. 大臣多害辟陽侯行, 欲遂誅之. 辟陽侯困急, 使人欲見建. 建辭曰, "獄急, 不敢見君." 建乃求見孝惠幸臣閎籍孺, 說曰, "君所以得幸帝, 天下莫不聞. 今辟陽侯幸太后而下吏, 道路皆言君讒, 欲殺之. 今日辟陽侯誅, 旦日太后含怒, 亦誅君. 君何不肉袒爲辟陽侯言帝? 帝聽君出辟陽侯,太后大驩. 兩主俱幸君, 君富貴益倍矣." 於是閎籍孺大恐, 從其計, 言帝, 帝果出辟陽侯. 辟陽侯之囚, 欲見建, 建不見, 辟陽侯以爲背之, 大怒. 乃其成功出之, 大驚.

| **註釋** | ○毁 – 헐 훼. 비방하다. 중상하다. ○不可言 – 不可自言之. 태후가 (혜제에게 용서해 달라는) 말을 못하다. ○困急 – 혼자 위기에 처하다. ○閎籍孺(굉적유) – 閎孺(굉유). 93권, 〈佞幸傳〉에는 閎孺로 되어 있음. 閎은 마을 입구의 문 굉. 籍은 衍字(연자). ○道路 – 길을 가는 사람. 讒 참소할 참. 거짓말을 하다. ○旦日 – 來日. ○肉袒(육단) – 옷을 벗어 어깨를 드러내다. 복종, 항복, 謝罪의 뜻. ○大驩(대환) – 크게 기뻐하다.

〖國譯〗

얼마 후, 가끔 辟陽侯(벽양후, 심이기)를 헐뜯는 사람이 있었는데, 혜제가 大怒하며 벽양후를 옥리에게 보내 죽이려고 하였다. 太后도 부끄러워 혜제에게 말을 할 수가 없었다. 大臣들도 벽양후의 행동이 많은 폐해가 있다 하여 죽이기를 바라고 있었다. 벽양후는 홀로 다급하여 사람을 보내 주건을 만나려 했다. 그러나 주건은 사양하며 말했다. "옥사가 눈앞이라 만날 수 없습니다."

그러나 주건은 곧바로 혜제의 총애를 받는 閎孺(굉유)를 만나서 이야기하였다. "당신이 황제의 총애를 받는 것을 모르는 사람이 없습니다. 지금 辟陽侯는 태후의 총애를 받지만 廷吏(정리)에게 넘겨졌고 길 가는 사람은 모두 당신이 참소하여 벽양후를 죽이려 한다고 말합니다. 오늘 벽양후가 죽는다면 내일 태후께서는 노기를 품고 마찬가지로 당신을 죽일 것입니다. 당신은 왜 웃옷을 벗어 어깨를 드러내고 벽양후를 위해 황제에게 말씀하지 않습니까? 황제께서 당신의 말을 듣고 용서해 풀어준다면 태후는 크게 기뻐하실 것입니다. 황제와 태후 두 분이 당신을 총애한다면 당신의 부귀는 두 배로 늘어날 것입니다."

그러자 굉유는 두려워하며 주건의 계책을 따라 황제에게 건의하였고 혜제는 벽양후를 풀어주었다. 벽양후가 갇혀서 주건을 만나려 했으나 주건이 면회하지 않자 벽양후는 주건이 배신했다고 화를 냈었다. 그러나 일이 잘 되어 풀려나자 크게 놀랐다.

原文

呂太后崩, 大臣誅諸呂, 辟陽侯與諸呂至深, 卒不誅. 計畫所以全者, 皆陸生,平原君之力也.

孝文時, 淮南厲王殺辟陽侯, 以黨諸呂故. 孝文聞其客朱建爲其策, 使吏捕欲治. 聞吏至門, 建欲自殺. 諸子及吏皆曰, "事未可知, 何自殺爲?" 建曰, "我死禍絶, 不及乃身矣." 遂自剄. 文帝聞而惜之, 曰, "吾無殺建意也." 乃召其子, 拜爲中大夫. 使匈奴, 單于無禮, 罵單于, 遂死匈奴中.

| **註釋** | ○淮南 厲王(여왕) - 고조의 七子 劉長. 厲王은 죽은 뒤의 시호. ○以黨諸呂故 - 여씨와 한 패였기 때문이다. ○乃身 - 너의 身上. ○自剄(자경) - 剄은 목 벨 경.

〖國譯〗

呂太后가 죽자 대신들은 여씨 일족을 제거하였는데 벽양후(심이기)는 여씨 일족과 아주 가까웠으나 끝까지 誅殺되지 않았다. 그가 살아날 수 있었던 것은 모두 陸生(육가)와 平原君(주건)의 힘이었다.

文帝 때 淮南 厲王(劉長)이 벽양후를 죽였는데 여씨 일족과 한 패였기 때문이었다. 문제는 벽양후의 빈객인 주건이 계책을 도왔다는 말을 듣고 옥리를 보내 잡아 치죄하려 했다. 옥리가 대문에 왔다는 말을 듣자 주건은 자살하려 했다. 그러나 아들과 아랫사람들이 모두 말했다. "일이 어찌 될지도 모르는데 왜 자살하려고 하십니까?"

그러자 주건이 말했다. "내가 죽어야만 禍가 단절되어 너희들에게 미치지 않을 것이다." 그리고서는 스스로 목을 찔러 죽었다.

문제가 이를 듣고서 애석해 하며 말했다. "나는 주건을 죽일 생각은 없었다." 그리고 그 아들을 불러 中大夫에 임명하였다. 주건의 아들이 흉노에 사신으로 갔는데 흉노의 單于(선우)가 무례하자, 선우를 꾸짖다가 결국 흉노 땅에서 죽었다.

43-4. 婁敬

原文

婁敬, 齊人也. 漢五年, 戍隴西, 過雒陽, 高帝在焉. 敬脫輓輅, 見齊人虞將軍曰, "臣願見上言便宜." 虞將軍欲與鮮衣, 敬曰, "臣衣帛, 衣帛見, 衣褐, 衣褐見, 不敢易衣." 虞將軍入言上, 上召見, 賜食.

| 註釋 | ○婁敬(누경. 생졸년 미상) - 婁는 별 이름 누(루). 劉氏 姓을 하사받았다. ○漢五年 - 前 202년. ○隴西(농서) - 郡名. 치소는 狄縣(적현). 今 甘肅省 定西市 관할의 臨洮縣(임조현). ○輓輅 - 수레를 끄는 밧줄과 가로막대. 輓은 당길 만. 挽(당길 만)과 通. 輅은 수레 노. 끌채. 수레는 앞에서 2인이 끌고 1인 뒤에서 민다는 註가 있다. ○便宜(편의) - 나라에 도움이 되는 일. ○虞將軍(우장군) - 고조의 부장. 이름은 미상. ○鮮衣 - 좋은 옷.

○衣褐 – 褐衣(갈의)를 입다. 褐衣는 베옷, 털옷. 賤者의 옷.

〖國譯〗

婁敬(누경)은 齊人이었다. 漢 5년에 隴西郡에 防戍(방수)하려 雒陽(낙양)을 지나가는데 고조는 그때 낙양에 있었다. 누경은 수레 끄는 끌채를 벗어놓고 齊人 虞(우)장군을 보고 말했다. "제가 황제를 만나 나랏일을 말씀드리려 합니다." 우장군이 그에게 좋은 옷을 벗어주려 하자 누경이 말했다. "내가 비단옷을 입었으면 비단옷 그대로, 삼베옷을 입었다면 삼베옷 그대로 알현하지 옷을 바꿔 입고 싶지 않습니다." 우장군이 들어가 황제에게 말했고 고조는 누경을 불러 보고 식사를 하게 했다.

原文

已而問敬, 敬說曰, "陛下都雒陽, 豈欲與周室比隆哉?" 上曰, "然." 敬曰, "陛下取天下與周異. 周之先自后稷, 堯封之邰, 積德累善十餘世. 公劉避桀居豳. 大王以狄伐故, 去豳, 杖馬箠去居岐, 國人爭歸之. 及文王爲西伯, 斷虞,芮訟, 始受命, 呂望,伯夷自海濱來歸之. 武王伐紂, 不期而會孟津上八百諸侯, 遂滅殷. 成王卽位, 周公之屬傅相焉, 乃營成周都雒, 以爲此天下中, 諸侯四方納貢職, 道里鈞矣, 有德則易以王, 無德則易以亡. 凡居此者, 欲令務以德致人, 不欲阻險, 令後世驕奢以虐民也. 及周之衰, 分而爲二, 天下莫朝周, 周不能制. 非德薄, 形勢弱也. 今陛下起豐沛, 收卒三千人, 以之徑往, 卷蜀漢, 定三秦, 與項籍戰滎陽, 大戰七十, 小戰四十, 使天下之民肝腦塗地, 父子暴骸中野, 不可勝數, 哭泣之聲不絶, 傷夷者未起, 而欲比隆成,康之時, 臣竊以爲不侔矣. 且夫秦地被山帶河, 四塞以爲固, 卒然有急, 百萬之衆可具. 因秦之故, 資甚美膏腴之地, 此所謂天府. 陛下入關而都之, 山東雖亂, 秦故地可全而有也. 夫與人鬪, 不搤其亢, 拊其背, 未能全勝. 今陛下入關而都, 按秦之故, 此亦搤天下之亢而拊其背也."

| **註釋** | ○后稷(후직) - 周 종족의 시조. 名 棄(기). 堯 아래에서 農官을 역임하며 백성들에게 농경을 가르쳤다고 한다. ○邰(태) - 제후의 나라 이름 태. 今 陝西省 咸陽市 관할의 武功縣. ○公劉(공류) - 后稷의 증손. ○豳(빈) - 나라 이름 빈. 今 陝西省 咸陽市 관할의 彬縣(빈현). ○大王 - 太王. 名 古公亶父(고공단보). 周 文王의 祖父. 이때부터 周族이 강성해졌다. ○狄 - 戎狄(융적). 서쪽의 이민족. ○杖馬箠 - 말채찍을 잡고서. 箠 채찍 추. ○岐(기) - 邑名. 今 陝西省 寶溪市 관할의 岐山縣 동북. ○文王 - 姬姓, 名은 昌. 공자가 높이 追仰했다. ○西伯 - 文王 昌은 商의 제후가 되었다. 서백은 서방 제후의 우두머리란 뜻. ○斷虞,芮訟 - 제후 虞와 芮(예)의 영토분쟁을 조정해서 끝내다. ○呂望(여망) - 성은 姜. 號 太公望. 武王(名, 發)을 도와 殷을 멸했다. 봉지는 齊. ○伯夷(백이) - 殷末 孤竹君의 장자. 叔齊와 서로 양위했다. ○孟津(맹진) - 황하의 나루터 이름. 今 河南省 洛陽市 북쪽의 孟津縣. ○都雒(도낙) - 낙양은 周의 副都이었다. ○分而爲二 - 나누어 둘이 되었다. 西周와 東周의 구분. 西周(前 11세기 - 前 771)는 鎬京(宗周, 今 西安市

長安區)에 도읍. 東周는 前 770년 平王의 동천에서부터 전 256년 秦에 의해 멸망할 때까지 洛陽(成周城, 成王 때 周公 旦이 副都로 건설)에 도읍. 본래 낙양은 西周시대에 동방의 제후세력을 견제하기 위한 前進基地. 東周는 春秋와 戰國시대로 구분. ○成,康之時 – 서주 성왕과 다음 강왕의 시대. 서주의 태평시대로 보통 '成康之治'라고 한다. ○不侔矣 – 侔 가지런할 모. 동등하다. ○山東 – 華山(화산) 崤山(효산)의 동쪽. 今 陝西省과 河南省의 경계 지역의 동쪽. 황하의 중하류 지역을 의미. 때로는 본래의 秦 이외 6國의 땅을 뜻한다. ○不搤其亢 – 목(가장 중요한 요새 지역)을 장악하지 못하다. 搤 잡을 액. 亢 목 항. 목구멍. ○拊其背 – 배후지역(후방지역, 군수물자 공급지)을 다스리다. 拊는 어루만질 부.

〖國譯〗

곧이어 누경에게 하고 싶은 말을 묻자 누경이 말했다.

"폐하께서는 낙양에 도읍하시고 周 왕조와 같이 흥성하기를 기대하시는 것 아닙니까?" 고조는 "그렇다."라고 답했다. 그러자 누경이 말했다.

"폐하께서 天下를 평정하신 것은 周나라와 다릅니다. 周의 선조인 后稷(후직)을 堯(요)가 邰(태)에 봉한 이후로 10여 세대에 걸쳐 積德積善을 하였습니다. 周의 公劉(공류)는 桀王(걸왕)을 피해 豳(빈)에서 살았습니다. 大王(태왕, 고공단보)은 狄人(적인)이 쳐들어오자 豳(빈)을 떠나 말채찍을 들고 岐山(기산) 아래로 옮겨갔는데 나라 사람들이 다투어 따라 왔습니다. 文王에 이르러서는 西伯(서백)이 되었고, 虞(우)와 芮(예)의 땅 다툼을 끝내게 하였는데 이때 천명을 받았으며 呂望과 伯夷(백이)가 먼 바닷가로부터 귀부해왔습니다. 武王이 紂王(주왕)을 치려할 때 아무런 기약도 없었는데 孟津(맹진)에 모인 제후가 8백 명이었고 결국 殷(은)을 멸망시켰습니다. 成王이 즉위하자 周公같은 분들이 왕을 도와 정치를 하면서 이때 成周의 도성인 낙양을 건설하였는데 이는 낙양이 천하의 중심이며 제후가 사방에서 조공을 하고 직역을 수행하기에 길의 里數〔거리〕가 비슷하기 때문이었으며 낙양은 덕이 있는 자가 왕으로 통치하기 쉬운 곳이며 덕이 없는 자는 쉽게 망할 수 있는 땅이기도 합니다. 여기를 근거로 하는 모든 사람은 덕정으로 사람을 끌어 모으려 애를 썼으나 험준한 곳을 바탕으로 후손으로 하여금 교만하고 사치하거나 백성을 학대하는 것을 바라지 않았습니다. 周왕실이 쇠약해져 결국 두 나라가 되었고 천하의 누구도 周나라에 조공하지도 않았으며 주왕실 또한 통제하지도 못했습니다. 이는 周의 덕이 없어서가 아니라 형세가 약했기 때문입니다. 지금 폐하께서는 豐沛(풍패)에서 기의하면서 3천 명 사졸을 거느리시고 이곳저곳을 다니시며 싸워 蜀과 漢을 차지하셨고 三秦을 평정하셨으며 항우와 滎陽城(형양성)에서 싸웠고 큰 전투를 70여 차례, 작은 전투를 40여 차례 겪는 동안에 천하의 백성들은 피를 흘려 땅을 젖게 하였고 들판에 나뒹구는 부자의 해골을 이루 다 셀 수가 없으며, 통곡 소리가 그치질 않으며 다친 사람들은 일어나지를 못하고 있는 이때에 周의 成王과 康王과 같은 태평성대를 이루고자 바란다는 것은 신의 생각으로 周왕실과 같을 수 없다고 생각합니다. 또 秦나라의 옛 땅은 산으로 둘러싸이고 큰 강이 두르고 있으며 사방이 막힌 안전한 땅이며 갑자기 위급한 상황이면 백만의 군사를 준비할 수 있는 곳입니다. 秦의 옛 땅이지만 본바탕이 좋은 기름진 땅이기에 이곳은 소위 하늘이 내준 창고라 할 수 있습니다. 폐하께서 관중에 들어가 도읍하신 뒤 비록 崤山(효산) 동쪽(山東)이 혼란하더라도 秦의 옛 땅은 온전하게 보유할 수 있는 것입니다. 남과 싸울 때 목(급소, 요새지)을 막지 못하고 배후를 지키지 못하면 완전한 승리를 거둘 수 없습니다. 지금 폐하께서 관중 땅에 들어가 도읍하여 秦의 옛 땅을 안정시킨다면 이는 천하의 험한 목줄을 지키면서 배후 근거지를 어루만지는 것과 같습니다."

原文

高帝問群臣, 群臣皆山東人, 爭言周王數百年, 秦二世則亡, 不如都周. 上疑未能決. 及留侯明言入關便, 卽日駕西都關中. 於是上曰, "本言都秦地者婁敬, 婁者劉也." 賜姓劉氏, 拜爲郎中, 號曰奉春君.

| 註釋 | ○王數百年 – 王(wàng)은 동사로 統治天下. 王(wáng)은 명사. ○不如都周 – 여기서 周는 洛陽. ○駕西都關中 – 황제는 서쪽으로 가서 관중에 도읍하다. 駕는 어가, 곧 황제. ○婁者劉也 – 婁(lóu)는 劉(liú)이다. 발음이 비슷하니 특별히 賜姓한다는 뜻.

〖國譯〗

고조가 여러 신하들에게 물으니 모두가 산동 사람이기에 周는 수백 년 통치하였지만 秦은 2세에 바로 망했다면서 낙양에 도읍하는 것만 못하다고 다투어 말했다. 고조는 확신이 없어 결정을 짓지 못했다. 留侯(張良)가 관중에 들어가는 것이 이익이라고 명확하게 말하자 당일로 황제의 어가가 서쪽으로 가서 관중에 도읍하였다. 이에 고조가 말했다. "秦의 땅에 도읍해야 한다는 말한 사람은 본래 婁敬이고 婁는 곧 劉이다."

곧 누경에게 유씨 성을 하사하고서 郞中에 임명하고 奉春君에 봉했다.

原文

漢七年, 韓王信反, 高帝自往擊. 至晉陽, 聞信與匈奴欲擊漢, 上大怒, 使人使匈奴. 匈奴匿其壯士肥牛馬, 徒見其老弱及羸畜. 使者十輩來, 皆言匈奴易擊. 上使劉敬復往使匈奴, 還報曰, "兩國相擊, 此宜夸矜見所長. 今臣往, 徒見羸胔老弱, 此必欲見短, 伏奇兵以爭利. 愚以爲匈奴不可擊也." 是時漢兵以踰句注, 三十餘萬衆, 兵已業行. 上怒, 罵敬曰, "齊虜! 以舌得官, 乃今妄言沮吾軍!" 械繫敬廣武. 遂往, 至平城, 匈奴果出奇兵圍高帝白登, 七日然後得解. 高帝至廣武, 赦敬, 曰, "吾不用公言, 以困平城. 吾已斬先使十輩言可擊者矣." 乃封敬二千戶, 爲關內侯, 號建信侯.

| 註釋 | ㅇ漢七年 – 前 200년. ㅇ晉陽(진양) – 縣名. 今 山西省 太原市 서남. ㅇ羸畜(이축) – 여윈 가축. 羸 여윌 이(리). ㅇ夸矜(과긍) – 夸는 誇(자랑할 과). 矜 자랑할 긍. ㅇ羸胔(이자) – 파리한 가축. 胔 썩은 고기 자. ㅇ句注(구주) – 山 이름. 今 山西省 忻州市(흔주시) 代縣 서북. ㅇ械繫 – 형틀에 매어 놓다. ㅇ廣武(광무) – 縣名. 今 山西省 忻州市(흔주시) 代縣. ㅇ平城(평

성) – 縣名. 今 山西省 大同市.

〖國譯〗

漢 7년, 韓王 韓信이 반기를 들자 고조는 직접 출정하여 토벌하였다. 晉陽縣에 와서 한왕 信과 흉노가 연합하여 漢軍을 공격한다는 보고를 받고 대노하면서 사신을 흉노에 보냈다. 흉노는 건장한 병사와 살찐 우마는 감춰두고 다만 늙고 병약한 군사와 여윈 가축만을 보게 하였다. 사자가 열 번이나 다녀와서는 모두가 흉노는 쉽게 칠 수 있다고 말했다. 고조는 劉敬(유경, 婁敬)을 흉노에 사신으로 다시 보냈는데 돌아와 보고하기를 "두 나라가 서로 전쟁을 하면 으레 자랑하며 강한 것을 보여줍니다. 이번에 제가 가서는 겨우 파리한 가축과 노약자만 보았는데 이는 틀림없이 약한 척하는 것이며 복병을 숨겨두고 유리하게 싸우려는 뜻입니다. 신은 흉노를 공격해서는 안 된다고 생각합니다."

이때 漢의 군사는 이미 句注山(구주산)을 넘었고 30만 대군이 이미 출발한 뒤였다. 고조는 화를 내며 유경에게 욕을 했다. "齊의 죄수 놈이! 혓바닥을 놀려 벼슬을 얻더니 이제 헛소리로 내 군사를 방해하는구나!" 그리고서는 유경을 광무현에서 형틀에 묶어놓게 하였다. 고조는 전진하여 平城縣에 도착하였는데 흉노는 복병을 출동시켜 고조를 白登山에서 포위하였고 7일이 지나서야 겨우 풀려나왔다. 고조는 광무현에 와서 유경을 사면하며 말했다. "내가 公의 말을 듣지 않아 평성에서 곤경에 처했었다. 나는 먼저 사자로 보냈던, 흉노를 격파할 수 있다고 했던 10여 명을 이미 처형했도다."

그리고 유경에게 식읍 2천 호에 관내후의 작위를 내리고 建信侯

라 하였다.

原文

高帝罷平城歸, 韓王信亡入胡. 當是時, 冒頓單于兵强, 控弦四十萬騎, 數苦北邊. 上患之, 問敬. 敬曰, "天下初定, 士卒罷於兵革, 未可以武服也. 冒頓殺父代立, 妻群母, 以力爲威, 未可以仁義說也. 獨可以計久遠子孫爲臣耳, 然陛下恐不能爲." 上曰, "誠可, 何爲不能! 顧爲奈何?" 敬曰, "陛下誠能以適長公主妻單于, 厚奉遺之, 彼知漢女送厚, 蠻夷必慕, 以爲閼氏, 生子必爲太子, 代單于. 何者? 貪漢重幣. 陛下以歲時漢所餘彼所鮮數問遺, 使辯士風諭以禮節. 冒頓在, 固爲子婿, 死, 外孫爲單于. 豈曾聞孫敢與大父亢禮哉? 可毋戰以漸臣也. 若陛下不能遣長公主, 而今宗室及後宮詐稱公主, 彼亦知不肯貴近, 無益也." 高帝曰, "善." 欲遣長公主. 呂后泣曰, "妾唯以一太子, 一女, 奈何棄之匈奴!" 上竟不能遣長公主, 而取家人子爲公主, 妻單于. 使敬往結和親約.

| 註釋 | ○胡 - 흉노. ○冒頓(묵독) - 흉노 부족장의 이름. ○控弦(공현) - 활시위를 당기다. 弓手. ○妻群母 - 죽은 父의 첩들을(群母) 아내로 삼다. ○獨 - (副詞) 다만. 오직. 단지. ○顧爲奈何 - 그래서 무엇을 해야 하는가? 顧는 접속사. 그러나. 다만. 도리어. ○蠻夷(만이) - 오랑캐. 흉노족. ○適長

公主－嫡子로 맏공주. 適은 嫡(정실 적)과 通. 高祖의 嫡長公主는 魯元공주(?－전 187)로 漢王 5년에 趙王 張耳의 아들 張敖와 결혼했었다. 이미 출가한 공주를 흉노에게 보내라는 말은 착오가 분명하다. ○閼氏(연지)－흉노 군왕 單于(선우) 正妻의 칭호. ○重幣(중폐)－많은 예물. 재물. ○大父－祖父, 外祖父. ○亢禮(항례)－대등한 예. 亢은 抗(맞서다. 대등하다). ○家人子－가인은 평민. 家人子는 황제의 姬妾(희첩) 중 아직 職號를 받지 못한 자. 上家人子, 中家人子의 구분이 있었다.

〖國譯〗

고조가 원정군을 해산하고 평성에서 돌아오자 韓王 信은 흉노 땅으로 망명하였다. 그 당시 冒頓單于(묵독선우)는 40만 기병을 거느리고 자주 漢의 북쪽 변경을 괴롭혔다. 고조는 이를 걱정하며 유경에게 방책을 물었다. 유경은 "지금 천하가 겨우 안정되었지만 사졸은 전쟁에 지쳤기에 무력으로 정복할 수는 없습니다. 묵독은 아버지를 죽이고 자립하였고 아버지의 첩을 아내로 삼으며 무력으로 위세를 부리니 인의로 설득할 수도 없습니다. 오직 오랜 세월을 두고 그 자손을 漢의 신하로 만들어야 하지만 폐하께서는 실행이 어려우실 것입니다."라고 말했다. 그러자 고조가 말했다. "정말 그렇다면 무엇을 못하겠는가! 그러면 어찌해야 하는가?"

이에 유경이 말했다. "陛下께서 정말로 嫡室의 맏공주를 선우에게 아내로 주며 후한 재물을 보내면 저들은 漢의 공주가 많은 재물을 갖고 온다는 것을 알고 오랑캐들이지만 틀림없이 흠모하며 閼氏(연지, 正妻)로 삼을 것이고 아들을 낳으면 꼭 태자로 삼아 선우의 뒤를 이을 것입니다. 왜냐면 우리의 많을 재물을 탐내기 때문입니다.

폐하께서는 철에 따라 우리에게 많이 있지만 저들에게는 귀한 것을 물어서 자주 보내면서 언변이 좋은 사람을 보내 예절을 깨우쳐 줍니다. 묵독이 살아 있을 때는 사위가 되는 셈이고 죽으면 외손이 선우가 될 것입니다. 어찌 외손이 외조부와 대등하게 맞선다는 말을 들어보셨습니까? 이는 싸우지 않고 천천히 신하로 만드는 방법입니다. 만약 폐하가 맏공주를 보낼 수 없어 종실이나 후궁을 거짓으로 공주라 하여 보냈는데 저들이 알게 되면 귀히 여기고 가까이 하지 않을 것이니 무익할 것입니다."

고조는 "옳은 말이다."라고 말했다.

고조가 맏공주를 보내려 하자 呂后가 울며 말했다. "妾에게 유일하게 태자 하나와 딸 하나뿐인데 왜 흉노 땅에 보내려 합니까?"

고조는 끝내 맏공주를 보낼 수 없었고 궁 안의 평민 여자를 공주라 하여 선우에게 아내로 주었다. 고조는 유경을 보내 흉노와 화친약속을 맺게 하였다.

原文

敬從匈奴來, 因言 "匈奴河南白羊,樓煩王, 去長安近者七百里, 輕騎一日一夕可以至. 秦中新破, 少民, 地肥饒, 可益實. 夫諸侯初起時, 非齊諸田, 楚昭,屈,景莫與. 今陛下雖都關中, 實少人. 北近胡寇, 東有六國彊族, 一日有變, 陛下亦未得安枕而臥也. 臣願陛下徙齊諸田, 楚昭, 屈,景,燕,趙,韓,魏後, 及豪傑名家, 且實關中. 無事, 可以備胡, 諸侯有變,亦足率以東伐. 此强本弱末之術也." 上曰, "善." 乃使劉敬徙所言關中十餘萬口.

| 註釋 | ○河南 – 지역 명칭. 今 內蒙古의 河套(하투) 일대. 黃河가 내몽고 지역에서 ∩ 형태로 흐르는 남쪽 지역. 내몽고의 包頭市 지역을 東套(동투), 寧夏回族自治區의 銀川市 일대를 西套라 한다. ○白羊 – 흉노족의 일종. ○樓煩(누번) – 종족 이름. 先秦시기에 晉의 북쪽 지역에 거주, 흉노에게 정복되었다. 騎射에 뛰어났다. ○秦中 – 關中. ○齊諸田 – 전국시대 齊國의 왕족 田氏. ○昭, 屈, 景 – 楚의 왕족 성씨. 이를 楚의 三支라 하였다.

〖國譯〗

劉敬이 흉노에서 돌아와 보고하였다.

"匈奴의 河南 지역에 거주하는 白羊族과 樓煩(누번)의 王은 장안에서 가깝게는 7백 리 정도여서 경기병이 하루 밤낮이면 도착할 수 있습니다. 지금 관중 땅이 새로 정복되었지만 백성은 적고 땅은 비옥하기에 더 채울 수가 있습니다. 제후국이 처음 흥기할 때를 살펴보면 齊는 田氏 일족, 楚에서는 昭氏, 屈氏(굴씨), 景氏(경씨)가 없었으면 같이하지 못했습니다. 지금 폐하께서 비록 關中에 도읍하셨지만 실제로는 백성이 부족합니다. 북쪽으로는 흉노가 가깝고 동쪽으로는 옛 6국의 강한 씨족들이 있어 어느 날 변란이 일어나면 폐하 또한 편히 지낼 수 없을 것입니다. 제가 바라는 것은 폐하께서 齊땅의 田氏, 楚 지역의 昭, 屈, 景氏들, 그리고 燕, 趙, 韓, 魏의 후손과 豪傑名家들을 이사시켜 일단 관중을 채워야 합니다. 나라가 무사하다면 흉노에 대비할 수 있고 제후들에게 변고가 있다면 그들을 동원하여 동쪽을 정벌할 수 있습니다. 이는 근본을 강화시키고 끝가지를 약하게 하는 방책입니다."

고조는 "옳은 말이다."라고 하였다. 그리고 유경이 옮기라고 말한 대로 관중지역에 10여만 명을 이사시켰다.

43-5. 叔孫通

原文

叔孫通, 薛人也. 秦時以文學徵, 待詔博士. 數歲, 陳勝起, 二世召博士諸儒生問曰, "楚戍卒攻蘄入陳, 於公何如?" 博士諸生三十餘人前曰, "人臣無將, 將則反, 罪死無赦. 願陛下急發兵擊之." 二世怒, 作色. 通前曰, "諸生言皆非. 夫天下爲一家, 毁郡縣城, 鑠其兵, 視天下弗復用. 且明主在上, 法令具於下, 吏人人奉職, 四方輻輳, 安有反者! 此特群盜鼠竊狗盜, 何足置齒牙間哉? 郡守尉令捕誅, 何足憂?"

二世喜, 盡問諸生, 諸生或言反, 或言盜. 於是二世令御史按諸生言反者下吏, 非所宜言. 諸生言盜者皆罷之. 乃賜通帛二十匹, 衣一襲, 拜爲博士. 通已出, 反舍, 諸生曰, "生何言之諛也?" 通曰, "公不知, 我幾不免虎口!"

乃亡去之<u>薛</u>, <u>薛</u>已降楚矣.

| **註釋** | ○叔孫通(숙손통) – 생졸년 미상, 秦始皇에서 漢 文帝까지 섬겼다. 叔孫은 복성. 叔孫何라고도 쓴다. ○薛(설) – 縣名. 今 山東省 남부 棗莊市(조장시) 관할의 滕州市(등주시). ○文學 – 文獻 經傳. ○徵(징) – 徵聘(징빙)하다. 초빙하다. ○待詔(대조) – 특수 관명. 詔(황제명령)에 따라 수시로 자문에 응하는 관직. 待詔黃門, 待詔殿中, 待詔保宮 … 등 여러 직명이 있다. 博士는 太常에 소속되어 교육이나 옛일에 대한 자문에 응하는 관리. ○蘄(기) – 현명. 今 安徽省 宿州市 宿縣. ○於公何如 – 공들은 어떻게 생각하는가? ○人臣無將 – 人臣은 逆亂을 생각할 수 없다. 將은 떠나갈 장, 가질 장. ○鑠 – 녹일 삭. ○四方輻輳 – 輻輳(폭주)는 바퀴살이 바퀴통으로(輻) 모이다(輳). ○特 – 다만, 단지. ○鼠竊狗盜(서절구도) – 쥐나 개가 먹을 것을 훔치다. ○置齒牙 – 입에 올리다. 말을 하다. ○非所宜言 – 옳은 말이 아니다. ○衣一襲 – 옷 한 벌. 襲(습)은 옷을 세는 단위(量詞).

〖**國譯**〗

叔孫通(숙손통)은 薛縣(설현) 사람이다. 秦나라에서 文學으로 초빙되어 詔命을 대기하는 박사였다. 몇 년 뒤, 陳勝이 기의하자 2세 황제는 박사와 여러 유생을 불러놓고 물었다. "楚의 수졸이 蘄縣(기현)을 습격하고 陳郡을 차지했다는데 공들은 어떻게 생각하는가?" 博士와 여러 유생 30여 명이 앞으로 나서며 말했다. "신하인 백성은 반역을 생각할 수 없습니다. 그런 생각은 반역이며 그 죄는 절대로 사면 받지 못할 사형입니다. 폐하께서는 급히 군사를 내어 토벌해야 하시기 바랍니다." 2세는 노기를 띠고 얼굴색이 바뀌었다.

그러자 숙손통이 나와 말했다. "諸生의 말은 모두 틀렸습니다. 지금 천하는 一家가 되었고 군현의 성곽을 허물었으며 병기를 녹여 두 번 다시 사용하지 않겠다는 뜻을 천하에 선포하였습니다. 그리고 현명하신 황제가 위에 계시고 아래로는 법령이 다 갖추어졌으며 관리들은 저마다 맡은 일을 하고 있으며 사방이 바퀴살이 모이듯 하는데 어디에 반역이 있겠습니까? 이는 다만 도둑의 무리로 마치 쥐와 강아지처럼 먹을 것을 훔치려는 것이니 어찌 입에 올릴만한 것이겠습니까? 郡守나 郡尉가 체포하라 명했을 것인데 무얼 걱정하십니까?"

2세는 좋아하며 諸生들 모두에게 물었는데 혹은 반란이라 하고 혹은 도둑이라고 말했다. 그러자 2세 황제는 어사에게 말해 유생 중 반란이라고 말한 자들을 바른 말을 하지 않은 죄로 옥리들에게 넘기라 하였다. 유생 중 도적이라 말한 자는 모두 내 보냈다. 그리고 숙손통에게는 비단 20필과 옷 한 벌을 하사하고 博士에 임명하였다. 숙손통이 나와서 숙소로 돌아오자 여러 유생들이 "선생께서는 어찌 그리 말로 아부를 잘 하십니까?"라고 말했다. 그러자 숙손통이 대답했다. "公들은 내가 거의 虎口를 벗어나지 못할 뻔했다는 것을 몰랐습니까?" 그리고서는 薛縣(설현)으로 도망했는데 설현은 이미 楚에 투항하였다.

原文

及項梁之薛, 通從之. 敗定陶, 從懷王. 懷王爲義帝, 徙長沙, 通留事項王, 漢二年, 漢王從五諸侯入彭城, 通降漢王. 通儒服, 漢王憎之, 乃變其服, 服短衣, 楚製, 漢王喜.

通之降漢, 從弟子百餘人, 然無所進, 剸言諸故群盜壯士進之. 弟子皆曰, "事先生數年, 幸得從降漢, 今不進臣等, 剸言大猾, 何也?" 通乃謂曰, "漢王方蒙矢石爭天下, 諸生寧能鬪乎? 故先言斬將搴旗之士. 諸生且待我, 我不忘矣." 漢王拜通爲博士, 號稷嗣君.

| 註釋 | ○懷王(회왕) – 楚懷王의 손자(이름은 心)로 項梁(항량, ? – 前 208)에 의해 옹립되어 懷王이라 불리다가 항우가 義帝라 존칭하였으나 前 206년 암살당했다. ○長沙(장사) – 郡名. 치소는 臨湘縣(今 湖南省 省都 長沙市) ○從五諸侯 – 5제후를 수행케 하고. 피동형이다. 당시 한왕을 따라 같이 팽성에 입성한 제후는 常山王 張耳, 河南王 申陽, 韓王 鄭昌, 魏王 豹, 殷王 司馬卬(사마앙)이었다. ○楚製 – 楚服의 모양. 짧은 옷은 유생의 옷 스타일이 아니었으나 숙손통은 한왕의 비위를 맞추기 위해 옷의 형태를 바꾼 것이다. ○剸 – 오로지 전(專과 동). ○進之 – 그들을 추천하다. ○大猾(대활) – 大奸賊. 여기서는 大盜. ○蒙矢石 – 화살과 날아오는 돌멩이를 맞다. 蒙은 덮어쓰다. ○斬將搴旗 – 장수를 죽이고 깃발을 빼앗다. 搴 빼낼 건. 뽑다. ○稷嗣君(직사군) – 后稷(후직)의 뒤를 잇는 사람이란 의미가 있다. 후직은 堯 임금을 섬긴 농업담당 관리.

『國譯』

項梁(항량)이 薛縣(설현)에 들어오자 숙손통은 항량을 수행했다. 항우가 定陶에서 패하자 숙손통은 懷王을 모셨다. 회왕이 義帝가 되어 長沙郡으로 옮겨가자 숙손통은 남아서 항우를 섬기다가 漢 2년에(전 205년) 漢王이 5제후를 거느리고 彭城을 점령하자 숙손통은 한왕에게 투항하였다. 숙손통은 儒生의 복장을 했었는데 한왕이 싫어하자 바로 옷을 고쳐 楚나라 옷처럼 짧게 고쳐 입자 한왕이 좋아하였다.

숙손통이 한왕에 귀부하였는데 숙손통을 수행하는 제자가 100여 명이었으나 관리로 추천받은 자가 없었고 전적으로 도적 무리였던 장사들만 추천되었다. 숙손통의 제자들이 말했다. "우리가 선생을 섬기기 몇 년 만에 겨우 한에 투항했지만 지금껏 우리들을 관리로 추천하지 않고 전적으로 도둑들만 추천하는 까닭은 무엇입니까?" 그러자 숙손통이 말했다. "한왕은 지금 화살과 돌을 맞으며 천하를 놓고 싸우고 있는데 차라리 그대들이 싸울 수 있겠는가? 때문에 먼저 적장을 죽이고 깃발을 빼앗을 수 있는 사람을 추천하는 것이요. 여러분이 나를 믿고 기다려 준다면 나는 잊지 않을 것이요."

한왕은 숙손통을 박사에 임명하고 稷嗣君(직사군)이라 불렀다.

原文

漢王已並天下, 諸侯共尊爲皇帝於定陶, 通就其儀號. 高帝悉去秦儀法, 爲簡易. 群臣飮爭功, 醉或妄呼, 拔劍擊柱, 上患之. 通知上亦厭之, 說上曰, "夫儒者難與進取, 可與守成. 臣願徵魯諸生, 與臣弟子共起朝儀."

高帝曰, "得無難乎?" 通曰, "五帝異樂, 三王不同禮. 禮者, 因時世人情爲之節文者也. 故夏,殷,周禮所因損益可知者, 謂不相復也. 臣願頗采古禮與秦儀雜就之." 上曰, "可試爲之, 令易知, 度吾所能行爲之."

| 註釋 | ○定陶(정도) – 縣名. 今 山東省 西南 菏澤市(하택시) 관할의 定陶縣. ○就其儀號 – 예의와 호칭을 제정하다. ○徵魯諸生 – 魯에서 여러 유생을 데려다가. ○朝儀 – 조정의 의례. ○得無難乎 – (내가 따라 하기가) 어렵지 않겠는가? ○節文 – 규범과 꾸밈. ○復 – 중복되다. 똑같다. ○雜就 – 혼합하다. 뒤섞다.

〖國譯〗

漢王이 천하를 차지하자 모든 제후들은 정도현에서 한왕을 황제로 높였는데 숙손통은 그 의례와 호칭을 제정하였다. 고조는 秦의 의례 규정을 다 버리고 간단히 만들라고 하였다. 여러 신하들은 술을 마시며 공적을 자랑하다가 취해서 함부로 떠들거나 칼로 기둥을 치기도 하였는데 고조는 이를 싫어하였다. 숙손통은 고조가 그런 무례를 싫어하는 줄 알고서 고조에게 설명하였다.

"儒生은 앞으로 나아가 얻지는 못하지만 이룬 것을 함께 지킬 수는 있습니다. 臣이 魯(노)의 유생들을 데려다가 저의 제자들과 함께 조정의 의례를 제정하고자 합니다."

고조는 "어렵지 않겠는가?" 라고 말했다. 이에 숙손통이 말했다.

"五帝의 예악이 서로 달랐고 三王의 의례가 같지 않았습니다. 禮는 시대와 인정에 따라 정한 규범이며 절차입니다. 그래서 夏와 殷과 周의 예에서 서로 간에 없애거나 보탠 것을 알 수 있는 것입니다. 臣은 여러 古禮를 참작하고 秦의 의례를 혼합해서 정할 것입니다."

고조는 "한 번 만들어 보는데 쉽게 알 수 있도록 하고 내가 능히

할 수 있는 것으로 만들라."고 하였다.

原文

於是通使徵魯諸生三十餘人. 魯有兩生不肯行, 曰, "公所事者且十主, 皆面諛親貴. 今天下初定, 死者未葬, 傷者未起, 又欲起禮樂. 禮樂所由起, 百年積德而後可興也. 吾不忍爲公所爲. 公所爲不合古, 吾不行. 公往矣, 毋汚我!" 通笑曰, "若眞鄙儒, 不知時變." 遂與所徵三十人西, 及上左右爲學者 與其弟子百餘人爲綿蕞野外. 習之月餘, 通曰, "上可試觀." 上使行禮, 曰, "吾能爲此." 乃令群臣習肄, 會十月.

| **註釋** | ○公所事者且十主 – 且는 거의. 十主는 10명의 주군. 진시황에서부터 漢 高祖까지 10명에 가깝다는 뜻. ○面諛(면유) – 면전에서 아첨하다. 諛는 아첨할 유. ○毋汚我 – 汚는 더러울 오. 고인 물. 욕보이다. 명예를 손상시키다. ○若眞鄙儒 – 당신은 진짜 비루한 儒者이다. 若(약)은 너. 汝와 同. 鄙는 인색할 비. 固陋(고루)하여 不通하다. ○西 – 西行하다. 동사로 쓰였다. ○爲學者 – 학식이 있는 자. ○綿蕞野外 – 야외에서 줄을 긋고 표시를 하다. 綿은 이어질 면. 잇다. 蕞는 작을 최. 띠를 묶어 표시하다. ○習肄(습이) – 연습하다. 肄는 익힐 이. 배우다. ○會 – 朝會를 거행하다. 漢에서도 10월을 歲首로 하였다.

〖國譯〗

이에 숙손통은 사람을 통해 魯에서 30여 명을 모집하였다. 魯의 유생 2명이 함께 가지 않겠다면서 말했다.

"公이 섬긴 주군이 거의 열 명에 가깝고 매번 주군 인척의 면전에서 아부하였소. 지금 천하가 겨우 안정되었다지만 死者를 다 묻지도 못했고 다친 사람들도 회복이 안 되었는데 이제는 예악을 일으키겠다고 합니다. 예악을 일으키려면 백 년간 덕을 쌓은 이후에나 가능합니다. 우리는 당신이 하려는 것을 차마 못 보겠소. 당신이 하는 일은 古禮에도 맞지 않아 우리는 안 갈 것이오. 당신은 가더라도 우리를 욕보이지 마시오."

숙손통이 웃으면서 말했다. "당신들은 진짜 비루한 유생이라서 시대의 변화를 알지 못하는 것이요."

마침내 초빙한 30인과 함께 서쪽으로 가서 황제의 近臣이나 학문이 있는 사람, 그리고 제자 100여 명 등이 함께 야외에서 줄을 긋고 표시를 하면서 예를 익혔다. 한 달 정도 연습을 한 뒤 숙손통이 말했다. "황제께 한 번 보여드릴 만하다."

고조는 의례 실행을 보고서 말했다. "나도 이런 예를 할 만하다." 그리고 여러 신하들에게 연습을 하라 명령을 하고 10월에 조회를 거행키로 하였다.

原文

漢七年, 長樂宮成, 諸侯群臣朝十月. 儀, 先平明, 謁者治禮, 引以次入殿門. 廷中陳車騎戍卒衛官, 設兵, 張旗志. 傳曰“趨”. 殿下郎中俠陛, 陛數百人. 功臣,列侯,諸將軍,軍吏以次陳西方, 東鄉, 文官丞相以下陳東方, 西鄉. 大行設九賓, 臚句傳. 於是皇帝輦出房, 百官執戟傳警, 引諸侯王以下至吏六百石以次奉賀. 自諸侯王以下莫不震恐肅敬. 至禮畢, 盡伏, 置法酒. 諸侍坐殿下皆伏抑首, 以尊卑次起上壽. 觴九行, 謁者言“罷酒”. 御史執法擧不如儀者輒引去. 竟朝置酒, 無敢讙嘩失禮者. 於是高帝曰, “吾乃今日知爲皇帝之貴也!” 拜通爲奉常, 賜金五百斤.

通因進曰, “諸弟子儒生隨臣久矣, 與共爲儀, 願陛下官之.” 高帝悉以爲郎. 通出, 皆以五百金賜諸生. 諸生乃喜曰, “叔孫生聖人, 知當世務.”

| 註釋 | ○漢七年 – 前 200년. ○長樂宮 – 長安城 동남쪽에 있어 ‘東宮’이라고도 한다. 둘레가 약 10km, 면적이 $6km^2$. 장안성 전면적의 약 1/6을 점유했다는 기록이 있다. 장안성 서남쪽에 蕭何의 계획대로 조성한 未央宮이 주로 황제가 거주하는 궁전이었고 장락궁은 대개 황태후 거처로 이용되었다. 未央은 未盡(다함이 없다. ‘끝이 없다’는 의미.) ○儀 – ‘의례는 다음과 같다.’는 의미. ○謁者(알자) – 낭중령의 속관. 治禮는 治禮郞. ○張旗志 – 깃발을 세워 놓다. 志는 표지. 幟 깃발 치. ○趨 – 달릴 추. 경의를 표시하는 뜻으로 빠른 걸음으로 걷다. ○俠陛(협폐) – 계단을 끼고. 陛는 섬돌 폐. ○東鄉 – 東向. ○大行 – 관직명. 大行令. ○設九賓 – 명령을 아래나 위로 전달하는 일을 하는 관리 9명을 배치하다. ○臚句傳 – 명령을 전달하다. 위에서 아래로 전달하는 동작 명령을 臚(려)라 하고 아래에서 위로 보고하는 동작명령을 句라 하였다. ○傳警(전경) – 큰 소리로 복창하여 주의를 환기

시키다. ○置法酒 - 의례용으로 마시는 술. 禮酌(예작)과 同. ○上壽 - 祝壽하다. ○觴九行 - 술을 9번 권하다. 觴 술잔 상. ○竟朝(경조) - 조회의 의례를 다 마치다. ○讙嘩(환화) - 喧譁(훤화). 떠들다. ○奉常 - 관직명. 종묘의례를 관장하는 九卿의 하나. 뒤에 太常으로 개칭. 博士 선발과 관리도 담당. ○官之 - 제자들에게 벼슬을 내리다.

〖國譯〗

漢 7년, 長樂宮이 완성되었고 제후와 모든 신하가 10월 조회를 하였다. 의례는 다음과 같았다.

날이 밝기 전에 謁者(알자) 治禮郎이 순차대로 전각 문안으로 인솔하였다. 궁정 안에는 병기를 든 車騎장군이나 戍卒(수졸)과 衛官(위관)을 배치하였고 깃발을 꽂아두었다. "趨(달리시오)"라는 명령이 떨어졌다. 전각 아래에 낭중들이 계단을 끼고 계단마다 수백 명을 정렬시켰다. 공신과 열후, 모든 장군과 軍吏들이 순차대로 서쪽에 줄을 지어 동쪽을 향하여 서 있고, 문관은 승상 이하 모두가 동편에서 서쪽을 보고 정렬하였다. 大行令이 명을 복창하는 九賓(구빈)을 세워 놓아 상하로 의식 전차를 전달케 하였다. 그리고 황제의 輦(연)이 전각에서 나와 식장에 들어오자 백관이 창을 잡고 경고를 복창하였고 제후의 왕 이하 봉록 6백석 관리까지 순차적으로 나와서 황제에게 하례를 올렸다. 諸侯의 王 이하 모두가 두려워하며 엄숙하게 경배하지 않는 이가 없었다. 의례를 마치고 모두 엎드렸고 法酒의 예를 행하였다. 황제를 모시는 백관 모두가 전각 아래 엎드린 채 고개를 들고 서열에 따라 순차적으로 일어나 황제에게 祝壽를 하였다. 法酒禮 9번을 행한 뒤 謁者(알자)가 "罷酒(파주)"라고 외쳤다. 어사는

法度에 의거하여 의례에 따르지 않는 자를 보는 대로 데리고 나갔다. 조회를 모두 마치고 주연을 열었는데 감히 떠들거나 결례하는 자가 없었다.

그러자 고조가 말했다. "나는 오늘에서야 황제가 고귀한 줄을 알았도다!"

그리고 숙손통을 奉常에 임명하고 금전 5백 근을 하사하였다. 숙손통이 이에 앞에 나가 말했다. "여러 제자 유생들이 저를 따라다닌지 오래 되었으며 이번에 함께 의례를 집행하였사오니 폐하께서 이들에게 벼슬을 내려 주시기 바랍니다."

고조는 그들을 모두 낭관에 임명하였다. 숙손통이 돌아와 5백금을 여러 사람들에게 나눠 주었다. 여러 제자들이 기뻐하며 말했다.

"叔孫 선생께서는 聖人이시니 당면한 世務를 잘 알고 계시다."

原文

九年, 高帝徙通爲太子太傅. 十二年, 高帝欲以趙王如意易太子, 通諫曰, "昔者晉獻公以驪姬故, 廢太子, 立奚齊, 晉國亂者數十年, 爲天下笑. 秦以不早定扶蘇, 胡亥詐立, 自使滅祀, 此陛下所親見. 今太子仁孝, 天下皆聞之, 呂后與陛下共苦食啖, 其可背哉! 陛下必欲廢適而立少, 臣願先伏誅, 以頸血汚地." 高帝曰, "公罷矣, 吾特戲耳." 通曰, "太子天下本, 本壹搖, 天下震動, 奈何以天下戲!" 高帝曰, "吾聽公." 及上置酒, 見留侯所招客從太子入見, 上遂無易太子志矣.

| 註釋 | ○晉獻公(진 헌공, ? – 前 651) – 春秋時代 晉國의 왕. 재위 26년. ○驪姬(여희) – 검을 말 여(려). ○廢太子 – 태자 申生은 자살했다. ○奚齊(해제) – 여희 소생. ○扶蘇(부소) – 秦始皇의 長公子. 환관 趙高, 승상 李斯에 의해 죽었다. ○共苦食啖 – 힘든 일을 같이 하고 맛없는 음식을 먹었다. 啖은 淡(담), 맛없는 음식. ○頸血(경혈) – 목을 찔러 흘린 피. ○招客從太子 – 商山四皓(상산사호)가 태자를 수행하였다.

〖國譯〗

漢 9년, 고조는 숙손통을 太子太傅로 임명하였다. 12년에 고조는 趙王 如意로 太子를 바꾸고자 했는데 숙손통이 간언하였다.

"옛날에 晉나라 獻公은 驪姬(여희) 때문에 태자를 폐하고 여희 소생의 奚齊(해제)를 태자로 정했다가 晉國이 수십 년 동안이나 혼란에 빠졌고 천하의 웃음거리가 되었습니다. 秦나라는 扶蘇(부소)를 태자로 일찍 정하지 않았기 때문에 胡亥(호해)가 거짓을 저지르고 즉위하여 끝내 나라가 망한 것은 폐하께서도 직접 보셨습니다. 지금 태자는 인자하시니 이를 천하가 다 알고 있으며 呂 황후와 폐하께서는 같이 고생하시며 맛없는 음식을 드셨는데 어찌 버릴 수 있겠습니까! 폐하께서 기어이 嫡子를 폐하시고 어린 아들을 세우겠다면 臣은 먼저 사형을 받아 목의 피로 땅을 적시겠습니다."

이에 고조가 말했다. "公은 그만하시오 내가 그냥 장난으로 해본 소리요." 숙손통이 말했다. "太子는 천하의 근본이며 근본이 일단 흔들리면 천하가 진동하는데 어찌 천하를 가지고 농담을 하십니까!" 이에 고조가 말했다. "내가 공의 말을 따르겠소."

뒷날 고조가 베푼 연회에 留侯 장량에 의해 초치된 빈객들이 태자를 모시고 들어와 알현하는 것을 보고서 고조는 태자를 바꾸려는 뜻이 없어졌다.

原文

高帝崩, 孝惠卽位, 乃謂通曰, "先帝園陵寢廟, 群臣莫習." 徙通爲奉常, 定宗廟儀法. 乃稍定漢諸儀法, 皆通所論著也. 惠帝爲東朝長樂宮, 及間往, 數蹕煩民, 作復道, 方築武庫南, 通奏事, 因請間, 曰, "陛下何自築復道高帝寢, 衣冠月出遊高廟? 子孫奈何乘宗廟道上行哉!" 惠帝懼, 曰, "急壞之." 通曰, "人主無過擧. 今已作, 百姓皆知之矣. 願陛下爲原廟渭北, 衣冠月出遊之, 益廣宗廟, 大孝之本." 上乃詔有司立原廟.

惠帝常出游離宮, 通曰, "古者有春嘗果, 方今櫻桃孰, 可獻, 願陛下出, 因取櫻桃獻宗廟." 上許之. 諸果獻由此興.

| **註釋** | ○先帝 – 고조. ○園陵寢廟(원릉침묘) – 園은 묘역 전체. 陵은 봉분. 寢은 先帝의 의상과 무기를 보관하는 묘당 뒤의 건물. 廟는 신주를 보시고 제사를 올리는 건물. ○群臣莫習 – 군신들이 잘 알지 못하다. ○奉常 – 종묘 제사 담당. 九卿의 한 사람. ○東朝 – 동쪽으로 가서 여태후를 뵙다. 매달 초에 공식적으로 장락궁에 가서 여태후를 뵙는다. ○間往 – 특별한 일이

있을 때의 행차. ○數蹕煩民(삭필번민) – 자주 통행을 금지시켜 백성을 번거롭게 하다. 蹕은 길 치울 필. 통행을 금지시키다. ○復道 – 건물의 누각과 누각을 잇는 길. 일종의 구름다리. ○請間 – 공식 업무를 마치고 틈을 보아 묻다. ○衣冠月出遊 – (고조의) 의관이 매달 초하루에 침전에서 나와서 묘당을 한 바퀴 돌고 제 자리에 다시 안치했다. 이러한 길 위로 복도를 만들었으니 잘못되었다는 뜻. ○過擧 – 잘못된 조치. ○原廟渭北 – 渭水 북쪽에 새로운 묘당을 신축하다. 原은 再, '다시 만들다.' 의 뜻. 高廟와 原廟 두 개의 종묘가 있다는 뜻. ○櫻桃 – 앵두. ○果獻(과헌) – 종묘에 햇과일을 바침.

〖國譯〗

高帝가 붕어하고 혜제가 즉위하였는데 숙손통에게 말했다. "先帝의 園陵과 寢廟에서의 의례에 여러 신하들이 잘 알지 못하오."

그리고 숙손통을 奉常에 임명하여 종묘의 의례를 제정케 하였다. 그래서 漢朝의 여러 의례가 점차 제정이 되었는데 모두가 숙손통의 지론대로 정해졌다.

혜제는 동쪽 長樂宮에 가서 태후를 뵙거나 다른 행차에 자주 길을 막고 치워 백성을 번잡하게 한다고 武庫 남쪽에 복도를 지었는데 숙손통이 틈을 보아 혜제에게 물었다. "陛下께서는 고조의 의관이 매달 高廟를 돌아야 하는데 그 寢殿 위로 왜 복도를 만드셨는지요? 자손이 어떻게 종묘의 길 위를 지나다닐 수 있겠습니까?"

혜제가 걱정하며 말했다. "빨리 허물어 버리겠노라." 그러자 숙손통이 말했다. "人主는 실수를 해서는 안 됩니다. 지금 이미 만들었기에 백성들이 다 알고 있습니다. 바라옵건대 폐하께서는 渭水 북쪽에 종묘를 하나 더 지어 의관을 매달 꺼내어 순행케 하시면 되니 종묘를 더 짓거나 넓히는 것은 大孝의 근본입니다."

혜제는 有司에게 명을 내려 原廟(원묘)를 짓게 하였다.

惠帝가 한 번은 離宮에 행차했는데 숙손통이 말했다.

"옛날에 봄에 과일이 나오면 종묘에 바쳤는데 지금 앵두가 익어서 바칠 만하니 폐하께서 나가셔서 앵두를 따서 종묘에 바치시기 바랍니다." 혜제는 승낙하였다. 종묘에 과일을 바치는 것은 이때부터 시작하였다.

原文

贊曰, 高祖以征伐定天下, 而縉紳之徒騁其知辯, 並成大業. 語曰, "廊廟之材非一木之材, 帝王之功非一士之略", 信哉! 劉敬脫輓輅而建金城之安, 叔孫通舍枹鼓而立一王之儀, 遇其時也. 酈生自匿監門, 待主然後出, 猶不免鼎鑊. 朱建始名廉直, 旣距辟陽, 不終其節, 亦以喪身. 陸賈位止大夫, 致仕諸呂, 不受憂責, 從容平,勃之間, 附會將相以彊社稷, 身名俱榮, 其最優乎!

| 註釋 | ○縉紳之徒(진신지도) – 유생. 縉紳은 儒者의 복장. ○建金城之安 – 굳건한 도성의 안정을 마련하였다. 金城은 깨트릴 수 없는 견고한 성곽. ○枹鼓(포고) – 북을 치다. 枹 북채 포. ○酈生 – 酈食其(역이기). ○鼎鑊(정확) – 삶아 죽이다. 鑊은 가마솥 확. ○從容平,勃之間 – 조용히 진평과 주발의 관계를 조절해 주다. ○附會 – 협조하다.

〖國譯〗

班固의 論贊 : 高祖가 천하를 정벌하고 평정할 때 유생들도 그 지식과 구변을 발휘하여 帝業을 함께 이룩하였다. "큰 건물의 재목은 나무 한 그루가 아니고 帝王의 공적은 한 사람의 지략이 아니다."라는 말은 사실이다.

劉敬(유경)은 수레를 끌다가 견고하고 안정된 도성을 건설케 하였고 叔孫通(숙손통)은 북채를 버리고 왕조의 의례를 정립하였으니 모두 시기를 타고난 것이다. 酈食其(역이기)는 마을 문지기로 숨어 지내다가 섬길만한 주군을 만나 세상에 나왔지만 오히려 삶겨 죽어야만 했다. 朱建(주건)은 처음에 강직한 명성이 있었고 辟陽侯(벽양후, 審食其)를 거부했지만 끝까지 지조를 지키지 못했고 자살했다. 陸賈(육가)의 지위는 大夫에 그쳤지만 呂氏를 섬기면서도 그 허물을 덮어쓰지 않았으며 조용히 陳平과 周勃 사이에서 將相이 서로 협조하게 하여 社稷(사직)을 강화시켰고 일신의 편안과 명성을 함께 누렸으니 가장 뛰어났었다.

44 淮南衡山濟北王傳
〔회남,형산,제북왕전〕

44-1. 淮南王 劉長

原文

淮南厲王長, 高帝少子也, 其母故趙王張敖美人. 高帝八年, 從東垣過趙, 趙王獻美人, 厲王母也, 幸, 有身. 趙王不敢內宮, 爲築外宮舍之. 及貫高等謀反事覺, 並逮治王, 盡捕王母兄弟美人, 繫之河內. 厲王母亦繫, 告吏曰, "日得幸上, 有子." 吏以聞, 上方怒趙, 未及理厲王母. 厲王母弟趙兼因辟陽侯言呂后, 呂后妒, 不肯白, 辟陽侯不强爭. 厲王母已生厲王, 恚, 即自殺. 吏奉厲王詣上, 上悔, 令呂后母之, 而葬其母眞定. 眞定, 厲王母家縣也.

| 註釋 | ○淮南 – 최조의 淮南王은 九江王이었던 英布. 淮南國(도읍은 壽春)의 영역은 당시 九江郡, 衡山郡, 廬江郡(여강군), 豫章郡으로 지금의 安徽省과 河南省의 淮水 이남, 湖北省의 동남부와 江西省 전부를 포함하는 아주 광대한 지역이었다. ○厲王(여왕) 長 – 劉長(前 198 – 174). ○趙王 張敖(장오) – 조왕 張耳의 아들, 노원공주와 결혼. 고조의 사위. ○美人 – 황제의 妃嬪 14등급 중 5등급의 칭호. 질록 2천석 관직에 해당. 각 侯王도 미인을 거느릴 수 있었다. ○高帝八年 – 前 199년. ○東垣(동원) – 縣名. 今 河北省 石家庄市. 고조는 韓王 信의 반란을 토벌하고 동원현을 거쳐 돌아오는 길이었다. ○幸 – 총애하다. 은총을 내리다. ○內宮 – 납궁, 內은 들일 납. 納과 同. ○舍 – 거주하게 하다. ○貫高等謀反 – 32권, 〈張耳陳餘傳〉 참고. ○河內 – 郡名. 치소는 懷縣. 今 河南省 焦作市(초작시) 武陟縣. ○辟陽侯 – 審食其(심이기), 당시에 또 그 이후에도 呂后의 심복이었다. ○妒 – 투기할 투. 질투하다. ○恚 – 성낼 에. 원망하다. ○眞定 – 縣名. 今 河北省 石家市 동북.

〖國譯〗

淮南國의 厲王(여왕) 劉長은 고조의 막내아들이었는데, 그 생모는 예전 趙王 張敖(장오)의 美人이었다. 고조 8년, 고조는 동원현에서 돌아오며 趙國에 들렀고 조왕은 미인을 바쳤는데 이가 厲王의 생모인데, 고조의 은총을 받아 임신하였다. 趙王은 宮 안에 살게 할 수 없어 밖에 집을 짓고 거처하게 하였다. 趙에서 貫高 등의 謀反 음모가 발각되었고 왕과 함께 조왕의 모친과 형제와 미인들까지 모두 체포되어 河內郡에 갇히게 되었다. 여왕의 생모도 같이 갇혀 있었는데 관리에게 말했다. "지난 날 皇上의 총애를 입어 임신하였다." 관리가 이를 보고하였으나 그때 고조는 趙國에 대해 화가 나 있었기에 여왕의 생모를 돌보지 않았다. 여왕 생모의 동생 趙兼(조겸)이 辟陽侯(벽양후, 審食其)를 통해 呂后에게 말했으나 여후는 질투하며 황제에게 말하지 않았고 벽양후도 힘써 권하지 않았다. 여왕의 생모는 여왕을 낳은 뒤 분노로 곧 자살하였다. 관리가 여왕을 고조에게 데려가자 고조는 후회하면서 여후에게 어머니가 되라 하고 생모는 眞定縣에 장례하게 하였는데 진정현은 여왕 생모의 고향이었다.

原文

十一年, 淮南王布反, 上自將擊滅布, 卽立子長爲淮南王. 王早失母, 常附呂后, 孝惠,呂后時以故得幸無患, 然常心怨辟陽侯, 不敢發. 及孝文初卽位, 自以爲最親, 驕蹇, 數不奉法. 上寬赦之. 三年, 入朝, 甚橫. 從上入苑獵, 與上同輦, 常謂上"大兄". 厲王有材力, 力扛鼎, 乃往請辟陽侯. 辟陽侯出見之, 卽自袖金椎椎之, 命從者刑之. 馳詣闕下, 肉袒而謝曰, "臣母不當坐趙時事, 辟陽侯力能得之呂后, 不爭, 罪一也. 趙王如意子母無罪, 呂后殺之, 辟陽侯不爭, 罪二也. 呂后王諸呂, 欲以危劉氏, 辟陽侯不爭, 罪三也. 臣謹爲天下誅賊, 報母之仇, 伏闕下請罪."

文帝傷其志, 爲親故不治, 赦之.

| 註釋 | ○淮南王布反 - 英布의 반역은 前 196년이었다. ○子長爲淮南王 - 당시 3살이었다. ○孝文初卽位 - 前 179년. ○最親 - 당시 고조의 아

들은 文帝(劉恒)과 회남왕 2인 뿐이었다. ○驕蹇(교건) - 교만하고 무례했다. 蹇은 다리를 절 건. 不順한 상태. ○橫 - 맞서다. 거스르다. 반항하다. ○材力 - 힘이 세다. 材는 소질. ○扛鼎(강정) - 솥을 들다. 杠은 擧也. ○金椎椎之 - 쇠뭉치로 때리다. ○刑之 - 그 목을 자르다. ○肉袒(육단) - 웃통을 벗다. 복종, 항복의 뜻. ○不爭 - 힘써 바른 말을 하지 않다. 爭은 諍也. 충고(권고)하다. ○傷其志 - 傷은 傷悲, 傷痛.

〖國譯〗

고조 11년, 淮南王 영포가 반역했다. 고조는 직접 토벌에 나서 영포를 없애고 바로 아들 劉長을 회남왕에 봉했다. 회남왕은 태어나며 일찍 어머니를 여의고 늘 呂后와 함께 생활했고 혜제와 여후 시기에 총애를 받아 두려움이 없었으며 마음속으로는 벽양후(심이기)에게 원한이 있었지만 나타낼 수 없었다. 효문제가 즉위하자 회남왕은 스스로 가장 가까운 형제라 생각하여 교만하고 법을 자주 어겼다. 이에 대하여 문제는 너그럽게 회남왕을 용서하였다. 문제 3년 회남왕이 입조하였으나 너무 멋대로 행동하였다. 문제를 따라 원림에 사냥을 나가며 황제와 수레를 같이 타고 같으며 文帝에게 늘 '大兄' 이라고 불렀다. 厲王(여왕)은 힘이 좋아 솥을 마주 들 정도였는데, 벽양후의 집에 가서 만나기를 청했다. 벽양후가 나오자 회남왕은 바로 소매 속에서 쇠몽둥이를 꺼내 벽양후를 때려죽이고 수행원에게 목을 자르라고 하였다. 회남왕은 대궐로 달려가 웃통을 벗고 사죄하며 말했다.

"저의 모친이 부당하게 趙王의 당시 일에 연좌되었을 때 벽양후는 충분히 呂后의 도움을 청할 수 있었는데 권고하지 않았으니 첫째 죄입니다. 趙王 如意의 모자가 죄도 없는데 呂后가 죽였지만 辟陽侯는 말리지 않았으니 두 번째 죄입니다. 呂后가 여씨 일족을 왕으로 봉하면서 劉氏를 위태롭게 할 때 벽양후가 간쟁을 하지 않았으니 세 번째 죄가 됩니다. 저는 삼가 천하를 위해 賊臣을 죽이고 모친의 원수를 갚았으니 폐하께 엎드려 벌을 받고자 합니다."

文帝는 그 뜻을 불쌍히 여겼고 친형제이기에 법으로 다스리지 않고 사면하였다.

原文

當是時, 自薄太后及太子諸大臣皆憚厲王, 厲王以此歸國益恣, 不用漢法, 出入警蹕, 稱制, 自作法令, 數上書不遜順. 文帝重自切責之. 時帝舅薄昭爲將軍, 尊重, 上令昭予厲王書諫數之, 曰,

| **註釋** | ○薄太后 - 文帝의 생모. ○太子 - 뒷날의 景帝. ○重 - 어려워하다. ○薄昭(박소) - 文帝의 생모인 薄太后의 친정 남동생. 박소는 軹侯(지후)에 봉해졌다. ○諫數 - 조목조목 충고하다.

〔國譯〕

그때, 薄太后(박태후)와 태자 및 여러 대신들이 모두 厲王(여왕)을 두려워하였는데 여왕은 자기 封國(봉국)으로 돌아가 더 방자해져서 漢의 법도를 준용하지 않으며 황제처럼 명령하고 출입에 길을 치우게 하였으며 상서할 때마다 불손한 경우가 여러 번이었다. 문제는 자신이 직접 심하게 나무라기가 싫었다. 그때 문제의 외삼촌 薄昭(박소)는 장군으로 여러 사람의 존경을 받고 있었는데 문제는 박소를 시켜 여왕에게 편지를 보내 여왕의 잘못을 깨우치라고 하였다. 박소의 편지는 아래와 같다.

原文

「竊聞大王剛直而勇, 慈惠而厚, 貞信多斷, 是天以聖人之資奉大王也甚盛, 不可不察. 今大王所行, 不稱天資. 皇帝初卽位, 易侯邑在淮南者, 大王不肯. 皇帝卒易之, 使大王得三縣之實, 甚厚. 大王以未嘗與皇帝相見, 求入朝見, 未畢昆弟之歡, 而殺列侯以自爲名. 皇帝不使吏與其間, 赦大王, 甚厚. 漢法, 二千石缺, 輒言漢補, 大王逐漢所置, 而請自置相, 二千石. 皇帝骫天下正法而許大王, 甚厚. 大王欲屬國爲布衣, 守冢眞定. 皇帝不許, 使大王毋失南面之尊, 甚厚. 大王宜日夜奉法度, 修貢職, 以稱皇帝之厚德, 今乃輕言恣行, 以負謗於天下, 甚非計也.」

| **註釋** | ○竊 – 훔칠 절. 자신을 낮추는 謙辭(겸사). 저는. ○甚盛 – 매우 아름답다. 盛은 美也. ○不稱天資 – 타고난 천성과 맞지 않다. ○易侯邑在淮南者 – 회남에 있는 영지와 바꾸다. ○卒 – 終也. ○朝見 – 제후가 직접 天子를 알현하는 것. ○昆弟 – 兄弟. ○以自爲名 – 어머니를 위해 원수를 죽였다는 명분을 내세우다. ○不使吏與其間 – 담당 관리에게 그 사실을 조

사하게 시키지 않고서. ○骫 - 굽을 위. '委'의 古字. 曲也. ○屬 - 버리다. 다른 사람에게 넘겨주다. ○守冢眞定 - 眞定縣의 (모친의) 묘 곁에서 살다. ○南面之尊 - 王位.

【國譯】

「제가 듣기로 대왕께서는 강직하고 용맹하시며 자혜롭고도 후덕하며 의리가 있고 결단력도 있으시니 이는 하늘이 聖人의 바탕을 대왕에게 내려 준 것으로 정말 아름다운 자질이니 이는 대왕도 잘 알 것입니다. 그러나 지금 대왕의 행실은 이러한 바탕에 걸맞지 않습니다. 지금의 황제가 즉위하시고 회남에 있는 封地를 바꾸려 했을 때 왕께서는 거부하였습니다. 황제께서 결국은 바꾸셨지만 왕에게 3개 현을 더 주셨으니 이는 폐하의 매우 큰 은덕입니다. 대왕께서 황제와 서로 만나려 하지 않다가 직접 폐하를 만나고서 형제 상면을 미처 즐기기도 전에 列侯를 죽이고 모친 원수를 갚았다는 명분을 내세웠습니다. 황제께서는 이를 관리에게 조사하게 하지도 않고 대왕을 사면하셨으니 매우 큰 은덕입니다. 漢의 법도로는 2천석 관리가 결원이면 바로 조정에 보고하여 중앙에서 보충을 하는데 대왕은 한에서 배치한 관리를 축출하고 자청하여 승상과 2천석 관리를 임명하였습니다. 황제께서는 천하의 正法을 바꿔가면서 대왕에게 허락하셨으니 이것도 매우 큰 은덕입니다. 대왕은 나라를 다른 사람에게 넘기고 평민이 되어 진정현에 가서 모친 무덤 곁에 살겠다고 하였습니다. 황제께서는 불허하시어 대왕이 왕의 지위를 잃지 않게 하셨으니 이 또한 매우 후덕한 은혜입니다. 대왕은 당연히 밤낮으로 법도를 지키며 侯王으로서의 업무를 수행하며 황제의 후덕을 칭송해야 하는데 지금도 경박한 말과 건방진 행동으로 천하의 비방을 혼자 받고 있으니 이는 현명한 행실이 아닙니다.」

原文

「夫大王以千里爲宅居, 以萬民爲臣妾, 此高皇帝之厚德也. 高帝蒙霜露, 沫風雨, 赴矢石, 野戰攻城, 身被創痍, 以爲子孫成萬世之業, 艱難危苦甚矣. 大王不思先帝之艱苦, 日夜怵惕, 修身正行, 養犧牲, 豐潔粢盛, 奉祭祀, 以無忘先帝之功德, 而欲屬國爲布衣, 甚過. 且夫貪讓國土之名, 輕廢先帝之業, 不可以言孝. 父爲之基, 而不能守, 不賢. 不求守長陵, 而求之眞定, 先母後父, 不誼. 數逆天子之令, 不順. 言節行以高兄, 無禮. 幸臣有罪, 大者立斷, 小者肉刑, 不仁. 貴布衣一劍之任, 賤王侯之位, 不知. 不好學問大道, 觸情忘行, 不祥. 此八者, 危亡之路也, 而大王行之, 棄南面之位, 奮諸,賁之勇, 常出入危亡之路, 臣之所見, 高皇帝之神必不廟食於大王之手, 明白.」

| 註釋 | ○沫風雨 – 풍우로 얼굴을 씻다. 沫 씻을 매. 땅이름 매. ○創痍(창이) – 상처가 나다. ○怵惕(출척) – 두려워하다. 벌벌 떨다. 怵은 두려워할 출. 惕은 두려워할 척. ○粢盛(자성) – 祭器에 담아 바치는 곡물. 粢는 기장 자. 盛은 그릇 성. 그릇에 담다. ○長陵 – 高祖의 능묘. 今 陝西省 咸陽市 동북. ○言節行以高兄 – 節操와 돌출행동으로 兄(文帝) 앞에서 뽐내려

하다. 厲王이 왕위를 버리고 어머니 무덤 곁에 살겠다는 말은 돌출적인 언행이며 그런 행동 자체가 형(문제)에게 무례하다는 뜻. ○布衣一劍之任 - 평민의 칼 한 자루 협객 기질. ○觸情忘行(촉정망행) - 감정적인 경거망동. ○此八者 - 甚過, 不賢, 不誼, 不順, 無禮, 不仁, 不知, 不詳한 사례. ○諸,賁 - 專諸(전저, ? - 前 515)는 春秋時代 吳國의 유명한 자객. 孟賁(맹분)은 전국시대 衛國의 勇士.

〖國譯〗

「大王께서 천리의 땅을 가지고 만민을 신하로 거느릴 수 있는 것은 高皇帝의 厚德입니다. 고조께서는 서리와 이슬을 맞고 풍우로 얼굴을 씻었으며 화살과 돌을 무릅쓰고 野戰하며 성을 공략하여 자손이 만세에 이어갈 바탕을 이룩하셨으니 그 힘들고 위험한 고생은 정말 많았습니다. 대왕은 선제의 그 어려움을 생각하여 밤낮으로 조심하며 修身正行하고 제사에 바칠 犧牲(희생)을 기르고, 제사 곡식을 풍성하고 정갈하게 하여 제사를 받들며 선제의 공덕을 잊지 않아야 하는데 그러지 못하고 남에게 나라를 넘겨주고 평민이 되겠다는 것은 큰 잘못입니다. 또 나라조차도 버렸다는 명성을 얻으려고 선제의 터전을 가볍게 버리는 것은 효라고 말할 수 없습니다. 아버지가 이룩한 바탕을 지키지 못한다면 현명한 처사가 아닙니다. 고조의 묘를 지키려 아니하고 진정현의 모친 묘를 지키겠다는 것은 先母後父이니 옳지 않습니다. 천자의 명령을 자주 거역하는 것은 不順입니다. 절조를 말하며 돌출 행동으로 형(文帝) 앞에서 뽐내려 하는 것은 무례입니다. 아래 신하가 잘못을 했다 하여 잘못이 크다고 바로 죽이고 작은 잘못을 한 자에게 肉刑을 가한 것은 不仁입니다. 보통 평민의 칼 한 자루 협객 기질을 높이 생각하며 왕위를 천하다 생각하는 것은 지혜롭지 못한 것입니다. 학문의 대도를 따르지 않고 감정에 따른 경거망동은 상서롭지 못합니다. 이 8가지는 모두 위기와 멸망으로 가는 길인데 대왕이 지금 가고 있으며 專諸와 孟賁의 용기를 뽐내며 매번 위기와 멸망의 길을 출입하고 있으니 臣이 볼 때 고황제의 신령께서는 대왕의 손으로 올리는 종묘의 제사를 틀림없이 받지 않으실 것이 분명합니다.

原文

「昔者, 周公誅管叔, 放蔡叔, 以安周. 齊桓殺其弟, 以反國. 秦始皇殺兩弟, 遷其母, 以安秦. 頃王亡代, 高帝奪之國, 以便事, 濟北擧兵, 皇帝誅之, 以安漢. 故周, 齊行之於古, 秦, 漢用之於今, 大王不察古今之所以安國便事, 而欲以親戚之意於太上, 不可得也. 亡之諸侯, 游宦事人, 及舍匿者, 論皆有法. 其在王所, 吏主者坐. 今諸侯子爲吏者, 御史主, 爲軍吏者, 中尉主, 客出入殿門者, 衛尉大行主, 諸從蠻夷來歸誼及以亡名數自占者, 內史縣令主. 相欲委下吏, 無與其禍, 不可得也. 王若不改, 漢繫大王邸, 論相以下, 爲之奈何? 夫墮父大業, 退爲布衣所哀, 幸臣皆伏法而誅, 爲天下笑, 以羞先帝之德, 甚爲大王不取也.」

| 註釋 | ㅇ周公, 管叔, 蔡叔 – 周의 武王이 죽자 武王의 아들 成王이 어린

나이에 즉위하고 周公이 섭정하였는데 이에 管侯 叔鮮(숙선, 武王의 형제)과 蔡侯 叔度(숙도, 武王의 형제)는 동방의 각 부족과 연합하여 周에 반기를 들었다. 周公은 군사를 거느리고 東征하여 숙선을 죽이고 숙도를 귀양 보내 周 왕실을 안정시켰다. ○齊桓(제환) – 齊나라 桓公(小白, 재위 前 685 – 643)은 그 형 公子 糾(규)와 왕위 경쟁에서 齊에 먼저 들어와 왕위에 오르면서 魯에 압력을 가해 형을 죽이게 하였다. 齊 桓公은 패업을 이룩한 春秋五霸의 한 사람이다. 여기서 弟라 한 것은 일종의 謙辭이다. ○秦始皇殺兩弟 – 진시황제의 생모가 嫪毐(노애)라는 姦夫와 통간하여 두 아들을 낳았는데 진시황이 이를 알고 그 두 아들을 죽이고 생모는 함양의 궁궐에 유폐시켰다. 嫪毐(노애)는 이후 오입쟁이의 뜻. ○頃王(경왕) – 고조의 작은 兄인 劉喜. 본래 성실한 농부였다. 代王으로 재위 중 흉노가 쳐들어오자 나라를 버리고 洛陽으로 도망나오자 고조가 왕위를 거두었다. ○濟北擧兵 – 漢의 濟北王 劉興居는 呂씨 제거에 한몫을 했다고 자부하며 논공행상에 불만을 품고 있다가 반기를 들었다. ○今諸侯子～ – 子는 '아들'이 아닌 '사람'. ○中尉 – 武官의 人事와 수도 치안을 담당하는 관리. ○大行 – 官職名. 빈객과 출장 관리 접대 담당자. ○蠻夷(만이) – 오랑캐, 이민족. 지금 중국에서는 '少數民族'이라고 한다. ○亡名數 – 호적부에 이름이 없다. ○自占者 – 스스로 신고한 자. ○內史 – 京畿 지역의 치안담당관. ○無與其禍 – 책임이 없다고 발뺌하는 것. ○論相以下 – 論은 죄를 평결하다. 相은 漢의 丞相이 아닌 제후국의 相이다.

〖國譯〗

예전에, 周公은 管叔을 죽이고 蔡叔(채숙)을 방축하여 주 왕실을 안정시켰습니다. 齊 桓公은 그 형제를 죽이고 齊로 돌아왔습니다. 秦始皇은 두 동생을 죽이고 모친을 궁에 가두어 나라를 안정시켰습니다. 頃王(경왕)이 代國에서 도망 나오자 고조께서는 그 나라를 빼앗아 사태를 수습했고 濟北王이 거병하자 황제(文帝)가 죽여 버려 漢을 안전하게 하였습니다. 周와 齊의 일은 예전 일이지만 진과 한은 이 시대의 일이니 대왕이 고금의 나라 안정과 사태 수습에 대하여 알지 못하고 오직 친척관계에서 황제의 관용만을 바라는 것은 통할 수 없습니다. 제후국으로 도망간 자, 각지를 떠돌며 벼슬하려는 사람이나 죄를 짓고 숨어 있는 자들도 모두 법에 의해 처리됩니다. 지금 王이 다스리는 곳도 모두 주관하는 관리가 있어 처리됩니다. 제후국의 사람으로 (한의) 관리가 되었다면 어사가 주관하며 侯國의 軍吏는 中尉가 주관하고 궁전을 출입하는 빈객이라면 衛尉(위위)나 大行令이 주관하며 蠻夷 지역에서 귀순하는 사람이나 호적부에 이름이 없다가 자진 신고한 사람이라면 內史나 현령이 주관합니다. 서로 아래 사람에게 떠넘기고 죄에서 벗어날 수도 없습니다. 왕께서 만약 행동을 바꾸지 않는다면 중앙에서 왕을 저택에 가두고 승상 이하 사람들의 죄를 조사한다면 어떻게 하겠습니까? 부친의 대업을 허물고 퇴위하여 평민이 되어 서러워하며 아끼던 신하들이 법에 걸려 사형당하여 천하의 웃음거리가 되며 先帝의 덕업을 부끄럽게 하는 일을 대왕은 절대로 하지 말아야 합니다.

原文

「宜急改操易行, 上書謝罪, 曰, '臣不幸早失先帝, 少孤, 呂氏之世, 未嘗忘死. 陛下卽位, 臣怙恩德驕盈, 行多不軌. 追念罪過, 恐懼, 伏地待誅不敢起.' 皇帝聞之必喜. 大王昆弟歡欣於上, 群臣皆得延壽於下, 上下得宜, 海內常安. 願執計而疾行之. 行之有疑, 禍如發矢, 不可追已.」

| **註釋** | ○操 – 操行, 품행. 잡을 조. ○怙恩德驕盈 – 은덕을 믿고 너무 교만하다. 怙 믿을 호. 盈 찰 영. 가득 차다. ○不軌(불궤) – 法度를 지키지 않다. 軌는 길 궤. 법도. ○發矢 – 시위를 떠난 살. 후회막급이라는 뜻.

〖國譯〗

「마땅히 대왕의 지조와 품행을 빨리 바꾸고 '臣은 불행하게도 先帝를 일찍 여의고 어려서 홀로 되어 呂氏의 시절에도 죽을지 모른다는 생각을 잊은 적이 없었습니다. 폐하께서 즉위하신 뒤에 저는 은덕을 믿고 행실에 법도를 따르지 않은 일이 많았습니다. 지난 잘못을 생각하면 두렵기만 하여 엎드려 죄를 빌며 일어날 수가 없습니다.' 라는 글을 올려 사죄하여야 할 것입니다. 그러하면 황제께서 알고 틀림없이 기뻐하실 것입니다. 위에 있는 대왕의 여러 형제들도 기뻐할 것이며 아래의 모든 신하들도 왕에게 장수를 빌 것이니, 상하가 모두 좋아하고 나라가 평안할 것입니다. 어느 길을 갈지 빨리 택하기 바랍니다. 이를 행하면서 의심한다면 닥쳐올 재앙은 쏜 화살처럼 따라 잡을 수 없을 것입니다.」

原文

王得書不說. 六年, 令男子但等七十人與棘蒲侯柴武太子奇謀, 以輂車四十乘反谷口, 令人使閩越,匈奴. 事覺, 治之,乃使使召淮南王.

| 註釋 | ○不說 – 不悅(불열). 說 기쁠 열. ○六年 – 문제 6년, 前 174년. ○男子 – 아직은 작위가 없는 成人. ○但(단) – 인명. 아래에는 직위가 大夫라 하였다. ○棘蒲侯 柴武(극포후 시무) – 柴武 또는 陳武라고도 한다. ○輦車(연거) – 사람이 끄는 수레. 손수레. ○谷口 – 縣名. 今 陝西省 咸陽市 관할의 禮泉縣 동북. ○閩越(민월) – 지금의 福建省과 浙江省 남부 지역. 그곳에 사는 越人(東越).

〖國譯〗

회남왕은 편지를 받고 마음이 좋지 않았다. 文帝 6년, 회남왕은 但(단)이라는 남자 등 70명과 극포후 柴武(시무)의 柴奇(시기)와 태자 시기와 모의하여 손수레 40승으로 곡구현에서 반기를 들며 민월과 흉노에도 사람을 보냈다. 그 일이 탄로 나자 죄를 묻기 위해 사람을 보내 회남왕을 소환하게 하였다.

原文

王至長安, 丞相張蒼, 典客馮敬行御史大夫事, 與宗正, 廷尉雜奏. "長廢先帝法, 不聽天子詔, 居處無度, 爲黃屋蓋擬天子, 擅爲法令, 不用漢法. 及所置吏, 以其郎中春爲丞相, 收聚漢諸侯人及有罪亡者, 匿爲居, 爲治家室, 賜與財物爵祿田宅, 爵或至關內侯, 奉以二千石所當得. 大夫但, 士伍開章等七十人與棘蒲侯太子奇謀反, 欲以危宗廟社稷, 謀使閩越及匈奴發其兵. 事覺, 長安尉奇等往捕開章, 長匿不予, 與故中尉蕑忌謀, 殺以閉口, 爲棺槨衣衾, 葬之肥陵, 謾吏曰 '不知安在'. 又陽聚土, 樹表其上曰 '開章死, 葬此下'. 及長身自賊殺無罪者一人, 令吏論殺無罪者六人. 爲亡命棄市詐捕命者以除罪, 擅罪人, 無告劾繫治城旦以上十四人, 赦免罪人死罪十八人, 城旦舂以下五十八人, 賜人爵關內侯以下九十四人. 前日長病, 陛下心憂之, 使使者賜棗脯, 長不肯見拜使者. 南海民處廬江界中者反, 淮南吏卒擊之, 陛下遣使者齎帛五十(千)匹, 以賜吏卒勞苦者. 長不欲受賜, 謾曰 '無勞苦者'. 南海王織上書獻璧帛皇帝, 忌擅燔其書, 不以聞. 吏請召治忌, 長不遣, 謾曰 '忌病'. 長所犯不軌, 當棄市, 臣請論如法".

| **註釋** | ○張蒼(장창) - 《漢書》 42권, 〈張周趙任申屠傳〉에 입전. ○典客 - 변방 이민족 관련 업무를 담당하는 중앙 九卿의 하나. ○宗正 - 황족과 외척 관련 업무를 담당. ○廷尉 - 관료들의 刑獄 관련 업무 담당. 九卿의 하나. ○雜奏(잡주) - 공동으로 상주하다. ○擬天子 - 천자처럼 행동하다. 黃屋蓋(황옥개)는 천자의 수레. ○漢諸侯人 - 漢의 군현과 제후국의 사람. ○擅 - 멋대로 할 천. ○漢法 - 여기서 漢은 중앙정부를 의미. ○匿爲居 - 숨어살게 하다. ○士伍 - 관직이나 작위를 갖고 있다가 그것을 박탈당하고 士卒이 된 사람. ○故中尉 - 전직 中尉. ○蕑忌(간기) - 인명. 蕑은 난초 간. ○棺槨衣衾(관곽의금) - 시신이 들어가는 棺과 관을 에워싸는 槨, 시신의 수의(衣)와 이불(衾). ○肥陵(비능) - 邑名. 今 安徽省 六安市 동북. ○謾 - 속일 만. 誑也. ○樹表 - 표지를 세우다. ○爲亡命棄市詐捕命者以除罪 -

亡命하였기에 棄市해야 하나(爲) 체포 명령으로 잡은 자(捕命者)로 속이는(詐 바꿔치기) 것으로(以) 죄를 없애주다(除罪). ○治城旦(치성단) - 변방 城에 보내 노역을 하게 하는 형벌. ○城旦舂(성단용) - 성에 올라 낮에 보초를 서고 밤에는 築城을 하였다. 舂(찧을 용)은 흙을 다지는 작업. 여자 죄수가 곡물을 방아 찧는 일. 春이 아님. ○棗脯(조포) - 대추와 육포. 병 위문품. ○賫 - 가져오다. 보내다. ○璧帛(벽백) - 둥근 구슬과 비단. ○論如法 - 법규대로 처리하다.

〖國譯〗

회남왕이 長安에 도착하자, 丞相인 張蒼(장창), 典客인 馮敬(풍경)이 임시로 어사대부의 일을 담당하였고 宗正과 廷尉가 함께 상주하였다.

"劉長은 선제의 법을 지키지 않았고 천자의 명령도 따르지 않았으며 거처에 법도가 없이 황색 덮개 수레를 타며 천자처럼 행동했고 멋대로 법령을 만들어 漢法을 준용하지 않았습니다. 관리를 임명하되 그의 郎中인 春(춘)을 승상으로 임명했으며 한의 군현이나 제후국에서 죄를 짓고 도망친 자들을 끌어들이고 숨겨 살 거처를 주선하며 재물과 爵祿과 전택도 주었는데 작위가 어떤 자는 관내후에 이르렀고 2천석 관리가 받을 녹봉도 주었습니다. 대부 但(단)이나 예전 관리였던 開章(개장) 등 70인과 棘蒲侯(극포후)의 태자인 柴奇(시기)와 함께 모반하여 종묘사직을 위태롭게 했으며 閩越(민월)과 흉노와 모의하여 發兵하게 하였습니다. 사안이 발각되고 長安尉인 奇(기) 등이 현지에 가서 개장을 체포하려 했으나 유장은 숨기고 내주지 않았으며 옛 중위이던 蕑忌(간기)와 모의하여 개장을 죽여 입을 막으려 했으니 관에 목곽과 수의 이불 등을 준비하여 비릉에 묻은 다음에 관리를 속여 '어디 있는지 모른다.' 고 하였습니다. 그리고 나중에 거짓으로 흙을 쌓아 놓고 거기에 '개장이 죽어 여기에 묻었다' 라는 표지를 세우기도 하였습니다. 또한 유장이 무죄한 자 1인을 직접 죽였고 관리를 시켜 죄가 없는 백성 6인을 죄인으로 몰아 죽게 하였습니다. 죄를 짓고 도망하여 棄市(기시)에 해당하는 자를 체포명령으로 잡은 자로 속여 죄를 없애주었으며 죄인을 멋대로 처리하며 漢에 보고하지도 않았으니 변경 성에 보내 노역에 처한 자는 14인이었고, 사면한 죄인 중 사형에 해당하는 자가 18명, 성에 보내 노역에 처하는 형벌 이하가 58명이었으며 관내후 이하 작위를 내린 자가 94명이었습니다. 그 전날에 유장이 병이 낫다 하여 폐하께서 걱정하시면서 사람을 시켜 대추와 육포를 보냈으니 유장은 사자를 만나 拜受(배수)하려 하지 않았습니다. 南海郡民으로 여강군의 경내에 살고 있는 자가 반역을 하자 淮南의 관리와 사졸이 토벌한 일이 있어, 폐하께서 사자를 보내 비단 5십(5천)필을 가지고 가서 노고가 있는 이졸을 위로하고 하사하게 하였습니다. 유장은 받아서 나누어 주지 않으려고 '고생한 사람이 없다.' 며 거짓말을 하였습니다. 南海王 織(직)이 상서하며 둥근 구슬과 비단을 황제에게 바쳤는데 회남의 관리 蕑忌(간기)는 올린 글을 멋대로 불태우고 보고하지도 않았습니다. 중앙에서 내려간 관리가 간기를 소환하여 치죄하려 했으나 유장은 보내지 않으면서 '간기가 앓고 있다.' 고 거짓말을 하였습니다. 유장이 법도를 어긴 것은 마땅히 기시에 해당하기에 신들은 법규대로 처리하기를 간청합니다."

原文

制曰, “朕不忍置法於王, 其與列侯,吏二千石議.” 列侯,吏二千石臣嬰等四十三人議, 皆曰, “宜論如法.” 制曰, “其赦長死罪, 廢勿王.” 有司奏, “請處蜀嚴道邛郵, 遣其子,子母從居, 縣爲築蓋家室, 皆日三食, 給薪菜鹽炊食器席蓐.” 制曰, “食長給肉日五斤, 酒二斗. 令故美人,材人得幸者十人從居.” 於是盡誅所與謀者. 乃遣長, 載以輜車, 令縣次傳.

| 註釋 | ㅇ制 – 황제의 명령. 制書. ㅇ置法 – 致法. 법을 적용하다. 置는 致와 通. ㅇ其 – 여기서는 명령을 표현하는 助詞이다. 당연히 ~해야 한다. ~해라. ~하기 바란다. ㅇ吏二千石 – 郡守級의 관리. ㅇ臣嬰 – 여기서는 太僕인 夏侯嬰(하후영). 灌嬰은 이미 죽었다. ㅇ廢勿王 – 폐위하여 王을 못하게 하다. ㅇ有司 – 직분이나 성명을 명시하지 않은 官吏. 設官하고 담당職務를 구분하기에 事有專司의 뜻. 담당자. 담당 관청이나 담당 부서의 뜻으로도 쓰인다. ㅇ蜀 嚴道 邛郵(공우) – 蜀郡 嚴道(縣) 邛驛. 郵(역참 우)는 郵驛. 今 四川省 雅安市 관할의 滎經縣(형경현). 道는 이민족이 혼거하는 縣級 행정구역. ㅇ築蓋家室 – 家室(집)을 짓다. ㅇ炊食器 – 취사도구와 각종 식기. ㅇ席蓐(석욕) – 자리와 깔개. 蓐 요 욕. 깔개, 거적. ㅇ食(sì) – 먹일 사(飤). ㅇ美人, 材人 – 후궁. 材人은 才人. ㅇ輜車 – 휘장과 덮개가 있는 수레. ㅇ縣次傳 – 지나는 縣마다 이어받아서 보내다.

〖國譯〗

文帝가 명령했다. “朕(짐)은 회남왕에게 法 적용을 차마 못하겠으니 列侯와 2천석 관리가 의논하기 바란다.”

이에 하후영 등 열후와 2천석 관리 43인이 논의하여 함께 보고를 올렸다. "의당 법대로 적용해야 합니다." 문제는 "劉長의 사형을 사면하되 왕위를 폐위하겠다."라고 했다. 이에 담당 관리가 말했다. "촉군 嚴道(縣) 邛驛(공역)에 거처하도록 하고 아들과 아들의 생모를 동행하게 하며 현에서는 집을 지어 주고 매일 3식을 먹게 하고 땔감과 반찬과 소금, 취사도구며 식기와 자리 등을 제공하게 하십시오."

이에 황제가 명령했다. "劉長에게 하루에 고기 5근, 술 2斗를 먹게 하라. 옛 美人과 材人 등 총애하던 10인도 함께 살게 하라!"

그리고 함께 모의했던 자들을 모두 죽였다. 그리고 유장을 輜車(치거)에 태워 보내되 지나가는 현에서 다음 현으로 이어 보내게 하였다.

原文

爰盎諫曰, "上素驕淮南王, 不爲置嚴相傅, 以故至此. 且淮南王爲人剛, 今暴摧折之, 臣恐其逢霧露病死, 陛下有殺弟之名, 奈何!" 上曰, "吾特苦之耳, 令復之."

淮南王謂侍者曰, "誰謂乃公勇者? 吾以驕不聞過, 故至此." 乃不食而死. 縣傳者不敢發車封. 至雍, 雍令發之, 以死聞. 上悲哭, 謂爰盎曰, "吾不從公言, 卒亡淮南王." 盎曰, "淮南王不可奈何, 願陛下自寬." 上曰, "爲之奈何?" 曰, "獨斬丞相, 御史以謝天下乃可." 上卽令丞相, 御史逮諸縣傳淮南王不發封餽侍者, 皆棄市, 乃以列侯葬淮南王於雍,置守塚三十家.

| 註釋 | ○爰盎(원앙) – 뒷날, 鼂錯(조조)와 사이가 안 좋아 七國의 난(前154년)이 일어나자 景帝에게 반란의 원인을 제공한 조조의 처형을 건의했다. 49권, 〈爰盎鼂錯傳〉에 입전. ○嚴相傅 – 엄한 王相과 師傅(사부). ○逢霧露 – 비나 이슬에 젖다. ○令復之 – 다시 회복하게 하다. ○乃公 – 네 아버지. 오만한 뜻이 포함된 自稱語. ○車封 – 호송하는 檻車(함거)의 봉함. ○雍(옹) – 縣名. 陝西省 寶雞市 관할 鳳翔縣(봉상현) 남쪽. ○不可奈何 – 어찌 할 수 없다(無可奈何). ○餽侍(궤시) – 음식을 올리고 안부를 살피다. 餽(보낼 궤)는 饋(먹일 궤)와 同.

〖國譯〗

爰盎(원앙)이 문제에게 忠諫하였다. "폐하께서 평소에 淮南王의 교만을 방치하고 엄한 승상과 사부를 임명하지 않아 이렇게 된 것입니다. 제 생각으로는 회남왕의 억센 성질이 갑자기 꺾여 길에서 고생을 만나면 병사할 수도 있으며 그러면 폐하는 동생을 죽게 했다는 말을 듣게 될 터인데 어찌하시겠습니까!" 문제는 "난 고생을 조금 시키고 곧 원래대로 해 주려 한다."고 말했다.

淮南王이 그 시종들에게 말했다. "누가 네 아비를 용감한 사람이라 했는가? 내가 교만하여 내 잘못을 듣지 못해 이 지경이 되었다." 그리고서는 음식을 먹지 않고 죽었다. 현에서는 회남왕을 호송하면서 감히 봉한 수레를 열지 못했다. 옹현에 이르러 현령이 수레를 열어보고 죽었다고 보고하였다. 문제는 슬프게 울면서 원앙에게 말했다.

"내가 公의 말을 듣지 않아 결국은 회남왕을 죽게 했다."

이에 원앙이 말했다. "회남왕 일은 어쩔 수 없습니다. 폐하께서는 너그럽게 생각하십시오." 문제가 "어떻게 해야 하는가?"라고 물었다. 원앙은 "승상과 어사대부를 참수하여 천하에 사죄하시면 괜찮을 것입니다." 문제는 곧 회남국의 王相과 어사대부, 각 현에서 회남왕의 수레를 열어보고 음식을 올리며 문안하지 않은 자들을 모두 체포하여 다 죽여 棄市(기시)하게 하였고 열후의 禮로 회남왕을 옹현에 장례하게 하였으며 무덤을 지킬 30호 민가를 지정하였다.

原文

孝文八年, 憐淮南王, 王有子四人, 年皆七八歲, 乃封子安爲阜陵侯, 子勃爲安陽侯, 子賜爲陽周侯, 子良爲東城侯.

十二年, 民有作歌歌淮南王曰, "一尺布, 尙可縫, 一斗粟, 尙可舂. 兄弟二人, 不相容!" 上聞之曰, "昔堯,舜放逐骨肉, 周公殺管,蔡, 天下稱聖, 不以私害公. 天下豈以爲我貪淮南地邪!". 乃徙城陽王王淮南故地, 而追尊謚淮南王爲厲王, 置園如諸侯儀.

| **註釋** | ○憐淮南王 – 憐 앞에 '上' 字가 있어야 함. ○十二年 – 前 168년. ○尙可縫 – 그래도 꿰맬 수 있다. 尙은 아직, 또한, 더욱이. ○兄弟二人 – 文帝와 회남왕 劉長. ○城陽王 – 劉喜. 齊 悼惠王 劉肥의 손자. 劉章의 아들.

〔國譯〕

孝文帝 8년, 문제는 淮南王을 가련히 생각했는데, 회남왕에게는 아들이 넷이 있었지만 나이가 모두 7, 8세 정도였다. 그래서 아들 劉安을 阜陵侯(부릉후), 아들 劉勃(유발)을 安陽侯, 아들 劉賜을 陽周侯, 아들 劉良을 東城侯로 봉했다.

문제 12년, 백성들이 노래를 지어 회남왕을 노래했다.

"한 자의 베도 옷을 지을 수 있고 한 말의 곡식도 방아 찧을 수 있는데 형제 두 사람은 서로 안을 수 없다네."

문제가 이를 듣고 말했다. "옛날에 요와 순 임금도 형제를 몰아냈고 周公은 管叔과 蔡叔을 죽였는데도 성인이라 하는 것은 私로 公을 해치지 않았기 때문이다. 천하 사람들이 어찌하여 내가 회남왕의 땅을 탐낸다고 생각하는가?"

그래서 城陽王 劉喜를 淮南國 옛 땅에 왕을 하게 했고 淮南王을 厲王(여왕)이라 높였고 묘역을 제후의 의례에 따라 설치하였다.

原文

十六年, 上憐淮南王廢法不軌, 自使失國早夭, 乃徙淮南王喜復王故城陽, 而立厲王三子王淮南故地, 三分之, 阜陵侯安爲淮南王, 安陽侯勃爲衡山王, 陽周侯賜爲廬江王, 東城侯良前薨, 無後.

孝景三年, 吳,楚七國反, 吳使者至淮南, 王欲發兵應之. 其相曰, "王必欲應吳, 臣願爲將." 王乃屬之. 相已將兵, 因城守, 不聽王而爲漢. 漢亦使曲城侯將兵救淮南, 淮南以故得完. 吳使者至廬江, 廬江王不應, 而往來使越, 至衡山, 衡山王堅守無二心. 孝景四年, 吳,楚已破, 衡山王朝, 上以爲貞信, 乃勞苦之曰, "南方卑濕." 徙王王於濟北以褒之. 及薨, 遂賜諡爲貞王. 廬江王以邊越, 數使使相交, 徙爲衡山王, 王江北.

| 註釋 | ○早夭(조요) – 일찍 요절하다. ○孝景三年 – 前 154년. ○吳,楚七國反 – 35권, 〈荊燕吳傳〉 참고. ○屬之 – 군사를 거느리도록 맡겼다. 屬은 囑(부탁할 촉). ○卑濕(비습) – 지대가 낮고 습하다. ○褒之 – 그를 褒賞(포상)하다. ○邊越 – 越 땅과 접경하다. ○江北 – 長江 북쪽의 땅.

〖國譯〗

문제 16년, 문제는 회남왕이 법을 지키지 않고 불법을 행하여 나라도 잃고 젊어 죽은 것을 불쌍히 여겨 회남왕 劉喜를 원래의 城陽王으로 임명하고 厲王의 淮南故地를 三分하여 세 아들을 왕으로 봉했는데 阜陵侯(부릉후) 劉安을 淮南王으로, 安陽侯 劉勃(유발)을 衡山王으로, 陽周侯 劉賜(유사)를 廬江王(여강왕)에 봉했고, 東城侯 劉良은 이미 죽고 후손이 없었다.

효경제 3년, 吳楚七國이 반란을 일으켰고 吳나라 사자가 회남국에 오자 회남왕은 발병하여 호응하려고 하였다. 그의 王相이 말했다. "王께서 꼭 吳와 호응하시겠다면 신이 장수가 되고 싶습니다." 회남왕은 곧 위임하였다. 승상이 군사를 지휘하게 되자 성을 굳게 닫고 왕의 말을 듣지 않고 漢을 따랐다. 한에서도 曲城侯를 시켜 군사를 거느리고 회남국을 구원케 하였기에 회남국은 무사하였다. 吳의 사자가 여강국에 갔으나 여강왕은 불응하였고, 越에 사신을 보냈다. 吳의 사자가 형산국에 갔으나 형산왕은 굳게 지키며 반역할 마음이 없었다. 효경제 4년에 오와 초가 다 평정된 뒤 형산왕이 입조하자 경제는 형산왕이 신의를 생각하며 그 뜻을 위로하며 말했다. "남방은 지대가 낮고 습하다." 그리고서는 형산왕을 제북왕으로 옮겨 그 뜻을 포상하였다. 형산왕이 죽자 시호를 貞王이라 하였다. 여강왕은 남쪽 越과 국경을 접하고 있었고 여러 차례 사신이 서로 왕래하였는데 형산왕으로 옮겨 강북 지역의 왕을 하게 하였다.

44-2. 淮南王 劉安

原文

淮南王安爲人好書, 鼓琴, 不喜弋獵狗馬馳騁, 亦欲以行陰德拊循百姓, 流名譽. 招致賓客方術之士數千人, 作爲《內書》二十一篇,《外書》甚衆, 又有《中篇》八卷, 言神仙黃白之術, 亦二十餘萬言. 時武帝方好藝文, 以安屬爲諸父, 辯博善爲文辭, 甚尊重之. 每爲報書及賜, 常召司馬相如等視草乃遣. 初, 安入朝, 獻所作《內篇》, 新出, 上愛秘之. 使爲〈離騷傳〉, 旦受詔, 日食時上. 又獻〈頌德〉及〈長安都國頌〉. 每宴見, 談說得失及方技賦頌, 昏莫然後罷.

| 註釋 | ○淮南王 劉安(前 179 - 122) - 고조의 막내아들 劉長의 아들이니 고조의 孫子이다. 門客과 함께 《淮南子》(原名은 鴻烈)를 저술하였다. 武帝 때 모반을 계획한다고 고발당해 아들과 함께 자살하였다. 그러나 민간에서는 得道하여 신선이 되었다고 믿었다.('一人得道, 雞犬升天'의 주인공). 두부를 최초로 만들었기에 지금도 두부 집에서는 신으로 모신다. ○弋獵(익렵) - 사냥. 弋 주살 익. ○馳騁(치빙) - 말 타고 달리기. ○拊循(부순) - 撫慰(무위) 보살피다. 拊 어루만질 부. 循(좇을 순)은 揗(만질 순)과 同. ○方術之士 - 의술, 점복, 觀星, 觀相에 능한 사람. ○黃白之術 - 藥物에 의해 雜石이나 雜鐵을 黃金이나 白銀으로 만드는 기술. 일종의 鍊金術. ○諸父 - 여러 叔父. ○司馬相如(사마상여, 約 前 179 - 117) - 漢賦의 大家. 대표작 〈子虛賦〉. 卓文君과 사랑의 도피를 했었다. 57권, 〈司馬相如傳〉에 입전. ○離騷傳(이소전) - 〈離騷〉는 屈原(굴원)의 楚辭 작품. 傳은 해설서. 傳이 아니라 '傅(부)'가 되어야 하며 傅는 漢代에 賦와 통용되었다는 주석도 있다. ○日食 - 中食(점심). ○方技 - 方術. ○賦頌 - 賦와 頌, 文體의 일종. ○昏莫(혼모) - 昏暮. 莫은 없을 막. 저물 모.

〖國譯〗

淮南王 劉安은 사람됨이 학문과 彈琴(탄금)을 좋아하였지만 사냥이나 말달리기를 좋아하지 않았으며 음덕을 베풀어 백성을 잘 보살펴 이름을 후세에 전하려 하였다. 빈객과 方術에 통한 사람들을 불러 모았고 《內書》 21편을 지었으며 그 외에 《中篇》 8권이 있고, 神仙과 黃白之術에 관해서도 20여만 자의 저술이 있었다. 그 당시에 武帝도 학문을 좋아했기에 유안을 諸父(叔父)로 받들었고, 언변에

박식하고 文辭가 뛰어난 유안을 매우 존중하였다. 武帝가 劉安에게 書信이나 書册을 하사할 때는 먼저 司馬相如 등을 불러 초안을 보여 주어 검토케 한 다음에 (淨書하여) 보내곤 하였다. 그전에 劉安이 입조하여 자신의 《內篇》을 바쳤고 이어 새로운 저술이 나올 때마다 무제는 아끼며 秘藏(비장)하였다. 무제는 유안에게 〈離騷傳(이소전)〉을 짓게 하였는데 아침에 조서를 받고서 점심 무렵에 지어 올렸다. 또 〈頌德〉과 〈長安都國頌〉도 지어 올렸다. 매번 연회 자리에서 알현하면 정치의 득실과 方術이나 문장에 대한 이야기를 나누다가 어두워진 뒤에야 마치곤 하였다.

原文

安初入朝, 雅善太尉武安侯, 武安侯迎之霸上, 與語曰, "方今上無太子, 王親高皇帝孫, 行仁義, 天下莫不聞. 宮車一日晏駕, 非王尚誰立者?" 淮南王大喜, 厚遺武安侯寶賂. 其群臣賓客, 江淮間多輕薄, 以厲王遷死感激安.

建元六年, 彗星見, 淮南王心怪之. 或說王曰, "先吳軍時, 彗星出, 長數尺, 然尙流血千里. 今彗星竟天, 天下兵當大起." 王心以爲上無太子, 天下有變, 諸侯並爭, 愈益治攻戰具, 積金錢賂遺郡國. 遊士忘作妖言阿諛王, 王喜, 多賜予之.

| **註釋** | ○雅善 – 평소에 잘 지내다. 雅는 原來의 뜻. ○武安侯 – 田蚡(전

분, ? - 前 131) - 전분의 同母異父의 여동생 王氏가 景帝의 2번째 皇后가 되었고 그 소생인 劉徹이 武帝로 즉위하자 전분은 武安侯에 봉해졌고 太尉를 거쳐 丞相에 올랐다. 대단한 추남에 속했으나 文辭가 뛰어났었다. 52권, 〈竇田灌韓傳〉에 立傳. ○霸上(패상) - 지명. 長安 近郊. ○宮車一日晏駕 - 황제의 죽음. 황제는 일찍 일어나 宮車를 타고 조회에 임한다. 宮車가 늦게(晏 늦을 안) 나온다는 것은 황제의 질병이나 붕어를 뜻한다. 宮車晩出. ○感激(감격) - 感動. 厲王의 죽음에 대한 안타까움과 분개하는 특별한 감정을 가지고 유안에게 우호적이었다는 의미. ○建元六年 - 武帝의 첫 번째 연호. 前 135년. ○彗星 - 彗(빗자루 혜). 재앙이 닥칠 상서롭지 못한 조짐으로 인식. ○先吳軍時 - 경제 3년(前 154년) 吳楚七國의 난이 일어날 때. ○竟天(경천) - 하늘을 가로지르다. 혜성이 매우 컸다는 의미. ○郡國 - 군수나 후국의 제후.

〖國譯〗

劉安이 처음 입조할 때, 유안은 太尉인 武安侯 田蚡(전분)과 친했었는데, 무안후가 유안을 패상에서 맞이하면서 말했다. "지금 황상께서는 太子가 없는데 王(유안)께서는 高皇帝의 손자이면서 仁義를 베풀어 천하에 모르는 사람이 없습니다. 혹 황제께서 돌아가신다면 王이 아니면 누구를 세우겠습니까?"

회남왕은 크게 기뻐하면서 무안후에게 재물을 후하게 보내주었다. 회남왕의 여러 신하나 빈객 중에는 長江과 淮水(회수) 지역의 경박한 사람들이 많았는데 厲王(여왕)이 蜀으로 가는 길에서 죽었기에 모두 유안에게 특별한 감정을 갖고 있었다.

建元 6년 혜성이 출현하였는데 회남왕은 마음으로 괴이하게 생각하였다. 어떤 사람이 회남왕에게 말했다. "먼저 吳軍이 봉기할 때

혜성이 나타났는데 그 길이가 數尺이었는데도 유혈이 천리에 걸쳤었습니다. 이번 혜성은 온 하늘에 닿을 정도이니 天下에 병란이 크게 일어날 것입니다." 회남왕은 마음속으로 무제가 태자가 없으니 천하에 변고가 일어나면 제후들이 서로 다툴 것이라 생각하면서 공격용 무기를 더 많이 준비하였고 재물을 모아 다른 郡守나 제후에 보내기도 하였다. 각지를 떠도는 士人들은 妖邪(요사)한 말을 지어 회남왕에게 아부하였는데 회남왕은 좋아하면서 그런 사람들에게 많은 재물을 내려 주었다.

原文

王有女陵, 彗有口. 王愛陵, 多予金錢, 爲中詗長安, 約結上左右. 元朔二年, 上賜淮南王几杖, 不朝. 后荼愛幸, 生子遷爲太子, 取皇太后外孫修成君女爲太子妃. 王謀爲反具, 畏太子妃知而內洩事, 乃與太子謀, 令詐不愛, 三月不同席. 王陽怒太子, 閉使與妃同內, 終不近妃. 妃求去, 王乃上書謝歸之. 后荼,太子遷及女陵擅國權, 奪民田宅, 妄致繫人.

| **註釋** | ○陵(능) - 人名. ○彗有口 - 똑똑하고 구변이 좋다. 彗는 慧. ○詗 - 염탐할 형. ○元朔二年 - 前 127년. ○后荼 - 회남왕후 荼(도). 荼는 名. ○不同席 - 잠자리를 같이 하지 않다. ○同內 - 같은 방을 쓰게 하다. ○妄致繫人 - 멋대로 사람을 가두다.

〖國譯〗

회남왕에게 陵(능)이라는 딸이 있었는데 천성이 약고 구변이 좋았다. 회남왕은 딸을 귀여워하며 많은 돈을 주어 장안에 가서 염탐을 하며 황제의 측근들과 사귀게 하였다. 무제 元朔 2년에 무제는 淮南王에게 안석과 지팡이를 하사하였고 입조하지 않아도 된다고 하였다. 왕후인 荼(도)를 사랑하여 아들 劉遷을 낳자 태자로 정했고 황태후의 외손인 修成君의 딸을 태자비로 삼았다. 회남왕은 반란 도구들을 준비하면서 태자비가 사정을 알아 누설할까 걱정해서 태자와 모의하여 서로 사랑하지 않는 것처럼 꾸미며 3달 동안 잠자리를 같이 하지 않았다. 회남왕은 일부러 태자에게 화를 냈고 태자비와 한 방에 가둬두었으나 끝까지 태자비에 가까이 하지 않았다. 태자비가 떠나가겠다고 하자 회남왕은 글을 올려 사죄하며 태자비를 돌려보냈다. 왕후인 荼(도)와 태자인 劉遷, 딸 劉陵은 국권을 농락하였고 백성들의 땅이나 집을 빼앗고 멋대로 사람을 가두기도 했다.

原文

太子學用劍, 自以爲人莫及, 聞郎中雷被巧, 召與戲. 被壹再辭讓, 誤中太子. 太子怒, 被恐. 此時有欲從軍者輒詣長安, 被卽願奮擊匈奴. 太子數惡被, 王使郎中令斥免, 欲以禁後. 元朔五年, 被遂亡之長安, 上書自明. 事下廷尉,河南. 河南治, 逮淮南太子,王,王后計欲毋遣太子, 遂發兵. 計未定, 猶與十餘日. 會有詔卽訊太子. 淮南相怒壽春丞留太子逮不遣, 劾不敬. 王請相, 相不聽. 王使人上書告相, 事下廷尉治. 從跡連王, 王使人候司. 漢公卿請逮捕治王, 王恐, 欲發兵. 太子遷謀曰, "漢使卽逮王, 令人衣衛士衣, 持戟居王旁, 有非是者, 卽刺殺之, 臣亦使人刺殺淮南中尉, 乃擧兵, 未晩也."

| **註釋** | ○雷被(뇌피) – 人名. ○巧 – 검술이 뛰어나다. ○惡 – 헐뜯다. ○禁後 – 후인이 본받지 않게 하다. ○元朔五年 – 무제 연호. 前 124년. ○河南治 – 河南郡에서 재판하다. 당시 산동지역에서 일어나는 범죄는 河南郡에서 처리했는데 하남군에 대형 감옥이 있었다. ○猶與 – 猶豫. 미루다. ○卽 – 就也. ○壽春丞 – 수춘의 縣丞. 수춘은 회남국의 도읍. ○劾不敬 – 불경한 짓을 탄핵하다. ○王請相 – 회남왕이 회남국 相에게 (일을 잘 마무리해줄 것을) 요청하다. ○從跡連王 – 그 종적이 회남왕까지 관련되다. 從跡은 蹤迹(종적). ○候司(후사) – 엿보다. 미리 알아보다.

〚**國譯**〛

회남왕 태자〔劉遷〕는 검술을 익혀 누구보다도 뛰어나다 자부했는데 郎中인 雷被(뇌피)가 우수하다는 말을 듣고 불러 겨루어 보았다. 뇌피는 한두 번 사양하다가 실수로 태자를 찔렀다. 태자가 화를 내었고 뇌피는 두려웠다. 그때 從軍을 원하는 자는 장안으로 가야 했는데 뇌피도 사직하며 흉노 토벌을 자원하였다. 太子는 여러 번 뇌피를 중상했고 회남왕은 郎中令을 시켜 뇌피를 파면케 하고 이후 이를 본뜨는 사람이 없게 하라고 하였다.

元朔 5년, 뇌피는 장안으로 도망하여 글을 올려 자신의 억울함을 소명하였다. 사건은 정위와 河南郡에 배당되었다. 하남 태수가 회남국 태자를 체포하려 하자 회남왕과 왕후는 태자를 보내지 않으면서 마침내 거병하기로 모의하였다. 그러나 계획이 확정되지 않고 10여 일이 미루어졌다. 마침 조서가 내려와 태자를 심문하라고 하였다. 회남왕의 승상은 壽春丞(수춘승)이 태자 체포를 미루는 것은 불경죄에 해당한다고 압박하였다. 회남왕이 승상에게 선처를 요청하였으나 승상은 따르지 않았다. 그러자 회남왕은 사람을 시켜 승상을 고발하였고 이 일은 (중앙의) 정위가 처리하게 되었다. 그러나 조사가 결국 왕에게 미치게 되자 왕은 사람을 보내 어떻게 돌아가는가를 염탐하였다. 漢의 公卿들은 왕을 체포하여 치죄하여야 한다고 하자 회남왕은 두려워 거병하려고 하였다.

태자 유천이 모의하며 말했다. "漢使가 와서 왕을 체포하려 한다면 무사에게 衛士 옷을 입혀 무기를 들고 왕의 옆에 서 있다가 시비가 벌어지면 바로 죽이십시오. 저 역시 회남국의 중위를 죽이고 거병하여도 늦지 않을 것입니다."

原文

是時上不許公卿, 而遣漢中尉宏卽訊驗王. 王視漢中尉顏色和, 問斥雷被事耳, 自度無何, 不發. 中尉還, 以聞. 公卿治者曰, "淮南王安雍閼求奮擊匈奴者雷被等, 格明詔, 當棄市." 詔不許. 請廢勿王, 上不許. 請削五縣, 可二縣. 使中尉宏赦其罪, 罰以削地. 中尉入淮南界, 宣言赦王. 王初聞公卿請誅之, 未知得削地, 聞漢使來, 恐其捕之, 乃與太子謀如前計. 中尉至, 卽賀王, 王以故不發. 其後自傷曰, "吾行仁義見削地, 寡人甚恥之." 爲反謀益甚. 諸使者道長安來, 爲妄言, 言上無男, 卽喜, 言漢廷治, 有男, 卽怒, 以爲妄言, 非也.

| **註釋** | ○宏 - 人名. 클 굉. ○訊驗 - 했던 일을 조사하다. 訊은 물을 신. 고문하다. ○自度無何 - 아무 일 없을 것이라 생각하다. 度은 헤아릴 탁. ○雍閼(옹알) - 저지하다. 雍은 막을 옹(壅과 同). 온화할 옹. 閼은 가로막을 알. 못하게 하다. ○格明詔 - 황제의 문서명령을 집행하지 않다. 格은 방해하다. 가로막다. ○道長安來 - 장안에서 오다. 道는 從也. ○卽喜 - '漢廷不治 言上無男' 이라고 말하면 기뻐했다는 뜻. ○非也 - 진실이 아니다.

〖國譯〗

이때 武帝는 공경들의 회남왕 소환을 불허하면서 漢 中尉인 宏(굉)을 보내 회남왕을 신문하라고 하였다. 회남왕은 漢에서 보낸 중위의 표정이 온화하고 뇌피를 파면한 일만 묻자 다른 일은 없을 것이라 생각하고 반역하지 않았다. 中尉는 장안으로 돌아가 보고하였다. 이 일을 맡은 공경들이 말했다. "회남왕 劉安이 용감히 흉노를 격파하겠다는 雷被 등의 참전을 막은 것은 명문화된 조서를 어긴 것이니 당연히 棄市(기시)해야 합니다." 그러나 무제는 불허하였다. 공경들이 폐위하고 왕을 못하게 하라고 하였으나 역시 불허하였다. (회남국에 대해) 5개 현을 削地(삭지)하겠다고 청했으나 2개 현 삭지만 허락했다. (무제는) 中尉 宏(굉)을 보내 회남왕의 죄는 사면하고 징벌로 삭지만 하게 시켰다. 중위는 회남국 경계에 들어와 왕을 사면한다고 선언하였다. 회남왕은 대신들이 사형을 주청했다는 소식은 들었지만 삭지를 몰랐기에 漢의 사자가 온다는 말을 듣고 혹 체포될까 걱정하며 태자와 함께 이전 계획을 실행하겠다고 모의하였다. 중위가 도착하여 바로 왕에게 축하하자 왕은 거병하지 않았다. 그 후 스스로 탄식하며 말했다. "仁義를 실행했어도 삭지 당한 것을 과인은 매우 부끄럽게 생각한다." 그러면서 반역하려는 뜻은 더 굳어졌다. 여러 사자들이 장안으로부터 오면 망언을 하면서 황제에게 아들이 없다고 하면 좋아하였고, 漢 조정이 잘 다스려지며 아들이 있다는 말을 하면 금방 화를 내면서 사실이 아니라고 했다.

原文

日夜與左吳等按輿地圖, 部署兵所從入. 王曰, "上無太子, 宮車卽晏駕, 大臣必征膠東王, 不卽常山王, 諸侯並爭, 吾可以無備乎! 且吾高帝孫, 親行仁義, 陛下遇我厚, 吾能忍之, 萬世之後, 吾寧能北面事豎子乎!"

| **註釋** | ○左吳 – 회남왕의 빈객 이름. ○輿地圖 – 지도. 輿 수레 여. 땅. 땅은 만물을 싣고 있는 수레이다. ○宮車卽晏駕 – 황제의 붕어. 죽음. ○萬世之後 – 황제가 죽은 뒤. ○北面 – 신하의 자리. 신하가 되다. ○豎子(수자) – 어린아이. 小子.

〖國譯〗

회남왕은 밤낮으로 左吳(좌오) 등 빈객과 함께 지도를 보며 편성된 부대를 어디로 진입할 것인가를 생각하였다. 회남왕이 말했다. "황제에게 아직 태자가 없으니 일단 황제가 죽는다면 대신들이 필히 膠東王(교동왕) 아니면 常山王을 부를 것이지만, 제후들이 모두 들고 일어날 것이니 내가 준비가 없어서야 되겠는가! 그리고 나는 고조의 손자이고 몸소 인의를 베풀었으며 지금 폐하도 나를 특별히 대우하기에 견디고 있지만 황제가 죽고 난 뒤에 내가 어찌 북면하여 어린 애들을 섬길 수 있겠는가!"

原文

王有孽子不害, 最長, 王不愛, 后,太子皆不以爲子兄數. 不害子建, 材高有氣, 常怨望太子不省其父. 時, 諸侯皆得分子弟爲侯, 淮南王有兩子, 一子爲太子, 而建父不得爲侯. 陰結交, 欲害太子, 以其父代之. 太子知之, 數捕繫笞建. 建具知太子之欲謀殺漢中尉, 卽使所善壽春嚴正上書天子曰, "毒藥苦口利病, 忠言逆耳利行. 今淮南王孫建材能高, 淮南王后荼, 荼子遷常疾害建. 建父不害無罪, 擅數繫, 欲殺之. 今建在, 可徵問, 具知淮南王陰事." 書旣聞, 上以其事下廷尉, 河南治. 是歲元朔六年也. 故辟陽侯孫審卿善丞相公孫弘, 怨淮南厲王殺其大父, 陰求淮南事而構之於弘. 弘乃疑淮南有畔逆計, 深探其獄. 河南治建, 辭引太子及黨與.

| **註釋** | ○孽子(얼자) – 첩의 자식 얼. 庶子. ○子兄數 – (왕후는) 아들로, (태자는) 형으로 생각하지 않다. 數는 計算. ○不省其父 – 그의 아버지를 대접하지 않다. ○壽春嚴正 – 壽春의 관리 莊正. 班固는 後漢 明帝의 이름 莊을 諱字(휘자)하여 嚴으로 기록했다.《史記》에는 莊芷(장지)로 되어 있다. 正은 芷의 誤寫일 것이다. ○元朔六年 – 前 123년. ○公孫弘(공손홍, 前 200 – 121) – 武帝時 御史大夫, 丞相 역임. 平津侯. 公孫은 복성. 58권, 〈公孫弘卜式兒寬傳〉에 입전. ○大父 – 祖父. ○構 – 結交하다. ○畔逆計 – 叛逆計. ○深探其獄 – 그 獄事를 철저히 조사하다.

〖國譯〗

회남왕에게 얼자인 劉不害(유불해)가 있었는데 나이가 제일 위였지만 왕은 사랑하지 않았고 왕후와 태자도 자식이나 형으로 생각하지 않았다. 유불해의 아들 劉建(유건)은 키도 크고 힘도 강했는데 태자가 자기 아버지를 대우하지 않는 것에 늘 원한을 갖고 있었다. 그때 제후들은 分國하여 다 자제들을 제후로 봉했는데 회남왕은 아들이 둘이고 그중 하나는 태자이나 유건의 부친〔劉不害〕은 제후가 되지 못했다. 유건은 음밀하게 여러 사람과 사귀면서 태자를 죽이고 아버지가 대신하게 하려 했다. 태자〔劉遷〕가 그런 것을 알고 자주 유건을 잡아 때려주었다. 유건은 평소 친한 河南郡의 관리인 嚴正을 시켜 무제에게 글을 올리게 하였다.

"독약은 입에 쓰나 병에 이롭고, 충언은 귀에 거슬리나 행실에 이롭습니다. 지금 회남왕의 손자인 유건은 재능이 뛰어났으나 왕후인 荼(도)와 그 아들 유천은 늘 유건을 미워하며 해치고 있습니다. 유건의 아버지 유불해를 죄도 없는데 멋대로 가두고 죽이려 하였습니다. 지금 유건을 불러 조사하면 회남왕이 몰래 하는 일을 다 알 수 있습니다."

상서가 들어가자 무제는 그 사건을 정위에게 내렸고 하남군에서 조사하게 하였다. 그 해는 元朔 6년이었다. 예전 辟陽侯(벽양후, 심이기)의 손자 審卿(심경)은 승상 公孫弘(공손홍)과 친했는데 회남 厲王(여왕, 劉長)이 자기 조부를 죽인 것에 원한을 가지고 있어 회남왕의 일을 몰래 알아보면서 공손홍과 긴밀하게 연락하고 있었다. 공손홍은 회남왕이 반역을 꾸민다는 것을 알고 그 옥사를 깊이 조사하였다. 하남군에서 유건을 조사했고 유건은 태자와 그 무리들에 대해 진술하였다.

原文

初, 王數以擧兵謀問伍被, 被常諫之, 以吳,楚七國爲效. 王引陳勝,吳廣, 被復言形勢不同, 必敗亡. 及建見治, 王恐國陰事洩, 欲發, 復問被, 被爲言發兵權變. 語在〈被傳〉. 於是王銳欲發, 乃令官奴入宮中, 作皇帝璽, 丞相,御史大夫,將軍,吏中二千石,都官令,丞印, 及旁近郡太守,都尉印, 漢使節法冠. 欲如伍被計, 使人爲得罪而西, 事大將軍,丞相, 一日發兵, 卽刺大將軍衛青, 而說丞相弘下之, 如發蒙耳. 欲發國中兵, 恐相,二千石不聽, 王乃與伍被謀, 爲失火宮中, 相, 二千石救火, 因殺之. 又欲令人衣求盜衣, 持羽檄從南方來, 呼言曰, "南越兵入", 欲因以發兵. 乃使人之廬江,會稽爲求盜, 未決.

| 註釋 | ○伍被(오피, ? – 前 122) – 伍子胥(오자서)의 후손이라 알려졌다. 회남왕의 빈객으로 초빙. 회남국의 中郞으로 劉安의 반역을 도왔다. ○被傳 – 45권, 〈蒯伍江息夫傳〉에 입전. ○銳欲發 – 한 마음으로 반역을 일으키려 하다. ○都官令 – 각 관서의 우두머리. ○丞 – 각 관서의 부책임자. (예) 太常丞, 郡丞. ○法冠 – 御史가 쓰는 官帽. ○衛青(위청, ? – 前 106) – 흉노 격퇴에 혁혁한 무공을 세웠다. 55권, 〈衛青霍去病傳〉에 立傳. ○發蒙 – 여기서는 덮어씌운 것을 벗겨버리다. 쉽게 거병하다. ○求盜 – 도둑을 잡는 포졸. ○羽檄(우격) – 긴급하게 徵兵(징병)하겠다는 문서. ○廬江(여강) – 郡國名. 치소는 舒縣(今 安徽省 合肥市 廬江縣).

〖國譯〗

처음에, 회남왕은 거병을 모의하면서 伍被(오피)에게 자주 물었고 오피는 늘 吳와 楚의 실패를 교훈으로 삼으라며 충고하였다. 회남왕은 陳勝과 吳廣을 인용하였고 오피는 또 그때와는 형세가 다르기에 필히 패망한다고 말했다. 회남왕은 劉建이 조사를 받자 반란계획이 누설되었다고 생각하여 거병하려고 다시 오피에게 묻자 오피는 거병하더라도 상황에 따르라고 말했다. 이런 이야기는 〈오피전〉에 있다.

그러자 회남왕은 오직 거병만을 생각하면서 관노를 궁중에 데려다 놓고 황제의 옥새, 승상, 어사대부, 장군, 中二千石 관리, 都官令(도관령)과 丞(승)의 직인과 근방 郡의 태수와 도위의 직인을 만들었고, 漢〔중앙〕의 사절인 어사의 관모 등도 만들었다. 오피의 계획대로 사람을 시켜 죄를 짓고 서쪽으로 도망하는 척하고 장안에 가서 대장군과 승상을 모시다가 어느 날 거병을 하면 즉시 대장군 衛青(위청)을 죽이고 승상 공손홍을 설득하면 쉽게 성공할 수 있다고 생각하였다. 그리고 회남국의 군사를 동원할 때 승상이나 2천석 관리가 회남왕의 말을 따르지 않을까 걱정하여 오피와 모의하기로는 궁중에 실화인 것처럼 방화를 한 뒤 승상이나 2천석 관리가 불을 끌 때 죽이기로 하였다.

또 사람을 시켜 求盜(捕卒)의 의상을 구해 입힌 다음 羽檄(우격)을 가지고 남쪽에서 달려와 "南越의 군사가 쳐들어온다."라고 소리 지르게 하고 그를 이용하여 거병하기로 하였다. 그리고 사람은 廬江郡과 會稽郡에 求盜를 보내기로 하였으나 아직 최종 결정은 아니었다.

原文

廷尉以建辭連太子遷聞, 上遣廷尉監與淮南中尉逮捕太子. 至, 淮南王聞, 與太子謀召相,二千石, 欲殺而發兵. 召相, 相至, 內史以出爲解. 中尉曰, "臣受詔使, 不得見王." 王念獨殺相而內史, 中尉不來, 無益也, 卽罷相. 計猶與未決. 太子念所坐者謀殺漢中尉, 所與謀殺者已死, 以爲口絶, 及謂王曰, "群臣可用者皆前繫, 今無足與擧事者. 王以非時發, 恐無功, 臣願會逮." 王亦愈欲休, 卽許太子. 太子自刑, 不殊. 伍被自詣吏, 具告與淮南王謀反. 吏因捕太子,王后, 圍王宮, 盡捕王賓客在國中者, 索得反具以聞. 上下公卿治, 所連引與淮南王謀反列侯,二千石,豪桀數千人, 皆以罪輕重受誅.

| 註釋 | ○廷尉監 – 廷尉의 속관. 체포 전담. ○內史以出爲解 – 내사는

외출했다고 미루다. 內史는 제후국 행정 담당관. ○罷相 – 승상은 그대로 돌려보내다. ○自刑 – 스스로 찌르다. ○不殊 – 목숨이 끊어지지 않다. 殊(죽을 수)는 絶也. ○索得 – 찾아내다. 索은 搜(찾을 수)와 通.

〖國譯〗

정위는 劉建의 진술로 태자 劉遷이 관련된 사실을 알고 보고하였는데, 무제는 廷尉監과 淮南 中尉를 보내 태자를 체포하게 하였다. (정위감이) 도착했고 淮南王은 이를 알고서 태자와 함께 승상과 2천석 관리를 불러 죽이고 거병하겠다고 모의했다. 승상을 부르자 승상은 왔으나 내사는 외출했다고 미루었다. 중위는 "臣은 황제 명을 받은 사람으로 왕을 만날 수 없습니다."라고 말했다. 회남왕은 승상만 죽이고 內史와 중위를 죽이지 못하면 무익하다 생각하여 승상을 돌려보냈다. 계획은 유예미결되었다. 태자는 漢에서 보낸 중위를 죽이기로 모의는 했지만 중위가 이미 죽었으니 입증할 수 없을 것이라 생각하고 회남왕에게 말했다. "여러 신하 중 쓸만한 사람은 이미 다 잡혀서 지금은 같이 거사할 사람이 없습니다. 왕께서 부적절한 시기에 發兵하면 뜻을 이룰 수 없으니 제가 잡혀가겠습니다." 회남왕도 점점 그만두고 싶은 생각이 있어 즉시 태자의 말을 허락했다.

태자는 스스로 목을 찔렀으나 죽지는 않았다. 오피는 스스로 한의 관리를 찾아가 회남왕과의 모반을 모두 말했다. 정위감은 태자와 왕후를 생포하고 이어 왕궁을 포위하고 궁 안에 있던 왕의 빈객들을 모두 체포하고 반란 도구들을 찾아내어 보고하였다. 상하의 여러 공경이 이들을 조사하였는데 회남왕의 모반 사건과 관련된 열후와 2천석 관리와 호걸들이 수천 명이었고 죄의 경중에 따라 모두 처형되었다.

原文

衡山王賜, 淮南王弟, 當坐收. 有司請逮捕衡山王, 上曰, “諸侯各以其國爲本, 不當相坐. 與諸侯王列侯議.” 趙王彭祖, 列侯讓等四十三人皆曰, “淮南王安大逆無道, 謀反明白, 當伏誅.” 膠西王端議曰, “安廢法度, 行邪辟, 有詐僞心, 以亂天下, 營惑百姓, 背畔宗廟, 妄作妖言. 《春秋》曰 ‘臣毋將, 將而誅.’ 安罪重於將, 謀反形已定. 臣端所見其書印圖及它逆亡道事驗明白, 當伏法. 論國吏二百石以上及比者, 宗室近幸臣不在法中者, 不能相教, 皆當免, 削爵爲士伍, 毋得官爲吏. 其非吏, 它贖死金二斤八兩, 以章安之罪, 使天下明知臣子之道, 毋敢復有邪僻背畔之意.” 丞相弘,廷尉湯等以聞, 上使宗正以符節治王. 未至, 安自刑殺. 后,太子諸所與謀皆收夷. 國除爲九江郡.

| **註釋** | ○衡山王 – 衡山國의 국도는 邾縣(주현, 今 湖北省 黃岡市 북쪽). 이 형산국은 文帝 때 다시 봉국했다가 武帝 原狩 원년(前 122)에 없어졌다. ○有司 – 직분이나 성명을 명시하지 않은 官吏. 設官하여 담당 職務를 구분하여 事有專司의 뜻. 담당자. 담당 관청이나 담당 부서의 뜻으로도 쓰인다. ○邪辟(사벽) – 사악한 일. ○營惑(영혹) – 熒惑(형혹). 미혹하다. 현혹하다. ○《春秋》曰 –《公羊傳》昭公 원년. ‘君親毋將 將而誅焉.’ ○臣毋將 – 신하

는 반란의 뜻을 품을 수 없다. 將은 반란의 뜻을 품는 것. ○論 - 定罪하다. ○國吏 - 회남국의 관리. ○它 - 기타. 관리가 아닌 사람. 예를 들면 회남왕의 총애를 받은 사람. ○章安之罪 - 劉安의 죄를 명백하게 드러나다. 章은 彰也. ○夷(이) - 죽이다. 죽여 없애다(誅滅). ○九江郡 - 치소는 壽春縣. 今 安徽省 六安市 壽縣.

〖國譯〗

衡山王(형산왕) 劉賜(유사)는 회남왕의 동생이라서 당연히 체포되어야만 했다. 담당자가 형산왕을 체포하겠다고 상신하자 무제가 말했다. "제후는 각자의 나라가 바탕이니 서로 연좌할 수는 없다. 여러 후왕과 열후와 협의하도록 하시오."

趙王 彭祖(팽조)와 列侯 讓(양) 등 43인이 모두 건의하였다. "회남왕 유안은 대역무도하고 모반 사실이 明白하니 당연히 죽여야 합니다."

교서왕 劉端(유단)이 말했다. "유안은 法度를 없애고 정도를 걷지 않았으며 거짓된 마음으로 천하를 혼란에 빠트렸고 백성들을 현혹시켰으며 종묘를 배반하고 함부로 요상한 말을 지어냈습니다. 《春秋》에도 '신하는 반역을 품을 수 없으니 반역의 뜻을 가졌다면 죽여야 한다.' 고 하였습니다. 유안의 죄는 반역의 마음을 품은 것보다 훨씬 더 무겁고 모반의 형체는 이미 확실해졌습니다. 저의 소견으로는 문서와 인장 그 밖의 반역 증거들이 명백하니 당연히 죽여야 합니다. 그 죄를 논하자면 회남국의 2백석 또 그와 비슷한 정도의 관리, 종실이나 가까이서 모신 자들 중에서 비록 모반 사실이 없는 자일지라도 회남왕을 잘못 모셨다면 모두 면직시켜야 하고 작위를 깎아 士伍(사오)로 만들어 다시는 관리가 될 수 없게 해야 합니다. 회남왕의 관리가 아닌 그 밖의 사람들이 사형을 속죄하려면 金 2斤8兩을 납부케 하고, 유안의 죄를 밝혀 천하 모든 사람으로 하여금 신하의 도리를 깨닫게 하여 다시는 사악한 짓을 하거나 반역의 뜻을 품지 못하게 해야 합니다."

승상인 공손홍과 정위인 張湯(장탕) 등도 상주하자 무제는 宗正이 부절을 가지고 가서 회남왕을 치죄하게 하였다. 종정이 회남국에 도착하지도 않았는데, 유안은 스스로 찔러 죽었다. 왕후와 태자 외에도 모반과 관련한 모든 사람이 법에 따라 처형되었다. 회남국을 없애고 九江郡을 설치하였다.

44-3. 衡山王 劉賜

原文

衡山王賜后乘舒生子三人, 長男爽爲太子, 次女無采, 少男孝. 姬徐來生子男女四人, 美人厥姬生子二人. 淮南,衡山相責望禮節, 間不相能. 衡山王聞淮南王作爲畔逆具, 亦心結賓客以應之, 恐爲所並.

元光六年入朝, 謁者衛慶有方術, 欲上書事天子, 王怒, 故劾慶死罪, 强榜服之. 內史以爲非是, 卻其獄. 王使人上書告內史, 內史治, 言王不直. 又數侵奪人田, 壞人塚以爲田. 有司請逮治衡山王, 上不許, 爲置吏二百石以上. 衡山王以此恚, 與奚慈,張廣昌謀, 求能爲兵法候星氣者, 日夜縱臾王謀反事.

| 註釋 | ○衡山王 劉賜(유사, ? - 前 122) - 고조의 손자. 劉長의 아들. 文帝 때 廬江王에 봉해졌다. 景帝 때(전 153년)에 형산왕으로 옮겼다가 武帝 때 반역을 꾀하다가 자살. ○責望 - 비난하다. ○間不相能 - 서로 수용하지 못하다. ○並 - 倂呑(병탄)하다. ○元光六年 - 武帝, 前 129년. ○謁者(알자) - 낭중령의 속관. 빈객 접대 담당. ○衛慶(위경) - 형산왕의 알자. 형산왕을 따라 입조했었다. ○强榜服之 - 강제로 때려 죄를 자백하게 하다. 榜 매질할 방. ○卻其獄 - 감옥에서 내 보내다. 卻은 却. ○治 - 조사를 받다. ○縱臾(종유) - 勉强. 장려하다. 사주하다. 慫慂(종용)하다.

〖國譯〗

형산왕 劉賜의 왕후 乘舒(승서)는 자식 셋을 낳았는데 장남 劉爽(유상)은 태자이고, 둘째인 딸은 無采, 막내아들은 劉孝이었다. 寵姬(총희)인 徐來는 자식으로 남녀 넷을 낳았고 美人 厥姬(궐희)는 아들 2명을 낳았다. 淮南王 劉安과 衡山王은 서로의 예절을 비난하며 화합하지 못했다. 형산왕은 회남왕이 반역할 도구들을 준비한다는 말을 듣고서 자신도 빈객들을 모으며 호응하려 했는데 병탄당할까 두려워하였다.

元光 6년에 입조하였는데 형산왕의 알자인 衛慶(위경)은 여러 方術에 재주가 있어 글을 올려 천자를 보필하겠다고 하였는데 형산왕은 화를 내며 위경을 사형 죄로 몰면서 강제로 때려서 자백케 하였다. 형산왕의 內史는 옳지 않다고 생각하여 위경을 옥에서 내보냈다. 형산왕은 사람을 시켜 내사를 고발했고 내사는 조사를 받으면서 형산왕의 나쁜 일을 말하다. 형산왕은 또 백성들의 전답을 빼앗고 남의 무덤을 없애 경작지로 만들었다고 말했다.

담당 관리가 형산왕을 체포하여 조사하겠다고 했으나 무제는 형산왕이 2백석 이상의 관리를 임명하는 권리만 허락하지 않았다. 이에 형산왕은 화가 나서 奚慈(해자)와 張廣昌(장광창) 등과 모의하여 병법과 천문에 능한 자를 모으면서 밤낮으로 모반 준비에 힘썼다.

原文

后乘舒死, 立徐來爲后, 厥姬俱幸. 兩人相妒. 厥姬乃惡徐來於太子, 曰, "徐來使婢蠱殺太子母." 太子心怨徐來. 徐來兄至衡山, 太子與飲, 以刃刑傷之. 后以此怨太子, 數惡之於王. 女弟無采嫁, 棄歸, 與客姦. 太子數以數讓之, 無采怒, 不與太子通. 后聞之, 卽善遇無采及孝. 孝少失母, 附后, 后以計愛之, 與共毁太子, 王以故數繫笞太子. 元朔四年中, 人有賊傷后假母者, 王疑太子使人傷之, 笞太子. 後王病, 太子時稱病不侍. 孝,無采惡太子, "實不病, 自言, 有喜色." 王是大怒, 欲廢太子而立弟孝. 后知王決廢太子, 又欲並廢孝. 后有侍者善舞, 王幸之, 后欲令與孝亂以汚之, 欲並廢二子而以己子廣代之. 太子知之, 念后數惡己無已時, 欲與亂以止其口. 后飮太子, 太子前爲壽, 因據后股求與臥. 后怒, 以告王. 王乃召, 欲縛笞之. 太子知王常欲廢己而立孝, 乃謂王曰, "孝與王御者奸, 無采與奴奸, 王强食, 請上書." 卽背王去. 王使人止之, 莫能禁, 王乃自追捕太子. 太子妄惡言, 王械繫宮中.

| **註釋** | ○蠱殺 - 독살하다. 蠱는 독 고. 巫蠱하다. ○棄歸(기귀) - 이혼을 당해 돌아오다. ○數以數讓之(삭이수양지) - 자주(數 삭) 과오를 열거하면서(數, 列擧罪狀) 無采를(之) 나무라다(讓). ○以計 - 의도적으로, 계획적으로. ○元朔四年 - 前 125년. ○假母 - 계모. ○無已時 - 그칠 때가 없다. ○據后股 - 왕후의 허벅지를 만지다. 據 기댈 거. 누르다. 股 넓적다리 고. ○求與臥 - 같이 눕자고 요구하다. ○王强食 - 왕께서 열심히 드십시오. 음식 조심하십시오. '始食'으로 된 판본도 있다. '왕에게 하는 惡言.'

〖國譯〗

형산왕의 왕후 乘舒(승서)가 죽자, 徐來(서래)를 왕후로 맞이했고 厥姬(궐희)도 함께 총애하였다. 서래와 궐희 두 사람은 서로 질투하였다. 궐희는 태자(爽)에게 서래를 헐뜯으며 말했다. "서래가 종년을 시켜 태자의 모친을 독살하였습니다." 태자는 마음속으로 서래에게 원한을 품었다. 서래의 오빠가 형산국에 와서 태자와 함께 술을 마셨는데 태자가 그를 칼로 베어 상처를 입혔다. 왕후는 이 때문에 태자에게 원한을 품었고 왕에게 자주 태자에 대한 험담을 하였다. 태자의 여동생 無采(무채)가 시집을 갔으나 이혼을 당해 돌아와서는 다른 남자와 간통했다. 태자는 자주 동생의 잘못을 따지면서 질책하자 무채는 화를 내며 태자와 싸웠다. 왕후는 이를 알고 무채와 (태자의 남동생) 劉孝에게 잘 대했다. 유효는 어려 모친을 잃었기에 왕후를 따랐고 왕후는 의도적으로 귀여워하면서 함께 태자를 헐뜯었는데 이 때문에 형산왕은 자주 태자에게 매질을 하였다.

원삭 4년에 어떤 사람이 왕후의 계모에게 상처를 입혔는데 왕은 이를 태자가 다른 사람을 시켰다고 의심하며 태자를 잡아 매질을 하였다. 뒤에 왕이 병에 걸리자 태자도 병이 나서 모시지 못했다. 유효와 무채는 태자를 헐뜯으며 말했다. "병이 나지도 않았는데 말만 그렇게 하며 좋아하고 있습니다." 이에 왕은 크게 화가 나서 태자를 폐위하고 동생 유효를 세우려고 하였다. 왕후는 왕의 태자를 폐하겠다는 결심을 알고 유효도 함께 폐하게 하려고 생각했다. 왕후의 춤을 잘 추는 시녀를 왕이 가까이 했는데 왕후는 유효가 그녀를 난잡한 행위로 더럽히게 했고, 두 아들을 함께 폐하고 자신의 아들 劉廣을 세자로 세우려 하였다. 태자는 이를 알았고 왕후가 자주 자신을 헐뜯는데 못하게 할 방법이 없기에 亂行〔淫行〕으로 왕후의 입을 막겠다고 생각하였다. 왕후와 태자가 술을 마실 때 태자는 왕후에게 잔을 올리면서 태후의 허벅지를 더듬으며 잠자리를 같이 하자고 말했다.

왕후는 화를 내며 이를 왕에게 말했다. 왕이 태자를 불러서 묶어 놓고 매질을 하려 했다. 태자는 왕이 늘 자신을 폐하고 동생 劉孝를 세우려 한다는 뜻을 알고 있었기에 왕에게 말했다. "孝는 왕을 모시는 여자와 간통했고 무채는 종놈과 간통했으니 왕께서는 열심히 식사하십시오. 저는 황제에게 상서할 것입니다." 그리고 바로 왕을 등지고 나가버렸다. 왕이 사람을 보내 잡으려 했지만 잡을 수 없자 왕이 바로 쫓아가서 태자를 잡았다. 태자는 마구 악담을 했고 왕은 태자를 궁중에 묶어두었다.

原文

孝日益以親幸. 王奇孝材能, 乃佩之王印, 號曰將軍, 令居外家, 多給金錢, 招致賓客. 賓客來者, 微知淮南,衡山有逆計, 皆將養勸之. 王乃使孝客江都人枚赫,陳喜作輣車鍛矢, 刻天子璽, 將,相,軍吏印. 王日夜求壯士如周丘等, 數稱引吳,楚反時計畫約束. 衡山王非敢效淮南王求卽天子位, 畏淮南起並其國, 以爲淮南已西, 發兵定江淮間而有之, 望如是.

| **註釋** | ○將養 – 조장하다. 권장하다. ○江都 – 縣名. 今 江蘇省 揚州市 서쪽. ○輣車(팽거) – 兵車. 輣은 병거 팽. 수레 위에 망대가 있다. 鍛矢(단시)는 날카로운 화살. 鍛(쇠 달굴 단)은 鍭(화살 후)의 誤字라는 주석도 있다. ○周丘(주구) – 下邳(하비) 사람으로 吳로 도망 나와 술을 팔던 사람. 오초칠국난 때, 오왕 劉濞(유비)에게 말해 漢 관리의 부절을 얻어 가지고 가서 하비현령을 죽이고 하비성을 차지했던 사람. 35권, 〈荊燕吳傳〉 참고.

〖國譯〗

劉孝는 날마다 부친의 총애를 받았다. 형산왕은 유효의 재능에 놀라면서 왕의 인장을 차게 하고 장군이라 호칭했으며 외가에 머물게 하고 많은 금전을 주어 빈객들을 초치하게 하였다. 초빙된 빈객들은 회남왕과 형산왕이 반역을 계획한다는 것을 조금은 알기에 모두들 반역을 조장하였다. 형산왕은 유효의 빈객 중 江都 사람 枚赫(매혁)과 陳喜(진희)를 시켜 병거와 화살을 만들게 하고 천자의 옥새와 장군, 승상, 그 밖 軍吏의 직인을 만들게 하였다. 형산왕은 밤낮으로 下邳(하비)의 周丘(주구) 같은 사람을 구하려 애를 쓰면서, 자주 吳와 楚 반역 때의 계획이나 약속을 이야기했다. 형산왕은 회남왕과 같이 감히 천자의 자리에 오르기를 바라지는 않고 회남국이 일어나 형산국을 병탄할까 두려워하면서 회남국이 서쪽으로 진격하면 형산국은 發兵하여 장강과 회수 일대나 차지할 수 있기를 희망하였다.

原文

元朔五年秋, 當朝. 六年, 過淮南. 淮南王乃昆弟語, 除前隙, 約束反具. 衡山王卽上書謝病, 上賜不朝. 乃使人上書請廢太子爽, 立孝爲太子. 爽聞, 卽使所善白嬴之長安上書, 言衡山王與子謀逆, 言孝作兵車鍛矢, 與王御者姦. 至長安未及上書, 卽吏捕嬴, 以淮南事繫. 王聞之, 恐其言國陰事, 卽上書告太子, 以爲不道. 事下沛郡治.

| **註釋** | ○元朔五年 – 武帝, 前 124년. ○昆弟語 – 형제간의 상호 안부를 묻다. 昆弟(곤제)는 兄弟. ○除前隙 – 그간 대립을 화해하다. 隙 틈 극. ○白嬴 – 人名. 嬴은 찰 영. ○不道 – 죄명. 大逆不道, 또는 大逆無道. 政治誹謗이나 妖言惑衆도 부도죄에 해당하였다. 사실 구체적 정의가 없이 매우 포괄적이었다.

〖國譯〗

(무제) 원삭 5년 가을 (형산왕은) 입조해야 했다. 6년, 회남국에 가서 회남왕과 형제의 인사를 나누고 이전의 감정을 해소하며 반역의 도구를 같이 사용하기로 약속하였다. 형산왕은 곧 상서하여 병을 핑계 대었고 무제는 입조하지 않아도 된다고 하였다. 이어 사람을 보내 태자 劉爽(유상)을 폐하고 劉孝를 태자로 세웠다. 유상이 이를 알고서 즉시 평소에 가깝던 白嬴(백영)을 장안에 보내 형산왕이 아들과 함께 역모를 꾀하며 유효가 兵車와 화살을 제조하였고 父王의 시녀와 강간하였다고 상서하게 시켰다. 백영이 장안에 도착하여 상서도 하기 전에 관리가 회남국의 일과 연관하여 바로 백영을 체포하였다. 형산왕은 이를 알고서 나라의 비밀을 말할까 걱정하여 즉시 상서하여 태자(유상)를 대역무도한 죄로 고발하였다. 이 사안은 沛郡(패군)에서 조사하였다.

原文

元狩元年冬, 有司求捕與淮南王謀反者, 得陳喜於孝家. 吏劾孝首匿喜. 孝以爲陳喜雅數與王計反, 恐其發之, 聞律先自告除其罪, 又疑太子使白嬴上書發其事, 卽先自告所與謀反者枚赫,陳喜等. 廷尉治, 事驗, 請逮捕衡山王治. 上曰, "勿捕." 遣中尉安,大行息卽問王, 王具以情實對. 吏皆圍王宮守之. 中尉,大行還, 以聞. 公卿請遣宗正,大行與沛郡雜治王. 王聞, 卽自殺. 孝先自告反, 告除其罪. 孝坐與王御婢奸, 乃后徐來坐蠱前后乘舒, 及太子爽坐告王父不孝, 皆棄市. 諸坐與王謀反者皆誅. 國除爲郡.

| 註釋 | ○元狩元年 – 무제의 연호, 前 122년. 狩 사냥할 수. ○有司 – 관리. 官府. 事有專司의 의미. ○首匿喜 – 우두머리로서 陳喜를 감춰주다. ○律先自告除其罪 – 먼저 자수하면 그 죄를 면하게 한다는 법률. ○中尉安 – 中尉 司馬安. ○大行息 – 大行令 李息. 大行은 이민족의 빈객 접대와 외교와 관련 업무를 담당하는 관리. 경제 때는 大行令(간칭 大行)으로 고쳤고 무제 太初 연간부터는 大鴻臚(대홍려)로 고쳤다. 나중에는 儀禮를 주관하는 직분으로 바뀌었다. ○告除其罪 – 告는 衍字.

〖國譯〗

무제 元狩(원수) 원년 겨울, 담당 관리가 회남왕과 함께 모반한 자들을 체포하면서 陳喜를 유효의 집에서 체포하였다. 관리는 유효가 우두머리로서 진희를 숨겨주었다고 고발하였다. 유효는 진희가 평소에 자주 형산왕과 모반을 계획한 것을 그가 먼저 발설할 것이라고 생각하였고 또 법률에 스스로 먼저 자수하면 그 죄를 용서한다는 것을 알고, 또 태자(劉爽)가 백영을 시켜 모반을 고발할 것이라고 의심하며 즉시 함께 모반을 획책했던 枚赫(매혁)과 陳喜(진희) 등의 일을 먼저 자수하였다.

廷尉가 이를 조사하여 사실이 드러나자, 형산왕을 체포하여 치죄하겠다고 상신하였다. 무제는 "체포하지 말라."고 하였다. 무제가 中尉 司馬安과 大行令 李息을 보내 직접 형산왕에게 묻게 하자 형산왕은 사실대로 대답하였다. 관리는 왕궁을 포위하여 지키게 하고 중위와 대행령은 돌아와 보고하였다. 公卿들이 宗正과 대행령과 沛郡의 관리가 합동으로 형산왕을 치죄할 것을 청했다. 형산왕은 이를 알고 바로 자살하였다. 劉孝는 반역을 미리 자수하여 그 죄는 면제되었다. 유효는 父王의 御婢(어비)와 간통한 일로, 그리고 왕후 徐來(서래)는 전 왕후 乘舒(승서)를 무고한 죄로, 또 태자 유상은 부왕에게 不孝한 죄로 모두 棄市(기시)되었다. 그외 형산왕의 모반에 관여한 자들은 모두 처형되었다. 형산국을 없애고 형산군을 설치하였다.

44-4. 濟北王 劉勃

原文

濟北貞王勃者, 景帝四年徙. 徙二年, 因前王衡山, 凡十四年薨. 子式王胡嗣, 五十四年薨. 子寬嗣. 十二年, 寬坐與父式王后光, 姬孝兒姦, 誖人倫, 又祠祭祝詛上, 有司請誅. 上遣大鴻臚利召王, 王以刃自剄死. 國除爲北安縣, 屬泰山郡.

| 註釋 | ○濟北 貞王 劉勃(유발, ? - 前 152) - 회남왕 劉長의 子. 文帝 16년에 형산왕으로 옮겼는데 景帝 때 吳楚七國 亂이 일어나자 吳王 濞에 호응하지 않고 나라를 지켜 景帝가 濟北王으로 옮겨 주었다. ○式王 劉胡(유호,

? – 前 98) – 재위 54년. ○誖 – 어그러질 패. 悖와 同. ○大鴻臚(대홍려) – 이민족의 빈객 접대와 외교를 관련 업무를 담당하는 大行令을 대홍려로 개칭하였다.

〖國譯〗

濟北國 貞王 劉勃(유발)은 景帝 4년에 (제북왕으로) 옮겼다. 옮겨 간 2년째, 전에 형산국의 왕을 포함하여 재위 총 14년에 죽었다. 아들 式王 劉胡가 계승하여 재위 54년에 죽었다. 이들 劉寬이 계승했다. 재위 12년에 유관은 아버지 식왕의 왕후 光, 총희 孝兒와 간음하여 인륜을 어지럽혔고, 제사하면서 祝文에 조상을 저주하였다고 관리가 주살할 것을 요청하였다. 무제는 大鴻臚(대홍려) 利를 보내 王을 소환하자 왕은 칼로 목을 찔러 자살했다. 제북국을 없애고 北安縣으로 만들어 泰山郡에 소속시켰다.

原文

贊曰,《詩》云 '戎狄是膺, 荊舒是懲', 信哉是言也! 淮南, 衡山親爲骨肉, 疆土千里, 列在諸侯, 不務遵蕃臣職, 以丞輔天子, 而剸懷邪辟之計, 謀爲畔逆, 仍父子再亡國, 各不終其身. 此非獨王也, 亦其俗薄, 臣下漸靡使然. 夫荊楚剽輕, 好作亂, 乃自古記之矣.

| 註釋 | ○《詩》云 – 《詩經 魯頌 閟宮(비궁)》. ○戎狄(융적) – 북방 이민족. ○膺 – 가슴 응. 여기서는 맞서 싸우다. 토벌하다. ○荊舒(형서) – 荊은

楚國. 舒는 고대 소국 이름. ○懲 - 혼날 징. 여기서는 응징하다. 징벌하다. ○剸(오로지 전) - 專과 同. ○邪辟(사벽) - 邪惡하고 편향적임. 正道가 아님. ○畔逆 - 叛逆. ○仍(잉) - 빈번히. 거듭해서. 누차. 거듭. 따라하다. ○漸靡使然(점미사연) - 점차 물들어 그렇게 되다. 靡 쓰러질 미. 연류되다. ○荊楚 - 楚. ○剽輕(표경) - 용맹하고 민첩하다.

〖國譯〗

班固의 論贊 :《詩經》에 '戎狄(융적)에겐 맞서 싸우고, 荊舒(형서)는 응징해야 한다.' 고 하였는데 이 말은 정말이로다! 회남국과 형산국은 골육을 나눈 혈연으로 일천리 강토를 가진 제후의 반열에서 蕃臣(번신)의 직분을 다하여 천자를 보필하는 일에 힘쓰지 아니하고 오직 사악하고 편벽된 계략으로 반역을 꾀하여 父子가 연이어 나라를 망치고 개인은 자기 명대로 살지도 못했다. 이는 왕만 나쁜 것이 아니라 그곳 풍속이 각박하여 신하들도 점차 물들어 그렇게 된 것이다. 楚의 사람들은 사납고 날쌔어 난을 일으키기 좋아하였기에 예로부터 그렇게 기록이 되었다.

45 蒯伍江息夫傳
〔괴,오,강,식부전〕

45-1. 蒯通

原文

蒯通, 范陽人也, 本與武帝同諱. 楚漢初起, 武臣略定趙地, 號武信君. 通說范陽令徐公曰, "臣, 范陽百姓蒯通也, 竊閔公之將死, 故吊之. 雖然, 賀公得通而生也." 徐公再拜曰, "何以吊之?" 通曰, "足下爲令十餘年矣, 殺人之父, 孤人之子, 斷人之足, 黥人之首, 甚衆. 慈父孝子所以不敢事刃於公之腹者, 畏秦法也. 今天下大亂, 秦政不施, 然則慈父孝子將爭接刃於公之腹, 以復其怨而成其名. 此通之所以吊者也." 曰, "何以賀得子而生也?" 曰, "趙武信君不知通不肖, 使人候問其死生. 通且見武信君而說之, 曰, '必將戰勝而後略地, 攻得而後下城, 臣竊以爲殆矣. 用臣之計, 毋戰而略地, 不攻而下城, 傳檄而千里定, 可乎?' 彼將曰, '何謂也?' 臣因對曰, '范陽令宜整頓其士卒以守戰者也, 怯而畏死, 貪而好富貴, 故欲以其城先下君.' 先下君而君不利之, 則邊地之城皆將相告曰 '范陽令先降而身死', 必將嬰城固守, 皆爲金城湯池, 不可攻也. 爲君計者, 莫若以黃屋朱輪迎范陽令, 使馳騖於燕,趙之郊, 則邊城皆將相告曰 '范陽令先下而身富貴'. 必相率而降, 猶如阪上走丸也. 此臣所謂傳檄而千里定者也."

徐公再拜, 具車馬遣通. 通遂以此說武臣. 武臣以車百乘, 騎二百,侯印迎徐公. 燕,趙聞之, 降者三十餘城, 如通策焉.

| **註釋** | ○蒯通(괴통) – 人名. 蒯는 풀 이름 괴, 땅 이름 괴. 성씨 괴. 本名 徹. 武帝의 이름 '徹'을 諱하여 후세 史家들이 '通'으로 고쳐 썼다. 辯才無雙, 韓信의 謀士. ○范陽(범양) – 縣名. 漢代 涿郡(탁군) 소속. 今 河北省 保定市 定興縣. ○武臣(무신, ? – 前 208) – 陳人, 陳王 陳勝의 部將, 뒤에 自立하여 趙王이라 칭했다. ○竊閔公之將死 – 閔은 憫. 마음 아파하다. 불쌍히 여기다. ○吊 – 조문하다. 슬퍼하다. 弔와 同. ○黥(묵형할 경) – 이마에 죄명을 칼로 쓰고 먹물을 들이다(墨刑). 일종의 肉刑. ○事刃 – 칼날을 들이대다. ○復其怨 – 원한을 복수하다. ○嬰城 – 성을 에워싸다. 嬰은 갓난아이 영. 빙 둘러치다. ○莫若 – ~하는 것만 못하다. ○黃屋朱輪 – 귀인의 고급 수레. 黃屋은 제왕의 수레 덮개. 朱輪은 붉은 칠을 한 바퀴. ○馳騖(치무) – 빨리 달리다. 騖는 달릴 무. 노력하다. ○阪上走丸 – 비탈에서 구슬을 굴리

다. 저절로 일이 이루어지다. 乘勢하여 일이 순조롭게 진행되는 것을 비유. 阪 비탈 판. ○傳檄 – 격문을 띄우다. 檄은 격문 격, 군사를 모으거나 백성들을 깨우치는 내용을 담은 문서.

〖國譯〗

蒯通(괴통)은 范陽(범양) 사람인데 본래 이름이 武帝와 같아 諱字(휘자)하였다. 楚와 漢이 처음 기병했을 때 武臣은 趙의 땅을 평정하고 武信君이라 하였다. 괴통이 范陽令(범양령)인 徐公을 찾아가 말했다. "臣은 범양의 백성 괴통인데 제 생각으로는 公이 곧 죽을 것이기에 안쓰러워 삼가 조의를 표합니다. 그러나 공은 저를 만나 살아날 것이기에 하례를 드립니다." 서공도 다시 절하며 물었다. "무엇 때문에 내게 조의를 표합니까?" 그러자 괴통이 말했다.

"足下께서 현령으로 재직하기 10여 년에 남의 아버지를 죽이고 남의 자식을 고아로 만들었으며 죄인의 발을 자르고 이마에 경을 친 사람들이 매우 많습니다. 그러나 인자한 아버지나 효자일지라도 공의 배에 칼날을 들이대지 않은 것은 秦의 법이 두렵기 때문이었습니다. 지금 온 천하가 혼란하여 진의 법이 통하지 않으니 아버지와 자식들이 서로 다투어 공의 배에 칼을 들이밀어 그간의 원한을 복수하며 이름을 남기려 할 것입니다. 이것이 제가 조문한다는 뜻입니다."

그러자 서공이 다시 물었다. "선생을 만나 살아난다는 것은 무슨 뜻입니까?"

"趙의 武信君(武臣)은 내가 어떤 사람인가를 모르기에 제가 당신 말을 한다 하여도 다른 사람을 시켜 당신을 살려줄 것인가 죽일 것인가를 물을 것입니다. 그러니 내가 무신군을 만나 설득할 것입니다. '꼭 싸워 이긴 다음에 땅을 차지하고 성을 공격한 다음에 함락시키는 것은 신의 생각으로는 매우 위험합니다. 공이 나의 계략을 채용한다면 싸우지 않고도 땅을 차지할 수 있으며, 성을 공략하지 않고도 항복하게 할 수 있어 곧 격문을 보내 천리를 평정할 수 있으니 받아들이겠습니까?' 그러면 그쪽 장수가 '어떻게 할 것입니까?' 라고 물을 것입니다. 저는 그 말에 이렇게 답할 것입니다. '범양의 현령은 그 사졸들을 잘 훈련시켜 싸움에 대비해야 하지만, 지금 죽을까 걱정을 하면서 욕심은 많아 부귀를 좋아하여 그 성을 들어 무신군에게 항복하려고 합니다.' (범양 현령이) 먼저 무신군에게 항복하였지만 무신군이 현령에게 내 주는 것이 없으면 그 주변 지역의 성의 장수들이 모두 서로 이야기 할 것입니다. '범양 현령이 먼저 항복하더니 먼저 죽었다.' 그리고서는 틀림없이 성을 에워싸고 굳게 지킬 것이니 모든 성이 난공불락의 金城湯池(금성탕지)가 되어 공략할 수 없을 것입니다. 무신군을 위한 계책이라면 범양 현령을 좋은 수레로 맞이하고 범양 현령이 燕과 趙의 지역을 돌아다니게 한다면 변성의 모든 장수들이 말할 것입니다. '범양 현령이 먼저 항복하더니 부귀를 누린다.' 라고 말할 것입니다. 그리고서는 서로 백성을 이끌고 투항할 것이니 이는 비탈에서 구슬을 굴리는 것과 같습니다. 이것이 바로 격문을 띄워 천리를 평정한다는 뜻입니다."

서공은 다시 절을 하며 거마를 내주어 괴통을 무신군에게 보냈다. 괴통은 이렇게 무신군을 설득하였다. 무신군은 수레 100승과 기병 2백 명 그리고 제후의 인수로 서공을 영입하였다. 그러자 燕과 趙의 땅에서 투항해 온 성이 30여 개였는데 괴통의 방책 그대로였다.

原文

後漢將韓信虜魏王, 破趙,代, 降燕, 定三國, 引兵將東擊齊. 未度平原, 聞漢王使酈食其說下齊, 信欲止. 通說信曰, "將軍受詔擊齊, 而漢獨發間使下齊, 寧有詔止將軍乎? 得以得無行! 且酈生一士, 伏軾掉三寸舌, 下齊七十餘城, 將軍將數萬之衆, 乃下趙五十餘城. 爲將數歲, 反不如一豎儒之功乎!" 於是信然之, 從其計, 遂度河. 齊已聽酈生, 卽留之縱酒, 罷備漢守禦. 信因襲歷下軍, 遂至臨菑. 齊王以酈生爲欺己而亨之, 因敗走. 信遂定齊地, 自立爲齊假王. 漢方困於滎陽, 遣張良卽立信爲齊王, 以安固之. 項王亦遣武涉說信, 欲與連和.

| 註釋 | ○平原 – 黃河의 나루 平原津. 今 山東省 德州市 平原縣 서남. ○酈食其(lì yì jī, 역이기, 前 268 – 204) – 별명이 高陽酒徒, 漢王의 謀臣. 食其는 배불리 먹는다는 뜻. 43권, 〈酈陸朱劉叔孫傳〉에 입전. ○間使 – 密使. ○寧有詔止將軍乎 – 장군에게 (진격을) 멈추라는 詔書가 있었습니까? ○伏軾掉三寸舌 – 수레를 타고 다니며 3치 혀를 놀리다. 軾(수레 가로나무 식)은 수레의 손잡이. 이를 잡고 몸을 굽혀 예를 표한다. 掉 흔들 도. ○歷下軍 – (齊)의 歷下에 주둔한 방어군. ○臨菑(임치) – 縣名. 齊의 수도. 今 山東省 淄博市(치박시). 淄는 검은 빛 치. ○亨(팽) – 烹(삶을 팽)과 同. ○武涉 – 項羽의 부하 겸 策士로 韓信을 설득했으나 한신이 따르지 않았다. 항우 패망 후 어디론가 숨었다.

〖國譯〗

그 뒤에, 漢將 韓信은 魏王을 생포하고, 趙와 代를 격파하였으며 燕의 항복을 받아 三國 지역을 평정하고서 군사를 이끌고 동쪽으로 나아가 齊를 공격하려 했다. 한신은 平原津을 건너기 전에 漢王이 酈食其(역이기)를 보내 齊에 유세하여 투항케 했다는 소식을 듣고 진격을 멈추려고 했다. 괴통이 한신을 설득하려고 말했다.

"장군은 명을 받고 齊를 공격중이나 漢에서는 따로 밀사를 보내 齊의 항복을 받아냈는데 장군의 진격을 멈추라는 조서가 있었습니까? 얻을 것을 얻어야 멈추는 것입니다! 그리고 酈生(역생)이란 사람은 수레를 타고 다니며 3치 혀를 놀려 齊의 70여 성을 항복케 했는데 장군은 수만 군사를 거느리고 趙의 50여 성을 평정하였습니다. 장군의 여러 해에 걸친 공적이 도리어 풋내기 유생의 공적만도 못합니다."

한신도 옳은 말이라고 생각하며 그의 계략에 따라 마침내 황하를 건넜다. 齊에서는 역이기의 책략에 따랐고 역이기를 머물게 하여 술을 마음껏 마시면서 漢의 침입에 대비한 방어를 해체하였다. 한신은 연이어 歷下(역하)에 주둔한 군사를 격파하고 마침내 臨菑(임치)에 이르렀다. 齊王은 역이기가 자신들을 속였다면서 역이기를 삶아 죽이고 패주하였다. 한신은 齊 땅을 모두 평정하고 임시 齊王이 되었다. 한왕은 그때 滎陽(형양)에서 楚에 패배했었는데 장량을 보내 한신을 齊王으로 임명하여 齊 땅을 안정시켰다. 項王도 역시 武涉(무섭)을 보내 한신을 설득하며 강화하고자 하였다.

原文

蒯通知天下權在信, 欲說信令背漢, 乃先微感信曰, "僕嘗受相人之術, 相君之面, 不過封侯, 又危而不安, 相君之背, 貴而不可言." 信曰, "何謂也?" 通因請間, 曰, "天下初作難也, 俊雄豪桀建號壹呼, 天下之士雲合霧集, 魚鱗雜襲, 飄至風起, 當此之時, 憂在亡秦而已. 今劉,項分爭, 使人肝腦塗地, 流離中野, 不可勝數. 漢王將數十萬衆, 距鞏,雒, 岨山河, 一日數戰, 無尺寸之功, 折北不救, 敗滎陽, 傷成皐, 還走宛,葉之間, 此所謂智勇俱困者也. 楚人起彭城, 轉鬪逐北, 至滎陽, 乘利席勝, 威震天下, 然兵困於京,索之間, 迫西山而不能進, 三年於此矣. 銳氣挫於險塞, 糧食盡於內藏, 百姓罷極, 無所歸命. 以臣料之, 非天下賢聖, 其勢固不能息天下之禍. 當今之時, 兩主縣命足下. 足下爲漢則漢勝. 與楚則楚勝. 臣願披心腹, 墮肝膽, 效愚忠, 恐足下不能用也. 方今爲足下計, 莫若兩利而俱存之, 參分天下, 鼎足而立, 其勢莫敢先動. 夫以足下之賢聖, 有甲兵之衆, 據强齊, 從燕,趙, 出空虛之地以制其後, 因民之欲, 西鄉爲百姓請命, 天下孰敢不聽! 足下按齊國之故, 有淮,泗之地, 懷諸侯以德, 深拱揖讓, 則天下君王相率而朝齊矣. 蓋聞 '天與弗取, 反受其咎, 時至弗行, 反受其殃'. 願足下孰圖之."

| **註釋** | ○權 – 유리한 형세. 주도권. ○微感(미감) – 은밀히 깨우치다.

○相君之背－당신의 뒷모습을 보면. 相은 모습을 살피다. 관상을 보다. 생김새. 背는 雙關語(一語雙關). 등, 배반. ○請間－은밀한 이야기를 하겠다고 청하다. ○建號－제후라 하며 자립하다. ○魚鱗雜襲－물고기 비늘처럼 뒤섞여 쌓여 있다. 魚鱗은 많이 모여든 모양. 鱗은 비늘 린. ○飄－회오리바람 표. ○肝腦塗地(간뇌도지)－간과 뇌가 흙에 범벅되다. 무참하게 죽다. ○鞏(공)－縣名. 今 河南省 鞏義市. 鄭州市와 洛陽市의 중간. 黃河 南岸. ○岨(험할 저)－막히다. 阻(험할 조)와 同. 막히다. ○折北(절패)－좌절하고 패배하다. ○不救－원조하지 못하다. ○成皐(성고)－ 縣名. 今 河南省 鄭州市 관할의 滎陽市 서북 汜水鎭. ○宛(완)－縣名. 今 河南省 南陽市. ○葉(섭)－縣名. 今 河南省 平頂山市 葉縣. ○彭城(팽성)－今 江蘇省 徐州市, 楚霸王 項羽의 都城. ○乘利席勝－유리한 형세를 타고 승리를 거두다. 席은 因也. ○京(경)－縣名. 今 河南省 鄭州市 관할의 滎陽市 서남. ○索(삭)－邑名. 今 河南省 滎陽市 부근. ○罷極(피극)－疲極, 아주 지치다. 罷는 그칠 파. 고달플 피. ○兩主縣命足下－漢王과 項王이 당신에게 목을 매다. 足下는 상대방에 대한 敬稱. ○墮肝膽(타간담)－肝과 膽(쓸개 담)을 다 내주다. 진심을 다하다. 墮는 떨어질 타. 부수다. ○西鄕－西向. ○請命－목숨을 살리다. 싸움을 그치게 하여 무고한 백성을 살리다. ○孰敢不聽－누가 따지 않겠는가? ○淮,泗之地－膠水(교수)와 泗水(사수) 사이의 땅. 今 山東省 서남부. ○深拱(심공)－팔짱을 끼고 편안하게 지내다. ○揖讓(읍양)－예를 갖춰(揖) 사양하다.

〔國譯〕

괴통은 천하의 주도권을 한신이 쥐고 있는 것을 알고 한신이 漢을 배신하도록 설득하려고 먼저 한신에게 은근히 말했다.

"제가 일찍이 사람 관상 보는 것을 배웠는데 당신의 얼굴을 보면 제후에 불과하며 위태롭고 불안하지만, 당신의 등을 보면 말할 수 없이 고귀합니다." 그러자 한신이 물었다. "무슨 말입니까?" 괴통은 한신에게 은밀한 일이라면서 말했다.

"天下가 처음 봉기할 때에는 영웅호걸들이 자립하여 제후가 되고 서로 호응했고 천하의 무사들이 구름떼처럼 일어나 겹겹이 모이고 쌓이며 회오리바람처럼 일어났었는데, 그 당시의 걱정거리는 秦을 멸망케 하는 일이었습니다. 지금 劉氏와 項氏의 다툼으로 사람들이 처참하게 죽고 황야에 떠돌다 헤어지는 사람을 이루 다 셀 수 없습니다. 한왕은 수십만 군사를 거느리고 공현과 낙양에서 저항하며 험한 산과 황하에 의지하여 하루에도 여러 번 싸우지만 한 뼘도 더 차지하지 못하고 꺾여 도주하며 서로를 구원하지도 못하니 형양성에서 대패했고 成皐縣(성고현)에서도 손해를 보고 환현과 섭현 사이로 달아났으니 이는 지혜와 용기가 모두 곤경에 처한 것입니다. 楚의 군사는 팽성에서 일어나 싸우며 북쪽으로 진격하여 형양에 들어와 유리한 형세를 타고 승리하며 천하에 위세를 떨쳤었지만 그 군사는 京縣과 索縣(삭현)에서 막혔고 서쪽으로 진격하려 했지만 나가지 못하고 3년이나 그곳에 머물러 있습니다. 楚는 험한 산세에 그 예기가 꺾였고 준비한 양식을 다 바닥이 났으며 백성들은 극도로 지쳐 생명을 부지할 곳도 없습니다. 臣의 생각으로는 지금 현인이나 성인이 아니라면 천하의 이 환란을 멈추게 할 수가 없습니다. 지금 이 형세에서 漢王과 項王 두 사람은 당신에게 목을 매고 있습니다. 족하께서 漢을 위한다면 한나라가 승리하고 楚와 함께 한다면 초나라가 승리합니다. 제 생각으로는 저의 마음을 다 열고 간과 쓸개를 다 내주며 어리석지만 제 충심을 다하여 하는 말을 족하께서 채용하지 않을까 걱정입니다. 지금 足下를 위한 방략으로는 양쪽의 이득을 다 취하면서 함께 살아남는 것이니 솥 3개의 발처럼 鼎立(정립)하면 그 형세는 누구도 감히 먼저 움직일 수 없을 것입니다. 솔직히 족하의 賢明聖雄과 많은 군사를 갖고 강대한 齊를 바탕으로 燕과 趙를 거느리되 임자가 없는 땅에 진출해 배후를 통제하고 백성들의 욕구에 따라 서쪽(漢과 楚)에 대하여 백성들을 살리기 위해 전쟁을 그만두자고 한다면 천하에 누가 따르지 않겠습니까! 족하께서 齊國을 평정하였기에 膠水(교수)와 泗水(사수)의 땅을 보유하고 여러 제후들을 덕으로 품으면서 팔짱을 끼고 예를 지키면 천하의 君王들이 서로 함께 齊에 입조할 것입니다. 어쩌면 '하늘이 주어도 취하지 않으면 도리어 화를 당하고, 때가 되었는데도 실행하지 않는다면 재앙을 받는다.' 고 하였습니다. 족하께서 깊이 생각하시어 도모하기를 바랍니다."

原文

信曰, "漢遇我厚, 吾豈可見利而背恩乎!" 通曰, "始常山王,成安君故相與爲刎頸之交, 及爭張黶,陳釋之事, 常山王奉頭鼠竄, 以歸漢王. 借兵東下, 戰於鄗北, 成安君死於泜水之南, 頭足異處. 此二人相與, 天下之至驩也, 而卒相滅亡者, 何也? 患生於多欲而人心難測也. 今足下行忠信以交於漢王, 必不能固於二君之相與也, 而事多大於張黶,陳釋之事者, 故臣以爲足下必漢王之不危足下, 過矣. 大夫種存亡越, 伯句踐, 立功名而身死. 語曰, '野禽殫, 走犬亨, 敵國破, 謀臣亡.' 故以交友言之, 則不過張王與成安君, 以忠臣言之, 則不過大夫種. 此二者, 宜足以觀矣. 願足下深慮之. 且臣聞之, '勇略震主者身危, 功蓋天下者不賞'. 足下涉西河, 虜魏王, 禽夏說, 下井陘, 誅成安君之罪, 以令於趙, 脅燕定齊, 南摧楚人之兵數十萬衆, 遂斬龍且, 西鄕以報, 此所謂功無二於天下, 略不出出者也. 今足下挾不賞之功, 戴震主之威, 歸楚, 楚人不信, 歸漢, 漢人震恐. 足下欲持是安歸乎? 夫勢在人臣之位, 而有高天下之名, 切爲足下危之."

信曰, "生且休矣. 吾將念之."

| 註釋 | ○遇 – 만날 우. 대우하다. ○常山王 – 張耳. 成安君은 陳餘. 32권, 〈張耳陳餘傳〉 참고. ○刎頸之交(문경지교) – 生死之交. 刎頸은 斷頭와 같은 뜻. ○張黶,陳釋 – 張耳의 部將. 장이가 진군과 싸워 위기에 처했을 때 진여가 張黶(장염)과 陳釋(진석)을 보내 도움을 청했다. 진여는 이들에게 각각 5천 군사를 내 주었으나 이 두 사람은 모두 전사했다. 이를 두고 장이는 진여가 죽였다고 의심하며 두 사람은 영영 갈라섰다. 진여는 나중에 한신에 패해 죽었다. 黶은 검정사마귀 염. ○奉頭鼠竄 – 抱頭鼠竄(포두서찬), 머리를 감싸고 쥐새끼처럼 도망가다. ○鄗(호) – 縣名. 今 河北省 石家庄市 高邑縣 동남. ○泜水(지수) – 今 河北省 중부의 槐河(괴하). ○二君 – 장이와 진여. ○過矣 – 誤也. 틀렸다. ○大夫種 – 춘추시대 越國의 大夫인 文種. ○伯句踐 – 霸者 句踐. 伯은 霸(으뜸 패). 구천이 패권을 잡도록 돕다. 文種은 큰 공을 세웠는데 참언을 믿은 구천이 문종에게 칼을 던져주며 자살케 했다. ○震主 – 主君을 두렵게 하다. ○西河 – 황하의 한 부분에 대한 통칭. 魏의 郡名. ○禽 – 擒(사로잡을 금)과 同. ○夏說(하열) – 人名. 代國의 승상. ○龍

且(용저) －항우의 부장. ○略不出出者－책략은 너무 특출하여 여태 써본 적이 없던 것이었다. 한신의 전술을 칭찬한 말이다. ○安歸乎－어디에 가겠는가? 安은 焉(어찌 언)也. ○生且休矣－선생은 그만하시오. ○念－思也.

〖國譯〗

한신이 말했다. "漢王은 내게 후한 대우를 했는데 내가 어찌 이득을 따져 은덕을 배신할 수 있겠는가?" 그러자 괴통이 말했다.

"예전에 常山王(張耳)과 成安君(陳餘)은 오래전부터 함께 刎頸之交(문경지교)를 맺고 있었으나 부장 張黶(장염)과 陳釋(진석)의 일로 다투고 난 뒤 常山王은 머리를 싸매고 쥐새끼처럼 도망하여 漢王에게 귀부하였습니다. 한왕의 군사를 빌려가지고 동쪽으로 와서 鄗縣(호현) 북쪽에서 싸웠고 成安君은 泜水(지수)의 남쪽에서 죽어 머리와 다리가 따로따로였습니다. 이 두 사람이 한마음으로 어울릴 때 온 세상이 다 기뻐하였습니다만 결국 서로 멸망케 하였으니 왜 그랬겠습니까? 근심 걱정은 욕심에서 생겨나고 사람의 마음이란 헤아릴 수 없습니다. 지금 족하께서 충성과 신의로 한왕과 잘 지내고 있지만 그 믿음이 장이와 진여만큼 굳건하지는 않을 것이며, 또 장염과 진석의 일보다 훨씬 큰 일이 아주 많을 것인데도 한왕의 신하인 족하께서 한왕은 틀림없이 족하를 위태롭게 하지 않을 것이라고 믿는 것은 잘못입니다. 예전 越나라의 大夫 文種은 존망의 위기에 처한 越에서 구천을 覇者로 만들며 큰 공을 세웠지만 자결해야만 했습니다. 그래서 속언에 '들 새를 사냥했으면 사냥개를 삶아먹고 적국이 격파되었으면 謀臣(모신)을 죽여 버린다.' 고 하였습니다. 그리고 足

下와 漢王은 交友로 말하자면 장이와 성안군처럼 친하지도 않고 忠臣으로 말하자면 大夫 文種보다 더 나은 것도 없습니다. 이 두 예를 족하께서는 응당 잘 보아야 합니다. 족하는 제발 깊이 생각하시기 바랍니다. 그리고 내가 알기로는 '용기와 책략이 주군을 두렵게 하는 자는 몸이 먼저 죽고 공이 천하를 뒤덮으면 보상이 없다' 고 하였습니다. 족하께서는 西河를 건너가 魏王을 포로로 잡았고 代國의 夏說(하열)을 사로잡았으며 井陘口(정형구)의 험한 요새를 함락시키고 成安君의 죄를 따져 죽였으며, 燕에 압력을 가해 굴복시키고 齊를 평정하였으며, 남으로는 楚人의 군사 수십만 명과 싸워 이겼고 마침내 龍且(용저)를 죽이고서 서쪽 한왕에게 보고하였는데 이는 세상에 둘도 없는 큰 공적이며 그 책략은 너무 특출하여 이 세상에 여태껏 본 적이 없었습니다. 지금 족하께서는 너무 커서 상도 받을 수 없는 공을 세워 주군의 위엄을 두려워 떨게 하니 楚에 귀부한대도 초에서도 믿지 못하고 漢에 귀부한다 하여도 한왕도 두려워하고 있습니다. 그러니 족하께서 이런 공을 가지고 어디에 귀부하겠습니까? 지금 형세는 신하의 자리에 있지만 그 높은 명성은 천하에 알려졌으니 이 때문에 족하는 틀림없이 위태로울 것입니다."

그러자 한신이 말했다. "선생께서는 그만하시오. 내가 생각해보겠습니다."

原文

數日, 通復說曰, "聽者, 事之候也, 計者, 存亡之機也. 夫隨廝養之役者, 失萬乘之權, 守儋石之祿者, 闕卿相之位.

計誠知之, 而決弗敢行者, 百事之禍也. 故猛虎之猶與, 不如蜂蠆之致蠚, 孟賁之狐疑, 不如童子之必至. 此言貴能行之也. 夫功者, 難成而易敗, 時者, 難值而易失. '時乎時, 不再來.' 願足下無疑臣之計." 信猶與不忍背漢, 又自以功多, 漢不奪我齊, 遂謝通. 通說不聽, 惶恐, 乃陽狂爲巫.

| 註釋 | ㅇ聽者 - 남의 말을 경청하기. ㅇ機也 - 關鍵(관건)이다. ㅇ廝養之役者 - 남의 종(奴隷) 노릇을 하는 자. ㅇ儋石之祿 - 아주 작은 녹봉. 儋은 멜 담. 항아리. ㅇ決弗敢行者 - 끝내 감행하지 못하는 자. ㅇ猶與 - 猶豫(유예)와 同. ㅇ蜂蠆(봉채) - 말벌. 蠆은 전갈 채. 蠚은 독을 쏠 학. ㅇ孟賁(맹분) - 戰國 시기 衛國의 力士. ㅇ難值 - 만나기 어렵다. ㅇ時乎時, 不再來 - 모든 일에 때가 있으니 다시 오지 않으리라! 때를 놓칠 수 없다는 감탄. ㅇ謝通 - 괴통의 설득을 거절하다. ㅇ惶恐(황공) - 놀라고 두려워하다.

〖國譯〗

며칠 뒤에, 괴통이 한신에게 다시 말했다.

"경청은 일의 시작이며 계산은 존립과 패망의 관건입니다. 남의 종노릇을 하는 자는 萬乘의 권력을 잡지 못하고 한두 섬 봉록에 매달리는 자는 공경이나 재상이 되지 못합니다. 계산으로 잘 알면서도 끝내 감행하지 않는다면 모든 일의 재앙입니다. 그래서 맹호가 망설인다면 말벌이 한 번 쏘는 것만 못하고 孟賁(맹분)같은 용사가 狐疑(호의)한다면 어린아이의 결단만도 못한 것입니다. 이런 말들은 실천을 귀하게 여긴다는 뜻입니다. 큰 공이란 어렵게 이루고 쉽게 망하는 것이며 때란 것도 어렵게 만나지만 쉽게 놓치는 것입니다. '모든 일에 때가 있으니 다시 오지 않습니다!' 족하께서는 나의 계책을 의심하지 마십시오."

한신이 이리저리 생각해보아도 한왕을 배신할 수가 없었고 또 자신의 공적이 크니 한왕도 자신의 齊나라를 빼앗지 않으리라 생각하여 결국 괴통의 방책을 거절하였다. 괴통은 설득이 먹히지 않자 두려워서 거짓으로 미친척하며 무당이 되었다.

原文

天下旣定, 後信以罪廢爲淮陰侯, 謀反被誅, 臨死歎曰, "悔不用蒯通之言, 死於女子之手!" 高帝曰, "是齊辯士蒯通." 乃詔齊召蒯通. 通至, 上欲亨之, 曰, "昔敎韓信反, 何也?" 通曰, "狗各吠非其主. 當彼時, 臣獨知齊王韓信, 非知陛下也. 且秦失其鹿, 天下共逐之, 高材者先得. 天下匈匈, 爭欲爲陛下所爲, 顧力不能, 可殫誅邪!" 上乃赦之.

| **註釋** | ○天下旣定 – 한왕은 前 202년에 황제로 등극한다. ○謀反被誅 – 漢 10년(前 197년) 陳戱(진희)의 모반에 관련되어 蕭何와 呂太后의 책략에 걸려 잡혀 죽는다. ○秦失其鹿 – 진이 사슴을 놓쳤다. 鹿(lù)과 爵祿의 祿(lù)은 同音. 작록을 수여할 수 있는 권력을 잃다. 이후 나라가 망하고 천하의 패권을 다투는 상황을 逐鹿(축록)이라 하였다. ○高材者 – 高才者. ○匈匈(흉흉) – 분란. 動亂. ○顧 – 돌아볼 고. 생각하다. ○殫(탄) – 다하다. 두루.

〖國譯〗

천하가 안정되자, 그 뒤에 한신은 죄에 걸려 폐위당해 淮陰侯(회음후)가 되었는데 모반죄에 걸려 죽기 전에 탄식하며 말했다. "괴통의 말을 따르지 않아 여자의 손에 죽게 된 것을 후회하노라!"

이에 고조가 말했다. "그는 齊의 辯士 괴통이다." 고조는 조서를 내려 齊 땅의 괴통을 소환하였다. 괴통이 도착하자 고조는 괴통을 팽살하려고 물었다. "옛날에 한신에게 모반하라 하였는데 왜 그랬는가?"

그러자 괴통이 말했다.

"개는 그 주인이 아닌 사람을 보고 짖습니다. 그때에 저는 오직 齊王 韓信만을 알았고 폐하를 알지 못했습니다. 게다가 秦이 그 사슴을 놓치자 천하 모두가 다 잡으려 했고 능력 있는 자가 먼저 잡았습니다. 천하가 어지러울 때 폐하의 하는 일을 도우려 해도 도울 수가 없었는데 죽어 없어져야 합니까?"

고조는 괴통을 용서하였다.

原文

至齊悼惠王時, 曹參爲相, 禮下賢人, 請通爲客. 初, 齊王田榮怨項羽, 謀擧兵畔之, 劫齊士, 不與者死. 齊處士東郭先生,梁石君在劫中, 强從. 及田榮敗, 二人醜之, 相與入深山隱居. 客謂通曰, "先生之於曹相國, 拾遺擧過, 顯賢進能, 齊功莫若先生者. 先生知梁石君,東郭先生世俗所不及, 何不進之於相國乎?" 通曰, "諾. 臣之里婦, 與里之諸母相善也. 里婦夜亡肉, 姑以爲盜, 怒而逐之. 婦晨去, 過所善諸母, 語以事而謝之. 里母曰, '女安行. 我今令而家追女矣.' 卽束緼請火於亡肉家, 曰, '昨暮夜, 犬得肉, 爭鬪相殺, 請火治之.' 亡肉家遽追呼其婦. 故里母非談說之士也, 束緼乞火非還婦之道也, 然物有相感, 事有適可. 臣請乞火於曹相國." 乃見相國曰, "婦人有夫死三日而嫁者, 有幽居守寡不出門者, 足下卽欲求婦, 何取?" 曰, "取不嫁者." 通曰, "然則求臣亦猶是也, 彼東郭先生,梁石君, 齊之俊士也, 隱居不嫁, 未嘗卑節下意以求仕也. 願足下使人禮之."

曹相國曰, "敬受命." 皆以爲上賓.

通論戰國時說士權變, 亦自序其說, 凡八十一首, 號曰《雋永》.

初, 通善齊人安其生, 安其生嘗干項羽, 羽不能用其策. 而項羽欲封此兩人, 兩人卒不肯受.

| **註釋** | ○齊 悼惠王(도혜왕, 前 221 - 189) - 高祖의 庶長子 劉肥(유비). 高祖가 布衣 때 情婦 曹氏 소생. 38권, 〈高五王傳〉에 立傳. ○曹參爲相 - 조참(? - 前 190)은 소하의 뒤를 이어 승상. 39권, 〈蕭何曹參傳〉에 立傳. ○齊王田榮怨 - 田齊의 왕족 田榮은 項梁을 배신하고 秦을 칠 때 楚를 돕지 않았기에 항우로부터 封을 받지 못했다. 항우가 齊王 田市(전불)을 膠東王으로 또 田都를 齊王에 봉하자 전영은 전도를 卽墨(즉묵)에서 죽이고 자립하여 齊王이 되었다. 齊의 땅을 모두 병합한 왕이 되었다. 31권, 〈陳勝項籍傳〉 참고.

○東郭先生,梁石君 – 實名 미상. 處士는 벼슬하지 않는 사람. ○拾遺擧過 – 등용되지 못하거나 지난 시대 사람을 등용하다. ○女安行 – 너는(女) 천천히(安) 가거라. ○而家 – 而는 너(汝). ○束縕 – 헌솜을(縕, 불을 붙이기 쉽다) 모아서. 請火는 불씨를 빌리다. ○遽追 – 빨리 쫓아가다. ○俊士 – 才智가 출중한 사람. ○說士權變 – 유세하는 사람과 상황에 따른 대응과 변화. ○雋永 – 雋은 영특할 준. 살찐 새 준. 맛있는 고기. 永은 오래가다. 맛있는 고기처럼 책의 내용이 의미심장하다는 뜻. ○安其生 – 秦의 方士. 齊는 바닷가 지역이라 신선과 관련한 이야기가 많았다. 보통 '安期生'이라 쓰며 신선으로 통한다. ○干項羽 – 항우를 방문하다. 干은 干謁(간알). 목적이 있어 고관이나 귀인을 방문하다.

〖國譯〗

齊 悼惠王 때에 승상 曹參은 예로써 현인들을 모셨는데 괴통을 빈객으로 잘 대우했다. 그전에 齊王 田榮은 項羽에게 원한이 있어 거병하며 반란을 계획하면서 齊의 文士들을 강권하여 따르지 않는 사람을 죽였다. 齊의 處士인 東郭先生과 梁石君은 협박을 당해 억지로 협조하였다. 나중에 田榮이 패망하자 2인은 부끄러워서 함께 심산에 은거하였다. 어떤 사람이 괴통에게 말했다.

"선생은 등용되지 못하고 숨어있거나 유능한 사람을 曹相國에게 추천하기로는 齊에서 선생만한 사람이 없습니다. 선생도 알고 있는 양석군과 동곽선생은 보통 사람이 따라가지 못하는 뛰어난 분인데 왜 상국에게 천거하지 않습니까?"

괴통이 말했다.

"알겠습니다. 내가 사는 마을의 며느리는 마을의 여러 시어머니들을 잘 따랐습니다. 그 며느리 집에서 밤에 고기를 도둑맞았는데 시어머니는 며느리가 숨겼다면서 화를 내며 내쫓았습니다. 며느리가 아침에 떠나가면서 평소에 잘 따르던 이웃 시어머니에게 그런 이야기를 하고 작별 인사를 했습니다. 그러자 마을 이웃에서 시어머니가 말했습니다. '자네는 천천히 가게나. 내가 지금 자네 집에서 자네를 부르러 가게 하겠네.' 그리고선 바로 헌 솜뭉치를 가지고 고기를 잃어버린 집에 가서 말했습니다. '어젯밤에 개가 고기를 물어왔는데 개들이 서로 싸워 물어 죽여서 불씨를 빌려다 개를 요리하렵니다.' 고기를 잃어버린 집에서 급히 며느리를 부르러 달려갔습니다. 마을의 시어머니는 유세하는 세객이 아니고 헌솜을 갖고 가서 불씨를 빌리는 것은 며느리를 되돌아가게 하는 방법이 아니지만, 두 가지가 서로 얽혀서 잘 처리되었습니다. 내가 曹상국을 만나 불씨를 빌려달라고 하겠습니다."

괴통은 곧 상국을 만나 말했다. "남편이 죽은 지 3일 만에 개가한 여인과 말없이 혼자 살며 수절하는 과부가 있는데 귀하께서 며느리로 얻으려 한다면 누구를 고르시겠습니까?"

조 승상이 대답했다. "개가하지 않은 여인을 고르겠습니다." 괴통이 말했다. "그러하시다면 신하를 고르는데도 마찬가지일 것입니다. 동곽선생과 양석군은 齊의 뛰어난 인물이지만 은거하며 재가하지도 않고 지조를 꺾거나 뜻을 낮추면서 벼슬을 구하지 않았습니다. 귀하께서 사람을 보내 그분들에게 예를 갖춰 모시기 바랍니다."

상국 조참이 말했다. "삼가 명을 따르겠습니다."

조상국은 두 사람을 최고의 빈객으로 모셨다.

괴통은 戰國 시대에 유세하던 사람과 그 상황 변화와 자신의 학설을 보태 모두 81편의 《雋永(준영)》이라는 책으로 엮었다.

그전에 괴통은 齊 땅의 安其生과 친했었는데 안기생은 일찍이 항우를 만났으나 항우가 그의 방책을 채용하지 못했다. 항우가 두 사람에게 벼슬을 주려 했으나 받지 않았다.

45-2. 伍被

原文

伍被, 楚人也. 或言其先伍子胥後也. 被以材能稱, 爲淮南中郎. 是時淮南王安好術學, 折節下士, 招致英雋以百數, 被爲冠首.

久之, 淮南王陰有邪謀, 被數微諫. 後王坐東宮, 召被欲與計事, 呼之曰, "將軍上." 被曰, "王安得亡國之言乎? 昔子胥諫吳王, 吳王不用, 乃曰, '臣今見麋鹿游姑蘇之臺也.' 今臣亦將見宮中生荊棘, 露沾衣也."

於是王怒, 繫被父母, 囚之三月.

| 註釋 | ○伍被(오피, ? - 前 122) - 춘추시대 伍子胥(오자서, 본명 伍員)의 후손이라 알려졌다. 회남왕의 빈객으로 초빙. 회남국의 中郎으로 劉安의 반역을 도왔다. ○淮南王 劉安(前 179 - 122) - 《淮南子 原名은 鴻烈》 저술. 武帝 때 모반을 계획하다가 자살. 44권, 〈淮南衡山濟北王傳〉에 立傳. ○折節

下士 - 자신을 낮추고 빈객을 초빙하다. ○英雋(영준) - 영웅, 준걸. 雋 영특할 준. ○冠首 - 우두머리, 첫째. ○中郞 - 郞中令의 속관. 황제나 왕의 호위, 시종 담당. 질록 6백석. ○亡國之言 - 제후국에서 군사 업무를 담당하는 직제는 中尉이고 將軍은 漢 조정의 직위이다. 회남왕이 伍被(오피)를 장군이라 호칭한 것은 반역의 뜻이 있기에 '亡國之言'이라고 했다. ○麋鹿(미록) - 사슴. 麋는 큰 사슴 미. ○姑蘇之臺 - 吳國 姑蘇城 국왕의 놀이동산. 今 江蘇省 蘇州 서남. ○荊棘(형극) - 가시나무. 황폐한 땅에 자라는 나무.

〖國譯〗

伍被(오피)는 楚人이다. 혹자는 그가 옛날 伍子胥 후손이라고 하였다. 오피는 재능이 있다고 알려져 회남국 中郞이 되었다. 그때 회남왕 劉安은 方術을 좋아하고 신분을 낮춰 빈객을 접대하면서 불러들인 호걸들이 수백 명이었는데 오피는 그중에 제일이었다.

얼마 후, 淮南王은 비밀리에 반역을 계획했는데 오피는 개인적으로 해서는 안 된다고 자주 충간을 하였다. 뒤에 회남왕이 東宮에서 오피를 불러 일을 논의하려 부르면서 "장군은 올라오시오."라고 말했다. 그러자 오피가 말했다.

"왕께서는 어찌 망국할 말씀을 하십니까? 옛날에 伍子胥가 吳王께 충간을 했지만 오왕은 받아들이지 않자 오자서가 '저는 고소성의 누대에 사슴이 노는 것을 볼 것 같습니다.'라고 말했다는데, 지금 저는 궁중에 가시나무가 자라고 옷이 이슬에 젖는 것을 볼 것 같습니다."

그러자 회남왕은 화를 내며 오피의 부모를 잡아다가 3달이나 가두었다.

原文

王復召被曰, "將軍許寡人乎?" 被曰, "不, 臣將爲大王畫計耳. 臣聞聰者聽於無聲, 明者見於未形, 故聖人萬擧而萬全. 文王壹動而功顯萬世, 列爲三王, 所謂因天心以動作者也." 王曰, "方今漢庭治乎? 亂乎?" 被曰, "天下治." 王不說, 曰, "公何言治也?" 被對曰, "被竊觀朝廷, 君臣父子夫婦長幼之序皆得其理, 上之擧錯遵古之道, 風俗紀綱未有所缺. 重裝富賈周流天下, 道無不通, 交易之道行. 南越賓服, 羌,僰貢獻, 東甌入朝, 廣長榆, 開朔方, 匈奴折傷. 雖未及古太平時, 然猶爲治." 王怒, 被謝死罪.

| 註釋 | ○許 - 대답하다. ○聰者~, 明者~ - 지혜가 통달한 사람은 예견할 수 있다는 뜻. ○三王 - 夏 禹王, 商 湯王, 周 文王. ○漢庭 - 漢廷. ○擧錯 - 조치하다. ○紀綱 - 法度. ○富賈 - 부유한 상인. ○賓服(빈복) - 제후가 入貢하여 천자에게 복속하다. ○羌(강) - 중국 서쪽의 소수민족. ○僰(북) - 중국 서남부 지역의 소수 민족. 僰은 오랑캐 북. ○東甌(동구) - 지금 浙江省 溫州市 지역에 있던 왕국. 甌는 사발 구. ○長榆(장유) - 삭방군의 요새 이름. 榆中(유중)이라고도 쓴다. ○朔方(삭방) - 郡名. 今 내몽고 지역을 흐르는 황하의 남쪽 일대. 군의 치소는 朔方縣(今 內蒙古 鄂爾多斯時杭錦旗).

〖國譯〗

회남왕이 다시 오피를 불러 물었다. "將軍은 과인 편에 서겠는가?" 오피가 말했다.

"아닙니다. 臣은 대왕을 위한 계책을 말할 뿐입니다. 제가 듣기로는 귀가 밝은 사람은 없는 소리도 들을 수 있고 눈이 밝은 사람은 보이지 않는 것을 본다고 하는데, 그래서 聖人은 모든 일을 뜻대로 이룰 수 있었습니다. 周 文王이 한 번 움직여 그 공적이 만세에 남아 三王이라 하는 것은 천심에 따라 움직였기 때문입니다."

회남왕이 물었다. "지금 漢 조정은 안정되었는가 아니면 혼란한가?" 오피가 대답했다. "천하는 잘 다스려지고 있습니다." 그러자 왕은 싫어하며 물었다. "공은 왜 그렇게 생각하는가?"

오피가 대답했다. "제가 보는 조정은, 君臣과 父子, 夫婦와 長幼의 질서가 다 제 도리를 다하고 있고 위에서는 옛 道를 따라 통치하고 풍속과 기강이 흔들리지 않습니다. 큰 부자 상인들이 천하를 여행하고 통하지 않는 길이 없으며 교역의 도리가 지켜지고 있습니다. 南越(남월)이 조공을 해 오고, 羌族(강족)과 僰人(북인)이 그 특산물을 바치며 東甌(동구)의 왕이 입조하였으며, 長楡(장유) 성의 영역을 넓히고 朔方郡(삭방군)을 개척하고 흉노의 세력을 꺾었습니다. 비록 옛날의 태평성대에 이르지는 못했지만 그래도 잘 다스려지는 것입니다." 회남왕은 화를 냈고 오피는 죽을죄를 지었다고 사죄하였다.

原文

王又曰, "山東卽有變, 漢必使大將軍將而制山東, 公以爲大將軍何如人也?" 被曰, "臣所善黃義, 從大將軍擊匈奴, 言大將軍遇士大夫以禮, 與士卒有恩, 衆皆樂爲用. 騎上下山如飛, 材力絶人如此, 數將習兵, 未易當也. 及謁者曹梁使長安來, 言大將軍號令明, 當敵勇, 常爲士卒先, 須士卒休, 乃舍, 穿井得水, 乃敢飮, 軍罷, 士卒已逾河, 乃度. 皇太后所賜金錢, 盡以賞賜, 雖古名將不過也.” 王曰, “夫蓼太子知略不世出, 非常人也, 以爲漢廷公卿列侯皆如沐猴而冠耳.” 被曰, “獨先刺大將軍, 乃可擧事.”

| 註釋 | ○山東 – 關中에서 볼 때 華山 또는 崤山(효산) 동쪽. 山東半島가 아니다. ○大將軍 – 衛靑(위청)을 지칭. 55권, 〈衛靑霍去病傳〉에 立傳. ○遇 – 접대하다. 대우하다. ○蓼太子(요태자) – 회남왕의 태자. 外家의 성을 따른 호칭. (예) 景帝의 태자 栗太子(생모는 栗姬). ○沐猴而冠耳 – 사람 같으나 제대로 된 사람이 아니다. 沐猴는 獼猴(미후, 원숭이).

〖國譯〗

王이 다시 물었다. “만약 山東에서 변란이 일어난다면 조정에서는 필히 대장군(衛靑)을 시켜 산동을 제압할 것인데 공은 대장군을 어떤 사람이라고 생각하는가?”

오피가 대답했다. “臣과 친한 黃義가 대장군을 따라 흉노를 정벌했었는데 그에 의하면 대장군은 사대부를 예로 대우하고 사졸에게는 은덕을 베풀기에 많은 사람들이 기꺼이 따른다고 하였습니다. 대장군이 말을 타고 산을 오르내리는 것이 마치 나르듯 하고 힘도 다른 사람보다 뛰어나며 장수를 많이 거느렸고 군사에 익숙하여 쉽게 상대할 수 없다고 하였습니다. 또 謁者(알자) 曹梁(조량)이 장안에 사자로 다녀왔는데 대장군은 호령이 분명하고 적 앞에 용감하고 사졸에 솔선하며 사졸이 쉬기를 기다렸다가 쉬고, 우물을 파 물이 나와야만 그때서야 마시며, 군사를 회군할 때도 사졸이 강을 다 건넌 다음에 건넜다고 합니다. 황태후께서 하사한 금전을 모두 상으로 주었다고 하니 비록 옛 명장이라도 이보다 더 낫지 못할 것입니다."

그러자 회남왕이 말했다. "나의 蓼太子(요태자)의 지략도 뛰어나 보통 사람과는 다르며 漢 조정의 공경이나 열후들이란 모두 원숭이가 관을 씌고 있는 것 같다고 나는 생각하오."

오피가 말했다. "오직 먼저 대장군을 제거해야만 거사할 수 있습니다."

原文

王復問被曰, "公以爲吳擧兵非邪?" 被曰, "非也. 夫吳王賜號爲劉氏祭酒, 受几杖而不朝, 王四郡之衆, 地方數千里, 采山銅以爲錢, 煮海水以爲鹽, 伐江陵之木以爲船. 國富民衆, 行珍寶, 賂諸侯, 與七國合從, 擧兵而西, 破大梁, 敗狐父, 奔走而還, 爲越所禽, 死於丹徒, 頭足異處, 身滅祀絶, 爲天下戮. 夫以吳衆不能成功者, 何也? 誠逆天違衆而不見時也." 王曰, "男子之所死者, 一言耳. 且吳何知反? 漢將一日過成皐者四十餘人. 今我令緩先要成皐之口, 周被下潁川兵塞轘轅,伊闕之道, 陳定發南陽兵守武關, 河南太守獨有雒陽耳, 何足憂? 然此北尙有臨晉關,河東, 上黨與河內, 趙國界者通谷數行. 人言 '絶成皐之道, 天下不通.' 據三川之險, 招天下之兵, 公以爲何如?" 被曰, "臣見其禍, 未見其福也."

| 註釋 | ○吳擧兵非邪 - 吳王 濞가 거병한 것은 잘못인가? 吳王 劉濞(유비, 前 215 - 154) - 고조 둘째 형의 아들이니 고조의 조카. 35권, 〈荊燕吳傳〉에 立傳. ○劉氏祭酒 - 유씨 종묘 제사의 祭酒. 祭酒는 관직명이지만 尊長者의 의미도 있다. ○江陵(강릉) - 縣名. 今 湖北省 荊州市 근처 江陵縣. 縣이지만 2010년 인구가 45만 명이라 하니 우리나라 웬만한 市보다 크다. ○行珍寶 - 진기한 보배를 나눠주다. ○大梁 - 縣名. 今 河南省 開封市. ○狐父(호보) - 邑名. 今 安徽省 최북단 宿州市 碭山縣 남쪽. ○丹徒(단도) - 縣名. 今 江蘇省 鎭江市 동쪽. ○不見時 - 不知時也. ○成皐(성고) - 縣名. 今 河南省 鄭州市 관할의 滎陽市 서북 汜水鎭. ○周被 - 人名. ○潁川(영천) - 郡名. ○轘轅(환원) - 山名. 關門 名. 滎陽縣 근처. ○伊闕(이궐) - 關名. 在 河南省 洛陽市 남쪽. ○南陽 - 郡名. 今 河南省 南陽市. ○武關(무관) - 關門名. 在 陝西省 商洛市 丹鳳縣 武關河 북쪽. 函谷關, 蕭關, 大散關과 함께 '秦의 四塞'라 불렸다. 前 206년 패공 劉邦은 이곳을 거쳐 關中에 들어가 秦을 멸망시켰다. ○河南 - 郡名. 治所는 洛陽縣. ○臨晉關(임진관) - 蒲津關, 今 陝西省 渭南市 관할의 大荔縣 동쪽. 황하의 관문. ○河東 上黨 河內 - 모두 郡名. ○三川 - 秦의 郡名. 고조는 河南郡으로 개명.

〖國譯〗

회남왕이 오피에게 다시 물었다. "公은 吳王이 거병한 것을 잘못이라고 보는가?" 이에 오피가 말했다.

"잘못입니다. 吳王은 文帝로부터 劉氏 祭酒의 칭호를 받고, 연로하다고 안석과 지팡이를 받았으며 입조하지 않아도 된다는 은전을 하사받고서 四郡의 백성을 다스리니 그 땅이 수천 리이며 산에서 구리를 캐어 돈을 주조하며 바닷가에서 소금을 제조하고 江陵의 나무를 베어 배를 만들었습니다. 나라는 부유했고 많은 珍寶를 나누어 제후에게 주면서 7國이 合從하여 擧兵하고 서쪽으로 진격하여 大梁을 격파하려 했으나 狐父(호보)에서 패하고 도망해 돌아왔으나 越 땅에서 잡혀 丹徒(단도)현에서 죽었는데 머리와 발이 따로따로였으니 일신을 망치고 제사도 끊겼으며 천하 사람들에 의해 도륙되었습니다. 吳나라의 백성을 거느리고도 성공하지 못한 이유가 무엇이겠습니까? 정말로 하늘을 거스르고 백성의 소망을 어겼으며 때를 몰랐던 것입니다."

이에 회남왕이 말했다. "男子는 죽었다는 말 한마디면 그뿐이지만, 吳가 어찌 반역을 알았겠는가? 漢의 장수로 성고의 험한 길을 가는 자가 하루에 40여 명이나 되었소. 지금 나는 緩(원)으로 하여금 먼저 成皐(성고)의 입구를 지키게 하고 周被(주피)를 시켜 潁川(영천)의 군사를 격파하고 轘轅(환원)의 관문과 伊闕(이궐)의 길목을 막고 陳定(진정)을 시켜 南陽郡의 군사를 내어 武關(무관)을 지키게 하면서 河南太守로 하여금 낙양을 방어케 한다면 무엇을 걱정하겠는가? 그리고 북쪽으로 臨晉關(임진관)이나 河東郡과 上黨郡, 그리고 河內郡의 군사가 있지만 趙國의 경계에 그들이 지날 수 있는 몇 곳의 계곡뿐이요. 그래서 사람들이 '成皐(성고)의 길을 막으면 천하가 不通한다.' 고 하였으니, 나는 三川郡 지역의 험한 지형에 웅거하여 천하의 군사를 불러 모으려 하는데 공은 어떻게 생각하는가?" 오피가 대답했다. "신에게 재앙은 보이지만 福은 보이지 않습니다."

原文

後漢逮淮南王孫建, 繫治之. 王恐陰事洩, 謂被曰, "事至, 吾欲遂發. 天下勞苦有間矣, 諸侯頗有失行, 皆自疑, 我擧兵西鄕, 必有應者. 無應, 卽還略衡山. 勢不得不發." 被曰, "略衡山以擊廬江, 有尋陽之船, 守下雉之城, 結九江之浦, 絶豫章之口, 强弩臨江而守, 以禁南郡之下, 東保會稽, 南通勁越, 屈强江,淮間, 可以延歲月之壽耳, 未見其福也."

王曰, "左吳, 趙賢, 朱驕如皆以爲什八九成, 公獨以爲無福, 何?" 被曰, "大王之群臣近幸素能使衆者, 皆前繫詔獄, 餘無可用者."

王曰, "陳勝,吳廣無立錐之地, 百人之聚, 起於大澤, 奮臂大呼, 天下響應, 西至於戲而兵百二十萬. 今吾國雖小, 勝兵可得二十萬, 公何以言有禍無福?"

| 註釋 | ○淮南王孫建 - 회남왕의 庶子 劉不害의 아들 劉建. 회남왕은 太子 劉遷만을 신용했다. ○有間 - 시간이 오래 되다. ○衡山 - 형산국. 七國의 난 이후 회남왕의 동생 劉賜(유사)가 왕이었다. ○廬江(여강) - 郡名. 치소는 舒縣(今 安徽省 合肥市 廬江縣). ○尋陽(심양) - 縣名. 今 湖北省 黃岡市 관할의 武穴市(廣濟縣). ○下雉(하치) - 縣名. ○九江 - 郡名. 치소는 壽春縣(今 安徽省 六安市 壽縣). ○豫章(예장) - 郡名. 치소는 南昌縣(今 江西省 南昌市). ○南郡 - 郡名. 치소는 郢縣(영현, 今 湖北省 江陵縣 서북). ○會稽(회계) - 郡名. 치소는 吳縣(今 江蘇省 蘇州市). ○屈强 - 고집이 세다(倔強). 버티다. ○大澤 - 대택향, 陳勝이 처음 기의한 곳. 今 安徽省 宿縣. ○戲(희) - 今 陝西省 西安市 臨潼區. 秦始皇 兵馬俑(병마용) 갱이 있는 곳. ○勝兵 -

精兵. 强兵.

〘國譯〙

얼마 뒤에 漢에서는 회남왕의 손자인 劉建을 잡아 조사하였다. 회남왕은 모반 사실이 발설될 것을 두려워하면서 오피를 불러 물었다. "때가 되면 나는 거병할 것이요. 온 천하가 고생한 지 오래 되었고 여러 제후들이 뜻을 실행하지 못해 많이 의구심을 갖지만 내가 거병하여 서쪽으로 진출한다면 틀림없이 호응하는 자가 있을 것이요. 만약 호응이 없다면 즉시 회군하면서 衡山國을 점령할 것이지만 이제 형세는 發兵하지 않을 수가 없소."

이에 오피가 말했다. "형산국을 경략한 다음에 여강군을 공격하고 尋陽郡(심양군)의 배를 차지하고서 下雉(하치)의 성을 지키면서 九江郡의 포구들을 연결하여 豫章郡의 출구를 막아야 하고 강한 쇠뇌를 쏘는 군사를 배치하여 장강을 수비하면서 南郡 군사의 하류 진출도 막아야 하며, 동쪽으로는 會稽郡(회계군)을 확보하고, 남쪽으로 강한 越族과 통교하면서 회수와 長江 유역에서 버틸 수 있다면 목숨을 연장할 수 있겠지만, 그만한 행운이 보이질 않습니다."

그러자 회남왕이 물었다. "左吳(좌오)와 趙賢, 그리고 朱驕如(주교여) 등이 모두 10중 8, 9가 성공이라고 하는데 公은 혼자 그런 행운이 없다고 하는데 왜 그러한가?"

오피가 대답했다. "대왕의 여러 신하 중에서 믿을 만하고 평소에 백성을 이끌만한 사람들은 모두 황제의 명에 따라 옥에 잡혀 있고 나머지는 쓸만한 사람이 없습니다."

그러자 왕이 말했다. "陳勝과 吳廣은 송곳 하나 세울 땅이 없었고 무리 백여 명이 대택향에서 봉기하고 팔을 휘두르며 고함을 치자 천하가 호응하여 서쪽으로 함양 근처 戲(희)에 갔을 때는 그 병력이 120여만 명이었소. 지금 내 나라가 비록 소국이지만 강병 20만을 얻을 수 있는데 공은 어째서 재앙만 있고 복이 없다고 말하는가?"

原文

被曰, "臣不敢避子胥之誅, 願大王無爲吳王之聽. 往者秦爲無道, 殘賊天下, 殺術士, 燔《詩》,《書》, 滅聖跡, 棄禮義, 任刑法, 轉海瀕之粟, 致於西河. 當是之時, 男子疾耕不足於糧饋, 女子紡績不足於蓋形. 遣蒙恬築長城, 東西數千里. 暴兵露師, 常數十萬, 死者不可勝數, 僵屍滿野, 流血千里. 於是百姓力屈, 欲爲亂者十室而五. 又使徐福入海求仙藥, 多齎珍寶, 童男女三千人, 五種百工而行. 徐福得平原大澤, 止王不來. 於是百姓悲痛愁思, 欲爲亂者十室而六. 又使尉佗踰五嶺, 攻百越, 尉佗知中國勞極, 止王南越. 行者不還, 往者莫返, 於是百姓離心瓦解, 欲爲亂者十室而七. 興萬乘之駕, 作阿房之宮, 收太半之賦, 發閭左之戍. 父不寧子, 兄不安弟, 政苛刑慘, 民皆引領而望, 傾耳而聽, 悲號仰天, 叩心怨上, 欲爲亂者, 十室而八. 客謂高皇帝曰, '時可矣.' 高帝曰, '待之, 聖人當起東南.' 間不一歲, 陳,吳大呼, 劉,項並和, 天下響應, 所謂蹈瑕釁, 因秦之亡時而動, 百姓願之, 若枯旱之望雨, 故起於行陳之中, 以成帝王之功. 今大王見高祖得天下之易也, 獨不觀近世之吳,楚乎! 當今陛下臨制天下, 壹齊海內, 氾愛蒸庶, 布德施惠. 口雖未言, 聲疾雷震. 令雖未出, 化馳如神. 心有所懷, 威動千里. 下之應上, 猶景響也. 而大將軍材能非直章邯,楊熊也. 王以陳勝,吳廣論之, 被以爲過矣. 且大王之兵衆不能什分吳,楚之一, 天下安寧又萬倍於秦時. 願王用臣之計. 臣聞箕子過故國而悲, 作〈麥秀〉之歌, 痛紂之不用王子比干之言也. 故孟子曰, '紂貴爲天子, 死曾不如匹夫. 是紂先自絕久矣, 非死之日天去之也.' 今臣亦竊悲大王棄千乘之君, 將賜絕命之書, 爲群臣先, 身死於東宮也."

被因流涕而起.

| **註釋** | ○子胥之誅 – 오자서의 죽음. 吳王 夫差를 도와 越國을 크게 이겼지만 참언을 믿은 부차는 오자서에게 자결을 명했다. ○殺術士 – 유생을 죽이다(坑儒). ○燔 – 구울 번. 불사르다. ○轉海瀕之粟 – 해안의 곡식을 운반하다. 轉은 漕運(조운)하다. 瀕은 물가 빈. 해안지역. ○疾耕不足於糧餽 – 죽도록 경작해도 양식이 부족했다. 餽 보낼 궤. 匱(다할 궤)와 通. 부족하다. ○蓋形(개형) – 의복. ○蒙恬(몽염) – 秦의 장군. ○僵屍(강시) – 딱딱하게 굳은 시신. 주검. ○力屈 – 屈은 盡也. ○徐福 – 徐市(서불, 무릎 덮개 불. 巾部 1획). '徐市(서시, 저자 시. 巾部 2획)'가 아님. ○五種 – 五穀의 종자. ○尉佗(위타) – 본명 趙佗. 95권, 〈西南夷兩粵朝鮮傳〉에 입전. 陸賈는 남월에 가서 위타에게 유세하였다. ○五嶺(오령) – 산맥 이름. 중국 長江 유역과 福建, 廣東, 廣西省 지역과 북부 월남지역을 가르는 대 산맥. ○賦 – 각종 세금이

나 징발의 총칭. 賦稅. ○發閭左之戍(발여좌지수) - 마을의 里門(閭, 25호가 1閭)의 좌측에 사는 평민을 국경 戍卒(수졸)로 징발하다. ○引領 - 목을 빼다. ○叩心(고심) - 가슴을 치다. 叩 두드릴 고. ○當起 - 일어날 것이다. 當은 將. ○瑕釁(하흔) - 틈. 間隙(간극), 弱點. ○枯旱(고한) - 가뭄. ○行陳 - 行陣. 進軍하다. 陳은 陣. ○氾愛蒸庶(범애증서) - 모든 서민을 널리 사랑하다. 氾은 泛(범), 凡. 蒸은 찔 증. 烝과 同. 衆多. ○景響(영향) - 그림자와 메아리. 景은 影의 古字. ○過矣 - 誤矣. 틀렸다. 잘못이다. ○箕子(기자) - 殷 紂王의 숙부. 옥에 갇혀 있다가 武王의 정벌로 풀려났다. ○〈麥秀〉之歌 - 殷의 옛 도읍터에 자라는 보리를 보고 지은 노래. 亡國의 한을 상징. ○王子比干 - 紂王의 숙부, 紂王에게 여러 차례 간쟁했으나 주왕은 듣지 않고 오히려 비간의 심장을 갈라 죽였다. ○身死於東宮也 - 회남왕은 나중에 東宮에서 자살했다.

〖國譯〗

오피가 말했다.

"臣은 오자서와 같은 죽음을 피하지 않겠습니다만 대왕께서는 吳王(夫差)처럼 충언을 듣지 않는 일이 없기를 바랍니다. 옛날에 秦나라가 무도하여 천하를 잔악하게 통치하였으니 유생을 죽였으며 詩書를 불사르고 성인의 자취를 없애며 예의를 버렸고 형법에 의한 통치를 하며 바닷가의 곡식을 西河(황하 상류)로 운반하였습니다. 그때에 남자가 죽어라 농사를 지어도 양식이 모자랐고 여자가 길쌈을 하여도 옷이 없었습니다. 蒙恬(몽염)을 보내 장성을 축조하니 동서로 수 천리였습니다. 뜨거운 햇볕 아래 또는 노숙하는 군사가 언제나 수십만 명이었고 죽은 자를 이루 셀 수가 없었고 시체가 들에 가득했으며 피가 천리를 흘렀습니다. 이에 백성들의 힘이 다하여 반란을 일으키고자 하는 사람이 열 집에 다섯이었습니다. 또 徐福을 시켜 바다의 섬에 가서 선약을 구해오라고 보냈는데 귀한 보물을 많이 가지고 어린 남녀 3천 명에 오곡의 종자와 온갖 工人을 데리고 갔습니다. 徐福은 어딘가 평원과 大澤(대택)의 땅을 찾아 그곳에 살며 돌아오지 않았습니다. 이에 백성들은 비통해 하고 근심하며 반란하고자 하는 백성이 열에 여섯이었습니다. 또 尉佗(위타)를 시켜 五嶺산맥을 넘어 百越의 땅을 공격케 하였는데 위타는 중국이 극도로 피폐한 것을 알고 그곳에 머물며 南越의 왕이 되었습니다. 물론 그곳으로 간 장졸은 돌아오지 않았으니 백성들의 마음이 흐트러지고 와해되어 반란을 생각하는 자가 열에 일곱 명이었습니다. 萬乘(만승)의 거가를 만들어 타고 阿房宮을 짓느라고 수확의 절반 이상을 부세로 징수하고 마을 백성을 변방의 戍卒(수졸)로 징발하였습니다. 그러다 보니 아비는 자식을 지키지 못하고 형과 동생이 편히 지낼 수 없었으며 가혹한 정치와 참혹한 형벌 때문에 백성들은 모두 목을 길게 빼고 바라며 귀를 기울여 들으려 했고 하늘을 우러러 통곡하며 가슴을 치면서 원망하니 반란을 일으키려는 자가 열 집에 여덟이었습니다. 그때 어떤 사람이 高祖에게 말했습니다. '때가 된 것 같습니다.' 그러자 고조가 말했습니다. '기다립시다. 聖人이 곧 동남쪽에서 일어날 것입니다.' 일 년이 채 되기도 전에 陳勝과 吳廣이 먼저 크게 외쳤고 고조와 項王이 함께 화답하자 천하에 울려 퍼졌으니 이는 틈을 보아 일어난 것이고 이어 진나라 멸망의 시기가 된 것이며 백성들이 마치 가뭄에 비를 기다리듯 바라던 것이었으니 고조께서는 군사의 행군 중에 일어나시어 제왕의 과업을 성취하셨던 것입니다. 지금 대왕께서는 고조가 천하를 차지하신 것을 쉬웠던 일이라 생각하고 유독 얼마 전에 있었던 吳와 楚의 실패(七國의 난)를 보지 못하고 있습니다. 지금은 폐하(武帝)가 천하를 직접 통치하시며 온 나라를 하나로 통합하고 모든 백성을 사랑하시고 덕치와 은혜를 베풀고 계십니다. 지금 입으로 말하지 않더라도 그 소리는 천둥소리보다 더 큽니다. 지금 보이지는 않지만 모든 德化는 神처럼 빨리 퍼지고 있습니다. 마음에 품은 것이 있으면 천리가 진동합니다. 아래서 위에 응하는 것은 마치 그림자와 메아리와도 같습니다. 그리고 지금 대장군(衛青)의 능력은 다만 秦의 章邯(장한)이나 楊熊(양웅)에 비할 수 없이 우수합니다. 대왕께서 진승과 오광의 봉기를 논하는 것을 이 오피는 틀렸다고 생각합니다. 또 대왕의 군사는 吳楚의 십분의 일도 안 되고 천하가 안정된 것은 진나라의 일만 배는 됩니다. 저는 왕께서 내 계책을 따라 주시길 바랍니다. 제가 알기로는 箕子(기자)가 옛나라 터를 지나며 슬퍼서 〈麥秀〉의 노래를 지어 부르며 紂王(주왕)이 王子 比干의 충언을 받아들이지 않을 것을 비통해 하였습니다. 그래서 孟子도 말했습니다. '주왕은 고귀한 천자였지만 죽어서는 匹夫(필부)만도 못했다. 이는 주왕 자신이 하늘의 뜻을 오래전에 버린 것이지 죽는 날에 하늘이 주왕을 버린 것이 아니다.' 지금 臣은 대왕께서 千乘의 군주 자리를 포기하는 것을 슬퍼하지만 절명의 글을 내리신다면 저는 다른 신하보다 먼저 동궁에서 죽겠습니다."

오피는 눈물을 흘리며 일어섰다.

原文

後王復召問<u>被</u>, "苟如公言, 不可以徼幸邪?" <u>被</u>曰, "必不得已, 被有愚計." 王曰, "奈何?" 被曰, "當今諸侯無異心, 百姓無怨氣. 朔方之郡土地廣美, 民徙者不足以實其地. 可爲丞相,御史請書, 徙郡國豪桀及耐罪以上, 以赦令除, 家產五十萬以上者, 皆徙其家屬朔方之郡, 益發甲卒, 急其會日. 又僞爲左右都司空上林中都官詔獄書, 逮諸侯太子及幸臣. 如此, 則民怨, 諸侯懼, 卽使辯士隨而說之, 黨可以徼幸." 王曰, "此可也. 雖然, 吾以不至若此, 專發而已." 後事發覺, 被詣吏自告與淮南王謀反蹤跡如此. 天子以伍被雅辭多引漢美, 欲勿誅. 張湯進曰, "被首爲王畫反計, 罪無赦." 遂誅被.

| 註釋 | ○苟 – 진실로 구. 가령, 만약. ○徼幸(요행) – 僥倖(요행). 요행수. ○必不得已 – 꼭 할 수 없다면. ○奈何(내하) – 어찌? 어떻게? ○耐罪(내죄) – 수염과 구레나룻을 기르지 못하게 하는 형벌. 가장 가벼운 형. ○甲卒 – 사졸. 車兵인 甲士와 步卒의 합칭. ○會日 – 期日. ○左右都司空 – 左右 司空과 都司空. 황족을 관리하는 宗正의 속관. 宗室로 죄를 지으면 우선 종정에게 보고되고 종정은 그 심리에도 관여했다. 都司空令이 정식 명칭. ○上林 – 上林令. 상림원을 관리하는 속관. ○中都官 – 도성의 모든 관리. ○詔獄書 – 황제의 명령으로 조사하거나 판결된 사건의 문서. ○辯士 – 말 잘하는 사람. 《史記 淮南衡山列傳》에는 辯武라 했다. 회남에서는 名士를 武라 불렀다는 주가 있다. ○黨 – 儻. 만일, 혹시. ○專發而已 – 직접 거병할 뿐이다.

〖國譯〗

뒷날, 회남왕은 다시 오피를 불러 물었다. "정말로 公의 말과 같다면 요행수도 바랄 수 없는가?" 오피가 말했다. "꼭 부득이하다면, 저에게 어리석은 계획이 있습니다." "무슨 수인가?" 그러자 오피가 말했다.

"지금 제후들은 다른 마음이 없고 백성들도 나라에 대한 원망이 없습니다. 朔方郡(삭방군)과 같은 지역은 토지가 많고 비옥하지만 옮겨 가는 백성이 적어 그곳을 다 채울 수가 없습니다. 漢의 승상과 어사대부의 문서를 사칭하여 각 군국의 호걸과 耐罪(내죄) 이상의 형을 받은 자, 그리고 가산이 50만 이상인 사람들을 모두 그 가족과 함께 삭방군으로 이주케 하면서 군사를 내어 기일을 촉박하게 재촉을 합니다. 또 가짜로 좌우 사공과 도사공, 上林令과 도성 모든 관리의 범죄 관련 서류를 위조하여 제후들의 태자와 幸臣(행신)들을 체포하게 합니다. 그러면 백성들은 나라를 원망하고 제후들은 두려워 할 것이니 그런 때에 변사들을 보내 설득시킬 수 있다면 요행수를 바랄 수 있을 것입니다."

회남왕이 말했다. "그럴 수야 있겠으나 그렇더라도 나는 그렇게 하지 않고 오로지 군사를 일으킬 뿐이다."

그 뒤에 반역은 발각되었고 오피는 관리 앞에 나아가 회남왕과 모반한 행적을 모두 자백하였다. 천자는 오피가 평소에 漢 조정에 대해 좋은 말을 했다 하여 사형을 면해 주려 했다. 그러나 張湯(장탕)이 나서며 말했다. "오피는 처음부터 회남왕과 반역을 꾀했으니 그 죄는 사면할 수 없습니다." 결국 오피는 주살되었다.

45-3. 江充

原文

江充字次倩, 趙國邯鄲人也. 充本名齊, 有女弟善鼓琴歌舞, 嫁之趙太子丹. 齊得幸於敬肅王, 爲上客. 久之, 太子疑齊以己陰私告王, 與齊忤, 使吏逐捕齊, 不得, 收繫其父兄, 按驗, 皆棄市. 齊遂絶跡亡, 西入關, 更名充. 詣闕告太子丹與同產姊及王後宮奸亂, 交通郡國豪猾, 攻剽爲奸, 吏不能禁. 書奏, 天子怒, 遣使者詔郡發吏卒圍趙王宮, 收捕太子丹, 移繫魏郡詔獄, 與廷尉雜治, 法至死.

| 註釋 | ㅇ江充(강충, ? - 前 91) - 武帝(재위 前 140 - 87) 때 '巫蠱之禍(무고지화)'를 일으킨 장본인. 나중에 삼족이 멸족 당했다. ㅇ次倩(차천) - 倩 예쁠 천. ㅇ趙太子丹 - 劉丹. ㅇ敬肅王(경숙왕, 재위 前 154 - 92) - 이름은 劉彭祖(유팽조), 景帝의 八子. 武帝의 異腹 兄. 53권, 〈景十三王傳〉에 입전. 유팽조의 同母弟가 中山靖王 劉勝이다. 이 유승의 먼 후손이 劉備이다. ㅇ忤 - 거스를 오. 순종하지 않다. 거역하다. ㅇ按驗 - 조사하여 사실로 드러나다. ㅇ同產姊 - 같은 배에서 나온 누나. 친 남매. ㅇ交通 - 사귀다. 교제하다. ㅇ豪猾(호활) - 포악하고 교활한 인간. ㅇ攻剽 - 강제로 겁탈하다. 剽 빼앗을 표. ㅇ詔獄 - 황제 명에 의해 조사하고 심리하는 獄事.

〖國譯〗

江充의 字는 次倩(차천)으로 趙國 邯鄲(한단) 사람이다. 강충의 본명은 江齊(강제)로 그의 여동생이 악기를 잘 연주하고 가무에 뛰어나 趙國의 태자 劉丹(유단)에게 시집을 갔다. 강제는 趙 敬肅王의 신임을 받는 상객이 되었다. 얼마 후 태자는 강제가 자신의 음란한 사생활을 왕에게 밀고한다고 의심하며 강제와 사이가 나빠졌고 관리를 시켜 체포하게 했으나 잡지 못하자 그의 父兄을 잡아 가두고 조사한 뒤 기시형에 처했다. 강제는 자취를 감추고 도망하여 서쪽으로 關中(관중)으로 가서 이름을 江充으로 바꿨다. 강충은 대궐에 가서 조 태자 유단이 同腹(동복)의 누나 및 왕의 후궁과 간통했고 군국의 포악하고 교활한 사람들과 교제하며 부녀자를 강탈하여 강간하는 등 관리들도 금할 수 없다고 고발하였다.

고발이 들어가자 무제는 대노하며 사자를 보내 郡에서 병력을 내어 趙의 왕궁을 포위하고 태자 유단을 생포하게 한 뒤 魏郡으로 이송하여 廷尉(정위)와 함께 합동으로 조사하게 하였는데, 법으로는 사형에 해당되었다.

原文

趙王彭祖, 帝異母兄也, 上書訟太子辠, 言 "充逋逃小臣, 苟爲姦譌, 激怒聖朝, 欲取必於萬乘以復私怨. 後雖亨醢, 計猶不悔. 臣願選從趙國勇敢士, 從軍擊匈奴, 極盡死力, 以贖丹罪." 上不許, 竟敗趙太子.

| **註釋** | ○帝異母兄也 - 황제(武帝)의 배 다른 형. ○訟 - 글로 하소연하다. ○辠 - 허물 죄(罪 同). ○逋逃(포도) - 도망친. 逋 달아날 포. ○譌 -

거짓말 와(訛의 古字). ○取必 – 꼭 사로잡다. ○萬乘 – 만승지국. 본래 제후는 천승의 군사를 보유할 수 있으나 전쟁 규모가 커지면서 만승의 군사를 보유하였다. 강대한 제후국. ○亨醢(팽해) – 烹殺(팽살)과 사형한 뒤 젓갈을 담그는 극형. 醢는 젓갈 해. ○竟敗趙太子 – (사형은 용서되었으나) 결국 趙의 태자를 폐했다. 竟 다할 경. 敗는 廢.

〖國譯〗

趙王 劉彭祖(유팽조)는 武帝의 이복형으로, 상서하여 태자의 죄를 하소연하면서 말했다. "江充은 도주한 小臣으로 간사한 거짓말로 폐하를 격노케 하여 만승의 제후를 이겨 개인의 원한을 보복하려고 합니다. 뒷날 팽살되거나 극형에 처해도 후회하지 않을 것입니다. 臣은 趙國의 용감한 무사들을 선발 인솔하여 흉노 원정에 종군하며 사력을 다해 끝까지 싸워 태자 丹의 죄를 속죄하고자 합니다."

무제는 허가하지 않았고 끝내 趙의 태자를 폐하였다.

原文

初, 充召見犬臺宮, 自請願以所常被服冠見上, 上許之. 充衣紗縠襌衣, 曲裾後垂交輸, 冠襌纚步搖冠, 飛翮之纓. 充爲人魁岸, 容貌甚壯. 帝望見而異之, 謂左右曰, "燕,趙固多奇士." 旣至前, 問以當世政事, 上說之.

| 註釋 | ○犬臺宮(견대궁) – 上林苑 안에 있던 별궁. ○被 – 披. 옷을 걸치다. ○紗縠(사곡) – 가벼운 명주. 縠 명주 곡. 襌衣(단의)는 홑 옷. ○裾

－옷자락 거. 後垂交輸, 전체적으로 제비꼬리와 비슷하다는 註가 있다. ○襌纚步搖冠－얇은 비단으로 만들은 冠이었는데 걸을 때 흔들린다는 註가 있다. 纚는 冠을 만드는 비단 사. 머리싸개 사. ○飛翮之纓－새 깃털로 만든 갓끈. 翮은 깃촉 핵. 纓은 갓끈 영. ○魁岸(괴안)－몸집이 크다. 魁(으뜸 괴)는 大也. 岸(언덕 안)은 높고 크다. 거만하다.

〖國譯〗

처음에 강충은 犬臺宮(견대궁)에 불려가서 武帝를 알현하였는데 평상시에 착용하는 의관으로 황제를 뵙겠다고 자청하여 무제의 허락을 받았다. 강충은 얇은 명주로 만든 襌衣(단의)를 입고 옷자락 뒤를 교차하여 여미었고 얇은 비단으로 만든 步搖冠(보요관)을 썼고 새 깃털로 만든 관끈을 매었다. 강충은 체구가 아주 크고 용모가 매우 장대하였다. 무제가 멀리 보고서도 특별하다 생각하며 측근에게 말했다. "燕과 趙에는 기이한 사람이 많도다." 무제 앞에 오자 무제는 당시의 정사에 대해 물었고, 무제는 강충을 좋아하였다.

原文

充因自請, 願使匈奴. 詔問其狀, 充對曰, "因變制宜, 以敵爲師, 事不可豫圖." 上以充爲謁者使匈奴, 還, 拜爲直指繡衣使者, 督三輔盜賊, 禁察逾侈. 貴戚近臣多奢僭, 充皆舉劾, 奏請沒入車馬, 令身待北軍擊匈奴. 奏可. 充卽移書光祿勳中黃門, 逮名近臣侍中諸當詣北軍者, 移劾門衛, 禁止無令得出入宮殿. 於是貴戚子弟惶恐, 皆見上叩頭求哀,願得入錢贖罪. 上許之, 令各以秩次輸錢北軍, 凡數千萬. 上以充忠直, 奉法不阿, 所言中意.

| **註釋** | ○因變制宜 – 변화에 따라 적의하게 제압하다. ○直指繡衣使者 – 황제 특명 전권 使者. 부절을 상징하는 杖을 들고 綉衣(수의)를 입었다. 군국의 군사를 동원할 수 있는 권한이 부여되었고 지방관을 처단할 수 있는 특권까지 부여되었다. ○三輔(삼보) – 수도와 경기 지역의 행정관(京兆尹, 左馮翼, 右扶風)과 그 관할지역. ○禁察踰侈 – 신분의 한도를 넘은 사치. 踰 넘을 유. ○奢僭(사참) – 사치와 僭越(참월). ○光祿勳(광록훈) – 황제 侍衛官. ○中黃門 – 궁중 잡일을 담당하는 太監. ○秩次 – 관리의 등급, 녹봉의 차이. ○所言中意 – 보고 내용이 황제의 뜻에 부합하다.

〖國譯〗

江充은 자청하여 흉노에 사신으로 나가길 원했다. 황제가 그 뜻을 물었더니 강충이 말했다. "변화에 따라 적의하게 대응하려면 적을 알아야 하고 사안을 미리 준비할 수 없기 때문입니다."

무제는 강충을 謁者(알자)에 임명하여 흉노에 사신으로 보냈고 돌아오자 直指繡衣使者(직지수의사자)에 임명하여 三輔(삼보) 지역의 捕盜(포도)를 감찰하고 신분에 맞지 않는 행위를 감독케 하였다. 당시에 귀족이나 근신들의 사치와 참월한 행위가 많았는데 강충은 적발하는 모두의 車馬를 몰수하여 北軍에 대기시켰다가 흉노 원정에 동원시키겠다고 주청하였다. 상주한 그대로 재가가 나왔다. 강충은 위반을 적발하는 대로 즉시 문서를 光祿勳과 中黃門에게 보내 근신과 侍中으로 북군에 가야할 자의 명단을 알리고 궁궐 출입문의 위사에게 알려 명령이 없이는 궁전을 출입하지 못하게 금지시켰다.

이에 貴人이나 戚臣(척신)의 자제들이 두려워하였고 모두 황제를 뵙고 머리를 조아리고 애걸하며 돈으로 속죄하겠다고 청원하였다. 무제가 그것을 허용하자 각자 녹봉의 차이대로 북군으로 속죄하는 돈을 보내었는데 모두 수천만이었다. 무제는 강충이 충직하며 법을 시행하면서 치우치지 않는다 생각하였고 상주하는 일이 모두 황제의 뜻에 맞았다.

原文

充出, 逢館陶長公主行馳道中. 充呵問之, 公主曰, "有太后詔." 充曰, "獨公主得行, 車騎皆不得." 盡劾沒入官.

後充從上甘泉, 逢太子家使乘車馬行馳道中, 充以屬吏. 太子聞之, 使人謝充曰, "非愛車馬, 誠不欲令上聞之, 以教敕亡素者. 唯江君寬之!" 充不聽, 遂白奏. 上曰, "人臣當如是矣." 大見信用, 威震京師. 遷爲水衡都尉, 宗族,知友多得其力者. 久之, 坐法免.

| **註釋** | ○館陶長公主 - 文帝의 딸, 武帝의 고모. ○馳道(치도) - 황제 전용도로. ○呵 - 꾸짖을 가. ○甘泉 - 甘泉宮. 今 陝西省 咸陽市 관할의 淳化縣 서북, 감천산 아래의 별궁. ○以教敕亡素者 - 평소에 측근을 엄히 가르치지 못하다. 敕은 다스릴 칙, 꾸짖을 칙, 조서 칙. ○水衡都尉(수형도위) - 武帝 元鼎 2년(前 115)에 처음 설치한 관직. 황가와 上林苑의 재물과 鑄錢(주전)을 담당하는 직책.

〖國譯〗

강충이 외출 중에 館陶長公主가 馳道(치도)로 다니는 것을 목격했다. 강충이 질책하자 공주가 말했다. "太后의 명을 받았소." 강충이 말했다. "公主야 다닐 수 있지만 수행하는 수레나 말은 다닐 수 없습니다." 그리고는 관리에게 모두 몰수하게 하였다.

뒷날, 강충이 甘泉宮에 가다가 태자의 사자가 거마를 타고 치도를 달리는 것을 보고 강충이 담당 관리에게 넘겼다. 태자가 이를 알고서는 사람을 보내 강충에게 사과하며 말했다.

"거마가 아까운 것은 아니지만 제발 폐하에게 알려 평소에 측근을 엄히 다스리지 못했다는 말을 듣지 않도록 해주오. 江君의 너그러운 조치를 바라오!"

그러나 강충은 따르지 않고 무제에게 보고하였다.

무제는 "신하라면 당연히 이와 같아야 한다."라면서 크게 신임하였고 강충의 위세는 장안을 진동케 했다. 강충은 水衡都尉(수형도위)로 옮겼고 그 일족과 知友로 그 덕을 본 자가 많았다. 얼마 뒤 법에 걸려 면직되었다.

原文

會陽陵朱安世告丞相公孫賀子太僕敬聲爲巫蠱事, 連及陽石,諸邑公主, 賀父子皆坐誅. 語在〈賀傳〉. 後上幸甘泉, 疾病. 充見上年老, 恐晏駕後爲太子所誅, 因是爲奸, 奏言上疾崇在巫蠱. 於是上以充爲使者治巫蠱. 充將胡巫掘地求偶人, 捕蠱及夜祠, 視鬼, 染汚令有處, 輒收捕驗治, 燒鐵鉗灼, 强服之. 民轉相誣以巫蠱, 吏輒劾以大逆亡道, 坐而死者前後數萬人.

| **註釋** | ○陽陵 – 景帝의 능, 縣名. 今 陝西省 西安市 高陵縣 서남. ○朱安世 – 협객. 征和 원년(前 92)에 공손하에게 체포되자 옥중에서 공손하의 아들과 陽石공주가 사통했다고 고발하였다. 이는 나중에 '무고의 화'로 확대되었다. ○巫蠱(무고) – 巫術로 남을 저주하다. 蠱는 독 고, 벌레 고. 惡氣. ○陽石公主 – 무제와 위황후 소생의 공주. '巫蠱의 禍'(前 92년)에 얽혀 옥사했다. ○賀傳 – 66권, 〈公孫劉田王楊蔡陳鄭傳〉. ○晏駕(안가) – 황제의 죽음. ○祟 – 빌미 수(禍咎之徵). 질병의 원인. 귀신이 인간에게 주는 힌트. ○胡巫 – 이민족의 巫女. ○偶人(우인) – 진흙이나 나무로 만든 인형. 사람을 저주하려고 만든 인형. ○夜祠 – 밤에 굿을 하다. 祠 제사할 사. ○視鬼 – 무당을 시켜 밤에 鬼魅(귀매, 도깨비)를 감시하다. ○染汚令有處 – 무고를 했다는 흔적을 만들어 죄로 얽다. ○輒 – 문득 첩. 번번이. 驗治는 심문하다. ○燒鐵鉗灼 – 달군 쇠와 형구로 고문하거나 불로 지지다. 鉗은 칼 겸. 죄인 목에 씌우는 刑具. 灼 사를 작. 불에 굽다. ○大逆亡道 – 大逆無道.

〖**國譯**〗

마침, 陽陵縣(양릉현)의 朱安世가 승상 公孫賀의 아들인 太僕 公孫敬聲이 무고를 하였다고 고발하였는데 陽石公主와 諸邑公主와 연관이 되어 公孫賀의 父子와 모두가 연좌되어 사형 당했다. 이는 〈公孫劉田王楊蔡陳鄭傳〉에 있다. 그 뒤에 무제가 甘泉宮에 행차하였는데 병이 났다. 강충은 무제가 연로하여 황제가 죽으면 태자에 의해 사형당할 것이 두려워서 이 때문에 거짓말을 하여 황제의 병환은 巫

蠱(무고)에 그 빌미가 있다고 상서하였다. 그러자 무제는 강충을 使者로 임명하고 무고의 일을 조사하라고 명령했다.

강충은 胡人 巫女를 시켜 땅을 파서 偶人(우인)을 찾아내었고 무고한 사람을 잡고 밤에 굿하며 도깨비와 굿을 한 자리도 찾아내었는데 그때마다 사람을 잡아 조사하면서 달군 쇠와 형구로 고문하고 불로 지지며 강제로 자백하게 하였다. 백성들도 서로 무고했다며 거짓으로 고발하며 관리들은 그때마다 大逆無道한 죄로 다스리니 연좌되어 죽은 자가 사건 전후로 수만 명이었다.

原文

是時, 上春秋高, 疑左右皆爲蠱祝詛, 有與亡, 莫敢訟其冤者. 充既知上意, 因言宮中有蠱氣, 先治後宮希幸夫人, 以次及皇后, 遂掘蠱於太子宮, 得桐木人. 太子懼, 不能自明, 收充, 自臨斬之. 罵曰, "趙虜! 亂乃國王父子不足邪! 乃復亂吾父子也!" 太子繇是遂敗. 語在〈戾園傳〉. 後武帝知充有詐, 夷充三族.

| **註釋** | ○祝詛(축저) – 축원하거나 저주하다. 詛는 저주할 저. ○有與亡 – 있거나 없거나. 亡은 無와 同. ○蠱氣(고기) – 저주의 기운. ○希幸夫人 – 황제의 총애를 바라는 부인. ○桐木人 – 오동나무로 만든 木人. ○趙虜 – 趙나라 나쁜 놈! 虜는 포로 노(로), 하인 노, 종 노. 사람을 꾸짖을 때 뱉는 말. ○繇是 – 由是. 繇는 부역할 요. 말미암을 유. 由와 同. ○戾園傳 – 63권, 〈武五子傳〉에 戾太子 劉據(유거)의 기록.

〖國譯〗

이때에, 무제는 나이가 많아 측근들이 모두 무고로 저주한다고 의심하였고 의심을 받거나 안 받거나 감히 원통하다고 하소연할 자가 없었다. 강충은 황제의 뜻을 알아 궁중에 무고의 기운이 있다면서 먼저 후궁이나 황제의 총애를 바라는 부인을 치죄하고 이후 점차로 황후까지 미치게 되어 마침내 태자의 궁궐에서 무고를 찾는다 하여 오동나무로 만든 인형을 파내었다. 태자는 너무 두려워 변명조차 하질 못하자 강충을 잡아다가 직접 처형하려고 하였다.

그러면서 태자는 강충에게 욕을 했다.

"趙의 나쁜 놈! 네 국왕의 父子를 갈라놓고도 부족하더냐! 그래 다시 나와 부친을 갈라놓느냐?" 태자는 이후에 거병하였으나 싸움에 패했다. 이는 〈戾園傳/武五子傳〉에 실려 있다. 뒷날 武帝는 강충의 거짓을 알았고 강충의 三族을 멸했다.

45-4. 息夫躬

原文

息夫躬字子微, 河內河陽人也. 少爲博士弟子, 受《春秋》, 通覽記書. 容貌壯麗, 爲衆所異.

哀帝初卽位, 皇后父特進孔鄕侯傅晏與躬同郡, 相友善,躬繇是以爲援, 交遊日廣. 先是, 長安孫寵亦以遊說顯名, 免汝南太守, 與躬相結, 俱上書, 召待詔. 是時哀帝被疾, 始卽位, 而人有告中山孝王太后祝詛上, 太后及弟宜鄕侯馮參皆自殺, 其罪不明. 是後無鹽危山有石自立, 開道. 躬與寵謀曰, "上亡繼嗣, 體久不平, 關東諸侯, 心爭陰謀. 今無鹽有大石自立, 聞邪臣托往事, 以爲大山石立而先帝龍興. 東平王雲以故與其后日夜祠祭祝詛上, 欲求非望. 而后舅伍宏反因方術以醫技得幸, 出入禁門. 霍顯之謀將行於杯杓, 荊軻之變必起於帷幄. 事勢若此, 告之必成, 發國奸, 誅主讎, 取封侯之計也." 躬,寵乃與中郎右師譚, 共因中常侍宋弘上變事告焉. 上惡之, 下有司案驗, 東平王雲, 雲后謁及伍宏等皆坐誅. 上擢寵爲南陽太守, 譚潁川都尉, 弘皆光祿大夫, 左曹,給事中.

| **註釋** | ○息夫躬(식부궁, ? - 前 1) - 부귀만을 추구하여 東平王 劉雲의 모반을 얽어매어 고발. 피봉되었으나 결국에는 옥사했다. ○河陽 - 縣名. 今 河南省 焦作市 관할의 孟州市 서북. ○記書 - 여러 기록과 諸家書. ○漢哀帝(애제, 재위 前 7 - 전 1) - 名 劉欣(유흔), 漢 元帝의 庶孫, 成帝의 아우인 定陶恭王 劉康의 아들. ○特進 - 官職名. 列侯나 侯王의 공덕이 혁혁하거나 공로가 큰 원로 신하에게 내려주는 관직명. 三公의 바로 아래에 해당. ○傅晏(부안) - 傅晏의 딸이 哀帝의 황후. ○孫寵(손총) - 변설에 뛰어났으나 간사한 인물. ○汝南(여남) - 郡名. 治所는 上蔡縣(今 河南省 駐馬店市 관할의 上蔡縣). ○待詔(대조) - 특수 관명. 詔(황제명령)에 따라 수시로 자문에 응하는 관직. 待詔黃門, 待詔殿中, 待詔保宮 … 등 여러 직명이 있다. ○中山孝王

– 今 河北省 定州市 일대에 있었던 中山國의 孝王 劉興. 50권 〈宣元六王傳〉에 立傳. ○祝詛(축저) – 기도로 저주하다. ○無鹽(무염) – 縣名. 今 山東省 濟寧市 汶上縣. ○東平王 – 今 山東省 泰安市 東平縣에 있던 東平國의 왕. 동평왕 劉宇의 아들 劉雲(유운, 宣帝의 손자). ○先帝龍興 – 先帝는 宣帝. 龍興은 황제로 즉위하다. ○欲求非望 – 분에 넘치는 것(帝位)을 바라다. ○伍宏(오굉, ? – 前 4) – 太醫. 동평왕 劉雲 왕후의 외삼촌. 醫員으로서 哀帝의 인정을 받았으나 息夫躬의 모함을 받아 被誅. ○霍顯(곽현, ? – 前 66) – 大將軍 霍光의 부인. 宣帝의 許皇后를 독살케 한 배우 인물. 허황후가 죽은 뒤 자기 딸을 황후로 보내니, 곧 곽황후이다. 곽광이 죽은 뒤 宣帝(재위 前 74 – 48)를 폐위시키려는 음모가 발각되어 棄市刑에 처해졌다. ○杯杓(배표) – 탕약을 복용하는 그릇. ○荊軻之變 – 형가에 의한 진시황 암살 시도. ○帷幄(유악) – 휘장을 둘러 친 방. 곧 宮室. ○主讎(주수) – 주모자. 讎 짝 수. 원수(仇 원수 구). ○中郎 – 관직명. 궁중 호위와 황제 시종을 담당. ○右師譚(우사담) – 右師는 복성. ○中常侍 – 관직명. 이는 加官의 칭호. 列侯, 將軍에서 都尉나 郎中에 이르기까지 이 가관을 받으며 황제를 가까이에서 모실 수 있었다. ○雲后謁 – 劉雲의 왕후 謁(알). 謁은 이름. ○擢 – 뽑을 탁. 발탁하다. ○光祿大夫 – 中大夫를 무제 때 개칭한 것임. 政事 議論을 담당. ○左曹(좌조), 給事中 – 가관의 명칭. 황제를 시종하고 황제의 자문에 응하는 직책.

〖國譯〗

息夫躬(식부궁)의 字는 子微(자미)이며 河內郡 河陽縣 사람이다. 젊어 박사 제자가 되어 《춘추》를 배우고 여러 기록과 제자서를 읽었다. 용모가 크고 잘 생겨서 사람들이 특별하게 생각하였다.

哀帝가 즉위하였을 때, 황후의 부친인 特進 孔鄕侯 傅晏(부안)과 식부궁은 같은 郡 출신이라서 서로 가깝게 지냈고 식부궁은 그를 자기의 후원자로 생각하여 그 교제가 점점 많아졌다. 이에 앞서 장안 사람 孫寵(손총)은 유세를 잘 하기로 이름이 있었는데 汝南太守를 그만둔 뒤에 식부궁과 한 패가 되었는데 둘이 같이 上書하자 애제가 불러 待詔(대조) 직위를 제수하였다. 이때 哀帝가 병이 들었고 즉위 초라서 어떤 사람이 中山孝王의 馮태후가 애제를 기도로 저주한다고 상서하여 풍태후와 그 동생 宜鄉侯 馮參(풍참) 등이 모두 자살하였으나 그 죄를 밝히지는 못했다. 그 뒤에 無鹽縣(무염현)의 危山(위산)에 있는 큰 돌이 저절로 일어나 섰고 그 아래로 길이 생겼다. 식부궁과 손총이 함께 모의하며 말했다.

"폐하에게 後嗣(후사)가 아직 없고 옥체가 오랫동안 평안치 못하기에 관동의 제후들이 마음속으로 음모를 꾸미고 있다. 지금 무염현에서는 큰 돌이 저절로 일어섰다고 하는데 이를 사악한 신하들이 알고서 지난 일에 가탁하여 큰 山石이 자립하였으니 先帝(宣帝) 후손이 제위에 올라야 한다고 생각할 것이다. 東平王 劉雲은 이런 이유로 그 왕후와 함께 밤낮으로 제사하며 기도로 폐하를 저주하면서 분수에 넘치는 것을 바라고 있다. 또 거기다가 (동평왕) 왕후의 외삼촌인 伍宏(오굉)은 방술인 의술로 총애를 받고 궁궐을 출입하고 있다. 옛날 宣帝 때, 霍顯(곽현)의 음모처럼 폐하께서 약을 복용하는 과정에서 발생할 수도 있으며, 전국시대 荊軻(형가)와 같은 변고가 궁정 안에서 일어날 수도 있을 것이다. 사태가 이와 같을진댄 고발하면 틀림없이 성공할 것이다. 그리하여 나라의 간악한 사람을 적발하고 음모의 주체를 죽인다면 제후로 봉을 받을 수 있는 확실한 방법일 것이다."

식부궁과 손총 그리고 中郎인 右師譚(우사담)과 함께 中常侍 宋弘

(송홍)을 중간에 넣어 변괴가 있다고 고발하였다. 애제는 모반한다는 그들을 증오하며 담당 관리에게 넘겨 사안을 조사케 하여 東平王 劉雲, 유운의 왕후 謁(알) 그리고 伍宏(오굉) 등이 모두 주살되었다. 애제는 손총을 발탁하여 南陽太守에 임명하고, 우사담을 영천군의 도위로, 그리고 송홍 등을 모두 光祿大夫左曹給事中에 임명하였다.

原文

是時, 侍中董賢愛幸, 上欲侯之, 遂下詔云, "躬,寵因賢以聞, 封賢爲高安侯, 寵爲方陽侯, 躬爲宜陵侯, 食邑各千戶. 賜譚爵關內侯, 食邑." 丞相王嘉內疑東平獄事, 爭不欲侯賢等, 語在〈嘉傳〉. 嘉固言董賢泰盛, 寵,躬皆傾覆有佞邪材, 恐必撓亂國家, 不可任用. 嘉以此得罪矣.

| **註釋** | ○侍中 – 加官의 호칭. 文武 관리가 이 호칭을 받으면 궁중에 출입하며 황제를 시종하며 조정의 정치에 대한 자문을 담당할 수 있다. ○董賢(동현) – 漢 哀帝는 동성연애를 즐긴 황제였다. 董恭(동공)의 아들인 동현은 미남자로 애제의 연인이었고 黃門郞에서 大司馬까지 승진하였다. '斷袖之好(단수지호)' 는 동성연애를 지칭하는 成語인데, 哀帝와 董賢이 이 故事의 주인공이다. ○王嘉(왕가, ? – 前 2년) – 애제가 동현을 제후에 봉하는 것을 반대하며 '千人所指, 無病而死' 라고 말했다. 〈嘉傳〉 – 86권, 〈何武王嘉師丹傳〉. ○撓亂(요란) – 어지럽히다. 요란하다.

〖國譯〗

이때, 시중인 董賢(동현)이 황제의 총애를 받고 있었는데 애제는 그를 제후에 봉하려고 조서를 내려 말했다.

"식부궁과 손총은 동현을 통해 알려졌으니 동현을 高安侯로, 손총을 方陽侯에, 식부궁을 宜陵侯(의릉후)에 봉하며 식읍은 각 1천 호를 준다."

승상인 王嘉(왕가)는 東平王의 옥사에 의심을 갖고 있었으며 동현 등을 제후로 봉할 수 없다고 간쟁을 하였는데 이는 〈何武王嘉師丹傳〉에 실려 있다. 왕가는 동현의 권한이 너무 많고 손총과 식부궁 등이 모두 나라를 기울게 할 정도로 아부하며 간사한 사람이라서 틀림없이 국가의 근간을 뒤흔들 것이니 임용할 수 없다고 강력하게 주청했다. 왕가는 이 때문에 죄를 덮어썼다.

原文

躬既親近, 數進見言事, 論議亡所避. 衆畏其口, 見之仄目. 躬上疏歷詆公卿大臣, 曰, "方今丞相王嘉健而蓄縮, 不可用. 御史大夫賈延墮弱不任職. 左將軍公孫祿, 司隸鮑宣皆外有直項之名, 內實騃不曉政事. 諸曹以下僕脩不足數. 卒有强弩圍城, 長戟指闕, 陛下誰與備之? 如使狂夫嘄謼於東崖, 匈奴飲馬於渭水, 邊竟雷動, 四野風起, 京師雖有武籚精兵, 未有能窺左足而先應者也. 軍書交馳而輻湊, 羽檄重跡而押至, 小夫愞臣之徒憒眊不知所爲. 其有犬馬之決者, 仰藥而伏刃, 雖加夷滅之誅, 何益禍敗之至哉!"

| **註釋** | ○仄目(측목) - 側目(측목). 두려워서 똑바로 보지 못하다. 仄은 側(곁 측)의 古字. ○歷詆 - 모두 헐뜯다. 歷은 두루두루. 빠짐없이. 골고루. 詆 꾸짖을 저. 헐뜯다. 욕하다. ○蓄縮(축축) - 退縮(퇴축). 기가 꺾여 위축되다. 게으르다. ○墮弱(타약) - 약하다. ○左將軍 - 上卿에 해당하는 무관직. 상설 직책은 아니었다. ○司隷 - 司隷校尉. 무제 말기에 설치. 무고행위나 특수 범죄를 다스리는 직책. ○直項 - 목이 뻣뻣하다. 남과 조화를 이루지 못하다. ○騃 - 어리석을 애. 愚也. ○僕脩(복수) - 樸樕(박속). 小木과 同. 능력이 모자라 쓸데가 없다는 의미. ○卒 - 갑자기. 猝地(졸지)에. ○嘂謼(규호) - 큰 소리로 고함치다. 嘂는 부르짖을 규(叫의 古字). 謼는 부를 호. 외치다. ○東崖 - 동해 바닷가. ○渭水(위수) - 黃河의 최대 支流. 길이 800여 km, 咸陽, 長安이 모두 渭水(渭河)를 끼고 발달한 도시. 陝西省 潼關(동관)에서 황하에 합류한다. ○邊竟 - 邊境. ○武蜂 - 武鋒. 武器. 蠭(벌 봉 蜂)은 鋒(칼끝 봉)의 借字. ○窺左足(규좌족) - 한 걸음을 내딛다. 窺(엿볼 규, 반걸음 규)는 跬(반걸음 규). 左足을 먼저 내딛고 다음 左足을 내딛는다. ○交馳(교치) - 이리저리 오가다. ○輻湊(복주) - 한 곳으로 모이다. 물자를 보내다. ○羽檄(우격) - 羽書. 긴급 상황을 보고하거나 지시하는 문서. ○押至(압지) - 연달아 도착하다. ○愞臣(연신) - 나약한 신하. 愞은 어릴 연, 나약할 연. 두려울 나. ○憒眊(궤모) - 갈피를 못 잡고 허둥대다. 憒는 心亂할 궤. 眊는 눈 흐릴 모. ○其 - 혹시, 아마도(추측을 표시), 유달리, 지극히(語氣를 강조). ○犬馬 - 小臣. ○仰藥 - 仰首하고 飮藥하다.

〖**國譯**〗

식부궁이 황제의 신임을 얻은 뒤로 자주 정사를 진언하면서 그 논의에 꺼리는 것이 없었다. 많은 신하들이 그의 말을 두려워하며 똑바로 바라보지도 못했다. 식부궁은 상소하며 공경이나 대신들을 두루 헐뜯었다.

"지금 승상인 王嘉(왕가)는 건장하지만 위축되어 쓸모가 없습니다. 어사대부 賈延(가연)은 나약하여 자기 일도 감당하지 못합니다. 좌장군 公孫祿(공손록)과 사예교위인 鮑宣(포선)은 모두 겉보기에는 강직하다는 이름이 있지만 실제로는 어리석어 정사를 알지도 못합니다. 여러 부서 신하들은 그 능력이 모자라 자리를 채우지도 못합니다. 갑자기 弓手들이 성을 포위하거나 강한 무기를 가진 군사가 궁궐에 쳐들어온다면 폐하께서는 누구를 시켜 막으시겠습니까? 만약 반란세력이 동쪽 해안지방에서 봉기하거나 흉노가 渭水(위수)에 쳐들어와 변경이 소란하고 사방에서 봉기가 일어나면 도성에 무기와 병력이 있다 하여도 한 발을 내디디며 먼저 대응할 만한 사람이 없습니다. 군사에 관한 문서들이 이리저리 오가고 물자가 모여들고 긴급문서가 줄줄이 들어온다면 어리고 나약한 신하들은 허둥대며 무엇을 해야 할 지도 모를 것입니다. 아마도 소신의 어리석은 결정을 한 뒤 사태가 악화되어 약을 마시거나 칼에 엎드려 죽고 그 일족을 다 죽인들 재앙을 막는데 모슨 도움이 되겠습니까?"

原文

躬又言, "秦開鄭國渠以富國强兵, 今京師土地肥饒, 可度地勢水泉, 廣漑灌之利." 天子使躬持節領護三輔都水. 躬立表, 欲穿長安城, 引漕注太倉下以省轉輸. 議不可成, 乃止.

| 註釋 | ○鄭國渠(정국거) - 鄭國이란 사람이 주관해 건설한 人工水路. 渠는 도랑 거. 秦王 政(뒷날 시황제) 원년(前 246)에 韓의 鄭國이라는 水利 기술자가 秦에 細作으로 파견되어 대규모의 토목공사를 일으키게 했다. 그 목적은 秦의 동쪽 원정을 늦추거나 방해하는데 있었다. 나중에 그런 의도가 발각되었는데 鄭國은 "이 수리 사업이 이루어진다면 秦은 큰 이익을 얻어 나라가 융성할 수 있지만 韓은 그 수명을 불과 몇 년 연장하는데 그칠 것입니다." 라고 말했다. 秦王은 그 말을 옳게 여겨 토목공사를 계속했다. 漢武帝 때에도 白公渠(백공거), 涇惠渠(경혜거) 등 渭水 중하류지역에 많은 수리 토목공사를 진행했었다. ○度 - 헤아릴 탁. ○溉灌 - 관개. 溉 물댈 개. 灌 물댈 관. ○領護三輔都水 - 漢의 兼官 職名. 三輔는 장안과 그 인근 경기 지역에 대한 총칭. 都水는 河渠와 수리 공사 담당관. ○轉輸 - 운수. 운반하다.

〖國譯〗

식부궁이 또 건의하였다.

"秦나라는 鄭國渠를 개통하여 부국강병을 이룩했는데 지금 장안 지역은 토지가 비옥하니 지세와 물길을 헤아려 관개사업의 이득을 확대해야 합니다." 애제는 식부궁에게 持節(지절)을 내려 領護三輔都水에 임명하였다. 식부궁은 각종 표지를 세우며 장안성을 가로지르는 물길을 뚫어 太倉의 곡식을 운반하는 비용을 절감하려고 했다. 그러나 논의가 합의되지 않아 중지하였다.

原文

董賢貴幸日盛, 丁,傅害其寵, 孔鄉侯晏與躬謀, 欲求居位輔政. 會單于當來朝, 遣使言病, 願朝明年. 躬因是而上奏, 以爲 "單于當以十一月入塞, 後以病爲解, 疑有他變. 烏孫兩昆彌弱, 卑爰疐强盛, 居强煌之地, 擁十萬之衆, 東結單于, 遣子往侍. 如因素彊之威, 循烏孫就屠之跡, 擧兵南伐, 並烏孫之勢也. 烏孫並, 則匈奴盛, 而西域危矣. 可令降胡詐爲卑爰疐使者來上書曰, '所以遣子侍單于者, 非親信之也, 實畏之耳. 唯天子哀, 告單于歸臣侍子. 願助戊己校尉保惡都奴之界.' 因下其章諸將軍, 令匈奴客聞焉. 則是所謂 '上兵伐謀, 其次伐交' 者也."

| 註釋 | ○丁,傅 – 哀帝의 외척. 丁氏는 哀帝 모친의 일가. 傅氏(부씨)는 애제 祖母의 일가. ○以病爲解 – 병이 났다고 해명하다. ○烏孫(오손) – 漢代 서역〔今 新疆自治區 伊犁河(이리하) 유역〕에 있던 나라 이름. ○昆彌(곤미) – 오손국의 국왕 칭호. 兩昆彌(양곤미)는 大小 昆彌. ○卑爰疐(비원체) – 烏孫國 귀족의 人名. 疐는 꼭지 체. ○强煌(강황) – 오손의 首都. ○就屠 – 오손의 先王. ○哀 – 불쌍히 여기다. ○戊己校尉(무기도위) – 西域都護의 속관으로 屯田을 담당하는 무장. ○惡都奴(오도노) – 서역의 지명. 車師國의 이전 왕궁인 '伊吾盧'의 다른 표기라는 주가 있다. 車師國(거사국, 姑師國)은 서역의 나라 이름인데 宣帝 때 前,後國으로 분열되었다. ○上兵伐謀 – 적의 상황에 따른 조치로 적의 의도를 달성하지 못하게 하는 것(伐謀)이 用兵의 최고이다. 군사를 동원하여 토벌하지 않는 것을 최상으로 여기다. ○其次伐交 – 적의 외교나 연합을 격파하는 것이 그 다음으로 좋다. 《孫子 謀攻》에 나오는 말.

〖國譯〗

董賢(동현)에 대한 황제의 총애는 날로 더 심했고 丁氏와 傅氏(부씨)들은 외척으로 그 총애를 방해하였고 공향후 傅晏(부안)은 식부궁과 함께 모의하여 국정을 보필할 자리를 차지하려고 하였다. 그때 흉노의 單于가 來朝해야 하는데 사자를 보내 병을 핑계로 다음 해에 입조하겠다고 청했다. 식부궁은 이에 관하여 상주하였다.

"흉노의 선우는 11월에 입조하게 되었는데 병을 핑계 대며 늦추려 하는데 다른 뜻이 있을 거라는 의심이 듭니다. 烏孫國의 대소 昆彌(곤미, 국왕)의 세력이 약해지고 귀족인 卑爰疐(비원체)가 강성하여 强煌(강황)의 지역에서 십만 군사를 거느리고 동쪽으로는 單于와 결탁하고 아들을 보내 시중을 들고 있습니다. 만일 평소의 강력한 세력을 바탕으로 烏孫의 선왕이던 就屠(취도)의 자취를 따라 거병하여 남쪽을 정벌하면 烏孫의 세력과 대등해질 것입니다. 오손이 두 세력으로 갈라지면 흉노가 강성해지며 서역은 위태롭게 됩니다. 투항한 흉노를 비원체의 使者로 위장하여 '아들을 보내 선우를 시중들게 하는 것은 친한 관계가 아니라 실제로는 흉노가 두렵기 때문입니다. 천자께서 우리를 가련하게 생각하시어 單于에게 臣이 보낸 아들을 돌려보내라고 말해주시기 바랍니다. 그리고 戊己校尉를 시켜 惡都奴(오도노)의 지역을 확보할 수 있게 도와주기 바랍니다.' 라는 문서를 올리게 합니다. 그리고 그 문서를 여러 장군들에게 알리고 흉노의 사신에게도 알립니다. 이것이 바로 孫子 병법서에 있는 '적의 의도를 격파하는 것이 최상의 용병이며, 적의 외교관계를 이간시키는 것이 차선의 용병이다.' 라고 할 수 있습니다."

原文

書奏, 上引見躬, 召公卿將軍大議. 左將軍公孫祿以爲"中國常以威信懷伏夷狄, 躬欲逆詐造不信之謀, 不可許. 且匈奴賴先帝之德, 保塞稱蕃. 今單于以疾病不任奉朝賀, 遣使自陳, 不失臣子之禮. 臣祿自保沒身不見匈奴爲邊竟憂也." 躬掎祿曰, "臣爲國家計幾先, 謀將然, 豫圖未形, 爲萬世慮. 而左將軍公孫祿欲以其犬馬齒保目所見. 臣與祿異議, 未可同日語也." 上曰, "善." 乃罷群臣, 獨與躬議.

| 註釋 | ○公孫祿(공손록) - 애제 때 우장군과 좌장군 역임. 외척 王莽(왕망)의 專權에 반대하였다. ○保塞稱蕃 - 塞外의 땅을 차지하고 藩臣을 칭하다. 蕃은 藩(울타리 번) 국경. ○掎 - 당길 기. 남의 말을 트집 잡다. ○幾 - 冀와 通. ○豫圖 - 미리 圖謀하다.

〖國譯〗

上書가 들어오자 애제는 식부궁을 불러 만나고 여러 공경과 장군을 불러 크게 논의하였다. 左將軍인 公孫祿이 말했다.

"중국은 언제나 위엄과 신의로 이적을 회유하고 복종케 하였습니다. 식부궁은 이와 반대로 거짓말로 속이자는 신의가 없는 방책이기 때문에 허락할 수 없습니다. 그리고 흉노는 그동안 先帝의 덕택으로 塞外(새외)의 땅을 차지하고 藩臣(번신)를 자칭했습니다. 지금 흉노의 선우는 병 때문에 입조하여 하례하지 못하겠다고 사신을 보내 말하면서 신하의 도리를 어기지도 않았습니다. 저는 죽을 때까지 흉노가 변경에서 걱정거리가 되지는 않을 것이라고 제 스스로 보증할 수 있습니다."

그러자 식부궁은 공손록의 말을 트집 잡으며 말했다.

"臣은 나라를 위한 계책을 미리 도모하자는 뜻이며 책략이 성공하면 뒷날에 일어날 수도 있는 걱정을 미리 막자는 것입니다. 그러나 좌장군 공손록은 견마의 이빨을 있는 그대로, 보이는 그대로 두자는 것입니다. 저와 공손록은 그 의논이 다르니 같은 시간에 말할 수 없습니다."

애제가 말했다. "옳은 말이요." 군신의 회의를 끝내고 오직 식부궁과 논의를 하였다.

原文

因建言, "往年熒惑守心, 太白高而芒光, 又角星茀於河鼓, 其法爲有兵亂. 是後訛言行詔籌, 經歷郡國, 天下騷動, 恐必有非常之變. 可遣大將軍行邊兵, 敕武備, 斬一郡守, 以立威, 震四夷, 因以厭應變異."

上然之, 以問丞相. 丞相嘉對曰, "臣聞動民以行不以言, 應天以實不以文. 下民微細, 猶不可詐, 況於上天神明而可欺哉! 天之見異, 所以敕戒人君, 欲令覺悟反正, 推誠行善. 民心說而天意得矣. 辯士見一端, 或妄以意傅著星歷, 虛造匈奴,烏孫,西羌之難, 謀動干戈, 設爲權變, 非應天之道也. 守相有辜, 車馳詣闕, 交臂就死, 恐懼如此, 而談說者云, 動安之危, 辯口快耳, 其實未可從. 夫議政者, 苦其諂諛傾險辯慧深刻也. 諂諛則主德毁, 傾險則下怨恨, 辯慧則破正道, 深刻則傷恩惠. 昔秦繆公不從百里奚,蹇叔之言, 以敗其師, 悔過自責, 疾詿誤之臣, 思黃髮之言, 名垂於後世. 唯陛下觀覽古戒, 反覆參考, 無以先入之語爲主."

| **註釋** | ○熒惑(형혹) – 火星의 옛 이름. 출현이 무상하여 사람을 현혹시킨다는 뜻. 熒 등불 형. 밝다. ○守心 – 心宿에서 열흘 이상 나타나다. 守는 어떤 별이 나타나 10일이 되어도 사라지지 않을 때 守라 한다. 心은 별 이름 28宿(수, 별자리)의 하나. 商星. ○太白 – 星名. 金星(啓明星), 太白星은 誅殺을 주관한다는 전설이 있다. 전쟁을 상징. ○芒光(망광) – 光芒, 빛. 빛발. ○角星 – 별 이름. 28宿의 하나. ○茀 – 우거질 불. 孛(살별 패)와 通. 여기서는 크게 盛한 모양. ○河鼓(하고) – 별자리 이름. 天鷹星(독수리자리). 建平 3년(전 4년)에 이런 현상이 있었다는 기록이 있다. ○訛言(와언) – 거짓말, 헛소문. ○行詔籌(행조주) – 국가의 시책을 알리다. ○行邊兵 – 변방의 군사를 징집하다. ○敕武備 – 군비를 갖추게 하다. 敕(경계할 칙)은 整也. ○厭應變異 – 이변의 발생을 제압하다. 厭(싫을 염)은 壓倒(압도)하다. ○見異 – 異狀이 나타나다. 見은 顯示(현시). ○敕戒(칙계) – 행동을 조심하고 바르게 하다. ○說 – 悅也. ○傅著(부착) – 附着과 同. ○守相 – 郡守나 侯國의 丞相(승상). ○有辜(유고) – 잘못을 저지르다. 죄를 짓다. ○交臂(교비) – 두 팔을 뒤로 해서 결박하다. 체포하다. 臂 팔 비. ○動安之危 – 안정된 상태를 위기로 몰고 가다. 之는 往也. ○辯口快耳 – 유창한 말이 귀를 즐겁게 하다. ○諂諛 – 아첨. 諂은 아첨할 첨. 諛는 아첨할 유. ○傾險(경험) – 남에게 해를 입히다. ○辯慧(변혜) – 말만 잘하다. ○深刻 – 아주 각박하다. ○秦繆公(진목공, 穆公, 재위 前 659 – 621) – 春秋 五霸(5패)의 한 사람. ○百

里奚(백리해),蹇叔(건숙) - 秦 목공의 賢臣. ○以敗其師 - 殽(효)란 곳에서 趙나라와 싸워 대패했다. ○疾 - 미워하다. 증오하다. ○詿誤(괘오) - 손해를 입히다. 詿 그르칠 괘, 속일 괘. ○黃髮 - 白髮. 老人. ○唯 - ~하기 바라다. 희망을 표현. ○先入之語 - 먼저 들은 말.

〖國譯〗

그리고 (식부궁이) 건의하였다.

"작년에 熒惑(형혹) 星이 心(심) 자리에 오래 머물렀고 太白星이 높이 떠 별빛이 사방으로 뻗쳤으며 또 角星이 河鼓(하고) 자리에 나타났었는데 그간의 경험에 의하면 이는 병란이 있을 조짐입니다. 그래서 앞으로는 거짓으로 나라의 정책을 알리되 각 군이나 제후국에 보내면 천하가 소란해지고 틀림없이 비상사태가 있을 것입니다. 그러면 대장군을 파견하여 변방의 군사를 동원하고 전투준비를 시키면서 군수 하나를 참수하여 위엄을 세우고 사방의 이민족을 놀라게 하면서 이변에 대응하여야 할 것입니다."

애제가 그를 옳다고 생각하고 승상에게 물었다. 승상 王嘉(왕가)가 대답하였다.

"제가 알기로는, 백성을 움직이려면 말이 아닌 실천이 있어야 하고 하늘의 뜻에 응하려면 꾸밈(文)이 아닌 진실(實)이 있어야 합니다. 백성들이 아무리 힘이 약하다지만 속여서는 안 되는데 하물며 하늘의 神明을 속여서야 되겠습니까? 하늘이 이변을 내보이는 것은 人君의 행동을 바로 잡아 깨닫게 하여 正으로 돌아가 성심으로 선을 실천하라는 뜻일 것입니다. 그러면 민심도 기뻐하고 하늘의 보살핌도 얻을 수 있습니다. 말만 잘하는 사람이 그 한 끝만 보고 또는 망령되게 별의 운행에 자기 뜻을 보태어 흉노나 烏孫(오손), 서쪽의 羌族(강족)의 침입이 있을 것이라고 날조하여 의도적으로 무기를 들게 하며 정상이 아닌 조치를 취한다면 결코 하늘의 뜻에 따르는 것이 아닙니다. 군수나 제후국의 승상이 죄를 지었다면 수레를 몰고 그 나라에 들어가 체포하거나 사형에 처하여 국법을 두려워하게 만들어야 하며, 말 잘하는 사람의 변설로 안정을 위기로 몰아간다든지 달변으로 귀를 즐겁게 하는 일은 실제로 따라갈 수 없습니다. 그리고 정사를 의논할 때 아첨이나 남을 해치는 말, 말 재주만 좋거나 아주 가혹한 의논을 배척해야 합니다. 아첨은 主君의 덕을 해치며 남을 해치는 말은 다른 사람에게 원한을 심어주고 그럴싸한 말은 정도를 깨트리며 가혹한 처사는 은혜를 버리게 합니다. 옛날 秦의 繆公(목공)은 百里奚(백리해)와 蹇叔(건숙)의 충언을 따르지 않아 전쟁에 패했지만 잘못을 뉘우치며 自責하였고 해를 끼친 신하를 멀리했으며 노인들의 말에 따라 그 이름을 후세에 남겼습니다. 폐하께서는 옛일을 거울삼고 다시 참고하시면서 먼저 들은 말만 옳게 여기지 마시길 바랄 뿐입니다."

原文

上不聽, 遂下詔曰, "間者災變不息, 盜賊衆多, 兵革之徵, 或頗著見. 未聞將軍惻然深以爲意, 簡練戎士, 繕修干戈. 器用鹽惡, 孰當督之! 天下雖安, 忘戰必危. 將軍與中二千石擧明習兵法有大慮者各一人, 將軍二人, 詣公車." 就拜孔鄕侯傅晏爲大司馬衛將軍, 陽安侯丁明又爲大司馬票騎將軍.

| 註釋 | ○惻然(측연) - 가엽게 여기다. 惻 슬퍼할 척. ○簡練 - 간결하고 세련되다. ○戎士 - 武士. ○繕修 - 보수하다. 繕 기울 선. 손보아 고치다. 干戈(간과)는 兵器. ○器用 - 각종 장비. ○盬惡(고악) - 단단하지 못하고 粗惡(조악)하다. 盬는 단단하지 않을 고. 鹽池 고. ○孰當督之 - 이를 누가 살피겠는가! ○中二千石 - 관리의 녹봉에 따른 구분. 九卿이 여기에 해당한다. 中은 滿의 뜻. 정확하게는 1년에 2,160石(月 180석)을 받았다. 이보다 낮은 二千石은 월 120石, 그 아래 比二千石은 월 100석을 받았다. ○公車 - 관서 이름. 公車司馬令(약칭 公車令)이 책임자. 궁궐 경비 순찰 및 백성의 上書, 조정에서 徵召하는 일을 전담. ○票騎將軍 - 驃騎將軍.

〖國譯〗

哀帝는 승상의 말을 따르지 않고 조서를 내려 말했다.

"요즈음 災異(재이)와 변고가 그치지 않고 도적떼도 많으며 전쟁 조짐이 자주 보였도다. 장군으로 이를 안타깝게 여기며 마음에 깊이 새기고 병사를 잘 선발하며 병기를 보수하는 자가 있는지 아직 듣지 못했도다. 군사 장비도 조악하다면 이를 누가 감찰해야 하는가! 천하가 평안하다지만 전쟁을 잊는다면 필히 위태로울 것이다. 장군과 中二千石 중에서 병법에 밝고 사려가 깊은 자를 각 1명씩 등용하였으니 장군 2인은 公車에 출두할 지어라."

그리고서는 孔鄕侯 傅晏(부안)을 大司馬 衛將軍에, 陽安侯 丁明을 大司馬 驃騎將軍으로 임명하였다.

原文

是日, 日有食之, 董賢因此沮躬, 晏之策. 後數日, 收晏衛將軍印綬, 而丞相御史奏躬罪過. 上繇是惡躬等, 下詔曰, "南陽太守方陽侯寵, 素亡廉聲, 有酷惡之資, 毒流百姓. 左曹光祿大夫宜陵侯躬, 虛造詐諼之策, 欲以詿誤朝廷. 皆交遊貴戚, 趨權門, 爲名. 其免躬, 寵官, 遣就國."

| 註釋 | ○日有食之 - 哀帝 元壽 원년(前 2년) 정월 辛丑日에 일식이 있었다. ○沮 - 막을 저. 저지하다. 망가뜨리다(毁敗). ○印綬(인수) - 직인과 직인에 매달 끈(綬). ○左曹 - 漢의 加官의 칭호. 加官은 본 관직 외에 추가로 받는 직함. 侍中, 左右曹, 諸吏, 散騎, 中常侍 給事中 등이 모두 加官이다. 列侯, 將軍, 卿大夫, 都尉, 尙書, 太醫, 太官令에서 郎中에 이르는 관직이라면 加官을 받을 수 있었다. 加官은 정원이 없고, 加官은 內朝官에 한했고 政事의 논의에 참여할 수 있으며 권한도 강대하였다. ○詐諼(사훤) - 거짓된. 사악한. 諼 속일 훤. ○詿誤(괘오) - 그르치다. ○爲名 - 명성이나 얻으려 하다. 求名. ○就國 - 封地로 받은 나라(고을)에 가다. 宜陵侯인 식부궁은 당시 南陽郡 杜衍縣(今 湖南省 南陽市 臥龍區)에 가서 살라는 뜻.

〖國譯〗

그날 일식이 있었고 董賢(동현)은 이 때문에 식부궁과 부안의 방책을 저지시켰다. 며칠 뒤에 부안의 衛將軍 인수를 회수하였고 승상과 어사대부가 식부궁의 죄를 상주하였다. 애제는 이로부터 식부궁 등을 혐오하며 조서를 내려 말했다. "南陽太守 方陽侯 孫寵(손총)은 평소에도 청렴한 명성도 없고 몹시 악독한 심보로 백성들을 괴롭혔었다. 左曹인 光祿大夫 宜陵侯 식부궁은 사악한 거짓 정책을 날조하여 조정을 그르치려 하였다. 두 사람은 貴人이나 戚族과 교제하며 權門을 쫓아다니며 명성이나 얻으려 하였다. 식부궁과 손총의 관직을 면직시키며 본국으로 보낸다."

原文

躬歸國, 未有第宅, 寄居丘亭. 姦人以爲侯家富, 常夜守之. 躬邑人河內掾賈惠往過躬, 敎以祝盜方, 以桑東南指枝爲匕, 畫北斗七星其上, 躬夜自被髮, 立中庭, 向北斗, 持匕招指祝盜. 人有上書言躬懷怨恨, 非笑朝廷所進, 候星宿, 視天子吉凶, 與巫同祝詛. 上遣侍御史,廷尉監逮躬, 繫雒陽詔獄. 欲掠問, 躬仰天大謼, 因僵仆. 吏就問, 云咽已絶, 血從鼻耳出, 食頃, 死. 黨友謀議相連下獄百餘人. 躬母聖, 坐祠竈祝詛上, 大逆不道, 聖棄市, 妻充漢與家屬徙合浦. 躬同族親屬素所厚者, 皆免,廢錮. 哀帝崩, 有司奏, "方陽侯寵及右師譚等, 皆造作姦謀, 罪及王者骨肉, 雖蒙赦令, 不宜處爵位, 在中土." 皆免寵等, 徙合浦郡.

| 註釋 | ○第宅(제택) – 집. 가옥. ○丘亭 – 빈(空) 亭子. ○姦人 – 도둑. ○守之 – 지켜보며 틈을 노리다. ○掾 – 도울 연. 掾吏 지방관 업무를 돕는 관원. ○桑東南指枝爲匕 – 동남쪽으로 뻗은 뽕나무 가지를 칼이라고 하다. ○候星宿(후성수) – 별을 관찰하다. ○祝詛 – 기도하고 저주하다. ○廷尉監

－정위의 속관. 檢事의 수사관과 같다. ○掠問(약문)－심문하다. ○謼－부를 호. 크게 소리치다. ○因僵仆－그대로 뻣뻣하게 쓰러지다. ○食頃－식사를 마칠 정도의 시간. ○黨友－親黨(친당, 친족)과 朋友. ○竈－부엌 조. 부뚜막. ○合浦(합포)－郡名. 今 廣西壯族自治區 北海市 관할의 合浦縣 동북. 당시는 장안에서 가장 멀고 살기가 힘든 유배지였다. 합포는 천연 珍珠(진주)의 명산지로 이름이 났다. ○廢錮(폐고)－죽을 때까지 관직에 임용될 수 없다. 폐출하거나 가두다. 禁錮(금고) ○中土－中原.

〖國譯〗

식부궁이 封地에 갔으나 살집이 없어 빈 정자에 기거하였다. 도둑이 제후이기에 부유할 것이라 생각하고 매일 밤 엿보며 틈을 노렸다. 식부궁의 마을 사람인 하내군의 掾吏(연리)인 賈惠(가혜)가 식부궁이 사는 곳을 지나다 들려서 도둑을 예방할 비방을 일러 주었는데 동남쪽으로 뻗은 뽕나무 가지로 칼을 만들어 그 위에 북두칠성을 그린 뒤에 식부궁이 밤에 머리를 산발하고 마당 가운데 서서 칼을 들고 도둑을 물리치는 주문을 외우게 하였다. 어떤 사람이 식부궁이 원한을 품고 조정의 하는 일을 비웃으며 별자리를 보고 천자의 길흉을 점쳐보며 무당과 같이 저주를 한다고 상서하였다.

애제는 시어사와 廷尉監(정위감)을 보내 식부궁을 체포하고 낙양의 어명 감옥에 가두라 하였다. 관리가 식부궁을 심문하려 하자 식부궁은 하늘을 보고 크게 울부짖더니 그대로 뻣뻣하게 쓰러졌다. 관리가 살펴보고서는 숨이 끊어졌다고 하였는데 콧구멍과 귀에서 피가 나왔고 금방 죽었다. 그 친족과 벗이 모의했었다 하여 연좌되어 감옥에 갇힌 사람이 백여 명이었다. 식부궁의 모친인 聖(성)은 부엌 부뚜막에서 황제를 저주하였으니 대역무도하여 聖은 기시형에 처했고 그의 처 充漢(충한)과 家屬은 합포군으로 강제 이주시켰다. 식부궁의 동족과 친척과 평소에 가까웠던 사람들은 모두 면직되거나 벼슬길을 막아버렸다.

애제가 죽자 담당 관리가 상주하였다. "方陽侯 孫寵(손총)과 右師譚(우사담) 등은 모두 간사한 모의를 하면서 王者의 骨肉에게 까지 허물을 씌웠으니 비록 사면령을 받는다 하여도 중원 땅에서 다시는 작위를 받을 수 없어야 합니다."

손총 등은 사면을 받았으나 모두 합포군으로 강제 이주되었다.

原文

初, 躬待詔, 數危言高論, 自恐遭害, 著絶命辭曰, "玄雲泱鬱, 將安歸兮! 鷹隼橫厲, 鸞徘徊兮! 矰若浮猋, 動則機兮! 叢棘棧棧, 曷可棲兮! 發忠忘身, 自繞罔兮! 冤頸折翼, 庸得往兮! 涕泣流兮萑蘭, 心結愲愲兮傷肝. 虹蜺曜兮日微, 孼杳冥兮未開. 痛人天兮嗚謼, 冤際絶兮誰語! 仰天光兮自列, 招上帝兮我察. 秋風爲我唫, 浮雲爲我陰. 嗟若是兮欲何留, 撫神龍兮攬其須. 游曠迥兮反亡期, 雄失據兮世我思."

後數年乃死, 如其文.

| **註釋** | ○待詔(대조) - 황제에게 불려가 황제의 명령에 자문하다. 漢代의 특수한 관직명은 待詔公車, 待詔黃門, 待詔殿中 등등. ○危言高論 - 기탄없이 하는 말과 이상에 치우친 의론. ○絶命辭 - 죽기 전에 지은 글. ○泱

鬱(앙울) －끝없이 피어오르다. 泱 끝없을 앙. 盛大한 모양. ○鷹隼橫厲(응준횡려) －큰 매가 하늘을 가로질러 빨리 날다. 隼 새매 준. 厲 갈 려. 빨리 날다. ○鸞俳徊兮－난새(봉황과 같은 神鳥)는 있을 곳이 없다. 제자리를 못 찾다. ○矰若浮猋－주살을 쏘니 빨리 날아가다. 矰 주살 증. 浮猋(부표)는 폭풍처럼 빠르다. 猋 개가 달리는 모양 표. ○叢棘(총극)－가시덤불. ○棧棧(잔잔)－몹시 성한 모양. 많이 우거진 모양. ○曷可棲兮－어찌 살 수 있겠는가? 曷 어찌 갈. 왜. 어떻게. ○自繞罔兮－저절로 그물(罔은 網)에 얽히다. 繞 두를 요. 감다. ○庸得往兮－어디를 갈 수 있겠는가? 庸은 어찌. 어떻게. 反問을 표시하는 의문사. ○涕泣流兮萑蘭－울면서 줄줄 눈물을 흘린다. 萑 물 억새 환. 萑蘭(환란)은 눈물을 흘리는 모양. ○結愲(결골)－꽉 막혀 있는 모양. 마음이 울적한 모양. 愲은 心亂할 골. ○虹蜺曜兮日微－무지개가 빛나니 해는 희미해진다. 참언이 먹혀들고 忠良한 말은 미약해진다. 虹蜺(홍예)는 무지개. 무지개는 邪氣 또는 陰邪한 것이고 때로는 간신을 의미하였다. ○孽(얼)－서자 얼. 邪氣. ○杳冥(묘명)－어둡다. 캄캄하다. ○鳴謼(명호)－울부짖다. ○誰語(수어)－무슨 말을 하랴! ○招上帝兮我察－상제에게 나를 살펴 달라 호소하다. ○唫－읊다. 唫은 읊을 음. 입 다물 금. 吟의 古字. ○嗟若是兮欲何留－이처럼 탄식하나니 무엇 하러 더 머물리오! 무엇 하러 더 살겠는가? ○攬其須－수염을 끌어당겨 잡다. 攬 끌어잡을 남(람). 須(수)는 鬚(수염 수)와 同. ○游曠迥兮反亡期－넓고 먼 곳을 날아가니 돌아올 기약이 없다. 한번 죽으면 다시 살아오지 못하리라! 迥 멀 형. ○雄失據兮－황제가 있을 곳을 잃다. 雄은 尊位. 主君.

〖國譯〗

그전에 식부궁은 황제의 명을 받으면서도 자주 거리낌 없이 자기 뜻을 말했는데 스스로 해를 당할 것을 두려워하여 죽기 전에 하는 글을 지어 말했다.

"검은 구름이 끝없이 피어오르니 장차 어디로 가야 하나! 큰 매는 하늘을 질러 나르니 난새는 있을 자리가 없도다! 주살은 매우 빠른데 움직이면 쏠 것이라! 가시덤불이 우거졌으니 어디에 깃들겠는가! 충성을 다하며 몸을 돌보지 않아도 저절로 그물에 갇혔도다! 목이 꺾이고 날개도 부러졌으니 어디를 갈 수 있으랴! 울며 눈물 줄줄 흘리고 꽉 막힌 마음에 애간장이 타도다. 무지개가 빛나며 해를 가리고 사악한 기운이 짙어 밝아지지 않도다. 참소로 마음 아파 울부짖고 원통하게 쫓겨나 무슨 말을 하겠는가! 하늘을 우러러 내 마음을 내보이고 上帝에게 나를 살펴 달라 호소해야지. 가을바람은 나를 위해 울고 뜬 구름은 나를 위해 그늘을 주는구나. 이렇게 탄식하며 무엇 하려 더 살랴? 神龍을 어루만지고 그 수염을 잡으리라! 넓고 먼 곳을 날아가 다시 오지 못하리니 황제가 있을 곳을 잃으면 나를 생각하리라."

그리고 몇 년 뒤에 죽었으니 그 글과 같았다.

原文

贊曰, 仲尼"惡利口之覆邦家", 蒯通一說而喪三儁, 其得不亨者, 幸也. 伍被安於危國, 身爲謀主, 忠不終而詐讎, 誅夷不亦宜乎!《書》放四罪,《詩》歌〈青蠅〉, 春秋以來, 禍敗多矣. 昔子翬謀桓而魯隱危, 欒書構郤而晉厲弒. 豎牛奔仲, 叔孫卒, 郈伯毁季, 昭公逐. 費忌納女, 楚建走, 宰嚭譖胥,夫差喪, 李園進妹, 春申斃. 上官訴屈, 懷王執, 趙高敗斯, 二世縊, 伊戾坎盟, 宋痤死. 江充造蠱, 太子殺, 息夫作奸, 東平誅, 皆自小覆大, 繇疏陷親, 可不懼哉! 可不懼哉!

| **註釋** | ○仲尼(중니) – 孔子(前 551 – 479)의 字. 名 丘. ○惡利口之覆邦家 – 《論語 陽貨》. 원문은 子曰, "惡紫之奪朱也, 惡鄭聲之亂雅樂也, 惡利口之覆邦家者." 惡은 미워할 오. 利口는 말을 잘하다. 입재간이 좋다. 달변. ○喪三俊 – 酈食其(역이기)는 팽살 당했고, 田廣은 패전해서 죽었고, 韓信은 교만해져서 나중에 잡혀 죽었다. ○詐讎(사수) – 거짓의 方策으로 모반의 짝이 되었다는 뜻. ○《書》放四罪 – 《書經 虞書》에 나오는 4명의 惡人. 共工, 驩兜(환두), 三苗(삼묘), 縣(요). ○青蠅(청승) – 《詩經 小雅》. 쇠파리(青蠅)는 참언을 일삼는 小人을 의미한다. ○子翬 – 魯國의 公子翬(공자휘)가 隱公(은공)에게 桓公(威公)을 죽이겠다 하고서는 배반하여 隱公을 죽인다. 翬 훨훨 날 휘. ○欒書構郤而晉厲弒 – 楚國의 欒書(난서, 人名)가 郤至(극지, 고을 이름 극)를 차지하려고 晉의 厲公(여공, 재위 前 581 – 573)을 배반하고 시해했다. ○豎牛奔仲, 叔孫卒 – 魯國의 大夫 叔孫豹(숙손표)에게 豎牛(수우)라는 庶子가 있었는데 正妻 소생의 아들 仲(중)을 헐뜯자 아들 仲은 齊나라로 달아났다. 나중에 숙손표가 병이 들자 수우는 숙손표를 굶겨 죽였다. ○郈伯毁季, 昭公逐 – 魯國의 大夫 郈昭伯(후소백)은 昭公에게 季平子에 대한 참언을 했다. 소공이 계평자를 쳤으나 싸움에 이기지 못하고 소공은 오히려 齊로 망명했다. 郈 고을 이름 후. ○費忌納女, 楚建走 – 楚나라의 平王은 費无忌(비무기)를 秦나라에 보내 태자 建의 아내를 맞이하게 했다. 비무기는 秦에서 데려온 미인을 平王에게 차지하라고 권했다. 그러면서 태자 建이 거병하여 반란을 일으킬 것이라고 평왕에게 거짓말을 하였다. 이에 평왕이 태자 건을 죽이려 하자 태자는 宋나라로 망명하였다. ○宰嚭讒胥, 夫差喪 – 吳王

부차는 越王 구천의 항복을 받은 뒤 교만해져서 齊를 공격할 계획을 세웠다. 이를 伍子胥(오자서)가 충간하는데 宰嚭(재비)란 신하가 오자서를 헐뜯는 참소를 한다. 부차는 오자서에게 칼을 던져주며 자결하라고 명령했다. 그 다음해 越王 구천이 재기하여 쳐들어오자 부차는 자살했다. 嚭 클 비. ○李園進妹, 春申斃 - 楚나라 春申君의 빈객인 李園(이원)은 자신의 여동생 李環(이환)을 춘신군에게 바쳤다. 나중에 이환이 임신을 하자 춘신군은 이환을 楚考烈王에게 바쳤다. 이환은 쌍둥이를 낳았고 그 큰아들이 태자가 되었다. 이원은 춘신군과 함께 楚의 국정을 담당하였다. 고열왕이 죽자 이원은 춘신군을 죽여버렸다. 斃 넘어질 폐. 죽다. ○上官訴屈, 懷王執 - 전국시대 楚의 上官子蘭(상관자란)은 懷王(회왕)에게 屈平(굴평, 屈原)에 대한 참언을 계속하자 회왕은 굴원을 내쫓았다. 회왕은 秦 昭王과 회담하러 武關에 갔다가 秦에 끌려갔고 끝내 돌아오지 못한 채 秦에서 죽었다. ○趙高敗斯, 二世縊 - 진시황의 환관 조고는 李斯와 함께 二世를 즉위케 하고 나중에는 이사를 죽였다. 二世는 조고의 핍박을 받아 목을 매 죽었다. 縊 목맬 액. ○伊戾坎盟, 宋痤死 - 춘추시대 宋나라의 伊戾(이려)는 平公의 태자 痤(좌)의 사부가 되었으나 태자의 신임을 받지 못했다. 그러자 태자가 楚나라와 동맹을 맺었다는 문서를 위조한 뒤 평공에게 참언을 하였다. 결국 평공은 태자를 죽여버렸다. ○繇疏陷親 - 소원한 관계에 있는 사람이 친한 관계에 있는 사람을 모함하다. 繇는 부역할 요. 말미암을 유. 由와 同.

〖國譯〗

班固의 論贊 : 공자께서는 "달변으로 나라를 뒤엎는 사람을 미워한다."고 하였다. 蒯通(괴통)의 설득에 3인이 죽었으니 그가 팽살되지 않은 것만도 행운이었다. 伍被(오피)는 위태로운 나라를 안정케 했지만 그 자신이 모반의 주체로 (漢에) 끝까지 충성하지 못했으며

詐術로 반란에 동참하였으니 사형당한 것은 당연하지 않은가!《서경》에는 4명의 악인을 내쫓았고,《시경》에는 간신을 읊은〈靑蠅〉이 있으며, 춘추시대 이후로 참언에 따른 재앙과 멸망이 많았다. 옛날 公子翬(공자휘)는 桓公(환공)을 죽이겠다고 했으나 魯의 隱公(은공)을 죽였으며, 欒書(난서)는 三郤(삼극)을 차지하려고 晉(진)의 厲公(여공)을 시해하였다. 豎牛(수우)는 嫡子(적자) 仲(중)을 달아나게 하고 아버지 叔孫을 죽였으며, 郈昭伯(후소백)은 季平子를 헐뜯었는데 결국 昭公을 축출되게 하였다. 費无忌(비무기)는 秦의 미인을 바치고 楚 태자를 내쫓게 했으며, (吳나라의) 宰嚭(재비)는 오자서를 참소하여 결국 오왕 夫差를 죽게 만들었으며, (楚의) 李園은 여동생을 바치고 나중에 春申君을 죽였다. 楚의 上官子蘭(상관자란)은 屈平(굴평, 屈原)을 참소하였고 나중에 懷王(회왕)은 (秦에) 억류되었으며, 秦의 趙高는 李斯(이사)를 죽였고 二世를 목매 죽였으며, (宋의) 伊戾(이려)는 동맹을 맺었다는 거짓말로 태자 痤(좌)를 죽게 했다.

江充은 무고를 만들어 太子를 죽였으며 息夫躬(식부궁)은 간계를 꾸며 東平王을 죽게 하였으니 이 모두가 작은 거짓말로 큰일을 망친 것이며 소원한 사람이 가까운 사람을 몰락케 한 것이니 어찌 두렵지 아니한가! 어찌 두렵지 아니한가!

46 萬石衛直周張傳
〔만석,위,직,주,장전〕

46-1. 萬石君 石奮

原文

萬石君石奮, 其父趙人也. 趙亡, 徙溫. 高祖東擊項籍, 過河內, 時奮年十五, 爲小吏, 侍高祖. 高祖與語, 愛其恭敬, 問曰, "若何有?" 對曰, "有母, 不幸失明. 家貧. 有姊, 能鼓瑟." 高祖曰, "若能從我乎?" 曰, "願盡力." 於是高祖召其姊爲美人, 以奮爲中涓, 受書謁. 徙其家長安中戚里, 以姊爲美人故也.

| 註釋 | ○萬石君 石奮(석분, ? - 前 124) - 만석군은 별호. 《史記》 103권 〈萬石張叔列傳〉 참고. ○溫 - 河內郡의 縣名. 今 河南省 焦作市 溫縣 서남.

○若何有 – 너는 누가 있는가? 가족관계를 물음. 若은 汝. ○美人 – 漢 妃嬪의 칭호. ○中涓(중연) – 涓人. 황제 측근 시종관. 涓은 깨끗할 연. ○受書謁 – 서신이나 명함을 받다. 謁은 名片, 名銜(명함). ○戚里(척리) – 마을 이름. 외척 거주 지역.

〖國譯〗

萬石君 石奮(석분)의 부친은 趙人이었다. 趙가 망하자 溫縣으로 이사했다. 고조가 동쪽으로 진출하여 項籍을 공격하면서 河內郡에 들렀는데 그때 석분은 나이 15세의 하급 관리로 고조를 모셨다. 고조가 이야기를 하며 매우 공손한 태도를 기특하게 생각해서 물었다. "너는 누구와 같이 사는가?" 석분이 대답하였다. "어머니가 계신데 불행히도 실명하였습니다. 집은 가난합니다. 누나가 있는데 가무에 능합니다." 고조가 물었다. "자네는 나를 따를 수 있겠는가?" "힘껏 모시겠습니다." 그러자 고조는 그 누나를 美人으로 삼았고 석분은 中涓(중연)에 임명하여 문서와 명함을 접수관리하게 하였다. 그 가족을 장안 성안의 戚里(척리)로 이사케 하였는데 그의 누나가 美人이 되었기 때문이었다.

原文

奮積功勞, 孝文時官至太中大夫. 無文學, 恭謹, 擧無與比. 東陽侯張相如爲太子太傅, 免. 選可爲傅者, 皆推奮爲太子太傅. 及孝景卽位, 以奮爲九卿. 迫近, 憚之, 徙奮爲諸侯相. 奮長子建, 次甲, 次乙, 次慶, 皆以馴行孝謹, 官至二千石. 於是景帝曰, "石君及四子皆二千石, 人臣尊寵乃擧集其門." 凡號奮爲萬石君.

| 註釋 | ○太中大夫 – 황제와 국정의 대강을 의론하는 낭중령의 속관. ○無文學 – 文才는 없었다. ○擧無與比 – 行動擧止가 그와 같은 사람이 없다. ○以奮爲九卿 – 九卿의 반열에 오르다. 九卿은 官名의 총칭. 중앙정부의 고급관리 9개 직위. 보통 九卿은 太常(奉常, 종묘제례), 衛尉(궁궐 수비군 지휘), 太僕(황제 거마, 馬政), 廷尉(형옥, 司法), 宗正(황족 관리), 少府(산택, 세정, 황궁소요물자 공급), 光祿勳(郎中令, 궁문 관리), 大鴻臚(典客, 외교, 이민족 관리), 大司農(治粟內史, 국가재정 담당)이다. 九卿의 九는 통상 많은 수를 의미, 따라서 長安의 2천석 이상의 관리도 九卿에 포함된다. 승상과 어사대부는 九卿에서 바로 승진할 수 있다. ○迫近 – 황제와 九卿은 업무상 관계가 밀접했다. ○憚之 – 石奮의 근엄함과 공경이 마음에 부담이 된다는 뜻. ○次甲, 次乙 – 여기서 甲乙은 본명이 아니다. 본명을 알 수 없어 갑을로 기록했다. ○馴行孝謹 – 온화한 행동에 孝行과 勤儉.

〖國譯〗

석분은 공적을 쌓아 文帝 때 太中大夫가 되었다. 비록 文才는 없었지만 공경하고 성실한 행동은 그를 따를 사람이 없었다. 東陽侯 張相如가 太子太傅를 그만두었다. 그 후임을 고르는데 모두가 석분을 추천하여 석분은 태자태부가 되었다. 경제가 즉위했을 때 석분은 9경의 반열에 올랐다. 석분은 황제의 측근으로서는 황제가 어려워하여 제후의 相으로 자리를 옮기게 하였다. 석분의 장자인 石建과 그 다음, 다음과 막내아들 石慶(석경)은 온화한 행실과 효행에 근면하며 관직이 모두 2천석 고관이었다.

이에 경제가 말했다. "石君과 4명의 아들이 모두 2천석 고관이니 신하로서 누릴 수 있는 벼슬과 총애가 그 가문에 모두 모였도다."

그래서 모두 합하여 석분을 萬石君이라 불렀다.

原文

孝景季年, 萬石君以上大夫祿歸老於家, 以歲時爲朝臣. 過宮門闕必下車趨, 見路馬必軾焉. 子孫爲小吏, 來歸謁, 萬石君必朝服見之, 不名. 子孫有過失, 不誚讓, 爲便坐, 對案不食. 然後諸子相責, 因長老肉袒固謝罪, 改之, 乃許. 子孫勝冠者在側, 雖燕必冠, 申申如也. 僮僕訢訢如也, 唯謹. 上時賜食於家, 必稽首俯伏而食, 如在上前. 其執喪, 哀戚甚. 子孫遵敎, 亦如之. 萬石君家以孝謹聞乎郡國, 雖齊,魯諸儒質行, 皆自以爲不及也.

| 註釋 | ㅇ孝景季年 – 景帝 말년, 季는 末, 형제 중 막내. ㅇ朝臣 – 신하로 入朝하다. ㅇ路馬 – 大車의 馬. 路에는 大의 뜻이 있음. ㅇ軾(식) – 수레에서 가로막대(軾, 식)를 잡고 예를 표하다. ㅇ不名 – 이름을 부르지 않다. ㅇ誚讓(초양) – 꾸짖고 나무라다. 誚 꾸짖을 초. ㅇ便坐 – 정좌에 앉지 않고 한쪽으로 앉다. ㅇ對案不食 – 밥상을 앞에 두고도 먹지 않다. ㅇ肉袒(육단) – 웃통을 벗고 사죄하다. ㅇ勝冠者 – 관례를 치룬 자. ㅇ燕 – 燕居. 閑居. ㅇ申申 – 태연하고 여유가 있는 모양. ㅇ訢訢(흔흔) – 온화하면서도 절도가 있는 모양(和而有節也). 조심하는 모양. 기뻐하는 모양〔欣欣(흔흔)〕. ㅇ稽首俯伏(계수부복) – 稽首는 頓首(돈수). ㅇ質行 – 품행을 우선시하다. 質은 重

視하다.

〖國譯〗

景帝 말년에 萬石君은 上大夫의 녹봉을 받고 연로하여 은퇴하였으나 세시에 맞춰 신하로서 입조하였다. 궁궐이나 궁문 앞을 지날 때는 꼭 수레에서 내려 종종걸음을 걸었으며 황제의 수레나 말을 보아도 꼭 예를 표하였다. 자손으로 小吏가 되어 집에 와 문안하면 만석군은 으레 朝服을 입고 만났으며 이름을 부르지 않았다. 자손이 잘못을 저지르면 직접 꾸짖지 아니하고 방 한편에 앉아 있고 밥상을 대하고도 식사를 하지 않았다. 그러면 아들들이 서로 잘못을 깨우친 뒤에 이어 연장자가 웃통을 벗고 진심으로 사죄하고 행실을 고치면 그때서야 허락하였다. 자손 중 관례를 치룬 자가 옆에 있으면 한가롭게 있을 때라도 꼭 관을 썼으며, 온화한 모습이었다. 하인들에게도 부드러우면서도 함부로 대하지 않았다. 황제가 집으로 음식을 보내주면 으레 고개를 숙이고 엎드려 먹었는데 황제가 앞에 있는 것처럼 대했다. 상례를 치루면 진정으로 슬퍼하였다. 자손들도 가르침을 따라 똑같이 하였다. 萬石君의 가정은 효행과 근신으로 여러 郡國에 널리 알려졌는데 비록 齊나 魯의 유생들도 행실을 중시하였지만 모두가 만석군에 미치지 못한다고 생각하였다.

原文

建元二年, 郎中令王臧以文學獲罪皇太后. 太后以爲儒者文多質少, 今萬石君家不言而躬行, 乃以長子建爲郎中令,少子慶爲內史.

建老白首, 萬石君尙無恙. 每五日洗沐歸謁親, 入子舍, 竊問侍者, 取親中裙厠牏, 身自浣灑, 復與侍者, 不敢令萬石君知之, 以爲常. 建奏事於上前, 卽有可言, 屛人乃言極切, 至廷見, 如不能言者. 上以是親而禮之.

| **註釋** | ○建元二年 – 武帝의 첫 번째 연호. 前 139년. ○皇太后 – 여기서는 景帝의 생모인 竇太后(두태후). ○郎中令 – 궁궐 출입문 관리 담당. 무제 때 光祿勳으로 개칭. 9卿의 하나. ○內史 – 京畿의 행정 담당관. 郡守와 동급. ○無恙(무양) – 근심이나 걱정이 없다. 건강하다. 恙 근심 양. ○洗沐 – 5일에 하루씩 관리의 휴가. ○子舍 – 곁방. 작은 방. ○中裙 – 속옷. ○厠牏(측투) – 여러 가지 이론이 있는데 汗衫(한삼)으로 번역. 厠 뒷간 측. 牏는 변기 투. 담을 트다. ○浣灑(완쇄) – 빨래하다. 浣 빨래할 완. 灑 물 뿌릴 쇄. ○廷見 – 조회에서 천자를 뵙다.

〖國譯〗

武帝 建元 2년, 郎中令 王臧(왕장)이 학문 때문에 황태후에게 죄를 지었다. 태후는 유생들이 문재는 있지만 행실이 바르지 못하다고 생각하였는데 지금 만석군의 가문에서는 말을 하지 않아도 저절로 행실이 바르다고 생각하여 長子 石建을 낭중령에 임명하였고 막내아들 石慶은 內史가 되었다.

석건은 머리가 하얗게 세었으나 만석군은 되레 건강하였다. 5일마다 洗沐日(세목일)이면 집에 가서 부친을 뵙고 곁방에서 侍者에게 물어 부친의 속옷이나 한삼을 갖다가 직접 빨래를 하여 다시 시자에게 주면서 만석군에게는 말하지 못하게 하였는데 늘 이렇게 하였다.

석건은 황제께 나아가 정사를 아뢸 때 꼭 할 말은 다른 사람을 물리치고 간절하게 아뢰었지만 조정에서 뵈올 때는 마치 말을 못하는 사람과도 같았다. 이로써 황제도 석건을 더 가까이 하며 예우하였다.

原文

萬石君徙居陵里. 內史慶醉歸, 入外門不下車. 萬石君聞之, 不食. 慶恐, 肉袒謝請罪, 不許. 擧宗及兄建肉袒, 萬石君讓曰, "內史貴人, 入閭里, 里中長老皆走匿, 而內史坐車中自如, 固當!" 乃謝罷慶. 慶及諸子入里門, 趨至家.

萬石君 元朔五年卒, 建哭泣哀思, 杖乃能行. 歲餘, 建亦死. 諸子孫咸孝, 然建最甚, 甚於萬石君. 建爲郎中令, 奏事下, 建讀之, 驚恐曰, "書 '馬' 者與尾而五, 今乃四, 不足一, 獲譴死矣!" 其爲謹愼, 雖他皆如是.

| **註釋** | ○擧宗 – 온 집안. ○讓曰 – 꾸짖어 말하다. ○固當 – 당연히 그래야 하지! 이는 반어적으로 말한 것이다. ○元朔五年 – 武帝 연호, 前 124년. 석분은 96세로 장수했다. ○奏事下 – 상주에 대한 결재가 내려오다. ○與尾而五 – '馬' 字에서 꺾어지는 곳을 포함하여 점이 5개이다. ○獲譴死矣 – 황제의 견책이 있었다면 사형감이다. 글자 획 하나를 빼쳐 올리지 않았다 하여 사형당하는 법은 없지만 그만큼 조심조심했다는 뜻.

〖國譯〗

萬石君이 陵里로 이사했다. 內史 石慶이 취해 귀가하면서 마을 외문에 들어와서도 수레에서 내리지 않았다. 萬石君이 이를 알고 식사를 하지 않았다. 석경이 놀라 웃통을 벗고 사죄하였으나 용서하지 않았다. 온 집안사람과 맏형 석건이 웃통을 벗고 사죄하자 만석군이 꾸짖으며 말했다.

"內史는 貴人이라 마을에 들어오면 마을의 어른들이 다 숨어버리니 내사는 수레에 앉아 편안하게 당연히 그래야지!"

그리고 용서하며 석경을 나가라 하였다 이후로 석경 및 다른 여러 자제들은 마을 문에 들어오면 종종걸음으로 집에 들어왔다.

萬石君은 원삭 5년에 죽었는데 석건은 애통하여 통곡했고 지팡이를 짚어야 겨우 걸을 수 있었다. 1년 뒤에 석건도 죽었다.

여러 자손들이 모두 효행을 했지만 석건이 가장 돈독했고 만석군보다도 더 했다. 석건이 郞中令으로 있을 때 상주한 결재가 내려왔고 석건이 읽다가 두려워 떨며 말했다. "馬字를 쓰면서 꼬리까지(구부려 삐쳐 올리는 곳) 5개이어야 하는데 지금 보니 4개로 하나가 부족하다. 견책이 내려오면 당연히 사형당해야 한다!"

그 근신하는 정도가 다른 일에서도 이와 같았다.

原文

慶爲太僕, 御出, 上問車中幾馬, 慶以策數馬畢, 擧手曰, "六馬." 慶於兄弟最爲簡易矣, 然猶如此. 出爲齊相, 齊國慕其家行, 不治而齊國大治, 爲立石相祠.

元狩元年, 上立太子, 選群臣可傅者, 慶自沛守爲太子太傅, 七歲遷御史大夫. 元鼎五年, 丞相趙周坐酎金免, 制詔御史, "萬石君先帝尊之, 子孫至孝, 其以御史大夫慶爲丞相, 封牧丘侯." 是時, 漢方南誅兩越, 東擊朝鮮, 北逐匈奴, 西伐大宛, 中國多事. 天子巡狩海內, 修古神祠, 封禪, 興禮樂. 公家用少, 桑弘羊等致利, 王溫舒之屬峻法, 兒寬等推文學, 九卿更進用事, 事不關決於慶, 慶醇謹而已. 在位九歲, 無能有所匡言. 嘗欲請治上近臣所忠, 九卿咸宣, 不能服, 反受其過, 贖罪.

| **註釋** | ○太僕(태복) – 황제의 거마를 관리하고 나라의 馬政을 감독하는 9경의 하나. ○不治 – 형벌로 다스리지 않다. ○石相祠 – 석씨 승상의 사당. 살아 있는 사람을 제사하는 사당(生祠)인 셈이다. ○元狩(원수) 元年 – 武帝, 前 122년. ○元鼎(원정) 五年 – 무제, 전 112년. ○坐酎金免 – 酎金(주금)의 죄를 범해 면직되다. 제후가 종묘 제사 비용으로 바쳐야 하는 헌금. ○兩越(양월) – 南越(남월, 今 월남)과 閩越(민월, 중국의 동남 해안지역). ○東擊朝鮮 – 衛滿朝鮮(위만조선)을 치고 樂浪郡 등 四郡을 설치했다.(前 108년) ○大宛(대원) – 서역에 있었던 나라 이름. 宛은 나라 이름 원. 굽을 완. 國都는 貴山城. 汗血馬(한혈마) 산지. 무제 때 복속, 宣帝 이후 서역도호부에 속했다. 今 중앙아시아의 키르키즈스탄에 해당. ○中國 – 中原 지역. ○巡狩(순수) – 巡은 行. 狩(사냥할 수)는 守의 의미. 제왕의 自國 순시. ○封禪(봉선) – 진시황이 泰山에서 封禮를 행하고 梁父(양보)에서 禪禮(선례)를 행한 것이 최초의 봉선이다. 漢 武帝는 元封 元年(前 110)에 泰山에서 봉례를, 肅然山에

서 선례를 행한 이후 여러 번 봉선례를 거행했다. ○公家用少 – 나라의 재정이 부족했다. ○峻法 – 법 적용을 가혹하게 하다. ○兒寬(예관, ? – 前103) – 兒 성씨 예(倪와 通). 58권, 〈公孫弘卜式兒寬傳〉에 입전. ○事不關決於慶 – 정사가 石慶을 거치지 않고 결정되다. ○醇謹(순근) – 온후하고 신중하다. 醇 순백할 순, 도타울 순.

〖國譯〗

石慶이 太僕(태복)이 되어 수레를 몰고 외출하는데 황제가 말이 몇 마리냐고 묻자, 석경은 채찍으로 말을 세어 본 다음에 손을 들고 "여섯 마리입니다"라고 말했다.

석경이 여러 형제 중 가장 엄격하지는 않았어도 이처럼 철저하였다. 齊의 승상으로 나갔는데 齊에서도 그의 家行을 본받아 형벌을 쓰지 않았어도 잘 다스려졌으며 '石相祠'가 세워졌다.

무제 元狩(원수) 원년에 太子를 책봉했고 여러 신하 중 사부가 될 만한 사람을 고르는데 石慶은 沛郡(패군)의 태수였다가 太子太傅가 되었고 7년이 지나 御史大夫로 옮겼다.

元鼎(원정) 5년, 승상 趙周가 酎金(주금)에 연좌되어 면직되자 어사대부에게 조칙이 내려왔다. "萬石君은 先帝의 존중을 받았고 자손의 효행이 지극하니 이에 어사대부 石慶을 승상에 임명하고 牧丘侯에 봉한다."

이 무렵, 漢에서는 바야흐로 남으로는 민월과 남월을 토벌하고 동쪽으로는 조선을 공격했고 북쪽으로는 흉노를 축출했으며 서쪽으로는 大宛(대원)을 정벌하는 등 중원 땅에 일이 많았다. 天子께서는 海內를 巡狩(순수)하고 옛 神祠를 보수하고, 封禪을 행하고 禮樂

을 진홍하였다. 나라의 비용이 부족하자 桑弘羊(상홍양) 등은 재정수입을 늘렸고, 王溫舒 같은 무리는 법을 가혹하게 집행했으며 兒寬(예관) 등은 文學을 추진하였는데 九卿은 각자 권한을 행사하여 정사가 석경에게 통보되지도 않았으며 석경은 그냥 온후하고 근신할 뿐이었다. 승상으로 재직 9년에 바로 잡는 말을 한 것도 없었다.

한번은 근신인 所忠(소충)과 9경의 한 사람인 咸宣(함선)의 잘못에 벌주기를 청했으나 죄를 자복하게 못해서 오히려 허물을 덮어쓰고 속죄해야만 했다.

原文

元封四年, 關東流民二百萬口, 無名數者四十萬, 公卿議欲請徙流民於邊以適之. 上以爲慶老謹, 不能與其議, 乃賜丞相告歸, 而案御史大夫以下議爲請者.

慶慚不任職, 上書曰, "臣幸得待罪丞相, 疲駑無以輔治. 城郭倉廩空虛, 民多流亡, 罪當伏斧質, 上不忍致法. 願歸丞相侯印, 乞骸骨歸, 避賢者路."

| 註釋 | ○元封四年 - 무제, 前 107년. ○關東 - 함곡관 동쪽. ○名數 - 戶籍. ○於邊以適之 - 변경에 그들을 가게 하다. 변경으로 보내다. ○與其議 - 그 의논에 참여하다. 그 업무를 담당하다. ○待罪 - 자기 직책을 수행하고 있다는 뜻의 謙辭(겸사). ○疲駑 - 삐쩍 마른 둔한 말. 자신을 말함. ○城郭倉廩空虛 - 성곽과 창고가 텅 비다. 倉廩은 창고. 곳간. 廩 창고 늠(름). 저장하다.

〖國譯〗

元封 4년에 관동지방에 流民이 2백만여 명이었고 그중 호적이 없는 유민이 40여만 명이었는데 여러 公卿은 그 유민들을 변경에 보내자는 의논을 하였다. 무제는 石慶이 늙고 신중하여 그런 의논에 참여가 부적합하다고 생각하여 승상에게 휴가를 주면서 어사대부 이하 의논을 주청한 사람들로 심의하게 하였다. 석경은 그런 직무를 수행하지 못한 것을 부끄럽게 생각하여 상서하였다.

"臣은 다행히 승상직을 수행하고는 있지만 지치고 둔한 말처럼 治國을 보필하지 못했습니다. 성곽과 나라의 창고가 텅 비었고 많은 백성들이 유민이 되었으니 그 책임은 죽어 마땅하지만 폐하께서는 법을 아니 적용하실 것이니 저는 늙어 고향으로 돌아가 현자가 나아갈 수 있는 길을 내주고자 합니다."

原文

上報曰, "間者, 河水滔陸, 泛濫十餘郡, 隄防勤勞, 弗能堙塞, 朕甚憂之. 是故巡方州, 禮嵩岳, 通八神, 以合宣房. 濟淮,江, 歷山濱海, 問百年民所疾苦. 惟吏多私, 徵求無已, 去者便, 居者擾, 故爲流民法, 以禁重賦. 乃者封泰山, 皇天嘉況, 神物並見. 朕方答氣應, 未能承意, 是以切比閭里, 知吏姦邪. 委任有司, 然則官曠民愁, 盜賊公行. 往年覲明堂, 赦殊死, 無禁錮, 咸自新, 與更始. 今流民愈多, 計文不改, 君不繩責長吏, 而請以興徙四十萬口, 搖蕩百姓, 孤兒幼年未滿十歲, 無罪而坐率, 朕失望焉. 今君上書言倉庫城郭不充實, 民多貧, 盜賊衆, 請入粟爲庶人. 夫懷知民貧而請益賦, 動危之而辭位, 欲安歸難乎? 君其反室!"

| 註釋 | ○滔陸(도륙) - 땅으로 넘치다. 滔 물 넘칠 도. ○隄防勤勞 - 막으려고 애를 쓰다. ○堙塞(인색) - 막다. 堙 막을 인(塡也). 塞 막을 색. ○方州 - 동방의 州郡. ○嵩岳(숭악) - 五嶽 중 中嶽인 崇山(숭산). ○八神 - 八方의 신. ○宣房(선방) - 地名. 今 河南省 濮陽市 서남. 여기서 황하의 물 막는 공사를 했는데 무제가 직접 공사현장에서 공사를 지켜보았다. 〈溝洫志(구혁지)〉 참고. ○惟 - 생각해보면(思也). ○無已 - 그치지 않다. 已(그칠 이)는 止也. ○去者便 - 살던 곳을 떠나는 것이 더 유리하다. ○嘉況 - 좋은 징조를 내려주다. 況은 賜也. ○並見 - 함께 나타나다. 見은 현, 顯示也. ○切比 - 직접 가서 생각해보다. ○然則官曠 - 그래서 관가는 헛일을 하고. 曠(넓을 광)은 텅 비다(空也). ○覲明堂 - 제후들이 명당에서 가을에 천자와 朝會하다. 覲 뵐 근. 만나보다. 가을에 천자를 뵙다. ○赦殊死(사수사) - 잔혹한 형벌을 사면하다. 殊死는 머리와 몸뚱이를 분리시키는 잔혹한 형벌. ○計文不改 - 하급 郡에서 올라오는 문서를 문장만 다듬고 내용을 고치지 않다. ○不繩責長吏 - 관리들을 규찰하여 바로 잡지 않고. 繩은 줄 승. 法度. 규찰하여 바로잡다.(糾正 규정) ○搖蕩(요탕) - 크게 흔들리다. 動也. ○坐率 - 부모를 따라 이주하여야 한다. ○請入粟爲庶人 - (石慶이) 직분을 제대로 수행하지 못한 죄의 대가로 나라에 곡식을 바치고 서민이 되다. ○懷知 - 마음으로 헤아려 알다(心知). ○動危之而辭位 - 백성이 요동하는 위기에 사임하려 하다. ○欲安歸難乎 - 어려운 일을 누구에게 넘기려 하는가? ○君其反室 - 승상은 아마 고향에 가야할 것이다. 가서 반성하라는 反語的 표현.

〖國譯〗

이에 무제가 통보했다.

"지난번에 황하의 물이 넘쳐 10여 郡에 범람하였고 물막이를 하느라 고생했으나 막을 수 없어서 朕(짐)은 매우 걱정했었다. 그래서 동쪽 지방을 순시하였고 嵩山에서 제사했고 八方의 신에 빌어 宣房(선방)에서 제방 잇기를 완성했었다. 그리고 淮水와 長江을 건넜고 산과 바닷가를 지나면서 그 오랜 세월 백성들의 고통을 물어보았도다. 생각해보면 관리들의 욕심이 많아 백성들로부터 끝없이 걷어대니 본적지를 떠나는 것이 편하고 남아 있는 자는 괴롭힘을 당하기에 流民이 되는 것이고 그래서 무거운 부세 징수를 금하였도다. 전번에 泰山에 봉선하자 皇天에서 좋은 징조를 내려 주시고 神物이 같이 나타났었다. 짐은 방금 그 瑞氣에 보답하려 했으나 上天의 뜻을 아직 받지 못하였기에 마을에 들어가 직접 물어 관리들의 사악함이 많음을 알았도다. 담당 관리들에게 위임하였으나 관청은 헛일만 늘어놓고 백성들에게는 걱정거리가 되고 도적들은 공공연히 횡행하고 있다. 지난 해 가을 明堂에서 제후들의 조회를 받으며 잔혹한 형벌을 사면하고 금고를 없애고 모두 함께 새롭게 다시 시작하라고 분부하였었다. 지금 유민은 더 많아지고 보고되는 숫자는 고쳐지지 않는데 승상은 이런 관리들을 바로 잡지 않고 백성 이주 시키는 일을 구실로 청원을 하니 백성들이 크게 동요하고 고아와 10세 안 되는 어린 애들은 아무 죄도 없이 부모를 따라 이주해야 하니 짐도 실망할 뿐이로다. 지금 승상은 상서하여 창고와 성곽이 채워지지 않고 백성들은 더 가난해지고 도적은 더 많아진다고 말하면서 승상은 곡식을 바치고 서민이 되겠다고 하였소. 그러면 백성이 가난한데도 부세를 늘

려야 하고 위기에 처한 줄을 알면서 관직을 사임하겠다고 하니 이 어려움을 누구에게 넘기려 하는가? 승상은 그러면 귀향하시라!"

原文

慶素質, 見詔報'反室', 自以爲得許, 欲上印綬. 掾史以爲見責甚深, 而終以反室者, 醜惡之辭也. 或勸慶宜引決. 慶甚懼, 不知所出, 遂復起視事.

慶爲丞相, 文深審謹, 無他大略. 後三歲餘薨, 謚曰恬侯. 中子德, 慶愛之. 上以德嗣, 後爲太常, 坐法免, 國除. 慶方爲丞相時, 諸子孫爲小吏至二千石者十三人. 及慶死後, 稍以罪去, 孝謹衰矣.

| **註釋** | ○素質 – 그 바탕이 순진하여. 質은 성실하다. ○掾史(연사) – 掾吏. 하급 관리. ○醜惡之辭也 – 매우 험악한 뜻. ○引決 – 自決하다. ○無他大略 – 다른 원대한 方略은 없었다. ○恬侯(염후) – 편안할 염. ○中子 – 작은아들. 次子. ○稍以罪去 – 점차로 죄를 지어 없어지다.

〖國譯〗

石慶은 바탕이 단순하여 조서의 '反室' 이란 말을 보고 허락을 받은 것으로 생각하여 印綬(인수)를 바치려 하였다. 掾吏(연리)는 아주 무거운 견책이라 생각하면서 '反室' 이란 말로 끝난 것은 아주 험악한 뜻이라고 말하였다. 어떤 사람은 석경에게 응당 자결해야 한다고 권하기도 하였다. 석경은 크게 두려워 어찌할 바를 모르다가 결국 다시 나가 업무를 보았다. 석경은 승상으로 문사를 아주 꼼꼼히 살피고 근신하였으나 다른 큰 방략은 없었다. 그 3년 뒤에 죽었는데 시호는 恬侯(염후)라 하였다. 작은아들 石德을 石慶이 아꼈었다. 무제는 석덕이 부친의 지위를 계승하게 하였고 석덕은 뒤에 太常이 되었다가 법에 의거 면직되었고 나라도 없어졌다.

石慶이 丞相으로 재위 중에 여러 자손이 小吏에서 2천석에 이른 자가 13명이나 되었었다. 석경이 죽은 이후로 차츰 죄를 지어 제거되었고 효행과 근신도 쇠퇴하였다.

46-2. 衛綰

原文

衛綰, 代大陵人也, 以戱車爲郎, 事文帝, 功次遷中郎將, 醇謹無它. 孝景爲太子時, 召上左右飮, 而綰稱病不行. 文帝且崩時, 屬孝景曰, "綰長者, 善遇之." 及景帝立, 歲餘, 不孰何綰, 綰日以謹力.

| 註釋 | ○衛綰(위관, ? – 前 131) – 中郎將, 太子太傅, 御史大夫, 丞相 역임. ○大陵 – 縣名. 今 山西省 중서부의 呂梁市 관할 文水縣. 代郡 또는 代國인가에 대해 각기 다른 주해가 있다. ○戱車(희거) – 잡기를 공연하는 수레.

○郞 – 郞官, 郞吏, 황궁 문지기. ○中郞將 – 황제 侍衛 담당. ○醇謹無它 – 온후하고 신중하며 다른 생각을 하지 않다. 醇 온후할 순, 진국 술 순. ○且 – 將. ~하려 하다. ○屬 – 부탁할 촉. 囑과 同. ○不孰何綰 – 위관에게 왜(何) 불참했는지 이유를 묻지 않다. 孰 누구 숙. 어느 것. 무엇. ○謹力 – 근신한 행동을 하도록 스스로 노력했다.

〖國譯〗

衛綰(위관)은 代郡 大陵縣(대릉현) 사람인데 수레에서 잡기를 연주하다가 낭관이 되어 文帝를 섬겼으며 근무를 잘해 중랑장으로 승진하였고 성실하고 신중한 사람으로 다른 잡념이 없었다. 孝景帝가 태자였을 때, 측근을 불러 술을 마셨는데 위관은 병이 났다며 가지 않았다. 문제가 붕어하기 전에 경제에게 부탁하며 말했다.

"위관은 長者이니 잘 대우해 주어라."

경제가 즉위하고서 일 년이 넘도록 위관에게 그때 왜 불참했는지를 따져 묻지 않았고 위관은 매일 열심히 근무했다.

原文

景帝幸上林, 詔中郞將參乘. 還而問曰, "君知所以得參乘乎?" 綰曰, "臣代戱車士, 幸得功次遷, 待罪中郞將, 不知也." 上問曰, "吾爲太子時召君, 君不肯來, 何也?" 對曰, "死罪, 病." 上賜之劍, 綰曰, "先帝賜臣劍凡六, 不敢奉詔." 上曰, "劍, 人之所施易, 獨至今乎?" 綰曰, "具在." 上使取六劍, 劍常盛, 未嘗服也.

| 註釋 | ○參乘(참승) – 陪乘(배승). 수레의 오른쪽에 타는 사람. 좌로부터 主人(貴人) – 御者 – 參乘. ○待罪(대죄) – 자기 직책을 수행하고 있다는 뜻의 謙辭(겸사). ○所施易(소이역) – 다른 물건으로 바꿀 수도 있다. 施는 베풀 시. 옮길 이, 기울 이. '이' 발음으로 사용되는 경우가 많지 않지만 '施易貿換'의 註가 있다. ○劍常盛 – 검은 칼집에 들어 있었다. 盛은 칼집에 넣다. ○未嘗服也 – 칼을 차지 않다. 소중하게 보관했다는 뜻.

〖國譯〗

景帝가 상림원에 행차했는데 中郞將을 불러 參乘하게 하였다. 돌아오면서 경제가 물었다. "자네는 왜 참승을 하게 되었는지 아는가?" 위관이 말했다. "臣은 代國 출신으로 수레에서 재주를 부리는 사람이었고 다행히 중랑장 직분을 담당하고 있지만 잘 모르겠습니다." 경제가 물었다. "내가 태자로 있을 때 자네를 불렀지만 오지 않았었는데 왜 그랬는가?" "죽을죄를 지었습니다. 병이 났었습니다."

경제가 위관에게 검을 하사하자 위관이 말했다. "先帝께서 저에게 하사하신 검이 모두 6자루나 있어 명을 받지 못하겠습니다." 그러자 경제가 말했다. "검은 사람들이 바꿀 수도 있는데 지금까지 있는가?" 위관이 말했다. "모두 있습니다." 경제가 검 6자루를 가져오라 하니 검은 모두 칼집에 들어 있고 사용한 적이 없었다.

原文

郞官有譴, 常蒙其罪, 不與它將爭, 有功, 常讓它將. 上以爲廉, 忠實無它腸, 乃拜綰爲河間王太傅. 吳,楚反, 詔綰爲將, 將河間兵擊吳,楚有功, 拜爲中尉. 三歲, 以軍功封綰爲建陵侯.

明年, 上廢太子, 誅栗卿之屬. 上以綰爲長者, 不忍, 乃賜綰告歸, 而使郅都治捕栗氏. 旣已, 上立膠東王爲太子, 召綰拜爲太子太傅, 遷爲御史大夫. 五歲, 代桃侯舍爲丞相, 朝奏事如職所奏. 然自初宦以至相, 終無可言. 上以爲敦厚可相少主, 尊寵之, 賞賜甚多.

爲丞相三歲, 景帝崩, 武帝立. 建元中, 丞相以景帝病時諸官囚多坐不辜者, 而君不任職, 免之. 後薨, 謚曰哀侯. 子信嗣, 坐酎金, 國除.

| **註釋** | ○郎官(郞官) – 郞吏. 郞中令의 속관. 황궁, 조정의 각종 門戶 수비. 황제 호위 임무. 議郞, 中郞, 侍郞 郞中의 직분이 있고 질록 比 3백석부터 6백석까지 여러 층. 무 정원, 1천 명일 때도 있었다. 任子令(2천석 이상 관리의 자제를 낭관에 특채)에 의한 임용, 貲選(재물을 바치고 임용), 軍功에 의거 임용 등 임용 방법이 다양. 武帝 때부터는 孝廉이나 明經으로 추천된 자 중에서도 임용. 일정 기간이 지나면 승진할 수 있기에 관직에 들어가는 첫 계단이었다. ○譴 – 꾸짖을 견. 見責하다. 蒙은 입을 몽. 덮어쓰다. ○無它腸 – 마음에 다른 원망이 없다. 오직 일심으로 섬기다. ○河間王 – 前 155년에 景帝의 아들 德(河間國 獻王)을 봉했다. 옛날 趙國의 영지, 今 河北省 邢台市(형태시) 鉅鹿縣을 중심으로 했던 제후국. ○明年 – 景帝 때, 오초칠국난 다음 해. 廢太子는 栗姬(율희) 소생의 劉榮. 景帝 前 7년(前 150)의 일. ○栗卿之屬 – 劉榮의 외가 사람들. ○長者 – 나이가 많고 덕이 있는 사람. ○郅都(질도) – 90권, 〈酷吏傳〉에 입전. ○膠東王爲太子 – 뒷날 武帝. ○景帝崩 –

前 141년. ○建元中 – 前 140 – 135년. '建元初'가 되어야 한다는 주석이 맞다. ○君不任職 – 위관이 승상으로서 사안을 제대로 심리하지 않았다는 뜻. 황제가 親政을 직접 통솔하지 않는다면 승상이 해야 할 일이라는 개념이 들어 있다. ○後薨(후훙) – 위관은 武帝 元光 4년(前 131년)에 죽었다.

〖國譯〗

郎官의 견책이 있을 때 위관은 늘 그 허물을 뒤집어썼고 다른 장수와 논쟁하지 않았으며 공을 세우면 언제나 다른 장수에게 양보하였다. 경제는 위관이 염치가 있고 충실하며 다른 마음이 없다고 생각하여 하간왕의 태부로 임명하였다. 吳와 楚의 반란 때 詔命으로 위관을 장수에 임명했고 河間國의 군사를 지휘하여 오와 초를 토벌하는데 공을 세워 中尉가 되었다. 그 3년 뒤에 軍功으로 위관은 建陵侯(건릉후)가 되었다.

다음 해, 경제는 태자를 폐하고 栗卿(율경)의 일족을 죽였다. 경제는 위관이 長者이기에 그런 일을 차마 못할 것이라 생각하여 위관에게 휴가를 명한 다음에 郅都(질도)를 시켜 栗氏 일족을 체포해 심문케 하였다. 얼마 뒤 경제는 膠東王을 태자로 책봉하였고 위관을 불러 太子太傅에 임명하였다가 다시 어사대부에 임명하였다.

5년에 桃侯(도후) 劉舍(유사)를 대신하여 승상에 임명되었는데 위관이 조회에서 상주하는 것은 직분에 관한 일 뿐이었다. 그러나 처음 관직에 들어서서 승상에 이르기까지 새로운 일의 시작이나 폐지를 말하지 않았다. 경제는 위관이 敦厚(돈후)하여 젊은 황제를 보필할 것이라 믿었고 위관을 존중하고 신임하면서 하사하는 물건이 특별히 많았다.

위관은 승상이 되고 3년에 경제가 붕어하고 무제가 즉위하였다. 建元 연간에 경제의 병환 중에 여러 부서에서 죄도 없이 무고한 사람이 많았는데 위관이 승상으로서 그런 일을 제대로 심의하지 못했다 하여 면직되었다. 뒤에 위관이 죽자 시호는 哀侯(애후)이었다. 아들 衛信이 이어받았으나 酎金(주금)에 연좌되어 나라가 없어졌다.

46-3. 直不疑

原文

直不疑, 南陽人也. 爲郎, 事文帝. 其同舍有告歸, 誤持其同舍郎金去. 已而同舍郎覺, 亡意不疑, 不疑謝有之, 買金償. 後告歸者至而歸金, 亡金郎大慙, 以此稱爲長者. 稍遷至中大夫. 朝廷見人或毁不疑曰, "不疑狀貌甚美, 然特毋奈其善盜嫂何也!" 不疑聞, 曰, "我乃無兄." 然終不自明也.

|註釋| ○直不疑(직불의, ? - 前 138) - 《노자》를 즐겨 읽었고 '無爲의 治'를 구현하려고 노력. ○南陽 - 郡名. 치소는 宛縣(今 湖南省 南陽市). ○同舍 - 같은 관청. ○告歸 - 請暇還家. 휴가를 가다. ○亡意不疑 - 터무니없이 不疑를 의심하다. 亡은 忘也. ○大慙 - 慙은 慚. ○朝廷見人 - 조정의 높은 고관. 見은 顯. 顯人은 곧 達官.

〖國譯〗

直不疑(직물의)는 南陽郡 사람이다. 낭관으로 文帝를 섬겼다. 그와 같은 곳에 있는 사람이 휴가를 가면서 같은 동료의 금전을 실수로 가지고 갔다. 얼마 뒤, 같은 동료가 돈이 없어진 것을 알고 터무니없이 직불의를 의심하였는데 직불의는 그랬다고 사과하며 금전을 구해다가 갚아 주었다. 뒤에 휴가를 갔던 사람이 돌아와 금전을 돌려주자 금전을 잃어버렸던 낭관은 크게 부끄러워하며 직불의를 長者라고 칭찬하였다.

조정의 어떤 고관이 직불의를 헐뜯는 말을 하였다. "불의의 외모는 아주 잘 생겼지만, 그러나 그 형수를 도적질하였다니 어찌해야 하겠는가?" 그 이야기를 들은 직불의는 "나는 형이 없는데!"라고 말하고서는 끝까지 그 사람을 밝히지 않았다.

原文

吳,楚反時, 不疑以二千石將擊之. 景帝後元年, 拜爲御史大夫. 天子修吳,楚時功, 封不疑爲塞侯. 武帝卽位, 與丞相綰俱以過免.

不疑學《老子》言. 其所臨, 爲官如故, 唯恐人之知其爲吏迹也. 不好立名, 稱爲長者. 薨, 謚曰信侯. 傳子至孫彭祖, 坐酎金, 國除.

|註釋| ○吳,楚反時 - 景帝 3년(前 154년). ○景帝後元年 - 景帝 卽位는

前 156년. 中元 元年은 前 149년, 後元 元年은 前 143년. 이때 연호 미사용.
○ 其所臨 – 臨은 臨職. 任職.

〖國譯〗

吳와 楚가 반란을 일으켰을 때, 직불의는 질록 二千石의 장군으로 반군을 토벌하였다. 경제 後元 원년에 어사대부에 제수되었다. 천자는 吳와 楚의 반란을 진압한 공을 인정하여 직불의를 塞侯(새후)에 봉했다. 무제가 즉위한 뒤 승상 衛綰(위관)과 함께 잘못이 있다 하여 면직되었다.

직불의는 老子의 학문을 했다. 그가 가는 곳의 관청 업무는 늘 전과 같았고 남이 그의 치적을 알게 될까 걱정하였다. 그는 유명해지는 것을 좋아하지 않았기에 長者라고 칭송되었다. 그가 죽자 시호는 信侯(신후)라 하였다. 아들을 거쳐 손자 彭祖(팽조)에 계승되었으나 酎金(주금)에 연좌되어 나라가 없어졌다.

46-4. 周仁

原文

周仁, 其先任城人也. 以醫見. 景帝爲太子時, 爲舍人, 積功遷至太中大夫. 景帝初立, 拜仁爲郎中令.

仁爲人陰重不泄. 常衣弊補衣溺袴, 故爲不潔淸. 以是得幸, 入臥內. 於後宮秘戲, 仁常在旁, 終無所言. 上時問人, 仁曰, "上自察之." 然亦無所毁, 如此. 景帝再自幸其家, 家徙陽陵. 上所賜甚多, 然終常讓, 不敢受也. 諸侯群臣賂遺, 終無所受. 武帝立, 爲先帝臣重之. 仁乃病免, 以二千石祿歸老, 子孫咸至大官.

| **註釋** | ○周仁(주인) - 생졸년 미상. ○任城(임성) - 縣名. 今 山東省 濟寧市 任城區. ○毉見 - 의술을 통해 알현하다. 毉는 醫와 同. ○陰重不泄(음중불설) - 비밀을 중히 여겨 누설하지 않다. 陰은 秘密. ○常衣弊補衣溺袴 - 늘 기운 헌 옷과 오줌 바지를 입다. 溺은 빠질 익. 오줌 뇨. 袴는 바지 고. 溺袴(뇨고), 襯袴(친고). 속바지. 尿袴(뇨고). '衣溺袴' 에 대한 장문의 주석을 종합해보면 오줌 기저귀 겸 속바지를 입었다는 뜻이다. 성인용 기저귀를 차는 사람을 생각하면 이해할 수 있다. ○以是得幸 - 헌 옷을 입고 깨끗하지 못해 총애를 받은 것이 아니라 앞에 말한 대로 입이 무거워서 총애를 받았다고 풀이해야 한다. 또 그가 男寵(남총)이었다는 풀이도 있다. ○於後宮秘戲 - 景帝가 後宮에서 妃嬪과 노닥거릴 때. ○上時問人 - 경제가 때때로(市) 타인의 장단점을 묻다. ○陽陵 - 景帝의 능. 縣名(今 陝西省 西安市 高陵縣 서남). ○賂遺(뇌유) - 뇌물을 주다.

〖**國譯**〗

周仁(주인)의 선조는 任城縣 사람이었다. 주인은 의술이 있어 황제를 뵈었다. 경제가 태자로 있을 때 舍人이 되었고 연공을 쌓아 太中大夫가 되었다. 景帝가 즉위하면서 주인은 郎中令이 되었다.

주인은 사람됨이 입이 무거워 누설하지 않았다. 늘 기운 헌 옷에 속바지를 입고 있었기에 청결하지는 않았다. 주인은 총애를 받아 궁궐 안채에 출입할 수 있었다. 景帝가 후궁에서 은밀한 놀이를 즐길 때 주인이 늘 곁에 있었지만 끝내 발설하지 않았다. 경제가 때로 다른 사람에 대해 물어보면 주인은 "폐하께서 직접 살펴보십시오."라고 말했다. 그가 남을 헐뜯지 않는 것이 이와 같았다. 景帝가 두 번이나 그 집에 행차했었는데 두 번째 집은 陽陵으로 이사했었다. 경제가 하사하는 물건이 많았으나 끝까지 늘 사양하며 받지 않았다. 제후와 여러 신하들이 그에게 선물을 보내도 끝까지 받는 것이 없었다. 武帝가 즉위하고 先帝 때의 신하를 높이 등용하였는데 주인은 병이 났다고 사임하여 2천석의 녹봉을 받으며 은퇴하였고 자손들이 모두 높은 자리에 올랐다.

46-5. 張歐

原文

張歐字叔, 高祖功臣安丘侯說少子也. 歐孝文時以治刑名侍太子, 然其人長者. 景帝時尊重, 常爲九卿. 至武帝元朔中, 代韓安國爲御史大夫. 歐爲吏, 未嘗言按人, 剸以誠長者處官. 官屬以爲長者, 亦不敢大欺. 上具獄事, 有可卻, 卻之, 不可者, 不得已, 爲涕泣, 面而封之. 其愛人如此. 老篤,請免, 天子亦寵以上大夫祿, 歸老於家. 家陽陵. 子孫咸至大官.

| 註釋 | ○張歐(장구) – 歐는 토할 구(本音 우), 노래할 구. 毆(몰 구)가 아님. ○安丘侯 張說(장열, ? – 前 168) – 楚漢전쟁 때부터 고조를 수행하며 각종 전투를 겪었다. 安丘는 今 山東省 地名. ○治刑名 – 刑名學(刑名法術之學)을 공부하다. 先秦 法家 사상에 바탕을 둔 법치와 名分의 확립을 통한 치국과 강병을 주장했다. ○武帝元朔中 – 前 128 – 123년. ○韓安國(한안국, ? – 前 127) – 字 長孺. 52권, 〈竇田灌韓傳〉에 입전. ○按人 – 사람을 조사하다. 按은 누를 안, 살필 안. ○剸 – 專과 同. ○面而封之 – 죄수를 바로 보지 못하고 곧 외면한 채 최종 판결문을 봉해 올리다. 또 다른 주는 죄수가 보는 면전에서 봉한다는 뜻으로 해석하였다. ○老篤(노독) – 늙어 쇠약하다. 많이 늙었다. 老病篤이 정확한 표현일 것임. 篤은 도타울 독.

〖國譯〗

張歐(장구)의 字는 叔(숙)으로 高祖의 공신 安丘侯 張說(장열)의 막내아들이었다. 장구는 문제 때 刑名學을 공부하고 태자를 모시었는데 사람됨이 근실, 정직하였다. 景帝 때 존경을 받으며 늘 9경의 한 사람이었다. 武帝 元朔(원삭) 중에 韓安國의 뒤를 이어 어사대부가 되었다. 장구는 관리가 된 이후로 사람을 처벌해야 한다는 말을 하지 않았으며 오로지 성실한 長者의 모습으로 관직에 임했다. 관리들도 장구를 長者로 생각하였기에 속이거나 무시하지 못했다. 옥사에 관한 문서가 마무리되어 올라올 경우 거부할 수 있으면 기각하고 어쩔 수 없으면 부득이 눈물을 흘리며 죄수를 차마 바로 보지 못하고 문서를 봉해 상주하였다. 그의 백성 사랑이 이와 같았다.

老患(노환)이 심하여 면직을 청원하였고 경제도 특별히 신임하며 상대부의 녹봉으로 고향에 돌아가 쉬게 하였다. 집은 陽陵縣(양릉현) 이었다. 자손들이 모두 大官을 역임했다.

原文

贊曰, 仲尼有言 '君子欲訥於言而敏於行', 其萬石君,建陵侯,塞侯,張叔之謂與? 是以其教不肅而成, 不嚴而治. 至石建之浣衣, 周仁爲垢汚, 君子譏之.

| 註釋 | ○君子欲訥於言而敏於行 - 《論語 里仁》. 訥은 말 더듬을 눌. ○與 - 歟와 同. 歟 어조사 여. 의문, 반문, 감탄의 어기를 표현하는 종결어미. ○垢汚 - 더럽다. 垢 때 구. 汚 더러울 오. ○譏 - 譏弄(기롱)하다. 비웃다. 비난하다. 비꼬다.

〖國譯〗

班固의 論贊 : '군자는 말을 천천히 하고 실천은 민첩해야 한다.' 라는 공자의 말이 있는데 이는 아마도 만석군(石奮)과 건릉후(衛綰), 塞侯(直不疑), 張叔(張歐)을 두고 한 말일 것이다. 이러하다면 엄숙하지 않아도 가르침이 통하고 무섭게 하지 않아도 다스려질 것이다. 그러나 石建의 (부친) 의복 세탁과 周仁의 더러운 차림새는 君子가 비웃을 만하다. 그러나 石建이 (부친) 의복세탁과 周仁의 더러운 차림새는 君子가 비웃을 만하다.

47 文三王傳
〔문삼왕전〕

47-1. 梁 孝王 劉武

原文

孝文皇帝四男, 竇皇后生孝景帝,梁孝王武, 諸姬生代孝王參,梁懷王揖.

梁孝王武以孝文二年與太原王參,梁王揖同日立. 武爲代王, 四年徙爲淮陽王, 十二年徙梁, 自初王通歷已十一年矣.

| 註釋 | ○孝文皇帝 - 재위 前 180 - 157. ○竇皇后(두황후) - 문제의 황후로 공주 劉嫖(유표), 장자 劉啓(景帝), 차남 劉武를 낳았다. ○諸姬 - 姬妾之列 여인의 총칭. 그 성씨나 秩次를 모르는 경우 諸姬로 표기. ○通歷 - 처음 왕에 피봉된 이후의 햇수.

〖國譯〗

孝文皇帝는 4명의 아들이 있는데 竇皇后(두황후)는 孝景帝와 梁孝王 武를 낳고, 諸姬가 代國 孝王 參과 梁國 懷王(회왕) 揖(읍)을 낳았다.

梁 孝王 劉武는 文帝 2년에 太原王 劉參, 梁王 劉揖(유읍)과 한 날에 책봉되었다. 劉武는 代王에 봉해졌는데 문제 4년에 淮陽王으로 옮겨졌다가 문제 12년(前 168)에 梁王이 되었으니 처음 왕이 된지 합산하면 11년이었다.

原文

孝王十四年, 入朝. 十七年,十八年, 比年入朝, 留. 其明年, 乃之國. 二十一年, 入朝. 二十二年, 文帝崩. 二十四年, 入朝. 二十五年, 復入朝. 是時, 上未置太子, 與孝王宴飲, 從容言曰, "千秋萬歲後傳於王." 王辭謝. 雖知非至言, 然心內喜. 太后亦然.

其春, 吳,楚,齊,趙七國反, 先擊梁棘壁, 殺數萬人. 梁王城守睢陽, 而使韓安國,張羽等爲將軍以距吳,楚. 吳,楚以梁爲限, 不敢過而西, 與太尉亞夫等相距三月. 吳,楚破, 而梁所殺虜略與漢中分.

| 註釋 | ○十四年 - 梁王이 왕이 되고 14년. 文帝 즉위 후 14년이 아니다. ○比年 - 連年. ○千秋萬歲後 - 죽음을 완곡하게 표현한 말. ○至言 - 至는

誠直也. ○其春 - 景帝 3년(전 154년). ○吳,楚,齊,趙七國 - 膠西王 劉卬(유앙), 膠東王 劉雄渠, 菑川王(치천왕) 劉賢, 濟南王 劉辟光은 모두 齊의 分國이기에 齊라 통칭. ○棘壁(극벽) - 邑名. 今 河南省 直轄의 永城市 서북. 今 安徽省과의 접경. ○睢陽(수양) - 縣名. 今 河南省 동부의 商丘市 서남. 睢는 눈 부릅뜰 휴, 강 이름 수. 雎(물수리 저)와는 다른 글자이다. ○中分 - 반분하다. 대등하다.

〖國譯〗

양 효왕은 14년에 入朝했다. 17년, 18년 연이어 입조하여 장안에 머물렀다. 그 다음 해에 나라로 돌아갔다. 21년에 입조했다. 22년에 文帝가 붕어했다. 24년 입조했다. 25년 다시 입조했다. 이때 경제는 아직 태자를 세우지 않고 있었는데 孝王과 술을 마시면서 조용히 말했다. "千秋萬歲 후에 아우(효왕)에게 전위하겠네." 효왕은 말로 사양했다. 비록 진심으로 하는 말이 아닌 줄은 알았지만 내심으로 기뻐했다. 두태후 또한 그러했다.

그해 봄에(前 154) 吳, 楚, 齊, 趙의 7국이 반란을 일으키며 먼저 梁의 棘壁(극벽)을 공격하여 수만 명을 죽였다. 梁王은 睢陽(수양)성을 지키면서 韓安國과 張羽 등을 장군으로 삼아 吳와 楚를 막았다. 吳와 楚는 梁에게 막혀 서쪽으로 진격할 수 없었으며 太尉 周亞夫 등과 3개월을 대치하였다. 吳와 楚가 격파되었을 때 梁에서 죽이거나 잡은 포로가 漢과 비슷했다.

原文

明年, 漢立太子. 梁最親, 有功, 又爲大國, 居天下膏腴地, 北界泰山, 西至高陽, 四十餘城, 多大縣. 孝王, 太后少子, 愛之, 賞賜不可勝道. 於是孝王築東苑, 方三百餘里, 廣睢陽城七十里, 大治宮室, 爲復道, 自宮連屬於平臺三十餘里. 得賜天子旌旗, 從千乘萬騎, 出稱警, 入言蹕, 擬於天子. 招延四方豪桀, 自山東游士莫不至, 齊人羊勝,公孫詭,鄒陽之屬. 公孫詭多奇邪計, 初見日, 王賜千金, 官至中尉, 號曰公孫將軍. 多作兵弩弓數十萬, 而府庫金錢且百鉅萬, 珠玉寶器多於京師.

| 註釋 | ○明年 漢立太子 - 漢 景帝는 前 153년에 劉榮(母 栗姬)를 태자로 세웠다. ○膏腴地 - 기름진 땅. 膏는 기름 고. 腴는 살찔 유. ○高陽 - 邑名. 今 河南省 開封市 杞縣 서남. ○不可勝道 - 다 말할 수 없다. 勝은 盡也. 道는 言也. ○廣 - 확대하다. 廣은 擴(넓힐 확). ○出稱警 - 警은 엄숙히 경계하다. ○蹕 - 길 치울 필. 길을 치우고 왕래를 금하다. ○擬 - 비슷하다. 比也. ○詭 - 속일 궤. ○鉅萬 - 巨萬. 금액이 막대하다. 百鉅萬은 百萬.

〖國譯〗

그 다음 해 漢에서 太子를 책봉하였다. 梁나라는 황제와 친형제이고 (반란 진압에) 공을 세워 다시 대국이 되어 천하의 기름진 땅을 차지하였으니 북쪽은 泰山을 경계로 서쪽으로는 高陽에 이르기까지 40여 성에 큰 현이 많았다. 孝王은 太后의 막내아들이라서 친애하여 내려준 재물을 이루 다 말할 수가 없었다. 이에 孝王은 東苑(동원)을 만들었는데 그 둘레가 3백 리였으며 수양성을 70리나 넓혀 궁궐을 크게 지었고 復道를 만들었는데 궁궐에서 平臺까지 30여 리에 이어졌다. 天子의 旌旗(정기)를 하사받았으며 수종하는 무리가 千乘萬騎이었으며 외출하며 경계를 삼엄하게 했고 들어오면서 길을 치우고 통행을 막는 것이 천자의 행차와 비슷하였다. 사방의 호걸을 불러들이니 山東의 游士로 찾아오지 않은 사람이 없었는데 齊人인 羊勝(양승)과 公孫詭(공손궤), 鄒陽(추양)같은 사람들이 있었다. 공손궤는 기이한 거짓 계략이 많았는데 처음 알현하는 날에 효왕이 千金을 하사했고 나중에 中尉가 되었는데 公孫將軍이라고 불렀다.

梁國은 많은 병기와 쇠뇌와 활 수십만 개를 만들었고 府庫의 금전은 거의 백만이 넘었으며 珠玉과 寶器는 漢의 도성보다도 많았다.

原文

二十九年十月, 孝王入朝. 景帝使使持乘輿駟, 迎梁王於關下. 旣朝, 上疏, 因留. 以太后故, 入則侍帝同輦, 出則同車遊獵上林中. 梁之侍中,郎,謁者著引籍出入天子殿門, 與漢宦官亡異.

十一月, 上廢栗太子, 太后心欲以梁王爲嗣. 大臣及爰盎等有所關說於帝, 太后議格, 孝王不敢復言太后以嗣事. 事秘, 世莫知, 乃辭歸國.

|註釋| ○乘輿駟 - 수레와 말. 황제는 여섯 마리 말이 끄는 수레를 탔다. 황제의 副車는 4마리 말(駟)이 끌었다. ○著引籍出入天子殿門 - 성명을 출입문에 붙여놓고 천자의 殿門을 출입하다. 著籍(착적)은 성명(籍)을 써 붙이다(著). 通籍. ○爰盎(원앙) - 人名. 49권, 〈爰盎鼂錯傳〉에 입전. ○關說 - 進言하다. ○格 - 저지하다. 막히다.

〖國譯〗

효왕 29년 10월, 효왕이 입조했다. 景帝는 사자를 시켜 수레와 말을 가지고 가서 梁王을 함곡관에서 맞이하게 하였다. 효왕은 황제를 뵙고 글을 올리고서 장안에 체류했다. 태후가 계시기 때문에 궁에 와서는 황제를 모시며 輦(연)을 같이 탔으며, 나가서는 수레를 함께 타고 상림원에서 사냥을 했다. 梁王의 시중과 낭관, 謁者(알자)의 성명을 써 붙이고 천자가 계신 전각의 문을 출입하게 하니 漢의 관리와 차이가 없었다.

11월에, 경제는 栗太子(율태자)를 폐하였는데, 太后는 마음속으로 梁王으로 뒤를 잇게 하고 싶었다. 大臣과 爰盎(원앙) 등이 경제에게 진언한 바 있어 태후의 의논은 막혔고 孝王은 다시는 후계 일을 말할 수 없었다. 이런 일은 비밀이라서 세상에서는 알 수 없었으며 효왕은 인사를 올리고 귀국했다.

原文

其夏, 上立膠東王爲太子. 梁王怨爰盎及議臣, 乃與羊勝, 公孫詭之屬謀, 陰使人刺殺爰盎及他議臣十餘人. 賊未得也. 於是天子意梁, 逐賊, 果梁使之. 遣使冠蓋相望於道, 覆案梁事. 捕公孫詭,羊勝, 皆匿王後宮. 使者責二千石急, 梁相軒丘豹及內史安國皆泣諫王, 王乃令勝,詭皆自殺, 出之. 上由此怨望於梁王. 梁王恐, 乃使韓安國因長公主謝罪太后, 然後得釋.

| 註釋 | ○賊未得也 – 범인을 찾지 못하다. ○冠蓋 – 출장 가는 관리와 그 수레. 冠은 관리의 冠帽. 도로에 출장 가는 관리가 연락부절했다는 뜻. ○覆案(복안) – 사건을 다시 조사하다. ○軒丘豹(헌구표) – 헌구는 複姓. ○長公主 – 황제의 공주 중 맏이. 또는 황제의 여자형제에 대한 호칭. 여기서는 두태후의 큰 딸. 景帝와 梁 孝王의 누나.

〖國譯〗

그해 여름에, 膠東王(교동왕, 劉徹)을 책봉하여 태자로 삼았다. 梁王은 爰盎(원왕)과 의논에 참여한 신하들에게 감정을 가졌고 마침내 羊勝, 公孫詭의 무리와 모의하여 몰래 사람을 보내 원앙과 다른 신하 10여 명을 찔러 죽였다. 범인은 잡지 못했다. 이에 천자는 양왕을 의심했고 범인을 추적해 보니 과연 양나라에서 시킨 일이었다. 사자를 보내니 길에 관리들의 冠과 수레가 계속 이어졌으며 양왕의 사안을 다시 조사하게 하였다. 공손궤와 양승을 체포하려 했는데 모두가 효왕의 궁궐 속에 숨었다. 황제의 사자가 2천석 고관들을 심하게 문책하자 梁의 승상 軒丘豹(헌구표)와 內史 韓安國이 모두 눈물을 흘리며 효왕에게 바른 말을 하였고 효왕은 결국 양승과 공손궤를 자살하게 한 다음에 내 주었다. 경제는 이 때문에 양왕을 원망하게 되었다. 양왕은 두려워 한안국을 보내 長公主가 태후에게 사죄한 뒤에야 용서를 받을 수 있었다.

原文

上怒稍解, 因上書請朝. 既至關, 茅蘭說王, 使乘布車, 從兩騎入, 匿於長公主園. 漢使迎王, 王已入關, 車騎盡居外, 外不知王處. 太后泣曰, "帝殺吾子!" 帝憂恐. 於是梁王伏斧質, 之闕下謝罪. 然後太后, 帝皆大喜, 相與泣, 復如故. 悉召王從官入關. 然帝益疏王, 不與同車輦矣.

| **註釋** | ○請朝 – 효왕 31년에 입조하였다. ○茅蘭(모란) – 孝王의 大夫. ○布車 – 다른 사람이 볼 수 없게 천으로 가린 수레. ○伏斧質 – 형틀에 엎드리다. 斧質은 도끼 받침(모루). 斧鑕.

〖國譯〗

경제의 분노가 가라앉자 효왕은 상서하여 입조하겠다고 청했다. 함곡관에 왔을 때 대부 茅蘭(모란)이 효왕을 설득하여 布車를 타고 기병 두 사람만이 호위하여 長公主의 園林에 들어가 숨었다. 漢에서 사람을 보내 왕을 영입케 하였으나 왕은 이미 관문 안으로 들어왔고 수행했던 車騎는 모두 관문 밖에 있으며 왕이 간 곳을 알지 못했다. 太后는 눈물을 흘리며 "황제가 내 아들을 죽였구나!"라고 말했고 경제는 걱정하며 두려워하였다. 나중에 梁 효왕은 형구를 가지고 궐문에 나아가 사죄하였다. 그러자 태후와 경제가 모두 기뻐하며 서로 안고 눈물을 흘렸으며 예전처럼 되었다. 왕의 수행 관원을 모두 장안으로 불러들였다. 그렇지만 경제는 효왕을 더욱 멀리하면서 수레나 연을 함께 타지 않았다.

原文

三十五年冬, 復入朝. 上疏欲留, 上弗許. 歸國, 意忽忽不樂. 北獵梁山, 有獻牛, 足上出背上, 孝王惡之. 六月中, 病熱, 六日薨.

孝王慈孝, 每聞太后病, 口不能食, 常欲留長安侍太后. 太后亦愛之. 及聞孝王死, 竇太后泣極哀, 不食, 曰, "帝果殺吾子!" 帝哀懼, 不知所爲. 與長公主計之, 乃分梁爲五國, 盡立孝王男五人爲王, 女五人皆令食湯沐邑. 奏之太后, 太后乃說, 爲帝壹餐.

孝王未死時, 財以鉅萬計, 不可勝數. 及死, 藏府餘黃金尙四十餘萬斤, 他財物稱是.

| **註釋** | ○三十五年冬 – 景帝 中元 6年(前 144). ○忽忽(홀홀) – 몹시 서운한 모양. 허전해 하다. ○足上出背上 – (소의) 다리가 등위로 솟아나왔다. 합리적 思考로는 이해하기 어려운 기록이다. ○六日薨 – 6월 6일에 죽었다는 기록에 대해서도 異論이 많다. ○食湯沐邑 – 탕목읍을 마련해 주다. 湯沐은 목욕. 읍에서 걷는 부세로 목욕 비용을 마련한다는 뜻. ○壹餐(일찬) – 함께 식사를 하다. 餐은 飧(저녁밥 손).

〖國譯〗

35년 겨울에 다시 입조하였다. 글을 올려 장안에 머물려 했으나 경제가 허락하지 않았다. 귀국하면서 마음이 울적하였다. 북쪽 梁山에서 사냥을 할 때, 어떤 사람이 소를 바쳤는데 다리가 등위에 나와 있었고 양 효왕은 그것을 혐오했다. 6월에 열병이 났고 6일에 죽었다.

孝王은 자상하면서도 효심이 있어 太后가 병이 났다는 소식을 들으면 음식을 먹지 못했고 언제나 장안에 머물면서 태후의 시중을 들고자 했었다. 태후 또한 효왕을 애지중지하였다. 효왕이 죽었다는 소식을 듣자 두태후는 극도로 슬피 울면서 식사를 하지 못하며 "황제가 내 아들을 죽게 했구나!"라고 말했다. 경제도 애통해 하고 걱정하면서 어찌할 바를 몰랐다. 경제는 長公主와 의논하여 梁나라를 5국으로 나누어 효왕의 다섯 아들을 모두 왕으로 봉했고 5명의 딸에게 모두 湯沐邑을 주었다. 이를 태후에게 아뢰자 태후는 그제야 기뻐하며 황제와 식사를 같이 하였다.

孝王이 죽기 전에 재물을 백만으로 계산할 정도로 이루 다 셀 수가 없었다. 죽은 뒤에 부고에 남아 있는 황금이 40여만 근이었고 다른 재물도 이와 비슷하였다.

47-2. 代 孝王 劉參

原文

代孝王參初立爲太原王. 四年, 代王武徙爲淮陽王, 而參徙爲代王, 復並得太原, 都晉陽如故. 五年一朝, 凡三朝. 十七年薨, 子共王登嗣. 二十九年薨, 子義嗣. 元鼎中, 漢廣關, 以常山爲阻. 徙代王於清河, 是爲剛王. 並前在代凡立四十年薨, 子頃王湯嗣. 二十四年薨, 子年嗣.

| 註釋 | ○劉參(유참, ? – 162) – 文帝의 아들. ○參徙爲代王 – 文帝 4년(前 176). ○晉陽 – 今 山西省 省會(省都)인 太原市. ○共王登 – 恭王 劉登. ○元鼎(원정) – 무제의 연호. 前 116 – 111. ○廣關 – 방어하는 관문을 확장하다. ○常山 – 본명 恒山. 五嶽 중 北嶽. 文帝의 이름 劉恒을 피휘하여 常山이라 개칭. 今. 河北省과 山西省의 경계. 郡國名. 치소는 元氏縣. 今 河北省 石家庄市 관할의 元氏縣. ○清河(청하) – 郡名. 치소는 今 河北省 邢台市 관할의 青河縣.

〖國譯〗

代國의 孝王 劉參은 처음에 太原王으로 봉해졌었다. 4년에 代王 劉武를 옮겨 淮陽王으로 봉하고 劉參은 代王으로 옮겼는데 다시 태원군을 차지하고 예전처럼 晉陽에 도읍하였다. 五年에 한번 입조하였는데 모두 3번 입조하였다. 17년에 죽자 아들 共王 劉登이 뒤를 이었다. 29년에 죽자 아들 劉義가 뒤를 이었다. 무제 元鼎(원정) 연간에 漢에서는 여러 관문을 확장하면서 常山(恒山)을 험한 관문으로 삼았고, 代王의 치소를 淸河郡으로 옮기게 하니, 이가 剛王(강왕)이다. 代王으로 있던 시기를 포함하여 모두 40년을 재위하고 죽었고 아들 頃王 劉湯(유탕)이 계위했다. 24년에 죽으니 아들 劉年(유년)이 계승하였다.

原文

地節中, 冀州刺史林奏年爲太子時與女弟則私通. 及年立爲王後, 則懷年子, 其婿使勿擧. 則曰, "自來殺之." 婿怒曰, "爲王生子, 自令王家養之." 則送兒頃太后所. 相聞知, 禁止則, 令不得入宮. 年使從季父往來送迎則, 連年不絶. 有司奏年淫亂, 年坐廢爲庶人, 徙房陵, 與湯沐邑百戶. 立三年, 國除.

元始二年, 新都侯王莽興滅繼絶, 白太皇太后, 立年弟子如意爲廣宗王, 奉代孝王後. 莽簒位, 國絶.

| 註釋 | ○地節 - 宣帝 연호. 前 69 - 66년. ○冀州(기주) - 武帝는 13개 州刺史部를 두었다. 기주자사부의 치소는 高邑縣(今 河北省 邢台市 柏鄕縣)이었다. 기주 관할 군국은 趙國, 魏郡, 廣平郡, 鉅鹿郡, 信都郡, 河間國, 淸河郡, 眞定國, 常山郡, 中山國 등 10개 군국으로 대략 지금의 河北省 서남부 일대이다. ○勿擧 - 양육하지 않다. ○元始 - 前漢 平帝의 연호. 서기 1 - 5년. ○新都侯 王莽(왕망, 前 45 - 서기 23) - 成帝 永始 원년(전 16)에 받은 작위가 新都侯. ○太皇太后 - 元帝(재위, 前 48 - 33)의 황후. 平帝의 할머니. 왕망의

고모. ○莽簒位(망찬위) − 왕망은 평제가 죽은 뒤(서기 5년) 假皇帝라고 칭하다가, 서기 8년에 황제라 칭했다.(國名은 新). 簒 빼앗을 찬.

〖國譯〗

宣帝 地節 연간에 冀州刺史(기주자사) 林이 代王 劉年(유년)이 태자로 있을 때 친여동생 劉則(유칙)과 간통을 하였다고 상주하였다. 유년이 왕위에 오른 뒤 유칙은 아들을 낳았는데 그 남편은 양육하지 않겠다고 하였다. 유칙은 "내가 죽여 버리겠다."고 말했다. 그 남편이 화를 내며 말했다. "왕 때문에 낳은 아들이니 왕실에서 키우게 하라."고 말했다. 유칙이 아이를 頃王의 太后 처소에 보내려 하였다. 그 승상이 이를 알고 입궁하지 못하게 했다. 유년은 從季父(叔父)를 시켜서 유칙을 데려오게 했고 매년 왕래하였다. 有司가 유년의 음란행위를 상주하자, 유년은 법에 의해 폐위되고 서인이 되어 房陵(방릉)이란 곳에 옮겨 湯沐邑 100호를 받았다. 즉위한 지 3년에 나라가 없어졌다.

平帝 元始 2年에 新都侯 王莽(왕망)이 없어진 나라를 부흥시키면서 太皇太后에게 아뢰어 유년 동생의 아들 劉如意(유여의)를 廣宗王으로 봉해 代 孝王의 제사를 받들게 하였다. 왕망이 찬위하자 나라(廣宗國)가 끊어졌다.

47-3. 梁 懷王 劉揖

原文

梁懷王揖, 文帝少子也. 好《詩》,《書》, 帝愛之, 異於他子. 五年一朝, 凡再入朝. 因墮馬死, 立十年薨. 無子, 國除. 明年, 梁孝王武徙王梁.

梁孝王子五人爲王. 太子買爲梁共王, 次子明爲濟川王, 彭離爲濟東王, 定爲山陽王, 不識爲濟陰王, 皆以孝景中六年同日立.

| 註釋 | ○梁懷王 劉揖(유읍, ? - 前 168) - 劉勝이라고도 한다. 文帝는 賈誼(가의)를 회왕의 太傅로 임명했다. ○墮馬死 - 전 168년의 사건. 가의도 회왕의 죽음을 자책하며 통곡하다가 죽는다. 18권, 〈賈誼傳〉 참고. ○梁孝王武徙王梁 - 梁 孝王은 代王으로 있던 劉武. 劉揖의 兄. ○孝景中六年 - 景帝 中元 6년은 前 144년.

〖國譯〗

梁 懷王(회왕) 劉揖(유읍)은 文帝의 막내아들이다. 《詩》,《書》를 좋아하여 문제의 총애가 다른 아들과 달랐다. 왕이 되어 5년에 一朝하는데 모두 2번 입조하였다. 말에서 추락하여 죽었는데 책봉되고 10년이었다. 아들이 없어 나라가 없어졌다. 그 다음 해에 梁 孝王 劉武(代國의 왕)를 옮겨 梁의 왕으로 삼았다.

梁 孝王의 아들 5명이 왕이 되었다. 太子 劉買가 梁의 共王이고,

次子 劉明은 濟川王, 劉彭離는 濟東王, 劉定은 山陽王, 劉不識은 濟陰王이 되었는데 모두 孝景帝 中元 6년 같은 날에 책봉되었다.

原文

梁共王買立七年薨, 子平王襄嗣.

濟川王明以垣邑侯立. 七年, 坐射殺其中尉, 有司請誅, 武帝弗忍, 廢爲庶人, 徙房陵, 國除.

濟東王彭離立二十九年. 彭離驕悍, 昏莫私與其奴亡命少年數十人行剽, 殺人取財物以爲好. 所殺發覺者百餘人, 國皆知之, 莫敢夜行. 所殺者子上書告言, 有司請誅, 武帝弗忍, 廢爲庶人, 徙上庸, 國除, 爲大河郡.

| 註釋 | ○買 – 賈의 誤字라는 註가 있다. ○垣邑(원읍) – 今 河南省 동북부의 省 직할 長垣縣(장원현. 황하 북안). ○中尉 – 〈武帝紀〉 무제 건원 3년에 제천왕이 太傅와 中傅를 사살했다는 기록이 있기에 '中傅'의 착오라는 註가 있다. 中傅는 宦官(환관). ○房陵(방릉) – 縣名. 今 湖北省 서북부 十堰市(십언시) 관할의 房縣. ○驕悍(교한) – 무례하고 포악하다. ○昏莫 – 昏暮. 밤. ○行剽 – 剽 빠를 표. 剽略하다. 노략질하다. 겁탈하다. ○以爲好 – 좋아하다(以爲樂). 재미를 붙이다. ○莫敢夜行 – 夜行하는 사람이 없다. ○上庸(상용) – 縣名. 今 湖北省 十堰市 관할의 竹山縣 서남. ○大河郡 – 今 山東省 濟寧市 일대.

〖國譯〗

梁의 共王(恭王) 劉買(劉賈)는 즉위 7년에 죽었고 아들 平王 劉襄이 계승했다.

濟川王 劉明은 垣邑侯(원읍후)이었다가 책봉되었다. 7년에 그 中尉(中傅)를 사살한 사건에 걸려 有司가 사형을 주청하였는데 武帝가 차마 그럴 수 없어 폐하고 서인으로 만들어 房陵縣에 옮겨 살게 했고 나라를 없앴다.

濟東王 劉彭離(유팽리)가 즉위하여 29년이 되었다. 팽리는 무례하고 포악하였는데 밤에 몰래 그 노비와 떠돌이 소년 수십 명과 함께 노략질을 하였는데 사람을 죽이고 재물 강탈에 재미를 붙였다. 그가 죽인 자가 백여 명이나 되어 이를 온 나라가 다 알아 밤에 다니는 사람이 없었다. 피살자 아들이 상서하여 고발하였고 담당 관리가 사형을 주청하였는데 武帝가 차마 죽이지 못하고 폐위하여 서인으로 만들어 上庸縣으로 옮겼고 나라를 없애고 大河郡을 설치하였다.

原文

山陽哀王定立九年薨. 亡子, 國除.

濟陰哀王不識立一年薨. 亡子, 國除.

孝王支子四王, 皆絶於身.

| 註釋 | ○支子 – 庶子.

〖國譯〗

山陽國 哀王 劉定은 즉위 9년에 죽었다. 아들이 없어 나라가 없어졌다.

濟陰國 哀王 劉不識은 즉위 1년에 죽었다. 아들이 없어 나라가 없어졌다.

梁 孝王의 서자 4명의 왕이 모두 당대에 끊어졌다.

原文

梁平王襄, 母曰陳太后. 共王母曰李太后. 李太后, 親平王之大母也. 而平王之后曰任后, 任后甚有寵於襄.

初, 孝王有雷尊, 直千金, 戒後世善寶之, 毋得以與人. 任后聞而欲得之. 李太后曰, "先王有命, 毋得以尊與人. 他物雖百巨萬, 猶自恣." 任后絶欲得之. 王襄直使人開府取尊賜任后. 又王及母陳太后事李太后多不順. 有漢使者來, 李太后欲自言, 王使謁者中郎胡等遮止, 閉門. 李太后與爭門, 措指, 太后啼呼, 不得見漢使者. 李太后亦私與食官長及郎尹霸等奸亂, 王與任后以此使人風止李太后. 李太后亦已, 後病薨. 病時, 任后未嘗請疾, 薨, 又不侍喪.

| **註釋** | ○大母 - 祖母. ○雷尊(뇌준) - 표면에 구름과 번개 모양 무늬가 있는 술통. 尊은 술통 준. 술잔. 樽과 同. 높을 존. ○直千金(치천금) - 천금의 가치가 있다. 매우 고귀하다. 直은 값 치(値 同). ○猶自恣 - 스스로 생각

하기 나름이다. ○遮止 – 못하게 막다. 遮 막을 차. ○措指 – 손가락이 끼다. ○食官長 – 관직명. 太常의 屬官. 종묘나 시정제사의 祭需(제수) 담당. 제후국에도 둘 수 있었다. ○風止 – 다른 말로 은근히 못하게 하다. 風은 諷. ○請疾 – 문병하다. ○侍喪 – 持喪의 誤. 상을 치르다.

〖國譯〗

梁 平王 劉襄(유양)의 모친은 陳太后이다. 梁 共王(買)의 모친은 李太后이다. 李太后는 平王의 親祖母이다. 平王의 왕비는 任后인데 임후는 유양의 총애를 많이 받았다.

그전에, 梁 孝王은 천금의 가치가 있는 雷尊(뇌준)을 갖고 있었는데 후손들이 잘 보존하여 타인에게 주지 말라고 일렀었다. 임후는 이를 알고서 갖고 싶어 했다. 李태후가 말했다. "선왕이 뇌준을 남에게 주지 말라는 말씀이 있었다. 다른 물건이 백만금이 넘는다 하더라도 자기 생각하기 나름이다."

그러나 임후는 기어이 가지려 하였다. 평왕 유양은 직접 사람을 시켜 창고를 열고 뇌준을 꺼내다가 임후에게 주었다.

그리고 왕과 왕의 모친 진태후도 이태후를 모시면서 순종하지 않았다. 漢에서 사자가 온다는 말을 들은 이태후는 이런 것을 말하려 했지만 왕은 謁者中郞(알자중랑)인 胡(호) 등을 시켜 이태후가 사자를 못 만나게 막으면서 문을 닫았다. 이태후가 문을 열려고 다투다가 손가락이 끼었고 태후는 크게 소리를 질렀다. 이태후도 食官長이며 낭관인 尹霸(윤패) 등과 몰래 간통을 했었는데 왕과 임후는 이 때문에 사람을 시켜 이태후에게 말해서 그만두게 하였다. 이태후도 그만두었지만 그 뒤로 병이 나 죽었다. 이태후가 앓고 있을 때 임후는 병

문안을 하지도 않았고 죽은 뒤에 상례를 잘 모시지도 않았다.

原文

元朔中, 睢陽人犴反, 人辱其父, 而與睢陽太守客俱出同車. 犴反殺其仇車上, 亡去. 睢陽太守怒, 以讓梁二千石. 二千石以下求反急, 執反親戚. 反知國陰事, 乃上變告梁王與大母爭尊狀. 時相以下具知之, 欲以傷梁長吏, 書聞. 天子下吏驗問, 有之. 公卿治, 奏以爲不孝, 請誅王及太后. 天子曰, "首惡失道, 任后也. 朕置相吏不逮, 無以輔王, 故陷不誼, 不忍致法." 削梁王五縣, 奪王太后湯沐成陽邑, 梟任后首於市, 中郎胡等皆伏誅. 梁餘尙有八城.

襄立四十年薨, 子頃王無傷嗣. 十一年薨, 子敬王定國嗣. 四十年薨, 子夷王遂嗣. 六年薨, 子荒王嘉嗣. 十五年薨, 子立嗣.

| 註釋 | ○元朔 - 무제 연호. 前 128 - 123년. ○犴反(안반) - 人名. 犴 들개 안. 反은 이름. 反은 友의 誤字라는 주석도 있다. ○睢陽太守 - 睢陽은 梁의 도읍으로 太守가 없다. 인근 淮陽國이 없어지면서 회양군이 되었다. 淮陽太守의 오류라는 註가 있는데 타당할 것이다. ○太后 - 陳太后. ○不逮 - 할 일을 제대로 못하다. ○不誼 - 不義. 誼(옳을 의)는 義. ○梟 - 올빼미 효. 효수하다. 목을 베어 매달다.

〖國譯〗

元朔(원삭) 연간에 睢陽(수양, 淮陽)의 犴反(안반)이란 사람이 있었다. 어떤 사람이 안반의 아버지를 욕보였는데 그 사람이 수양 태수의 빈객과 함께 수레를 타고 외출하였다. 안반은 수레에 올라가 아버지의 원수를 죽이고 도망쳤다. 수양 태수는 화가 나서 梁나라의 2천석 고관을 문책했다. 2천석 이하 관리들이 다급하게 범인을 추적하면서 안반의 친척을 체포하였다. 안반은 梁國의 비밀을 알고 있었기에 梁王과 그 조모가 雷尊(뇌존)을 놓고 다툰 것을 고발하였다. 그 당시에 승상 이하 모두가 알고 있던 사실이기에 梁의 관리들을 해치려고 상서한 것이었다. 무제는 담당 관리에게 조사케 하였는데 사실이었다. 公卿이 논의하여 불효한 짓이기에 왕과 태후를 죽여야 한다고 상주하였다. 무제는 "가장 나쁘고 효도를 하지 않은 것은 任后이다. 짐이 보낸 승상과 관리들이 제 무능하여 왕을 잘 보필하지 못했기에 옳지 못한 일을 저지른 것이니 법대로 처리하기가 어렵다."고 말했다. 그리하여 梁王의 5縣을 삭감하면서 왕의 태후(陳太后)의 탕목읍인 成陽邑을 회수하고 임후의 목을 거리에 효수하였으며 中郎 胡(호) 등은 모두 사형에 처하였다. 梁은 그래도 8성이 남았다.

襄王(양왕)은 즉위 40년에 죽었고 아들 頃王 劉無傷(유무상)이 계승했다. 재위 11년에 죽자 아들 敬王 劉定國이 계승하였다. 즉위 40년에 죽자 아들 夷王 劉遂(유수)가 계승하였다. 즉위 6년에 죽자 아들 荒王 劉嘉가 뒤를 이었다. 즉위 15년에 죽자 아들 劉立이 이었다.

原文

鴻嘉中, 太傅輔奏, "立一日至十一犯法, 臣下愁苦, 莫敢親近, 不可諫止. 願令王, 非耕,祠, 法駕毋得出宮, 盡出馬置外苑, 收兵杖藏私府, 毋得以金錢財物假賜人."

事下丞相,御史, 請許. 奏可. 後數復毆傷郎, 夜私出宮. 傅相連奏, 坐削或千戶或五百戶, 如是者數焉.

| 註釋 | ○鴻嘉(홍가) - 成帝(재위, 前 32 - 7)의 연호(前 20 - 17). ○太傅(태부) - '傅相天子' 또는 '傅之德義'의 의미. 三公보다 상위의 명예직. 傅 스승 부. 시중들다. 돕다. ○法駕 - 御駕(어가). ○私府 - 제후의 재물을 모아두는 창고. 천자는 少府, 제후는 私府. ○假 - 대출하다. 高利로 빌려주다.

〖國譯〗

成帝 鴻嘉(홍가) 연간에 太傅(태부)인 輔(보)가 상주하기를 "梁王 劉立은 하루에 11차례나 법을 위반하여 신하들을 고생케 하고 가까이 하려는 사람이 없으며 충간하여 못하게 할 수도 없다고 합니다. 왕에게 親耕이나 제사가 아니라면 어가가 궁궐을 나갈 수 없으며, 나가더라도 馬匹은 궁 밖 정원에 매어놓고 무기는 모두 왕의 창고에 보관해야 하며 금전이나 재물을 백성들에게 빌려 주지 말라고 梁王에게 명령해 주시기 바랍니다."라고 하였다. 이 일을 승상과 어사에게 논의케 하였더니 허락을 주청하였다. 황제의 결재가 났다.

뒤에 劉立은 여러 번 낭관을 때려 상처를 입히고 밤에 몰래 궁을 빠져나가기도 하였다. 태부와 승상이 연달아 상주하여 법에 의거 식읍을 1천 호 또는 5백 호씩 삭감하였는데 이러기를 여러 번 하였다.

原文

荒王女弟園子爲立舅任寶妻, 寶兄子昭爲立后. 數過寶飮食, 報寶曰, "我好翁主, 欲得之." 寶曰, "翁主, 姑也, 法重." 立曰, "何能爲!" 遂與園子奸.

| 註釋 | ○荒王(황왕) – 劉立의 先王. ○翁主(옹주) – 제후 소생의 딸. 先王의 여동생이니 옹주이며 동시에 劉立의 고모. ○法重 – 법으로 중형에 처해진다. ○何能爲 – 어찌 그러 하겠는가?

〖國譯〗

荒王(황왕)의 女弟인 園子는 劉立의 외삼촌 任寶의 妻이었다. 임보 형의 딸인 任昭는 劉立의 왕후였다. 유립이 자주 임보의 집에 가서 술을 마시면서 임보에게 말했다. "내가 옹주를 좋아하는데 차지하고 싶다." 그러자 임보가 말했다. "翁主는 고모이니 무거운 형벌을 받게 됩니다." 유립이 말했다. "어찌 그렇게 되겠는가!"

결국 고모인 園子를 범했다.

原文

積數歲, 永始中, 相禹奏立對外家怨望, 有惡言. 有司案驗, 因發淫亂事, 奏立禽獸行, 請誅. 太中大夫谷永上疏曰, "臣聞 '禮, 天子外屛, 不欲見外' 也. 是故帝王之意, 不窺人閨門之私, 聽聞中冓之言. 《春秋》爲親者諱. 《詩》云 '戚戚兄弟, 莫遠具爾'. 今梁王年少, 頗有狂病, 始以惡言按驗, 旣亡事實, 而發閨門之私, 非本章所指. 王辭又不服, 猥强劾立, 傅致難明之事, 獨以偏辭成辠斷獄, 亡益於治道. 汚蠛宗室, 以內亂之惡披布宣揚於天下, 非所以爲公族隱諱, 增朝廷之榮華, 昭聖德之風化也. 臣愚以爲王少, 而父同產長, 年齒不倫, 梁國之富, 足以厚聘美女, 招致妖麗, 父同產亦有恥辱之心. 案事者乃驗問惡言, 何故猥自發舒? 以三者揆之, 殆非人情, 疑有所迫切, 過誤失言, 文吏躡尋, 不得轉移. 萌牙之時, 加恩勿治, 上也. 旣已案驗擧憲, 宜及王辭不服, 詔廷尉選上德通理之吏, 更審考淸問, 著不然之效, 定失誤之法. 而反命於下吏, 以廣公族附疏之德, 爲宗室刷汚亂之恥, 甚得治親之誼." 天子由是寢而不治.

| 註釋 | ○永始 – 成帝의 연호(前 16–13). ○天子外屛 – 천자가 문 밖에 담을 두르다. ○不窺 ~ – 不은 다음의 聽~言까지 해당한다. 窺 엿볼 규. ○中冓之言 – 內室에서 하는 말. 冓는 엇갈려 쌓을 구. 構와 通. 中冓는 內室. 또 冓를 冓(밤 구)의 뜻으로 새겨 '한밤에 들리는 말'이라는 주석도 있다. ○戚戚兄弟, 莫遠具爾 – 가까운 형제는 소원하지 않고 모두 가깝다.《詩經 小雅》〈行葦〉. 戚戚(척척)은 아주 가까운. 爾(너 이)는 가깝다(近也). ○猥 – 함부로 외. ○辠 – 허물 죄. 罪와 同. ○斷獄 – 죄를 판결하다. ○汚蠛(오멸) – 더럽히다. 蠛은 모독할 멸. 蔑과 同. ○披布(피포) – 널리 퍼트리다. ○隱諱(은휘) – 꺼리어 숨기거나 감추다. 諱 꺼릴 휘. 감추다. ○父同產長 – 아버지와 같은 어머니에서 난 어른. 여기서는 劉立의 고모. ○同產 – 同母의 형제자매. ○揆 – 헤아릴 규. 추측하다. ○躡尋(섭심) – 찾아내다. 방문

하다. 뒤를 조사하다. ○上也 – 上策이다. ○著 – 밝히다. ○附疏之德 – 멀어진 종친을 친근하게 대하는 德行. ○刷 – 쇄신하다. 씻다. ○寢而不治 – 내버려두고 법으로 처리하지 않다. 상관하지 않다. 寢 잠잘 침. 그만두다. 쉬다.

〖國譯〗

몇 년이 지나 永始 연간에 승상 禹(우)가 劉立이 外家를 원망하며 조정에 대해 악담을 상주하였다. 담당 관리가 사안을 조사하였더니 淫亂한 짓을 한데서 사건이 시작되었고 유립이 금수와 같은 짓을 하였다며 사형에 처해야 한다고 주청하였다. 이에 太中大夫인 谷永(곡영)이 상소하여 말했다.

"臣이 알기로는 '禮에 천자가 문 밖에 담을 두르는 것은 바깥을 보지 않으려는 것' 이라 하였습니다. 그래서 제왕의 마음은 다른 사람 집안의 사사로운 일을 보지 않고 내실에서 하는 말을 들으려 하지 않는다고 하였습니다. 또 《春秋》에서는 부모를 어려워한다고 하였습니다. 그리고 《詩經》에서는 '가까운 형제들을 멀리하지 않고 다 가까이 하네' 라고 하였습니다. 지금 梁王은 연소한데다가 광기가 많은 사람인데 그가 했다는 악언을 조사해 보았더니 그런 사실도 없다 하니 집안의 사적인 일을 드러내자는 것도 처음 상소의 뜻도 아니었습니다. 그리고 梁王이 불복하는 말을 가하는데 억지로 劉立을 탄핵하여 밝혀지기 어려운 사건을 몰아가서 한쪽 말에 의거하여 죄를 지은 것으로 판결하여도 (황제의) 통치에 아무 도움이 안 될 것입니다. 종실을 더럽히고 집안의 악행을 천하에 널리 알게 하는 것은 公族(공족, 제후)의 잘못을 덮어 조정의 영화를 보태고 聖德의 교화를 밝게 빛내려는 뜻이라 할 수 없습니다. 臣이 볼 때 양왕은 아직 어리기에 아버지와 같이 자란 어른(고모)과는 나이에서도 차이가 많으며, 부유한 梁國에서는 많은 예물로 미녀를 맞이하고 요염하며 아름다운 여인을 불러들일 수도 있었으며, 그 양왕의 고모도 치욕을 알았을 것입니다.(그래서 간음하지 않았을 것이다.) 그리고 이 사안을 조사한 사람이 악언에 대해 질문하고 조사했을 터인데 스스로 간음을 한 사실을 말했다는 것이 보통 사람의 뜻이겠습니까? 이상 3가지를 종합할 때 어떤 압박에 의해 실언한 것일 수도 있으며 또 관리가 조사한 것을 다른 사람에게 알릴 필요도 없습니다. 사건이 처음 일어날 때부터 은혜를 베풀어 治罪하지 않고 덮어버리는 것이 상책일 것입니다. 이미 실제 조사한 것이 법에 저촉이 되는데도 양왕이 불복한다면 폐하께서 덕망이 있고 사리분별력이 있는 廷尉를 골라 보내어 다시 조사하고 명확하게 질문하여 사실이 어긋난 것을 밝혀내고, 잘못 적용된 법을 바로 잡아야 합니다. 그리고 관리에게 다시 명령하되 소원해진 제후들을 친근하게 하는 덕을 널리 펴도록 하고, 종실을 위하여 더러운 오명의 치욕을 씻게 하는 것이 종친을 다스리는 바른길일 것입니다."

그러자 天子는 사건을 덮어버리고 치죄하지 않았다.

原文

居數歲, 元延中, 立復以公事怨相掾及睢陽丞, 使奴殺之, 殺奴以滅口. 凡殺三人, 傷五人, 手毆郎吏二十餘人. 上書不拜奏. 謀篡死罪囚. 有司請誅, 上不忍, 削立五縣.

| 註釋 | ○元延 – 成帝의 연호, 前 12 – 9년. ○謀篡死罪囚 – 사형해야 할 죄수를 빼내다(劫獄). 篡은 탈취하다.

〖國譯〗

몇 년 있다가, 元延(원연) 연간에 梁王 劉立은 公事로 승상의 하급 관리와 睢陽(수양) 縣丞(현승)에게 원한을 갖고 노비를 시켜 죽이게 한 다음에 노비를 죽여 그 입을 막아버렸다. 모두 3명을 죽이고 5명에게 상처를 입혔고 직접 손으로 관리 20여 명을 매질하였다. 상서를 하면서 상주문에 절을 하지 않았으며 사형해야 할 죄수를 빼내려 하였다. 담당 관리가 사형시킬 것을 요청했으나 成帝는 차마 죽일 수 없어 5현을 삭감하였다.

原文

哀帝建平中, 立復殺人. 天子遣廷尉賞,大鴻臚由持節卽訊. 至, 移書傅,相,中尉曰, "王背策戒, 誖暴妄行, 連犯大辟, 毒流吏民. 比比蒙恩, 不伏重誅, 不思改過, 復賊殺人. 幸得蒙恩, 丞相長史, 大鴻臚丞卽問. 王陽病抵讕, 置辭驕嫚, 不首主令, 與背畔亡異. 丞相,御史請收王璽綬, 送陳留獄. 明詔加恩, 復遣廷尉,大鴻臚雜問. 今王當受詔置辭, 恐復不首實對. 《書》曰, '至於再三, 有不用, 我降爾命' 傅,相,中尉皆以輔正爲職. 虎兕出於匣, 龜玉毁於匵中, 是誰之過也. 書到, 明以誼曉王. 敢復懷詐, 罪過益深. 傅,相以下, 不能輔導, 有正法.”

| **註釋** | ○哀帝 建平 - 前5 - 前3. ○廷尉賞 - 廷尉 方賞. ○大鴻臚(대홍려) - 이민족과 제후에 관한 업무를 담당. 由는 叔申由(숙신유). ○持節 - 황제의 신표. 符節. ○即訊 - 가서 심문하다. ○傅,相,中尉 - 이들은 중앙에서 제후 왕을 도와주라고 임명된 관리. ○策戒 - 제후에 봉할 때 작성한 서약. ○誖 - 어지러울 패. 어기다(乖也). 패각을 행하다. ○大辟 - 사형 죄. ○比比 - 번번이. 여러 번. ○陽病 - 거짓으로 병이 난 척하다. ○抵讕(저란) - 항거하거나 거짓말을 하다. 讕 헐뜯을 란. ○不首 - 자수하지 않다. 인정하지 않다. ○主令 - 법령에 따라. ○璽綬(새수) - 옥새와 인수. ○陳留(진류) - 郡, 縣名. 치소는 留縣. 今 河南省 開封市. ○雜問 - 합동으로 조사하다. ○《書》曰 - 《書經 周書》〈多方〉. ○我降爾命 - 나는 네 목숨을 끊겠다. ○虎兕出於匣 - 호랑이와 외뿔 들소가 우리(檻)에서 뛰쳐나오다. 《論語 季氏》에 있는 말. 모두가 관리자의 잘못이라는 뜻. ○有正法 - 법대로 처리하다.

〖國譯〗

哀帝 建平 연간에, 劉立은 다시 살인을 저질렀다. 애제는 정위 方賞(방상)과 대홍려 叔申由(숙신유)를 보내 부절을 가지고 가서 심문케 하였다. 이들이 도착하여 왕의 太傅와 丞相과 中尉에게 글을 보내 말했다.

“梁王은 서약을 어기고 포악하고 망령된 행위를 저질렀으며 연이어 사형에 해당하는 죄를 범하여 관리와 백성들을 해악을 끼쳤다. 그간 여러 번 은전을 받아 사형에 처해지지 않았으나 잘못을 고치지 않고 다시 살인을 저질렀다. 이번에도 다행히 은전을 베풀어 丞相

長史와 大鴻臚丞(대홍려승)이 가서 조사케 하였다. 왕은 꾀병을 하거나 거짓말을 하고 핑계를 대고 교만하게도 죄를 자백하지 않았으니 이는 법령의 배반죄와 다르지 않았다. 丞相과 어사대부가 왕의 옥새와 인수를 회수하고 陳留의 獄에 보내라고 주청하였었다. 그러나 폐하는 조서로 은전을 베풀어 다시 정위와 대홍려가 함께 심문하라 하였다. 이번에 왕은 조서를 받고 진술해야 하는데 혹시 또다시 자백하지 않거나 사실대로 말하지 않을까 걱정이 된다. 《書經》에 '두 번 세 번 일러주지만 네가 받아들이지 않으니 벌로 네 목숨을 끊겠다.' 라고 하였으니, 太傅와 승상과 中尉는 바르게 보필하는 직무를 함께 수행해야 한다. 호랑이와 들소가 우리에서 나오고, 龜甲(귀갑)과 寶玉이 상자 안에서 부서졌다면 이는 누구의 잘못이겠는가?' 이 글을 받으면 바른 말로 왕을 깨우쳐야 한다. 감히 다시 거짓말을 한다면 허물은 더욱 무거워질 것이다. 태부와 승상 이하 모두가 왕을 보필하지 못한다면 법대로 처리할 것이다."

原文

立惶恐, 免冠對曰, "立少失父母, 孤弱處深宮中, 獨與宦者婢妾居, 漸漬小國之俗, 加以質性下愚, 有不可移之姿. 往者傅, 相亦不純以仁誼輔翼立, 大臣皆尙苛刻, 刺求微密. 讒臣在其間, 左右弄口, 積使上下不和, 更相眄伺. 宮殿之裏, 毛氂過失, 亡不暴陳. 當伏重誅, 以視海內, 數蒙聖恩, 得見貰赦. 今立自知賊殺中郎曹將, 冬月迫促, 貪生畏死,卽詐僵仆陽病, 僥倖得踰於須臾. 謹以實對, 伏須重誅."

時冬月盡, 其春大赦, 不治.

元始中, 立坐與平帝外家中山衛氏交通, 新都侯王莽奏廢立爲庶人, 徙漢中. 立自殺, 二十七年, 國除. 後二歲, 莽白太皇太后立孝王玄孫之曾孫沛郡卒史音爲梁王, 奉孝王後. 莽簒, 國絶.

| **註釋** | ○漸漬(점지) - 점점 스며들다. 漬 담글 지. 적시다. ○下愚(하우) - 子曰, 唯上知與下愚不移.(上知와 下愚는 바뀌지 않는다.)《論語 陽貨》. ○讒臣(참신) - 참소하고 아첨하는 신하. ○眄伺(면사) - 엿보다. 眄는 애꾸눈 면. 상세히 살피다. ○毛氂(모리) - 아주 미세한. 氂는 꼬리 리. 釐와 同. ○得見貰赦(득견세사) - 관용과 용서를 받다. 得見은 피동의 의미. 貰는 용서하다. 관대하게 대하다. ○僵仆(강부) - 넘어가다. ○僥倖(요행) - 요행을 바라다. 僥 바랄 요. 倖 요행 행. ○須臾(수유) - 잠시. 짧은 시간. ○須 - 기다리다. ○交通 - 왕래하다. 한편이 되다. ○玄孫 - 손자의 손자. ○卒史 - 屬吏(속리).

〖國譯〗

劉立은 두려워 떨며 관을 벗고 대답했다.

"저는 어려서 부모를 잃고 외롭게 깊은 궁궐에서 지내며 오직 환관과 시녀들 사이에서 지내다 보니 점차 小國의 습속에 물들었고 본성도 점차 어리석게 변해 바뀔 수 없게 되어 버렸습니다. 지난날의 태부나 승상 역시 순수하게 仁義로 나를 보좌하지 않았고 대신들은 오히려 더 가혹하고 각박하게 작고도 은밀한 일들을 지적했습니다.

그런 사이에 참소하는 신하들이 끼어들고 측근들은 교묘히 말장난이나 하고 그러다 보니 상하가 불화하게 되어 서로 상대를 엿보게 되었습니다. 궁궐에서의 아주 미세한 과실이지만 드러나는 것이 없었습니다. 마땅히 죽어야 하지만 폐하께서 천하를 다스리다 보니 나는 여러 번 성은을 입어 관용과 용서를 받았습니다. 이번에 나는 中郞曹將을 죽였지만 겨울이 끝나갈 때가 되었다는 것을 알고 죽는 것이 두려워 살고 싶어서 일부러 땅에 넘어지며 꾀병을 부렸고 요행히 잠깐이지만 넘어가길 바랐습니다. 삼가 사실대로 아뢰면서 죽음을 기다릴 뿐입니다."

그러나 그때 이미 겨울이 끝났고 다음 봄에 대사면을 받아 형을 받지는 않았다.

元始 연간에 劉立은 平帝의 외가인 中山衛氏와 한편이 되었는데 新都侯 王莽(왕망)이 상주하여 유립을 서인으로 만들어 漢中郡에 옮겨 살게 하였다. 유립은 자살했는데 재위 27년에 나라가 없어졌다. 그 2년 뒤에 왕망은 太皇太后에게 아뢰어 孝王의 玄孫의 曾孫인 沛郡(패군)의 屬吏인 劉音을 왕으로 봉해 孝王의 제사를 받들게 하였다. 왕망이 찬탈하면서 나라는 없어졌다.

原文

贊曰, 梁孝王雖以愛親故王膏腴之地, 然會漢家隆盛, 百姓殷富, 故能殖其貨財, 廣其宮室車服. 然亦僭矣. 怙親亡厭, 牛禍告罰, 卒用憂死, 悲夫!

| **註釋** | ○殷富(은부) – 풍족하다. 裕福하다. ○怙親亡厭 – 혈연을 믿고 만족을 몰랐다. 怙 믿을 호. 厭은 만족. (너무 많아) 질리다. ○牛禍 – 화를 당하고. 牛는 무릅쓰다(冒也). ○告罰 – 벌을 청하다. 벌을 자청하다.

〖國譯〗

班固의 論贊 : 梁 孝王이 다만 황제의 愛親이라서 좋은 땅의 왕이 되었지만 그때는 漢家가 융성하고 백성들은 부유했기에 그 재화를 쌓아두고 궁실과 거마를 늘릴 수 있었다. 그러나 그것은 분수를 모르는 짓이었다. 핏줄을 믿고 만족을 몰랐으니 화를 당하고 벌을 자청한 셈이었고 끝내 죽음을 당하였으니 슬프기만 하다.

48 賈誼傳
〔가의전〕

原文

賈誼, 洛陽人也, 年十八, 以能誦詩書屬文稱於郡中. 河南守吳公聞其秀材, 召置門下, 甚幸愛. 文帝初立, 聞河南守吳公治平爲天下第一, 故與李斯同邑, 而嘗學事焉, 徵以爲廷尉. 廷尉乃言誼年少, 頗通諸家之書. 文帝召以爲博士.

| **註釋** | ○賈誼(가의, 前 200－168) －長沙王 太傅, 政論으로는 〈過秦論〉, 〈論積貯疏〉, 〈論治安策〉이 유명하다. 辭賦로는 〈弔屈原賦〉, 〈鵩鳥賦〉, 〈惜誓〉 등이 잘 알려졌다. ○洛陽－縣名. 당시의 낙양은 今 河南省 洛陽市 동북 白馬寺 일대. 西周, 隋唐 ~ 明淸代의 낙양은 그 위치가 같지 않다. ○屬文(속문)－글을 짓다. 屬은 엮을 속(시나 문장을 짓다). 이을 촉. ○李斯同邑－이사는 당시 楚國 上蔡(今 河南省 駐馬店市 관할의 上蔡縣) 출신이었다. ○博士－太常(奉常) 소속의 秩 6백석 관직.

〖國譯〗

賈誼(가의)는 낙양 사람으로 나이 18세에 詩書에 능통하고 글을 잘 지어 郡에 소문이 났었다. 河南郡守인 吳公은 가의가 수재라는 것을 알고 불러 문하에 두고 매우 아끼고 인정하였다. 文帝가 즉위한 뒤에 河南守 吳公의 치적이 천하에 제일이며 옛날 李斯(이사)와 같은 고향으로 그에게서 배웠다는 말을 듣고 吳公을 불러 廷尉로 임명하였다. 廷尉는 가의가 나이는 어리지만 諸家의 글에 두루 통했다고 추천하였다. 문제는 가의에게 박사를 제수하였다.

原文

是時, 誼年二十餘, 最爲少. 每詔令議下, 諸老先生未能言, 誼盡爲之對, 人人各如其意所出. 諸生於是以爲能. 文帝說之, 超遷, 歲中至太中大夫.

| 註釋 | ○詔令議下 – 황제의 조령을 대신들이 의논하다. ○人人各如其意所出 – 老先生들이 말하려는 뜻. ○超遷(초천) – 파격으로 승진시키다. ○太中大夫 – 郎中令의 屬官 議論을 담당. 秩 一千石.

〖國譯〗

이때 가의는 20여 세로 가장 어린 박사였다. 매번 詔令을 의논하며 여러 老 박사들이 대답을 못할 때 가의는 모두 대답하였으며, 그 답변은 老 박사들의 말하려는 뜻에 맞았다. 여러 박사들은 모두 가의의 유능함을 인정하였다. 문제도 가의를 좋아하여 파격으로 승진시켜 일 년 남짓에 太中大夫가 되었다.

原文

誼以爲漢興二十餘年, 天下和洽, 宜當改正朔, 易服色制度, 定官名, 興禮樂. 乃草具其儀法, 色上黃, 數用五, 爲官名悉更, 奏之. 文帝謙讓未皇也. 然諸法令所更定, 及列侯就國, 其說皆誼發之. 於是天子議以誼任公卿之位. 絳,灌, 東陽侯,馮敬之屬盡害之, 乃毁誼曰, "洛陽之人年少初學, 專欲擅權, 紛亂諸事." 於是天子後亦疏之, 不用其議, 以誼爲長沙王太傅.

| **註釋** | ○和洽 - 융합되다. 洽 합할 흡. 두루 미치다. 널리. 두루. ○改正朔 - 정월 초하루를 바꾸다. 역법을 바꾸다. ○草具 - 초안을 마련하다. ○數用五 - 秦은 6을 숭상하여 전국을 36군으로 나누었다가 6의 배수로 늘려나갔다. 漢은 오행의 土德으로 건국되었으니 黃色을 숭상하고 五를 기본수로 해야 한다는 주장. ○悉更(실경) - 다 고치다. ○謙讓未皇也 - 아직 여유가 없다고 핑계를 대다. 皇은 遑(허둥거릴 황). 未遑은 未暇(~할 겨를이 없다). ○公卿 - 三公九卿. ○絳,灌,東陽侯,馮敬之屬 - 絳侯(강후) 周勃, 灌嬰(관영), 東陽侯는 張相如(文帝 때 太子太傅 역임), 馮敬(풍경, 당시의 어사대부). ○盡害之 - 모두가 가의를 싫어하다. 害는 꺼리다(忌也). ○專欲擅權 - 오로지 권력을 독점하려 하다. ○長沙王太傅 - 당시 장사왕은 吳差(吳產), 秦의 장군으로 漢王을 따라 入關, 高祖 즉위하던 해에 長沙王이 되었으나 그 해에 죽은 吳芮(오예)의 玄孫. 長沙는 당시의 변방이었으며 無力한 異姓諸侯

의 태부가 된 것은 사실상 放逐(방축)당한 것이었다.

〖國譯〗

가의는 漢이 건국된 지 20여 년이 지났고 천하가 하나로 통합되었으니 당연히 正朔(정삭)을 바꾸며 服色과 제도를 바꾸고 官名을 새로 제정하며 禮樂을 일으켜야 한다고 생각하였다. 그리하여 그 儀法의 초안을 마련하였으니 복색은 황색을 숭상하고 수는 五를 기본으로 하며 모든 관직명을 바꿔야 한다고 상주하였다. 그러나 文帝는 아직 그럴만한 겨를이 없다고 미루었다. 그렇지만 여러 법령을 개정하고 열후가 본국으로 돌아가게 한 주장은 모두 가의가 발의한 것이었다. 이에 문제는 가의를 공경의 지위에 임명하려고 논의케 하였다. 그러나 강후 周勃과 灌嬰(관영), 東陽侯, 馮敬(풍경) 같은 사람들이 모두 가의를 싫어하였고 가의를 헐뜯는 말을 했다.

"洛陽 사람은 나이도 어린 초학자인데도 오직 권력을 잡고 싶어서 여러 일에 분란만 일으킨다."

그러자 문제도 나중에는 가의를 멀리하면서 가의의 건의를 채용하지 않았으며 가의를 長沙王의 太傅로 임명하였다.

原文

誼既以適去, 意不自得, 及渡湘水, 爲賦以吊屈原. 屈原, 楚賢臣也, 被讒放逐, 作〈離騷賦〉, 其終篇曰, "已矣! 國亡人, 莫我知也." 遂自投江而死. 誼追傷之, 因以自諭. 其辭曰,

| 註釋 | ○適去 – 유배 가다. 適은 謫也. 귀양 갈 적. 폄직되어서 가다. 태중대부에서 太傅로 옮겨간 것이 녹봉에서는 좌천이 아니라는 주석도 있다. 우선 장안과 황제 곁을 떠나야 했으니 폄직은 폄직이다. ○湘水(상수) – 湘江. 長江의 主要 支流의 하나. 湖南省 境內의 최대 강(850여 km). 지금은 중국에서 중금속으로 가장 심하게 오염된 강으로 알려졌다. 湖南省 省都인 長沙가 最大 도시이다. ○爲賦以吊屈原 – 〈吊屈原賦〉. 前漢의 서정부로는 賈誼의 〈吊屈原賦〉, 〈鵩鳥賦〉가 있고, 작자의 철학을 노래한 양웅의 〈太玄賦〉가 유명하다. ○屈原(굴원, 前 340 – 278) – 屈氏, 名은 平, 字는 原. 《離騷(이소)》의 離는 당하다. 騷는 근심, 걱정의 뜻. 《離騷》의 제일 마지막은 '亂曰, 已矣哉, 國無人莫我知兮, 又何懷乎故都? 旣莫足與爲美政兮, 吾將從彭咸之所居.' 로 끝난다. ○遂自投江而死 – 굴원은 汨羅水(멱라수)에 투신자살하였다. ○自諭 – 자신을 그에 譬喩(비유)하다.

〖國譯〗

가의가 폄직되어 가면서 마음이 편치 않았는데 湘水(상수)를 건너가면서 賦(부)를 지어 屈原에게 조의를 표했다. 屈原은 楚의 賢臣인데 참소를 당해 방축되었고 〈離騷〉를 지었는데 그 마지막에 "끝이로다! 나라에 사람이 없어 나를 아는 이가 없도다."라고 하였다. 그리고 강에 몸을 던져 죽었다. 가의는 굴원의 죽음을 애상하면서 자신을 그에 비유하였다. 그 글은 다음과 같다.

原文

〈吊屈原賦〉*

「恭承嘉惠兮, 竢罪長沙. 仄聞屈原兮, 自湛汨羅.

造托湘流兮, 敬吊先生. 遭世罔極兮, 乃隕厥身.

烏虖哀哉兮, 逢時不祥! 鸞鳳伏竄兮, 鴟梟鶚翔.

闒茸尊顯兮, 讒諛得志. 賢聖逆曳兮, 方正倒植.

謂隨,夷溷兮, 謂跖,蹻廉. 莫邪爲鈍兮, 鉛刀爲銛.

于嗟默默, 生之亡故兮! 斡棄周鼎, 寶康瓠兮.

騰駕罷牛, 驂蹇驢兮. 驥垂兩耳, 服鹽車兮.

章父薦屨, 漸不可久兮. 嗟若先生, 獨離此咎兮!」

| 註釋 | ○嘉惠 - 황제의 詔命. ○竢 - 俟의 古字. 기다린다. ○竢罪長沙 - 장사왕의 사부로 발령을 받았다는 뜻. '長沙에서 죄를 기다린다.' 고 번역하면 뜻이 안 통한다. 46권, 〈萬石衛直周張前〉에서 萬石君이 "臣幸得待罪丞相~"이라고 하는데 이때 待罪는 죄를 기다린다는 뜻이 아니라 '자기 직책(승상)을 제대로 수행하지 못한다는 뜻의 謙辭(겸사)' 이다. 이런 용법은 《漢書》에 자주 보인다. ○仄聞 - 側聞, 얼핏 듣다. 湛은 沈과 통. ○汨羅(멱라) - 洞庭湖(동정호)로 유입되는 지류. 今 湖南省 汨羅(mìluó)市(岳陽市와 長沙市의 중간). ○造 - 至也. ○罔極(망극) - 끝이 없다. 隕은 떨어질 운. ○烏虖(오호) - 嗚呼! 탄식하는 소리. ○鸞鳳(난봉) - 난새와 봉황. 神鳥. 賢良方正한 사람. ○伏竄(복찬) - 엎드려 숨다. ○鴟 - 솔개 치. 부엉이. 怪鳥. 梟 부엉이 효. 惡聲으로 우는 새. 鴟梟(치효)는 부엉이(猫頭鷹). 밤에 활동하며 육식하는 맹금류. 수리부엉이가 가장 크고 사납다. ○鶚 - 올빼미 교. 머리에 귀처럼 튀어나온 털이 없는 종류를 올빼미라 통칭한다. ○闒茸(탑용) - 재능도 없는 평범한 사람. 闒 다락문 탑. 茸 무성할 용. ○讒諛(참유) - 참언을 하고 아첨하는 소인배. ○逆曳(역예) - 거꾸로 끌려가다. ○倒植 - 倒立. 처박히다. ○隨,夷(수,이) - 卞隨(변수, 湯王 때의 聖人)와 伯夷(백이, 周의 벼슬을 거부하고 수양산에서 고사리를 뜯어먹은 사람). ○溷 - 어지러울 혼. 혼탁

하다. 흐리멍덩하다. ○跖,蹻(척,교) - 秦의 盜跖(도척)과 楚의 莊蹻(장교). 모두 大盜이다. ○莫邪(막야) - 吳의 大夫 莫邪(막야)가 만든 명검. ○鈆 - 鉛의 古字. ○銛 - 가래(농기구) 섬. 날카롭다. ○于嗟(우차) - 감탄하는 말. 默默(묵묵)은 할 말이 없다. 분개한 모양. ○亡故 - 아무런 까닭도 없이 화를 당하다. ○斡棄(알기) - 던져 버리다. ○周鼎 - 周代의 寶鼎(보정). ○康瓠(강호) - 깨진 기와 조각. ○騰駕(등가) - 멍에를 얹다. 수레를 끌기 위한 사전 준비. ○罷牛 - 비쩍 마른 소. ○驂 - 말 4마리가 끄는 수레에서 양 가의 말을 驂(곁마 참)이라고 한다. ○蹇驢(건려) - 다리를 저는 나귀. ○驥垂兩耳 - 천리마가 두 귀를 늘어트리다. 聖賢이 등용되지 못하다. ○服鹽車兮 - 소금 수레를 끄는 구나. 服은 駕也. ○章父 - 章甫. 禮帽. 가장 위에 소중한 물건이 예모이다. ○薦屨(천구) - 신발 깔개로 쓰다. 屨 신발 구. ○嗟若(차약) - 탄식하는 말. ○離 - 재앙을 당하다. 입다. ○咎 - 허물 구.

〖國譯〗

〈吊屈原賦〉*

「황송하게 큰 은혜를 입어 長沙에서 복무하게 되었는데,

얼핏 듣기로는 굴원이 멱라에서 스스로 빠져 죽었도다.

상수에 나아가 삼가 선생을 조문하노라.

망극한 세월을 만나 먼저 그 몸을 버리셨도다.

아! 슬프도다! 때를 잘못 만났구나!

난새와 봉황은 숨었고 부엉이와 올빼미가 활개를 치도다.

못난 사람이 높이 되고 아부꾼이 뜻을 펴도다.

성현은 거꾸로 끌려가고 방정한 사람이 거꾸로 박혔도다.

卞隨(변수)와 伯夷는 멍청하고 盜跖(도척)과 莊蹻(장교)를 청렴하다고 하네.

莫邪(막야)를 무디다 하고 납칼을 예리하다고 하도다!
아! 할 말이 없도다. 선생의 무고함이여!
周代 寶鼎을 팽겨치고 깨진 기와 쪽을 보배로 아는구나.
지친 소에 멍에를 매고 다리 저는 노새를 참마로 매었네.
천리마는 기가 꺾여 소금 수레를 끄는구나.
章甫의 관을 깔창으로 했으니 곧 오래갈 수 없으리라.
아아! 선생께서는 홀로 이런 허물을 당했도다.」

原文

「誶曰,
已矣! 國其莫吾知兮, 子獨壹鬱其誰語?
鳳縹縹其高逝兮, 夫固自引而遠去.
九淵之神龍兮, 沕淵潛以自珍.
偭蟂獺以隱處兮, 夫豈從蝦與蛭螾?
所貴聖之神德兮, 遠濁世而自臧.
使麒麟可係而羈兮, 豈云異夫犬羊?
般紛紛其離此郵兮, 亦夫子之故也!
歷九州而相其君兮, 何必懷此都也?
鳳皇翔於千仞兮, 覽德煇而下之.
見細德之險徵兮, 遙增擊而去之.
彼尋常之汙瀆兮, 豈容吞舟之魚!
横江湖之鱣鯨兮, 固將制於蟻螻.」

| 註釋 | ○誶曰(수왈) – 告曰, 〈離騷〉의 '亂曰'과 같다. 誶 고할 수. 책망하다. 亂은 總理賦中之義 뜻으로 詩歌 끝에 그 大要를 요약하는 말을 亂辭라고 한다. 賦의 結語에 해당하는데 系曰, 重曰, 歌曰로 쓰기도 한다. ○子 – 굴원을 지칭. ○壹鬱(일울) – 抑鬱(억울)과 同. ○縹縹(표표) – 경쾌한 모양. 縹 비단 표. ○逝 – 갈 서. 날아가다. ○沕 – 아득할 물. 깊은 곳에 잠겨 움직이지 않는 모양. ○自珍 – 자기 몸을 잘 보중하다. ○偭 – 향할 면. 등지다(背離). ○蟂獺(효달) – 수달. 蟂는 양서류의 한 종류. ○蝦 – 새우 하. ○蛭螾(질인) – 지렁이. ○自臧 – 스스로 몸을 깨끗이 하다. 善을 지키다. 臧 착할 장. ○麒麟(기린) – 仁獸(인수). ○羈 – 굴레 기. 굴레를 씌우다. 억압하다. ○般紛紛 – 어지러운 모양. 참언이 많은 모양. ○郵 – 尤, 過失. 허물. ○千仞(천인) – 아주 높거나 큰 모양. 천길. ○德煇 – 德輝. ○細德 – 小德. ○險 – 위험. ○增擊 – 矰擊. 주살에 맞다. 增을 重의 뜻으로 해석하기도 한다. ○尋常(심상) – 보통의. ○汚瀆(오독) – 물웅덩이나 작은 물도랑. ○呑舟之魚 – 배를 삼킬 수 있는 물고기. 아주 위대한 사람. ○鱣鯨(전경) – 상어와 고래. 小人을 大人을, 절대로 수용 못한다는 뜻. ○螻蟻(누의) – 땅강아지나 개미. 아주 하찮은 소인.

〖國譯〗

「내가 말하나니,
끝내야지! 나라에 아마 나를 알아주는 이 없으니,
夫子 홀로 그 울분 누구에게 말하리오!
봉황이 높이 날아가는 것은
정녕 스스로 멀리 피하는 것이로다.
깊은 못에 숨은 神龍은
깊이 잠겨 자신을 지키는구나.

수달을 피해 몸을 감추었지만
어찌 새우나 지렁이와 어울리겠나!
성인의 신덕을 귀히 여겨
濁世를 떠나 홀로 善을 지키도다.
기린에 고삐 매어 묶어 둔다면
개나 양과 무엇이 다르겠나?
참언이 많아 이런 허물을 덮어썼으니
이 또한 夫子가 초래한 것입니다.
온 천하를 다녀서 좋은 군주를 섬겨야 하는데
하필 이 楚를 섬기셨습니까?
봉황이 천길 높이 날아올라
덕이 빛난 곳에 내려야 하나니
작은 덕을 보고 찾아오다가
주살을 맞고 떠나가도다.
저 작은 물웅덩이를 살펴보아도
어찌 배를 삼킬 큰 고기가 살겠는가!
강호를 가로지르던 고래가
어찌 땅강아지에게 제압당해야 하는가?」

原文

誼爲長沙傅三年, 有服飛入誼舍, 止於坐隅. 服似鴞, 不祥鳥也. 誼旣以適居長沙, 長沙卑濕, 誼自傷悼, 以爲壽不得長, 乃爲賦以自廣. 其辭曰,

| 註釋 | ○服 – 鵩(새 이름 복). 부엉이(猫頭鷹). ○隅 – 모퉁이 우. ○鴞 – 부엉이 효. ○自廣 – 자신을 위로하다.

〖國譯〗

가의는 장사왕의 태부로 3년을 지냈는데 어떤 새가 가의의 집에 날아 들어와 한 모퉁이에 앉아 있었다. 생김새는 부엉이와 같았는데 상서롭지 못한 새였다. 가의는 그간 長沙에 유배된 듯 생활하면서 장사는 지대가 낮고 습하여 늘 우울하게 지냈고 오래 살기 힘들 것이라 생각하였기에 賦를 지어 스스로를 위로하였다. 그 賦(鵩鳥賦)는 아래와 같다.

原文

〈鵩鳥賦〉*

「單閼之歲, 四月孟夏, 庚子日斜, 服集余舍, 止於坐隅, 貌甚閒暇. 異物來崒, 私怪其故, 發書佔之, 讖言其度. 曰 '野鳥入室, 主人將去.' 問於子服, "余去何之? 吉虖告我, 凶言其災. 淹速之度, 語余其期."」

| 註釋 | ○單閼(선알) – '卯年의 歲名.' 가의는 이 글을 文帝 6년(前 174) 丁卯年에 지었다. 單은 여기서는 卯年(묘년) 선. ○孟夏 – 여름의 첫 번째 달. 4, 5, 6월이 여름이나 4월이 孟夏이다. 庚子는 日辰, 곧 4월 23일이라는 주석이 있다. ○日斜 – 해가 기울다. ○異物 – 鵩鳥를 지칭. ○崒 – 산꼭대기 줄. 萃(모일 췌)와 通. ○佔 – 볼 점, 엿볼 점(覘과 同). ○讖言(참언) –

길흉을 예언하는 말. ㅇ子服 – 鵩鳥에 대한 미칭. ㅇ吉虖 – 吉乎. 길하다면. ㅇ淹速(엄속) – 늦거나 빠르기. 淹 적실 엄, 오래 머물 엄.

〖國譯〗

〈鵩鳥賦(복조부)〉*

「정묘년 4월 맹하 경자일 해질 녘에 부엉이가 내 집에 와서 한 모퉁이에 앉아 있는데 그 모습이 매우 한가하였다. 못 보던 새가 모여든 그 연고가 이상하여 책을 펴 알아보며 길흉을 헤아렸다.

'들의 새가 집에 들어오면 주인은 떠나가게 된다.' 하였으니, 부엉이에게 묻나니 "내가 떠나는 것이 어떠한가? 길하다면 나에게 말해주고 흉하다면 아마 재앙일 것이로다. 나중인지 당장 닥칠지 나에게 그때를 말해 다오."」

原文

「服乃太息, 擧首奮翼, 口不能言, 請對以意.

萬物變化, 固亡休息. 斡流而遷, 或推而還. 形氣轉續, 變化而嬗. 沕穆亡間, 胡可勝言! 禍兮福所倚, 福兮禍所伏, 憂喜聚門, 吉凶同域.

彼吳彊大, 夫差以敗, 粵棲會稽, 句踐伯世. 斯游遂成, 卒被五刑, 傅說胥靡, 乃相武丁. 夫禍之與福, 何異糾纆! 命不可說, 孰知其極? 水激則旱, 矢激則遠. 萬物回薄, 震蕩相轉. 雲烝雨降, 糾錯相紛. 大鈞播物, 坱圠無垠. 天不可與慮, 道不可與謀. 遲速有命, 烏識其時?」

| 註釋 | ○太息 - 탄식하다. ○固亡休息 - 정말로 휴식이 없다. 끊임없이 변화한다. ○斡流而遷(알류이천) - 빙빙 돌아 흘러 옮겨가다. ○變化而嬗 - 변화하고 뒤바뀐다. 嬗은 물려줄 선, 터 닦을 선. ○沕穆亡間(물목망간) - 아주 미세하고 틈도 없다. 沕은 아득할 물. ○禍兮福所倚 - 禍란 것은 복에 의지하고. ○福兮禍所伏 - 福이란 것은 禍에 들어있다. 禍가 곧 복이고 복이 곧 재앙일 수 있다는 뜻. ○夫差(부차) - 吳王. ○伯世 - 세상을 주름잡다. 伯(패)는 霸와 通. ○斯 - 李斯. 楚의 말단 창고지기였던 이사는 法家 사상을 공부하고 秦에 유세하여 客卿이 되었다가 丞相에 올랐다. ○傅說(부열) - 殷 高宗 武丁의 大臣. ○胥靡(서미) - 묶인 상태에서 노역에 종사하는 형벌. ○糾纆(규묵) - 노끈. 밧줄. 3개 줄로 꼰 노끈은 糾, 2개 줄로 꼰 줄은 纆(묵)이라 한다. ○水激則旱 - 물을 치면 빨리 흘러간다. 旱(가물 한)은 悍(세찰 한). ○矢激則遠 - 화살을 세게 당겼다 놓으면 멀리 간다. ○回薄(회박) - 돌고 돌며 서로 치다. 薄은 迫(닥칠 박)과 通. ○震蕩相轉(진탕상전) - 뒤흔들며 같이 굴러간다. 震蕩(진탕)은 뒤흔들다. 진동하다. ○雲烝雨降(운증우강) - 구름이 일어나면 비가 내린다. 烝(김 오를 증)은 蒸(찔 증)의 古字. ○糾錯相紛(규착상분) - 서로 하나로 얽혔다가도 나누어진다. ○大鈞 - 그릇을 만드는 물레. 여기서는 하늘. 播物(파물)은 만물을 창조하다. ○坱圠(앙알) - 형체가 모두 제각각인 모양. 坱은 먼지 앙. 圠은 희미할 알. 無垠(무은)은 끝이 없다. 가없다. ○烏識其時 - 어찌 그때를 알겠는가? 烏 까마귀 오. 무엇, 어디, 어찌, 어떻게. 疑問代詞.

〖國譯〗

「부엉이가 크게 한숨 쉬며 머리 들고 날개를 퍼덕이며 말은 못하지만 뜻을 알리는 것 같도다.

만물은 변화하고 쉬지 않으며, 선회하여 떠밀려갔다 돌아온다.
형체와 기운도 돌며 이어지고 변화하며 돌아가도다.
깊고 미세하여 나눌 수 없으니 그를 어찌 다 말하겠는가!
禍는 복을 따라 의지하고 복은 禍 안에 들어 있으며,
근심과 기쁨이 한 門으로 들어오고 길흉이 한 곳에 모여 있도다.
저 吳가 강대했지만 夫差(부차)는 그 때문에 망했고,
회계 땅 越王 句踐(구천)은 패권을 잡았었다.
李斯는 유세에 성공했으나 五刑을 받았고,
傅說(부열)은 죄수였으나 武丁 임금의 재상이었다.
禍福이란 하나로 얽혀 꼬여진 밧줄과 무엇이 다른가!
천명은 말할 수 없으니 누가 그 끝을 알겠는가?
물을 치면 급히 흐르고 힘껏 당긴 화살은 멀리 간다.
만물이 돌며 부딪치고 뒤흔들며 함께 굴러가도다.
구름이 피면 비가 오고 하나로 얽혔어도 나누어진다.
하늘이 만물을 만들며 서로 다르며 그 끝도 없도다.
하늘의 뜻을 헤아릴 수 없고 道를 우리가 꾸며낼 수 없는 것.
빨리나 늦는 것도 천명이니 어찌 때를 알 수 있겠는가?」

原文

「且夫天地爲鑪, 造化爲工, 陰陽爲炭, 萬物爲銅, 合散消息, 安有常則?

千變萬化, 未始有極. 忽然爲人, 何足控揣, 化爲異物, 又何足患! 小智自私, 賤彼貴我, 達人大觀, 物亡不可.

貪夫徇財, 列士徇名, 誇者死權, 品庶每生. 怵迫之徒, 或趨西東, 大人不曲, 意變齊同.

愚士繫俗, 僒若囚拘, 至人遺物, 獨與道俱. 衆人惑惑, 好惡積意, 眞人恬漠, 獨與道息.

釋智遺形, 超然自喪, 寥廓忽荒, 與道翺翔. 乘流則逝, 得坎則止, 縱軀委命, 不私與己.

其生兮若浮, 其死兮若休. 澹虖若深淵之靚, 氾虖若不繫之舟. 不以生故自保, 養空而浮.

德人無累, 知命不憂. 細故蔕芥, 何足以疑!」

| 註釋 | ○且夫 - 대장간(대장장이)의 작업으로 비유해서 설명하고 있다. ○鑪 - 화로 로, 爐와 同, 용광로. ○造化 - 創造와 化育의 과정을 대장장이(기술자, 工人)가 광물에서 쇠를 얻어내는 과정으로 비유. ○萬物爲銅 - 銅은 결과물. ○合散消息 - 合과 散, 그리고 消(죽음)와 息(출생, 번식). ○未始有極 - 그 시작도 끝(종료)도 없다. ○控揣(공췌) - 제어하다. 통제하다. 揣 잴 췌. 파악하다. ○又何足患 - 또 무엇을 걱정하랴! ○小智自私 - 小智를 가지고 스스로 뽐내다. ○達人 - 사리에 통달한 사람. 다음에 나오는 大人, 至人, 眞人, 德人이 모두 같은 의미. ○物亡不可 - 세상 만물에 不可는 없다. ○徇財 - 재물 때문에 죽는다. 徇은 殉(따라 죽을 순). ○列士 - 烈士, 무슨 일을 이루려는 사람. ○誇者 - 名利를 추구하는 자. ○死權 - 權力 때문에 죽는다. ○品庶 - 庶品. 보통 사람. ○每生 - 살기만을 탐한다. 살려 바동댄다. 每는 貪也. ○怵迫(출박) - 무엇인가에 쫓기다. 얻으려 애쓰다. ○不曲 - 굽히지 않다. 지조를 바꾸지 않다. ○意變齊同 - (外物이) 아무리 변화하

더라도 언제나 한결같다. 意는 億. ○繫俗 - 세속에 얽매이다. ○僒 - 군색할 군. 곤궁에 막히다. ○遺物 - 물욕을 버리다. 不置物於心. ○道俱 - 道와 함께 하다. ○惑惑(혹혹) - 심하게 미혹되다. ○積意 - 마음에 꽉 차있다. 意는 胸懷. ○恬漠(염막) - 無爲하여 마음이 편안하다. 恬 편안할 념(염). 漠 사막 막. 고요하다. ○道息 - 道와 함께 생존한다. ○釋智遺形 - 인간의 지혜와 형체에 대한 집착을 버리다. ○超然自喪 - 인간 세상에 초연하여 忘我의 경지에 도달하다. ○寥廓(요곽) - 심원하면서도 광활하다. ○忽荒(홀황) - 恍惚(황홀)과 同. 뒤죽박죽의 상태. ○翺翔(고상) - 자유롭게 날다. 세속을 벗어나 무한 자유로운 상태. 翺 나를 고. 飛翔(비상). ○乘流則逝 - 물결을 타면 흘러가고. ○得坎則止 - 웅덩이를 만나면 멈추다. 坎 구덩이 감. 장애물. ○縱軀委命 - 肉身을 天命에 맡기다. ○不私與已 - 내 몸을 내 것으로 생각하지 않다. 육신에 대한 욕구가 없으면 행위는 그만큼 자유롭다. ○若浮 - 浮草와 같다. ○若休 - 휴식과 같다. ○澹虖若深淵之靚 - 平澹하기는 깊은 연못의 고요와 같다. 澹 담박할 담. 조용하다. 虖는 乎. 靚 정숙할 정. 靜과 同. ○氾虖若不繫之舟 - 자유롭기는 매어 놓지 않은 배와 같다. 氾 뜰 범. 떠서 돌아다니다. ○養空而浮 - 空虛의 본성을 배양하여 世間에 浮游하다. 생각과 신체의 자유를 의미. ○無累 - 얽매이지 않다. ○細故蔕芥 - 세상의 하찮은 모든 일. 細故는 小事. 蔕芥(체개)는 아주 작은 풀. 작은 번뇌. 草芥(초개)는 검불. 蔕는 꼭지 체. 芥는 겨자 개.

〖國譯〗

「그리고 天地가 용광로라면 造化는 工人이며, 음양은 곧 숯이며 만물은 얻어지는 쇳물(銅)이리니, 합하든 흩어지든 생사에 무슨 법칙이 있겠는가?

이 세상의 千變萬化에는 시작과 끝이 없도다. 갑자기 인간이 될 수도 있으니 어찌 통제할 것이며, 異物이 된다 한들 또 무엇을 걱정하겠는가! 작은 지혜를 뽐내며 남은 천하고 자신만 귀하다 생각하지만, 達人의 大觀으로는 萬物에 쓸모없는 것은 없도다.

재물을 탐하는 사람 재물에 죽고, 이름을 얻으려는 자 이름에 죽으며, 과시하다가 권세에 죽어가며 모두가 살려고 바동댄다. 무엇인가에 쫓기기에 동서로 치달리지만 大人은 뜻을 바꾸지 않으며 변화를 보는 뜻은 언제나 한가지이다.

어리석은 자는 세속에 얽매여 갇힌 죄수처럼 막혀있지만, 至人은 물욕이 없기에 언제나 道와 함께 할 수 있다. 衆人이야 심하게 미혹되어 好惡(호오)가 마음에 꽉 찼으나, 眞人은 마음 편히 오직 道와 함께 생존한다.

지혜나 형체의 집착을 버리고 초연히 忘我의 경지서 심원하고 텅 빈 恍惚(황홀) 속에 道와 함께 비상하도다. 물결을 타면 흘러가고 웅덩이에 멈추며, 肉身을 天命에 맡기고 내 몸을 내 것이라 아니 생각하리라.

그 삶은 浮草요 그 죽음은 곧 휴식이라. 平澹하기는 심연의 고요이며 자유롭기는 매지 않은 배와 같도다. 生에 집착하지 않으니 자신을 보존할 수 있고 空虛의 본성으로 속세에서 자유롭도다.

德人은 얽매이지 않았으니 천명을 알아 걱정이 없도다. 세상의 하찮은 모두를 어찌 다 걱정하겠는가?」

原文

後歲餘, 文帝思誼, 徵之. 至, 入見, 上方受釐, 坐宣室. 上因感鬼神事, 而問鬼神之本. 誼具道所以然之故. 至夜半, 文帝前席. 卽罷, 曰, "吾久不見賈生, 自以爲過之, 今不及也." 乃拜誼爲梁懷王太傅. 懷王, 上少子, 愛, 而好書, 故令誼傅之, 數問以得失.

| **註釋** | ○徵之 - 가의를 불러오다. 徵은 召. ○受釐(수희) - 제사를 지낸 고기(釐)를 받다. 조상에게 제사로 올린 고기에는 조상이 내려주는 복이 있다고 생각하였다. 釐는 다스릴 이, 아주 작을 이, 과부 이. 복 희, 제사지내고 남은 고기 희. ○宣室(선실) - 미앙궁의 正殿 前室. ○文帝前席 - 문제가 자리를 당겨 앉다. 이야기에 몰입하여 가의 앞으로 조금씩 다가왔다는 뜻. ○梁懷王(양회왕) - 文帝의 막내아들. 劉揖(劉勝). 17권, 〈文三王傳〉 참고. ○數問以得失 - 득실에 대해 자주(數 삭) 물었다. 得失은 정치의 成敗.

〖**國譯**〗

1년 쯤 뒤에 文帝는 가의를 생각하고 가의를 불렀다. 가의가 도착하여 알현하였는데 문제는 마침 제사 지낸 고기를 받고 미앙궁 선실에 앉아 있었다. 문제는 귀신에 관하여 생각한 바가 있어 귀신의 본질에 대하여 물었다. 가의는 귀신의 여러 가지 그럴만한 이치를 모두 말했다. 이야기는 한 밤까지 계속되었고 문제는 가의 앞으로 다가앉으며 들었다. 나중에 끝나고서 문제가 말했다.

"나는 가의를 오랫동안 만나지 못하면서 내가 가의보다 낫다고 생각했지만 오늘 보니 가의를 따라갈 수가 없도다."

그리고 문제는 가의를 梁 懷王의 太傅로 임명하였다. 회왕은 문제의 막내아들로 매우 사랑을 받았으며 학문을 좋아하였기에 가의로 하여금 보필하게 한 것인데 회왕은 자주 정치의 득실에 대하여 물었다.

原文

是時, 匈奴强, 侵邊. 天下初定, 制度疏闊. 諸侯王僭擬, 地過古制, 淮南,濟北王皆爲逆誅. 誼數上疏陳政事, 多所欲匡建, 其大略曰.

| **註釋** | ○疏闊(소활) - 周密하게 완비되지 않다. ○僭擬(참의) - 분수를 넘어 天子와 대등해지다. ○淮南王(회남왕) - 劉長. 고조의 막내아들, 文帝의 아우. ○濟北王(제북왕) - 劉興居. 이 두 사람에 대해서는 44권, 〈淮南衡山濟北王傳〉 참고. ○匡建(광건) - 舊制의 폐단을 바로 잡고 새 제도를 마련하다. ○其大略曰 - 가의의 〈治安策〉이라고 한다.

〖國譯〗

이 무렵, 흉노가 강하여 국경을 침범하였다. 천하가 겨우 안정되었지만 아직 제도가 정비되지 않았다. 제후 왕들은 참월하여 분수를 몰랐고 영토도 古制보다 넓었으며 淮南王과 濟北王은 모두 반역하다가 죽음을 당했다. 가의가 여러 번 정사에 관하여 상소한 것은 폐단을 바로잡고 새 제도를 마련하려는 뜻이었는데 그 대략은 아래와 같다.

原文

〈治安策〉*

「臣竊惟事勢, 可爲痛哭者一, 可爲流涕者二, 可爲長太息者六, 若其它背理而傷道者, 難遍以疏擧. 進言者皆曰天下已安已治矣, 臣獨以爲未也. 曰安且治者, 非愚則諛, 皆非事實知治亂之體者也. 夫抱火厝之積薪之下而寢其上, 火未及燃, 因謂之安, 方今之勢, 何以異此! 本末舛逆, 首尾衡決, 國制搶攘, 非甚有紀, 胡可謂治! 陛下何不壹令臣得孰數之於前, 因陳治安之策, 試詳擇焉!」

| 註釋 | ○竊 – 저(의 의견). 자신을 낮추는 謙辭(겸사). 몰래 절. 훔치다. ○流涕(유체) – 눈물을 흘리다. ○疏擧(소거) – 조목조목 열거하다. ○厝 – 둘 조. 놓아두다(置也). 措와 同. ○舛逆(천역) – 어긋나다. 뒤바뀌다(顚倒). 舛 어그러질 천. ○衡決 – 옆으로 잘리다. 끊어지다. 衡은 橫과 通. ○搶攘(창양) – 흩어져 어지러운 모양. ○胡可謂治 – 어찌 다스려진다고 할 수 있습니까? 胡는 왜, 어째서, 무엇 때문에. ○孰數(숙수) – 상세히 열거하다. 孰은 熟.

〖國譯〗

〈治安策〉*

「제가 나라의 정세를 생각해보면 통곡할 일이 한 가지이고, 눈물을 흘려야 할 일이 두 가지이며, 장탄식을 해야 할 일이 여섯 가지나 있고, 기타 사리에 맞지 않아 正道를 해치는 일은 모아서 열거하기조차 어려울 만큼 많습니다. 폐하께 진언하는 사람들은 모두 천하가 안정되었고 잘 다스려진다고 말하지만 저만 혼자 그렇지 않다고 생각하고 있습니다. 안정되었고 잘 다스려진다고 말하는 자는 바보가 아니라면 아첨하는 것이며 실제로 治亂의 실체를 아는 자가 아닙니다. 불씨를 장작더미 아래 놓아두고 그 위에 누워 있으면서 아직 불이 타오르지 않는다 하여 편안하다고 말하는데 지금의 형세가 그것과 무엇이 다르겠습니까? 본말이 뒤바뀌었고 머리와 꼬리가 잘렸으며 나라의 법제가 어지러워 기강이 아주 없으니 어찌 다스려진다고 말할 수 있겠습니까? 폐하께서는 왜 저에게 상세히 열거하라고 한 번도 명하지 않으셨는지 모르지만 이제 치안의 방책을 말씀드리오니 상세히 살피시어 채택하시기 바랍니다.」

原文

「夫射獵之娛, 與安危之機孰急? 使爲治勞智慮, 苦身體, 乏鐘鼓之樂, 勿爲可也. 樂與今同, 而加之諸侯軌道, 兵革不動, 民保首領, 匈奴賓服, 四荒鄉風, 百姓素朴, 獄訟衰息. 大數既得, 則天下順治, 海內之氣, 清和咸理, 生爲明帝, 沒爲明神, 名譽之美, 垂於無窮. 《禮》祖有功而宗有德, 使顧成之廟稱爲太宗, 上配太祖, 與漢亡極. 建久安之勢, 成長治之業, 以承祖廟, 以奉六親, 至孝也. 以幸天下, 以育群生, 至仁也. 立經陳紀, 輕重同得, 後可以爲萬世法程, 雖有愚幼不肖之嗣, 猶得蒙業而安, 至明也. 以陛下之明達, 因使少知治體者得佐下風, 致此非難也. 其具可素陳於前, 願幸無忽. 臣謹稽之天地, 驗之往古, 按之當今之務, 日夜念此至孰也, 雖使禹,舜復生, 爲陛下計, 亡以易此.」

| 註釋 | ○射獵 - 사냥. 獵 사냥 렵(엽). ○安危之機 - 안위의 요체. 機는 關鍵(관건). ○使 - 가령. 假使. ○首領 - 머리와 목. 여기서는 생명. ○四荒鄕風 - 중국 주변에서 (소수민족이) 귀순하다. 鄕은 向. 風은 敎化되다. ○大數 - 治國의 방법. 數는 術也. ○沒 - 죽다(死也). ○垂於無窮 - 그침이 없이 이어지다. 垂는 流轉하다. ○《禮》 - 禮制에 의하면. ○顧成之廟(顧成廟) - 文帝 4년에 文帝 자신이 조성한 廟堂 이름. 당시 장안성 남쪽에 위치. ○亡極 - 그침이 없다. 중단되지 않다. ○六親 - 父子, 兄弟, 夫婦. 또는 부모 형제를 비롯한 친족. 여러 가지 주장이 있다. ○立經陳紀 - 기강을 확립하다. ○輕重同得 - 일의 輕重과 緩急에 따라 알맞게 처리하다. ○法程 - 法式. 표준. ○不肖 - 不賢. ○佐下風 - 아래에서 보좌하다. ○具 - 방법. 治安策. ○願幸無忽 - 하찮은 일이라 생각하지 마십시오. ○稽之 - 고찰하다. 稽 상고할 계. ○至孰 - 아주 상세하게. 孰은 熟也. ○亡 - 無也.

〖國譯〗

「대저 사냥의 즐거움과 국가 안위의 요체가 어느 쪽이 더 급하겠습니까? 가령 치국을 위해 지혜를 짜내고 육신을 고생케 하며 음악의 즐거움을 누리지 않는 것도 괜찮을 것입니다. 지금은 음악을 즐기면서 제후들에게 법도를 보이고 군사를 동원하지 않아 백성들은 목숨을 지킬 수 있으며 흉노가 귀부하고 사방 이민족이 교화에 따라주며 백성들은 순박하여 송사가 줄어들고 있습니다. 이런 치국의 방략을 얻었기에 천하는 순조롭게 다스려지고 海內(天下)의 기운은 淸靜溫和하며 잘 다스려지니 폐하께서는 살아서는 明君이며 죽어서는 좋은 신령이 되실 수 있는 명예를 누리시고 후세에 오래도록 전할 수 있습니다. 禮制에 의하면 창업의 공이 있으면 祖이고 백성에게 덕을 베풀었으면 宗이라 할 수 있는데 폐하께서 지으신 顧成廟(고성묘)에 太宗이라 하였으니 위로는 太祖의 업적과 함께 漢의 사직과 더불어 결코 다함이 없을 것입니다. 오래도록 안정할 수 있는 바탕을 마련하고 오랜 세월 다스릴 수 있는 업적을 쌓아 조종의 업적을 계승하며 六親을 모시는 것은 완벽한 효도입니다. 천하를 사랑하시며 만백성을 생육케 하시니 이는 최고의 仁이십니다. 나라의 기강을 확립하고 국사의 경중과 완급에 따라 처리하시어 이후로 萬世에 이르도록 지킬 법도를 확립한다면 비록 어리석고 어리며 불초한 후손이 계승하더라도 그 바탕 위에 안전할 수 있으니 이는 대단한 지혜이십니다. 폐하의 명철하심을 바탕으로 치국의 요체를 아는 신하로 하여금 아래에서 보필하게 하는 것은 어려운 일이 아닙니다. 그 방법(治安策)은 이전에 폐하에게 말씀드렸사오니 소홀히 하지 마시길 바랍니다. 臣은 천지신명의 뜻을 살피고 지난 일을 경험 삼아 지금 당장 힘써야 할 일을 고찰하면서 밤낮으로 이를 숙고하였기에 비록 禹와 舜 같은 분이 폐하를 위한 방책을 마련하더라도 저는 바꾸지 않을 것입니다.」

原文

「夫樹國固必相疑之勢, 下數被其殃, 上數爽其憂, 甚非所以安上而全下也. 今或親弟謀爲東帝, 親兄之子西鄕而擊, 今吳又見告矣. 天子春秋鼎盛, 行義未過, 德澤有加焉, 猶尙如是, 況莫大諸侯, 權力且十此者虖!」

| 註釋 | ○樹國 - 건국. ○固 - '樹國險固'로 보느냐 아니면 '其勢必固~'에 따라 해석이 달라진다. ○被其殃 - 재앙을 당하다. 被는 遭受也. ○爽 - 傷也. 忒(의심할 특)也. ○親弟 - 淮南國 厲王인 劉長(고조의 막내아들). ○親兄之子 - 고조의 庶長子 劉肥의 아들인 劉興居. ○吳 - 吳王 劉濞. ○鼎盛 - 正盛. 한창 壯年이다. 鼎은 正. ○十此 - 이보다 십 배(十倍於此)의 뜻.

〖國譯〗

「대개 제후국을 세워 커져서 서로 의심할 정도가 되면 아래서는 자주 재앙을 당하고 천자는 늘 걱정을 하게 되니 위를 안정시키며 아래를 보전하기가 매우 어렵습니다. 지금 폐하의 친아우는 동쪽 황제가 되려 하고 친형의 아들은 서쪽으로 진격했었는데 지금도 吳王에 대한 보고가 들어오고 있습니다. 폐하께서는 장년의 춘추이시고 통치에 아무 과실도 없으시고 제후에게 많은 은택을 주고 있는데도 이러할진대 하물며 막대한 제후국의 그 힘이 이보다 10배나 된다면 어떻게 되겠습니까?」

原文

「然而天下少安, 何也? 大國之王幼弱未壯, 漢之所置傅, 相方握其事. 數年之後, 諸侯之王大抵皆冠, 血氣方剛, 漢之傅,相稱病而賜罷, 彼自丞,尉以上偏置私人, 如此, 有異淮南,濟北之爲邪! 此時而欲爲治安, 雖堯,舜不治.」

| 註釋 | ○少安 - 잠시 小康한 상태. ○傅,相 - 태부와 승상. ○冠 - 관례를 치르다. ○賜罷 - 사직을 허락하다. ○丞,尉 - 郡丞(副郡守)이나 郡尉(군의 군사 담당).

〖國譯〗

「그러나 지금 천하가 잠시 안정된 것은 무엇 때문이겠습니까? 큰 제후국의 왕이 아직은 어려서 漢(중앙)에서 보내 태부와 승상이 국정을 장악하고 있기 때문입니다. 수년 뒤에 제후국의 왕이 장성하여 관례를 치르고 혈기가 왕성해지면 漢의 태부와 승상은 병을 핑계로 은퇴하고 제후는 그 아래 郡丞이나 郡尉 등의 관직에 자기 사람을 심을 것이고 이렇게 되면 회남왕이나 제북왕과 무엇이 다르겠습니까? 이러한 때에 천하를 다스리려 한다면 비록 堯舜일지라도 다스리지 못할 것입니다.」

原文

「黃帝曰, '日中必熭, 操刀必割.' 今令此道順而全安, 甚易, 不肯早爲, 已乃墮骨肉之屬而抗剄之, 豈有異秦之季世虖! 夫以天子之位, 乘今之時, 因天之助, 尙憚以危爲安, 以亂爲治, 假設陛下居齊桓之處, 將不合諸侯而匡天下乎? 臣又知陛下有所必不能矣.

假設天下如曩時, 淮陰侯尙王楚, 黥布王淮南, 彭越王梁, 韓信王韓, 張敖王趙, 貫高爲相, 盧綰王燕, 陳豨在代, 令此六七公者皆亡恙, 當是時而陛下卽天子位, 能自安乎? 臣有以知陛下之不能也.

天下淆亂, 高皇帝與諸公並起, 非有仄室之勢以豫席之也. 諸公幸者, 乃爲中涓, 其次廑得舍人, 材之不逮至遠也. 高皇帝以明聖威武卽天子位, 割膏腴之地以王諸公, 多者百餘城, 少者乃三四十縣, 德至渥也, 然其後十年之間, 反者九起. 陛下之與諸公, 非親脚(角)材而臣之也, 又非身封王之也, 自高皇帝不能以是一歲爲安, 故臣知陛下之不能也.

然尙有可諉者, 曰疏, 臣請試言其親者. 假令悼惠王王齊, 元王王楚, 中子王趙, 幽王王淮陽, 共王王梁, 靈王王燕, 厲王王淮南, 六七貴人皆亡恙, 當是時陛下卽位, 能爲治乎? 臣又知陛下之不能也. 若此諸王, 雖名爲臣, 實皆有布衣昆弟之心, 慮亡不帝制而天子自爲者. 擅爵人, 赦死罪, 甚者或戴黃屋, 漢法令非行也. 雖行不軌如厲王者, 令之不肯聽, 召之安可致乎! 幸而來至, 法安可得加! 動一親戚, 天下圜視而起, 陛下之臣雖有悍如馮敬者, 適啓其口, 匕首已陷其匈矣. 陛下雖賢, 誰與領此? 故疏者必危, 親者必亂, 已然之效也. 其異姓負彊而動者, 漢已幸勝之矣, 又不易其所以然. 同姓襲是跡而動, 旣有徵矣, 其勢盡又復然. 殃禍之變, 未知後移, 明帝處之, 尙不能以安, 後世將如之何!」

| 註釋 | ○黃帝曰 - 이 구절은 《六韜(육도)》란 책에 있는데 기회를 잘 포착하라는 뜻. ○熭 - 말릴 위. 불에 급하게 말리다. ○墮骨肉之屬 - 골육의 친속을 몰락케 하다. 墮는 떨어질 타. ○抗剄(항경) - 목을 자르다. 죽이다. ○季世 - 末世. 末期. ○憚 - 꺼릴 탄. 두려워하다. 주저하다. ○齊桓 - 齊의 桓公(환공), 春秋五霸의 한 사람. ○曩時(양시) - 昔時, 이전에. 曩은 지난 때 양. 접때. ○淮陰侯(회음후) - 漢王의 大將軍, 齊王, 楚王이었던 韓信. 34권, 〈韓彭英盧吳傳〉 참고. ○黥布(경포), 彭越(팽월), 盧綰(노관) - 34권, 〈韓彭英盧吳傳〉 참고. ○張敖(장오), 貫高(관고) - 32권, 〈張耳陳餘傳〉 참고. ○陳豨(진희) - 34권, 〈韓彭英盧吳傳〉 참고. ○淆亂(효란) - 혼란. 淆 뒤섞일 효. ○仄室之勢(측실지세) - 왕족이나 제후의 세력. ○豫席 - 자리를 차지하다. 근거지를 마련하다. ○中涓(중연) - 시종관. ○厪 - 겨우 근. ○舍人(사인) - 수행원. ○渥 - 두터울 악. 厚也. ○脚(角)材 - 능력을 겨루어 보다. ○又非身封王之也 - 몸소(身, 自身) 그들을 제후로 임명하지 않았다. 그 당시 고조는 어쩔 수 없이 그들을 제후로 삼을 수밖에 없었다는 뜻. ○諉 - 맡길 위, 번거로울 위. ○疏 - 疏遠. 종친이지만 가깝지 않다는 뜻. ○親者 - 여기서는 혈연관계의 親이다. ○假令 - 가령. 만약. ○悼惠王(도혜왕) - 고조의 庶長子. ○元王 - 고조의 동생 劉交. ○中子 - 趙王 如意. 趙姬 소생. ○幽王(유왕) - 고조의 아들 劉友. 淮陽王. ○共王 - 고조의 아들 劉恢. 梁王. ○靈王 - 고조의 아들 劉建, 燕王. ○厲王(여왕) - 淮南王 劉長. ○布衣昆弟之心 - 평민 형제들의 마음. ○擅 - 멋대로 천. ○戴黃屋 - 황색 수레 덮개를 쓰다. ○不軌(불궤) - 법도를 따르지 않다. ○召之安可致乎 - 부른다 하여 어떻게 그를 데려오겠는가? ○圜視(환시) - 環視. ○悍 - 사나울 한. 용감하다. ○適啓其口 - 그 입을 열자마자. ○匈 - 胸(가슴 흉). ○疏者 - 異姓 諸侯. ○親者 - 同姓(劉氏) 제후. ○所以然 - 그러한 이유, 危亂의 징후. ○徵 - 징조.

〖國譯〗

黃帝는 '해가 중천에 있을 때 풀을 말려야 하고, 칼을 잡았을 때 기필코 잘라야 한다.' 고 하였습니다. 이런 이치를 따라 순리대로 보전하고 안정케 하는 것은 매우 쉽지만 만약 제때에 처리하지 않는다면 나중에 골육의 정을 다치게 하거나 목을 벤다면 秦나라 말기와 무엇이 다르겠습니까? 천자의 지위를 이용하면서 하늘의 도움을 받을 수 있는데 아직도 위기를 안정시키거나 혼란을 바로 잡는 일을 주저하시겠습니까? 만약 齊 桓公(환공)과 같은 처지라도 제후를 규합하여 천하를 바로 잡으려는 일을 주저하시겠습니까? 신은 폐하께서 물론 그렇게 하지는 않으리라 생각합니다.

가령 천하가 그 옛날과 같이 淮陰侯 韓信이 楚에서 왕을 하고 黥布(경포)가 淮南의 왕이며, 彭越(팽월)이 梁王이고, 韓王 信이 韓의 왕이며, 張敖(장오)가 趙의 왕이요 貫高(관고)가 그 승상이며, 盧綰(노관)이 燕에서 왕을 하고, 陳豨(진희)가 代國에 있을 경우 이 여섯이나 일곱 제후가 모두 건강하다면 이런 때 폐하께서 천자의 자리에서 편안하시겠습니까? 저는 폐하께서 편안할 수 없다는 것을 알고 있습니다.

천하가 혼란할 때 고조께서는 여러 사람들과 함께 기병하시면서 왕족이나 제후의 도움 없이 바탕을 마련하셨습니다. 그분들 중에 운이 좋은 사람은 中涓(중연)이 되었고 그 다음 사람들은 겨우 舍人(사인)이 되었지만 그들의 재능은 한참 떨어졌었습니다. 고조께서는 명철하신 聖智와 威武로 천자의 자리에 오르셨지만 비옥한 지역을 골라 왕과 제후에게 주었는데 많은 자는 100여 개의 성을 작은 제후국도 3, 40개의 현을 주어 폐하의 은택이 아주 두터웠는데도 건국 후

10여 년에 반란이 9번이나 있었습니다. 고조께서는 여러 제후들과 재능을 겨룬 다음에 신하로 삼은 것도 아니었고, 고조께서 몸소 왕으로 봉하신 것도 아니었기에(어쩔 수 없이 제후로 봉했기에) 고조께서는 한 해도 편안하지 못하셨는데 신은 폐하께서는 그렇게 하시지는 않으리라고 알고 있습니다.

그렇지만 핑계가 될 수 있는 것은 疏遠(소원)하기 때문이라 생각할 수 있기에 臣은 그 친족에 대해 말씀드리고자 합니다. 가령 悼惠王(도혜왕)이 齊에서 王을 하고 元王은 楚에서, 中子(如意)는 趙의 왕, 幽王은 淮陽, 共王은 梁, 靈王은 燕, 厲王은 淮南에서 왕을 할 때 이 6-7명의 왕이 모두 건강하고 그때 폐하께서 즉위하셨다면 능히 통치할 수 있겠습니까? 臣은 역시 폐하께서 그렇지 못하시리라 알고 있습니다.

만약 이런 여러 왕들이 명분은 신하지만 실제로는 평민 형제들의 심정으로 황제의 법제를 생각하지 못하고 스스로 천자처럼 생각할 것입니다. 그리하여 마음대로 벼슬을 내리고 死罪人도 사면하고 심한 경우에는 황색 수레 덮개도 사용할 것이니 漢의 법령은 지켜지지 않을 것입니다. 설령 지켜지더라도 厲王(여왕)같은 사람이 법을 지키지 않을 경우 부른다고 불러올 수가 있겠습니까? 다행히 온다 하여도 법을 어떻게 집행하겠습니까? 황족 한 사람을 이동시키면 천하가 주시하는데도 봉기할 것이며 폐하의 신하로 馮敬(풍경)처럼 용감한 사람이 있더라고 입을 여는 순간에 자객의 비수가 그 가슴에 박힐 것입니다. 폐하께서 아무리 현명하시다 하여도 누구와 같이 이를 거느리겠습니까?

그러하기에 異姓諸侯는 확실히 위험하고 친족은 틀림없이 분란을 일으킨다는 사실은 이미 확실해졌습니다. 그 이성제후로 강한 세력을 믿고 반동했던 자를 漢에서는 다행히도 싸워 이겼지만 그러한 원인을 고치지는 않았습니다. 동성제후는 세습하면서 반동을 하였고 그런 징후도 있었고 그런 세력이 없어지더라도 또 반복되고 있습니다. 재앙을 불러일으키게 하는 변란은 그 뒤의 추이를 알 수가 없다지만 현명하신 폐하께서 대처하여 안전하게 할 수 없다면 뒷날 장차 어찌 되겠습니까?」

原文

「屠牛坦一朝解十二牛, 而芒刃不頓者, 所排擊剝割, 皆衆理解也. 至於髖髀之所, 非斤則斧. 夫仁義恩厚, 人主之芒刃也. 權勢法制, 人主之斤斧也. 今諸侯王皆衆髖髀也, 釋斤斧之用, 而欲嬰以芒刃, 臣以爲不缺則折. 胡不用之淮南, 濟北? 勢不可也.」

| **註釋** | ○坦 - 공자와 같은 시기의 인물. 《管子 制分》에 나온다. 坦 평평할 탄. ○芒刃(망인) - 뾰쪽한 칼날. ○頓 - 부서질 돈. 무뎌지다. 鈍也(무딜 둔). ○排擊剝割 - 나누고 쪼개고, 벗겨내다. 排는 分也. 剝 벗길 박. ○衆理 - 衆은 象의 誤字라는 註가 있다. 象理는 肉質의 결. ○髖髀(관비) - 髖은 넓적다리(大腿)뼈 관. 엉덩이 뼈. 髀는 넓적다리 비. ○斤斧(근부) - 도끼. 일반적으로 斤보다 斧가 더 크다. ○嬰(영) - 加하다. 빙 둘러치다.

〖國譯〗

「소를 잡는 사람 坦(탄)은 하루에 소 12마리를 잡는데 그 뾰쪽한 칼날이 무뎌지지 않는 것은 가르고 꺾고 벗기는데 모두가 고기 결을 따라 나누기 때문입니다. 엉덩이나 넓적다리뼈에는 작은 도끼 아니면 큰 도끼를 씁니다. 仁義에 따른 후한 은덕은 군주의 칼날입니다. 권세와 법제는 군주의 크고 작은 도끼입니다. 지금 제후와 왕들은 모두 엉덩이와 허벅지뼈인데 도끼를 쓰지 않고 칼을 쓰려고 한다면 신의 생각으로는 칼날이 망가지거나 부러질 것입니다. 淮南王과 濟北王에게 왜 도끼를 쓰지 않으십니까? 그 형세가 이제는 쓰지 않으면 안 됩니다.」

原文

「臣竊跡前事, 大抵彊者先反. 淮陰王楚最彊, 則最先反. 韓信倚胡, 則又反. 貫高因趙資, 則又反. 陳狶兵精, 則又反. 彭越用梁, 則又反, 黥布用淮南, 則又反, 盧綰最弱, 最後反. 長沙乃在二萬五千戶耳, 功少而最完, 勢疏而最忠, 非獨性異人也, 亦形勢然也. 曩令樊, 酈, 絳, 灌據數十城而王, 今雖以殘亡可也. 令信, 越之倫列爲徹侯而居, 雖至今存可也. 然則天下之大計可知已. 欲諸王之皆忠附, 則莫若令如長沙王, 欲臣子之勿菹醢, 則莫若令如樊, 酈等, 欲天下之治安, 莫若衆建諸侯而少其力. 力少則易使以義, 國小則亡邪心. 令海內之勢如身之使臂, 臂之使指, 莫不制從. 諸侯之君不敢有異心, 輻湊並進而歸命天子. 雖在細民, 且知其安, 故天下咸知陛下之明. 割地定制, 令齊,趙,楚各爲若干國, 使悼惠王,幽王,元王之子孫畢以次各受祖之分地, 地盡而止, 及燕,梁它國皆然. 其分地衆而子孫少者, 建以爲國, 空而置之, 須其子孫生者, 擧使君之. 諸侯之地其削頗入漢者, 爲徙其侯國及封其子孫也, 所以數償之. 一寸之地, 一人之衆, 天子亡所利焉, 誠以定治而已, 故天下咸知陛下之廉. 地制壹定, 宗室子孫莫慮不王, 下無倍畔之心, 上無誅伐之志, 故天下咸知陛下之仁. 法立而不犯, 令和而不逆, 貫高,利幾之謀不生, 柴奇,開章之計不萌, 細民鄕善, 大臣致順, 故天下咸知陛下之義. 臥赤子天下之上而安, 植遺腹, 朝委裘, 而天下不亂, 當時大治, 後世誦聖. 壹動而五業附, 陛下誰憚而久不爲此?」

| **註釋** | ○韓信倚胡 – 漢王信은 흉노 세력과 연합하여 반기를 들었었다. ○因趙資 – 趙의 국력을 바탕으로 하다. ○用梁 – 梁을 바탕으로. ○長沙 – 長沙王 吳芮(오예). ○在 – 才. 겨우. ○曩(양) – 앞서, 이전에. ○徹侯 – 列侯. 20관작 중 최고위의 작위. ○菹醢(저해) – 菹 소금에 절일 저. 醢 젓갈 해. ○臂 – 팔 비. ○細民 – 小民. ○畢 – 전부. ○須 – 기다리다. 等待. ○擧使君之 – 모두를 다 왕으로 삼다. ○頗 – 자못 파. 많이. ○所以數償之 – 숫자대로 보상을 해 주다. ○倍畔(배반) – 背叛. ○利幾(이기) – 인명. 항우의 部將. ○柴奇, 開章 – 2인 모두 회남왕 유장을 위해 모반을 계획했었다. ○萌 – 싹 맹. 싹트다. ○赤子 – 신생아. ○植遺腹 – 유복자라도 왕으

로 봉해주다. ○朝委裘(조위구) – (어린아이가 예복을 갖출 수 없으므로) 조회할 때 왕의 복장을 자리에 눕히다. ○五業 – 천자의 5가지 미덕은 明, 廉, 仁, 義, 聖.

〖國譯〗

「臣이 지난 일을 생각해 보면, 대개 강한 자가 먼저 배반을 하였습니다. 회음후가 楚王일 때 가장 강했기에 제일 먼저 배반하였습니다. 韓王 信은 흉노와 연합하여 마찬가지로 배반하였습니다. 貫高는 趙나라를 바탕으로 역시 배반하였습니다. 陳豨(진희)는 강한 군사력을 바탕으로 반역하였습니다. 彭越(팽월)은 梁의 힘을, 黥布(경포)는 淮南을 바탕으로 반역하였으며, 盧綰(노관)은 가장 약했기에 제일 늦게 배반하였습니다. 長沙王은 겨우 25,000호 뿐이고 공도 미약했기에 완전하게 보전했고 소원한 세력이었지만 가장 충성스러웠던 것은 그의 성격이 다른 사람과 달라서가 아니라 형세가 그러했기 때문입니다. 예전의 번쾌, 酈商(역상), 강후 周勃(주발), 灌嬰(관영)이 수십 성을 차지한 왕이었다면 지금은 망해 없어졌을 것입니다. 가령 한신이나 팽월 같은 무리들이 列侯로 살게 했다면 지금껏 살아남았을 것입니다.

그러하기에 이를 통해 천하의 대계를 알 수 있습니다. 여러 왕들이 충성을 다해 따르게 하려면 長沙王처럼 만드는 것이 제일 좋은 방법이고 신하로서 참형을 받지 않게 하려면 번쾌나 역상 같이 만들어야 하며 천하를 안정되게 하려면 많은 제후들을 분봉하되 그 힘을 약하게 하는 것입니다. 국력이 약하면 의리로 쉽게 부릴 수 있고 나라가 작으면 邪心(사심)을 가질 수 없을 것입니다.

천하의 형세는 몸이 팔을 움직이고 팔이 손가락을 움직이는 것과 같아 통제에 따르지 않는 것이 없습니다. 제후의 왕일지라도 두 마음을 가질 수 없으며 수레바퀴 폭을 중심으로 앞으로 나아가듯 천자에게 복속할 것입니다. 비록 평민일지라도 그 편안한 것을 알기에 천하의 모두가 폐하의 명철하심을(明) 알 것입니다.

땅을 나눠 주고 법제를 정하면서 가령 齊나 趙, 그리고 楚나라를 몇 개의 나라로 나누어 悼惠王이나 幽王, 그리고 元王의 子孫을 모두 순차적으로 그 조상의 땅을 나누어주되 그 영지 안에서는 분할이 되어야 하고 燕이나 梁 등 다른 나라도 모두 그렇게 해야 합니다. 그 분할한 땅이 넓으나 자손이 많지 않은 경우에 우선 나라를 세우되 왕의 자리를 비워 두었다가 그 자손이 태어나면 왕으로 봉해주는 것입니다. 제후의 영지가 삭감되어 漢으로 편입된 경우에 그 제후국을 다른 곳으로 옮기고 그 자손을 봉하되 그 면적대로 보상을 해주면 됩니다. 그렇게 되면 천자에게는 한 뼘의 땅과 한 명의 백성도 늘어나지 않으니 이는 진실로 나라를 안정시키려는 뜻이며 이로써 천하 모두가 폐하의 청렴하신 뜻을(廉) 다 알게 됩니다.

영지가 일단 확정되면 제후국의 宗室 子孫들은 왕이 못될 것이라 걱정하는 사람이 없을 것이니 제후들은 반역의 마음을 품지 않을 것이며, 천자는 제후들을 평정하려는 마음이 없게 되기에 천하의 모두가 다 폐하가 인자하심을(仁) 알게 됩니다.

법제가 확립되어 어기지 않고, 나라의 영을 거스르지 않게 되면 貫高(관고)나 利幾(이기) 등의 모의가 일어나지 않으며, 柴奇(시기)와 開章(개장)같은 사람의 계략이 싹트지 않을 것이며, 백성들은 모두 착하게 되고 대신들은 순종하게 될 것이니 이로써 천하의 모든 사람들은 폐하의 의리를(義) 알 것입니다.

이렇게 되면 갓난아이가 천하의 맨 꼭대기에 있더라도 나라는 안정되고 유복자를 왕으로 삼아 예복 위에 눕히고 조회를 하더라도 천하는 혼란하지 않을 것이며 폐하의 당대에는 잘 통치가 되고 후세에는 성군이라는(聖) 칭송을 듣게 됩니다.

이처럼 하나의 조치로 5가지 아름다운 명성이 따라올 것인데 폐하께서는 무엇을 꺼려 오랫동안 이를 실행하지 않으십니까?」

原文

「天下之勢 方病大瘇. 一脛之大幾如要, 一指之大幾如股, 平居不可屈信, 一二指搐, 身慮亡聊. 失今不治, 必爲錮疾, 後雖有扁鵲, 不能爲已. 病非徒瘇也, 又苦蹠戾. 元王之子, 帝之從弟也, 今之王者, 從弟之子也. 惠王, 親兄子也, 今之王者, 兄子之子也. 親者或亡分地以安天下, 疏者或制大權以偪天子, 臣故曰非徒病瘇也, 又苦蹠戾. 可痛哭者, 此病是也.」

| **註釋** | ○大瘇(대종) – 足腫. 발에 난 부스럼(종기). 脛 정강이 경. ○如要 – 허리와 같다. 要는 腰(허리 요)의 古字. ○股 – 넓적다리 고. 大腿(대퇴). ○屈信 – 屈伸(굴신)과 同. 굽히기와 펴기. ○指搐(지축) – 손가락에 쥐나다. 搐 경련할 축. 당길 휵. ○身慮亡聊 – 몸은 아마 지탱할 수 없을 것이다. 慮는 아마, 대개. 亡聊(망료)는 힘이 없다. 의지하지 못하다. ○錮疾 – 痼疾(고질). 오래 치료해도 낫지 않는 병. ○扁鵲(편작) – 전국시대의 名醫. ○蹠

戾(척려) – 손발이 오그라들다. 걷지 못하다. 蹠 밟을 척. 戾 어그러질 려.

〖國譯〗

「지금 천하의 형세는 큰 종기가 난 것과 같습니다. 다리 하나의 크기가 거의 허리만 하고 팔 하나가 거의 넓적다리만 하여 평상시에 굽히거나 펴지도 못하여 한두 손가락에 쥐가 나고 몸은 아마 지탱할 수가 없을 것입니다. 지금 치료하지 않으면 틀림없이 고질병이 되어 뒷날 扁鵲(편작)이라도 어찌할 수가 없을 것입니다. 이 병은 단순한 종기가 아니고 팔다리가 오그라들 것입니다.

元王의 아들은 폐하의 사촌동생이었지만 지금 왕은 사촌의 아들입니다. 惠王은 폐하 친형의 아들이지만 지금 왕은 사촌형의 손자입니다. 종친의 아들이라면 혹 分地하지 않아도 평온할 수 있지만 종친이 아닌 자는 저들의 대권을 제한하면 천자에게 대들 것이니 그래서 臣은 부스럼 병이 아니라 팔다리가 오그라들 것이라고 말씀드리는 것입니다. 통곡해야 할 일이란 바로 이러한 병입니다.」

原文

「天下之勢方倒縣. 凡天子者, 天下之首, 何也? 上也. 蠻夷者, 天下之足, 何也? 下也. 今匈奴嫚侮侵掠, 至不敬也, 爲天下患, 至亡已也. 而漢歲致金絮采繒以奉之. 夷狄徵令, 是主上之操也, 天子共貢, 是臣下之禮也. 足反居上, 首顧居下, 倒縣如此, 莫之能解, 猶爲國有人乎? 非亶倒縣而已,又類辟, 且病痱. 夫辟者一面病, 痱者一方痛. 今西邊北邊之郡, 雖有長爵不輕得復, 五尺以上不輕得息, 斥候望烽燧不得臥, 將吏被介胄而睡, 臣故曰一方病矣. 醫能治之, 而上不使, 可爲流涕者此也.」

| 註釋 | ○倒縣 - 거꾸로 매달다. 縣은 懸(매달 현). ○嫚侮(만모) - 깔보다. 侮는 侮(업신여길 모) 通. ○亡已(망이) - 그치지 않는다. ○金絮采繒 - 금전과 각종 비단. ○夷狄徵令 - 夷狄(이적)의 요구와 호령. ○共貢 - 내어주다. 共은 供也. ○顧 - 오히려. 반대로. ○亶 - 믿을 단. 但과 同. ○辟 - 허물 벽, 법 벽. 躄(앉은뱅이 벽)의 古字. ○痱 - 중풍 비. ○長爵 - 높은 작위. ○斥候(척후) - 哨兵(초병). ○介胄(개주) - 갑옷과 투구.

〖國譯〗

「천하의 형세는 바야흐로 거꾸로 매달린 것과 같습니다. 무릇 天子란 천하의 머리이니 왜 그러하겠습니까? 위에 있기 때문입니다. 蠻夷(만이, 이민족)는 천하의 다리인데, 왜 그러겠습니까? 아래에 있기 때문입니다. 지금 흉노는 (우리를) 깔보면서 침략하며 큰 不敬을 저지르며 천하의 우환이 되어 그 끝이 없는 것 같습니다. 漢에서는 해마다 재물과 각종 비단을 그들에게 보내고 있습니다. 夷狄(이적)의 요구와 호령은 천자가 취할 행동이며 천자가 그들에게 물건을 주는 것은 신하가 행할 예입니다. 곧 발이 위에 있고 머리는 반대로 아래에 있으니 이처럼 거꾸로 매달린 것을 풀어주지 못하니 어찌 나라에 인물이 있다고 할 수 있겠습니까? 지금은 비단 거꾸로 매달린 것만 아니라 앉은뱅이 병에 중풍까지 온 것입니다. 앉은뱅이도 병이고 중풍도 아픔입니다.

지금 서쪽과 북쪽의 郡에서는 높은 작위가 있더라도 부역을 면제받기 어렵고 키가 다섯 자 되는 아이도 쉽게 쉴 수 없어 보초를 서거나 봉수를 감시하며 잠을 자지 못하고 장교들은 갑옷에 투구를 쓴 채 잠을 자야 하니 臣은 이를 병이라고 하는 것입니다. 의원이 이를 고칠 수 있으나 폐하께서 의원에게 시키지 않으니 臣이 눈물을 흘려야 하는 일은 바로 이것입니다.」

原文

「陛下何忍以帝皇之號爲戎人諸侯, 勢旣卑辱, 而禍不息, 長此安窮! 進謀者率以爲是, 固不可解也, 亡具甚矣. 臣竊料匈奴之衆不過漢一大縣, 以天下之大困於一縣之衆, 甚爲執事者羞之. 陛下何不試以臣爲屬國之官以主匈奴? 行臣之計, 請必係單于之頸而制其命, 伏中行說而笞其背, 擧匈奴之衆唯上之令. 今不獵猛敵而獵田彘, 不搏反寇而搏畜菟, 翫細娛而不圖大患, 非所以爲安也. 德可遠施, 威可遠加, 而直數百里外威令不信, 可爲流涕者此也.」

| 註釋 | ○卑辱 – 자신을 낮추어 모욕을 당하다. ○長此安窮 – 이렇게 해서 언제 끝이 나겠습니까? ○亡具 – 방법이 없다. ○執事者 – 조정의 官員. ○屬國之官 – 주변 이민족의 업무를 담당하는 관리. ○主匈奴 – 흉노 일을 관장하다. ○中行說(중항열) – 中行(중항) 복성. 說은 이름. 文帝 때의 환관.

漢 公主를 흉노에 보낼 때 수행하여 흉노에 들어갔다가 흉노에 투항했다. ○田彘(전체) – 민가에서 사육하는 돼지. ○畜菟(축토) – 집토끼. 菟(토끼 토), 兎와 同. ○直 – 끝끝내.

〖國譯〗

「폐하께서 帝皇의 칭호를 가지고도 어찌 흉노의 제후처럼 참으실 수 있으며 비굴하게 치욕을 견뎌도 그 재앙이 그치지 않으니 이래서야 언제 끝나겠습니까! 대책을 말하는 신하들이 지금의 이것이 옳다 하니 정말 이해할 수 없으며 무대책이 정말 심각합니다. 臣의 생각으로 흉노 무리는 漢의 큰 縣 인구에 불과한데 온 천하가 일개 縣 때문에 고통을 받고 있으니 조정의 관리로서 매우 부끄럽게 생각합니다. 폐하께서는 이민족을 담당하는 관리에게 흉노 관련 일을 왜 맡겨주지 않습니까? 臣의 계책을 실행한다면 반드시 흉노 왕의 목을 매어 그 목숨을 통제하고 中行說(중항열)을 잡아다가 매질을 할 수 있으며 온 흉노의 무리들에게 오직 폐하의 명을 따르게 할 수 있습니다.

지금 사나운 적이 아니라 민가의 돼지를 사냥하고, 배반한 적을 체포하지 않고 집토끼를 잡으며, 잔재미를 즐기면서 큰 환난을 다스리려 하지 않으니, 이는 나라를 안정케 하는 길이 아닙니다. (폐하의) 德은 멀리까지 베풀어야 하고 위엄은 먼 곳까지 떨쳐야 하는데 겨우 수백리 밖에서도 위엄과 명령이 통하지 않는다면 이는 눈물을 흘려야 할 일입니다.」

原文

「今民賣僮者, 爲之繡衣絲履偏諸緣, 內之閑中, 是古天子后服, 所以廟而不宴者也, 而庶人得以衣婢妾. 白縠之表, 薄紈之裏, 緁以偏諸, 美者黼繡, 是古天子之服, 今富人大賈嘉會召客者以被牆. 古者以奉一帝一后而節適, 今庶人屋壁得爲帝服, 倡優下賤得爲后飾, 然而天下不屈者, 殆未有也. 且帝之身自衣皁綈, 而富民牆屋被文繡, 天子之后以緣其領, 庶人孽妾緣其履, 此臣所謂舛也. 夫百人作之不能衣一人, 欲天下亡寒, 胡可得也? 一人耕之, 十人聚而食之, 欲天下亡飢, 不可得也. 飢寒切於民之肌膚, 欲其亡爲姦邪, 不可得也. 國已屈矣, 盜賊直須時耳, 然而獻計者曰, "毋動"爲大耳. 夫俗至大不敬也, 至亡等也, 至冒上也, 進計者猶曰, '毋爲', 可爲長太息者此也.」

| **註釋** | ○僮 – 아이 동. 하인. 漢代에는 노비. ○偏諸緣(편제연) – 무늬 있는 테두리로 옷의 끝부분을 장식하다. 偏諸는 무늬 있는 테두리(가장자리, 花邊). 緣 가장자리 연. 가장자리를 꾸미다. ○內之閑中(납지한중) – 노비를 파는 울타리 안에 들여 넣다. 內 들일 납. 閑 문지방 한. 閑中은 울타리를 둘러친 곳. ○廟而不宴 – 宗廟에서나 입고 일상에서는 입지 않다. 宴은 平時. ○白縠之表 – 흰 주름 비단으로 겉감을 하다. 縠은 주름 비단 곡. ○薄紈之裏 – 얇은 비단의 안감. 紈은 흰 비단 환. 細生絹(세생견). ○緁以偏諸 – 무늬 장식을 대다. 緁은 꿰맬 첩. ○黼繡(보수) – 수를 놓다. 黼는 수 보. 도끼(斧) 모양을 수놓은 천자의 예복. 繡는 수놓을 수. ○被牆 – 담을 꾸미다.

○節適(절적) - 절제하면서 조절하다. 함부로 입지 않았다는 의미. ○倡優(창우) - 광대. 倡은 여자 광대. ○阜綈(조제) - 검은색 두터운 비단. 阜는 검은색 조, 하인 조. 皂는 俗字. 綈 두터운 비단 제(厚繒 후증). ○富民牆屋被文繡 - 부잣집의 담장을 무늬 놓은 비단으로 덮다. ○孽妾(얼첩) - 신분이 천한 첩. 孽은 서자 얼. 孼과 같음. ○緣其履 - 신발에 테를 대다. ○舛 - 어그러질 천. ○飢 - 주릴 기. 饑餓(기아). ○肌膚(기부) - 살. 살갗. ○直須時耳 - 다만 때를 기다리다. ○爲大耳 - 상책일 뿐이다. 大는 上策. ○亡等 - 상하 존비의 차이가 없다. ○冒上 - 主上을 무시하다. 윗사람을 깔보다.

〖國譯〗

「지금 백성 중에 노비를 팔면서 비단옷을 입히고 천으로 만든 신발을 신겨 매매하는 우리 안으로 넣는데 이런 차림은 옛 천자나 왕후 옷이었으며 종묘에서나 입었고 평상시에는 입지 않았었는데 서민들이 천한 첩에게 입히고 있습니다. 흰 주름 비단의 겉감이나 얇은 흰 비단 안감, 무늬 있는 천을 댄 가장자리와 아름답게 수놓은 장식은 옛날 천자나 왕후의 복식이었지만 지금은 부자나 대상인들이 손님을 초대하면서 담장을 장식하고 있습니다. 옛날에는 황제 황후 각 한 분이 절제하며 함부로 쓰지 않았었는데 지금은 서민들의 집 단장에 황제의 복식으로 꾸미고 비천한 광대도 왕후의 장식을 하지만 이를 못하게 하는 사람이 거의 없었습니다. 게다가 황제는 몸소 검고 두꺼운 비단을 입는데 부잣집 담장에 수놓은 비단 장식을 하고 천자의 왕후가 소매에 깃을 댄 옷을 입는데 서민의 천한 첩들은 이것으로 신발테를 장식하는데 臣은 이것이 크게 어긋난 것이라고 생각합니다.

대개 백 명이 일해도 한 사람의 옷을 입힐 수 없으니 천하에 추위에 떠는 사람을 어떻게 없게 할 수 있겠습니까? 한 사람이 농사를 지으면 10명이 모여들어 먹는데 천하에 어떻게 굶는 사람을 없게 하겠습니까? 굶주림과 추위가 백성의 몸에 절실하다면 어찌 백성들의 간사함을 없앨 수 있겠습니까? 나라가 쇠약해지면 도적들은 때를 기다리고 있을 뿐인데 대책을 세울 관리는 '동요하지 말라' 는 말을 상책으로 생각하고 있습니다. 풍속이 지극히 不敬하고 상하 차등도 아예 없으며 윗사람에게 멋대로 깔보는데도 대책을 마련할 관리는 여전히 '하지 말라' 고 말하니 제가 장탄식을 해야 한다는 것이 바로 이것입니다.」

原文

「商君遺禮義, 棄仁恩, 並心於進取, 行之二歲, 秦俗日敗. 故秦人家富子壯則出分, 家貧子壯則出贅. 借父耰鉏, 慮有德色, 母取箕帚, 立而誶語. 抱哺其子, 與公併倨, 婦姑不相說, 則反脣而相稽. 其慈子耆利, 不同禽獸者亡幾耳. 然幷心而赴時, 猶曰蹶六國, 兼天下. 功成求得矣, 終不知反廉愧之節, 仁義之厚. 信幷兼之法, 遂進取之業, 天下大敗, 衆掩寡, 智欺愚, 勇威怯, 壯陵衰, 其亂至矣. 是以大賢起之, 威震海內, 德從天下. 曩之爲秦者, 今轉而爲漢矣. 然其遺風餘俗, 猶尙未改. 今世以侈靡相競, 而上亡制度, 棄禮誼, 捐廉恥, 日甚, 可謂月異而歲不同矣. 逐利不耳, 慮非顧行也, 今其甚者殺父兄矣. 盜者剟寢戶之簾, 搴兩廟之器, 白晝大都之中剽吏而奪之金. 矯僞者出幾十萬石粟, 賦六百餘萬錢, 乘傳而行郡國, 此其亡行義之先至者也. 而大臣特以簿書不報, 期會之間, 以爲大故. 至於俗流失, 世壞敗, 因恬而不知怪, 慮不動於耳目, 以爲是適然耳. 夫移風易俗, 使天下回心而鄉道, 類非俗吏之所能爲也. 俗吏之所務, 在於刀筆筐篋, 而不知大禮. 陛下又不自憂, 竊爲陛下惜之.」

ㅣ**註釋**ㅣ ○商君 - 商鞅(상앙). 衛의 귀족이었기에 衛鞅(위앙)으로도 통한다. 秦 孝公을 도와 변법개혁을 추진했고 부국강병을 이룩했으나 모반혐의로 車裂刑을 받았다. ○贅 - 빚으로 남에게 저당잡힌 아들. 3년내 갚지 못하면 노비가 된다. 남자가 여자 집에 가서 살다. 데릴사위가 되다. 贅는 저당잡힐 체, 데릴사위 체. ○耰 - 곰방메 우, 씨앗을 덮는 농기구. ○誶語(수어) - 욕설. 誶 욕할 수. ○反脣而相稽 - 입을 삐쭉거리며 서로 따지다. 稽 상고할 계. 따지다. ○耆 - 늙은이 기. 여기서는 嗜(즐길 기)의 뜻. 좋아하다. ○幷心而赴時 - 온 마음을 다시 시류나 형세를 좇아가다. ○蹶 - 넘어질 궐. 전복하다. 蹶六國은 육국을 멸망시키다. ○反 - 되돌아오다(反廻). ○廉愧之節(염괴지절) - 염치를 아는 마음. ○衆掩寡 - 다수가(衆) 소수를(寡) 억누르다. 掩 가릴 엄. 감싸다. ○大賢 - 여기서는 高祖. ○侈靡相競 - 경쟁적으로 사치를 하다. ○捐廉恥 - 염치를 버리다. 捐 버릴 연. 기부하다. ○逐利不耳, 慮非顧行也 - 행실에 이익이 있느냐 아니냐만 따졌고 생각에서 행실의 옳고 그른 것을 돌아보지는 않았다. ○剟 - 깎을 철. 떼어가다. ○寢戶之簾 - 능침 출입문의 주렴. ○搴兩廟之器 - 兩廟(고조와 혜제)의 기물을 가져가다. 搴 빼낼 건. 가져가다. ○剽 - 훔치다. 강제로 빼앗다. 剽는 빠를 표. ○矯僞(교위) - 위조하다. ○簿書(부서) - 공문. ○期會之間 - 약속된 기간

내에. ○大故 – 大事. ○恬 – 편안할 염.(安也). ○適然 – 당연히. 당연하게. ○刀筆筐篋(도필광협) – 하급 관리의 필기구(刀筆)와 목간을 보관하는 대나무 광주리나 상자(筐篋). ○大禮 – 大體의 誤字라는 주석에 따랐다.

〖國譯〗

「秦나라 商鞅(상앙)이 禮와 義를 버리고 仁德을 생각하지 않으며 성과만을 따지는 정책을 실행한 지 2년에 秦의 습속은 날로 나빠졌습니다. 그래서 秦나라 사람은 집이 부유하면 아들을 분가시켰고 가난한 집에서는 아들이 크면 남의 집에 저당을 잡혔습니다. 아들이 아버지에게 농기구를 빌려 주고서 은덕을 베풀었다고 생각했으며 시어머니는 쓰레받기와 빗자루를 들자마자 며느리에게 욕을 하였습니다. 며느리는 아들 젖을 먹이면서 시아버지 앞에서 나란히 다리를 뻗고 앉았으며 고부간에 화합하지 않고 입술을 삐쭉거리며 서로 잘잘못을 따졌습니다. 제 자식만을 위하고 이익만을 좋아하니 禽獸(금수)와 같지 않은 사람이 거의 없었습니다. 그런데도 마음을 다해 시류만을 좇으면서 六國을 쓰러트리고 천하를 차지했다고 말했습니다. 뜻을 성취하고 얻을 것을 얻었지만 염치를 아는 지조와 후덕하게 仁義를 실천하는 정책으로 되돌아가야 한다는 것을 끝까지 알지 못했습니다. 병합을 위한 법을 확대 실시하고 남의 것을 적극적으로 취하는 정책을 펴다 보니 다수는 소수를 억누르고 지혜로운 자는 어리석은 자를 무시하고 강자는 약자를 겁탈하였으며 힘센 자는 노쇠한 자를 능멸하니 사회의 혼란은 극에 달했습니다.

이 때문에 고조께서 기병하시어 온 천하에 위엄을 떨치시니 그 은덕에 천하 만민이 따라왔습니다. 그 전날 秦의 세상은 이제 바뀌어 漢의 천하가 되었습니다. 그렇지만 내려온 풍습은 아직도 바뀌지 않았습니다. 지금 세상에서는 서로 경쟁하듯 사치를 하고 위에서도 법도를 따르지 않고 예의와 염치를 무시한 행실이 날마다 심해지며 한 달이 다르고 1년이 같지 않았습니다. 이득이 있느냐 없느냐를 따라 행동하고 행실의 옳고 그른 것을 돌아보며 생각하지는 않았습니다. 지금 그 고약한 자는 부모나 형제를 죽입니다. 도둑놈은 남의 묘의 문짝을 떼어가고 고조와 혜제 묘당의 기물을 훔쳐갔으며 벌건 대낮에 큰 도시에서 관리의 돈을 강탈하였습니다. 문서를 위조한 자는 십만 석 가까운 곡식을 반출했으며 6백여만 전을 세금으로 걷어 착복했고, 傳車(전거)를 타고 郡國을 돌아다녔으니, 이는 義를 행하지 않는 가장 나쁜 사람이었습니다. 대신들은 문서로 제 기간에 보고를 하지 않아 사고를 저지릅니다. 풍속이 나빠지면서 세상 질서는 무너지는데도 안일에 젖어서 나쁜 것을 알지 못하고 알고서도 이목을 집중하지 않으며 모두가 당연한 것이라고 생각합니다. 대개 移風易俗이란 천하 사람들의 마음을 道로 나아가게 하는 것인데 이런 일은 세속에 물든 관리들이 할 수 있는 일이 아닙니다. 하급 관리들은 문서나 만지작거리고 일의 大體를 모릅니다. 폐하께서도 이를 걱정하시지 않으시니 폐하를 위해 매우 안타까울 뿐입니다.」

原文

「夫立君臣, 等上下, 使父子有禮, 六親有紀, 此非天之所爲, 人之所設也. 夫人之所設, 不爲不立, 不植則僵, 不修則壞. 《筦子》曰, "禮義廉恥, 是謂四維, 四維不張, 國乃滅亡."

使筦子愚人也則可, 筦子而少知治體, 則是豈可不爲寒心哉! 秦滅四維而不張, 故君臣乖亂, 六親殃戮, 姦人並起, 萬民離叛, 凡十三歲, 而社稷爲虛. 今四維猶未備也, 故奸人幾幸, 而衆心疑惑. 豈如今定經制, 令君君臣臣, 上下有差, 父子六親各得其宜, 奸人亡所幾幸, 而群臣衆信, 上不疑惑! 此業壹定, 世世常安, 而後有所持循矣. 若夫經制不定, 是猶度江河亡維楫, 中流而遇風波, 船必覆矣. 可爲長歎息者此也.」

| **註釋** | ○等上下 - 상하의 등급. ○紀 - 법도. 準則. ○不植則僵(불식즉강) - 세우지 않으면 넘어가는 것이다. 植은 立. 僵 쓰러질 강. 倒下. ○《筦子》 - 管子. 筦(대롱 관)은 管과 同字. 管子(管仲, 前 725 - 645)의 이름은 夷吾(이오), 字는 仲, 春秋時代 法家의 중요 인물. 齊國 재상 역임. 《史記 · 管晏列傳》 있음. 《論語》에도 관중에 대한 공자의 언급이 있다. 管鮑之交(관포지교)의 주인공. 중국에서 최초로 國營 娼妓(창기) 制度를 마련하여 시행. 지금도 성 매매업 종사자들의 神으로 추앙되고 있다. ○四維 - 維는 근본이 되는 법. 維는 벼리(그물을 굵은 줄). 綱(강)과 同. ○殃戮(앙륙) - 殺戮(살육). ○虛 - 墟. 폐허. ○持循(지순) - 의지하고 따르다. ○度江河 - 渡江河. ○維揖(유즙, 유집) - 배를 묶거나 당기는 밧줄과 노.

〖**國譯**〗

「대개 君臣을 정하고 상하를 구분하며 부자간에도 예의가 있고 六親에 법도가 있는 것은 하늘이 그렇게 정한 것이 아니라 사람이 만든 것입니다. 사람이 만들었기에 확립하지 않을 수 없으니 확립되지 않는다면 곧 무너진 것이고 지켜지지 않는다면 파괴됩니다. 《筦子》에 "禮, 義, 廉, 恥 이를 四維(사유)라고 하는데 四維가 행해지지 않으면 나라가 바로 망한다."고 하였습니다. 만약 筦子〔管子〕가 어리석은 사람이었다면 지금 상황이 괜찮겠지만 관자는 통치의 대체를 조금이라도 알고 있던 사람이니 이 상황을 한심하다 생각하지 않겠습니까! 秦의 멸망은 四維가 실행되지 않아 군신이 서로 어긋났고 六親이 서로를 죽였고 姦人이 세력을 떨치고 만민이 이반하여 총 13년에 사직은 폐허가 되었습니다.

지금도 사유가 미비하여 姦人(간인)이 총애를 얻고 백성들의 마음에는 의혹이 있습니다. 지금과 같은 때에 바른 제도를 만들어 주군은 주군으로 신하는 신하답게 한다면, 상하에 차등이 있고 부자와 육친이 모두 제 자리를 찾을 것이며 간사한 무리는 총애를 받지 못할 것이니 폐하께서 어찌 이를 주저하시겠습니까? 이런 일이 한번 정해지면 대대로 언제나 평안할 것이며 후세 사람들은 이를 지키고 따라 올 것입니다. 만약 법도가 정해지지 않는다면 이는 마치 큰 강을 건너가면서 밧줄이나 노가 없어 강 가운데에서 풍파를 만나 배가 뒤집어지는 것과 같습니다. 제가 장탄식해야 한다는 것은 바로 이것입니다.」

原文

「夏爲天子, 十有餘世, 而殷受之. 殷爲天子, 二十餘世, 而周受之. 周爲天子, 三十餘世, 而秦受之. 秦爲天子, 二世而亡. 人性不甚相遠也, 何三代之君有道之長, 而秦無道之暴也? 其故可知也.

古之王者, 太子乃生, 固擧以禮, 使士負之, 有司齊肅端冕, 見之南郊, 見於天也. 過闕則下, 過廟則趨, 孝子之道也. 故自爲赤子而教固已行矣. 昔者成王幼在襁抱之中, 召公爲太保, 周公爲太傅, 太公爲太師. 保, 保其身體, 傅, 傅之德義, 師, 道之教訓, 此三公之職也. 於是爲置三少, 皆上大夫也, 曰少保,少傅,少師, 是與太子宴者也. 故乃孩提有識, 三公,三少固明孝仁禮義以道習之, 逐去邪人, 不使見惡行. 於是皆選天下之端士孝悌博聞有道術者以衛翼之, 使與太子居處出入. 故太子乃生而見正事, 聞正言, 行正道, 左右前後皆正人也. 夫習與正人居之, 不能毋正, 猶生長於齊不能不齊言也. 習與不正人居之, 不能毋不正, 猶生長於楚之地不能不楚言也. 故擇其所耆, 必先受業, 乃得嘗之, 擇其所樂, 必先有習, 乃得爲之.

孔子曰, '少成若天性, 習貫如自然.' 及太子少長, 知妃色, 則入於學. 學者, 所學之官也. 〈學禮〉曰, '帝入東學, 上親而貴仁, 則親疏有序而恩相及矣. 帝入南學, 上齒而貴信, 則長幼有差而民不誣矣. 帝入西學, 上賢而貴德, 則聖智在位而功不遺矣. 帝入北學, 上貴而尊爵, 則貴賤有等而下不逾矣. 帝入太學, 承師問道, 退習而考於太傅, 太傅罰其不則而匡其不及, 則德智長而治道得矣. 此五學者旣成於上, 則百姓黎民化輯於下矣.'

及太子旣冠成人, 免於保傅之嚴, 則有記過之史, 徹膳之宰, 進善之旌, 誹謗之木, 敢諫之鼓. 瞽史誦詩, 工誦箴諫, 大夫進謀, 士傳民語. 習與智長, 故切而不愧, 化與心成, 故中道若性. 三代之禮, 春朝朝日, 秋暮夕月, 所以明有敬也. 春秋入學, 坐國老, 執醬而親饋之, 所以明有孝也. 行以鸞和, 步中〈採齊〉, 趣中〈肆夏〉, 所以明有度也. 其於禽獸, 見其生不食其死, 聞其聲不食其肉, 故遠庖廚, 所以長恩, 且明有仁也.」

| **註釋** | ○夏(하) – 대략 기원 前 21세기에서 16세기에 걸쳐 황하 중류 지역에 형성되었던 최초의 세습왕조. 禹王의 치수사업의 성공을 바탕으로 형성된 읍락이나 씨족의 공동체. ○世 – 여기서 世는 재위했던 군주. ○殷(은) – 商朝. 대략 前 17세기 – 11세기에 걸쳐 존속했던, 역사 기록을 남긴 왕조. 여러 번 천도하였는데 최후의 근거지가 盤庚(반경)이 정도한 殷(今 河南省 安陽市)이기에 보통 殷이라 통칭한다. 17대에 걸쳐 31王이 있었다고 한다. ○周 – 西周(前 1059? – 771, 鎬京에 도읍. 宗周)와 東周(前 770 – 255 洛邑에 도읍, 成周). ○暴 – 여기서는 짧다. ○固 – 꼭. 틀림없이. ○齊 – 齋也. 재계하다. ○肅 – 엄숙히 하다. ○端 – 예복을 갖춰 입다. ○冕(면) – 예모를 착용하다. ○南郊 – 帝王이 祭天하는 곳. ○闕 – 궁궐. ○成王 – 周 武王의 아들. ○襁抱 – 襁褓(강보). ○召公 – 召公 奭. 武王의 아우. 太保는 太傅의 次位. ○周公 – 이름은 但. 武王의 아우. ○太公 – 姜太公. ○三少 – 少保, 少傅, 少師. ○太子宴者 – 태자와 같이 일상생활을 하는 관직. ○孩提(해제) – 幼兒. ○端士 – 품행이 단정한 士人. ○衛翼(위익) – 보좌하다. ○不齊言也 – 齊의 사투리를 쓰지 않다. ○少成若天性 – 어려서 배운 것은 천성과

같다. ○習貫－習慣. ○〈學禮〉－《古禮經》 56편의 하나. ○上齒－어른을 높이다. 齒는 연세. ○不誣(불무)－깔보지 않다. 무시하지 못하다. ○太學－京師의 중앙에 있는 최고 교육기관. ○徹膳之宰(철선지관)－식사량이나 종류를 줄여 과실을 바로 잡아주는 관리. ○進善之旌(진선지정)－善言을 권장하는 旗. 堯임금 때 있었다고 한다. ○誹謗之木(비방지목)－과실을 지적해주는 木牌(목패). 堯임금 때 있었다고 한다. ○敢諫之鼓(감관지고)－諫言(간언)을 하고자 할 때 치는 북. 舜임금 때 있었다고 한다. ○瞽史誦詩－樂官과 太史가 시정을 諷諫(풍간)하는 시를 읽는 것. 瞽 소경 고(無目者). ○工誦箴諫(공송잠간)－樂工이 勸善하는 잠언을 외우는 것. 工은 習樂者. ○切而不愧－규칙을 준수하여 행실에 부끄러움이 없는 것. ○中道若性－治道에 부합하며 천성과 같이 되다. ○春朝朝日－춘분에 떠오르는 태양을 보게 하는 일. ○秋暮夕月－추분에 달을 맞이하는 것. ○坐國老－퇴직한 원로경대부를 자리에 초청하는 일. ○饋－먹을 것을 올리다. ○鸞和(난화)－수레에 매단 방울. 수레의 속도를 조절할 때 사용했다고 한다. ○〈採齊〉, 〈肆夏〉－모두 악곡의 이름. ○見其生不食其死－왕이 살아 있는 어떤 소를 보았다면 그 소를 죽여 그 고기를 먹지 않았다는 뜻. ○庖廚(포주)－주방. 부엌.

〖國譯〗

「夏禹(하우)가 天子가 되어 10여 세대를 지나 殷이 이었습니다. 殷湯(은탕)이 天子가 되어 20여 세대를 지나 周가 이었습니다. 周 武王이 천자가 되어 30여 세대를 지나 秦이 받았습니다. 진시황이 천자가 되었고 2세에 망했습니다. 人性이란 것이 서로 그렇게 많이 다르지 않은데 三代 군주의 왕도는 길었지만 秦은 왜 그리 무도하고 짧았겠습니까? 그 까닭을 알 수 있습니다.

古代의 王者는 太子가 태어나자마자 정말 禮를 다하고 士人을 골라 양육을 맡겼으니, 담당 관리는 齋戒(재계)하고 엄숙하며 예복을 단정히 하고서 태자를 南郊에 데리고 나가 하늘에 알현케 하였습니다. 궁궐이나 종묘 앞을 지날 때는 종종걸음으로 걷는 것이 효자의 도리였습니다. 그런 식으로 어린아이 때부터 꼭 교육을 시켰습니다. 옛날에 (周의) 成王이 어려 강보에 쌓여 있을 때부터 召公이 太保, 周公이 太傅(태부), 太公이 太師가 되었습니다. 태보는 그 신체를 지킨다는 뜻이고, 태부는 德義를 도와주며, 태사는 교훈으로 이끄는 것이니 이것이 바로 三公의 직분이었습니다. 그리고 三少를 두었는데 모두 上大夫로, 少保, 少傅, 少師라 하였는데 이들은 태자와 같이 생활하였습니다. 그리하여 어린아이로 배울만할 때부터 三公과 三少가 정말로 孝와 仁과 禮義로 인도하고 익히게 하였으며 간사한 사람들을 멀리하여 악행을 보지 못하게 하였습니다. 그리고서 모두 천하의 단아한 士人중에서도 孝悌하고 博聞하며 학술이 있는 사람을 선발하여 태자를 보위하고 돕게 하며 태자와 함께 거처하고 출입하게 하였습니다. 그리하여 正人과 함께 익히고 거처하게 하니 바르지 않을 수가 없었으니 마치 齊나라에서 자랐기에 齊나라 말을 아니 할 수가 없는 것과 같았습니다. 배우기를 바르지 못한 사람과 함께 거처하면 不正을 아니하지 못할 수가 없으니(곧 부정하게 된다는 뜻) 마치 楚나라에서 자라면 楚 말을 아니할 수가 없는 것과 같았습니다. 그리고 태자가 좋아하는 바를 골라 먼저 가르치고 또 익히게 하였으며, 즐기는 것을 골라 먼저 배우게 하고 이어 실천하게 하였습니다.

孔子께서는 '어려서 이룬 것은 천성과 같고 습관이 되면 자연스럽게 할 수 있다.' 고 하였습니다. 태자가 젊은이로 성장하여 女色을 알게 되면 학교에 입학하였습니다. 학교란 배우는 학관입니다. 〈學

禮〉에 말하기를 '王이 東學에 들어가 어버이를 공경하고 仁을 숭상하니, 이로부터 親疏(친소)에 차례(序)가 있고 은덕을 서로 베풀게 된다. 王이 南學에 가면 연장자를 공경하고 신의를 귀히 여기니 長幼의 차별이 있고 백성들은 거짓을 하지 않는다. 왕이 西學에 들어가면 현인을 높이고 덕을 귀히 여기니 聖人智士가 관직을 얻고 버려지는 인재가 없다. 왕이 北學에 들어가면 貴人을 높일 줄 알고 작위를 존중하니 귀천에 차등이 있고 법도를 넘지 않는다. 왕이 太學에 들어가면 스승을 따라 道를 배우고 물러 나와서는 익히고 태부의 가르침을 詳考하게 되나니 태부는 옳지 않으면 벌을 내리고 따라오지 못하는 것을 바로잡아 주기에 德과 지혜가 늘어나고 治道를 터득한다. 이 五學을 왕실부터 실천하기에 백성들은 아래에서 저절로 교화된다.' 고 하였습니다.

太子가 관례를 치루고 성인이 되면 태보와 태부의 엄한 가르침은 없지만, 잘못을 기록하는 史官을 두었으며 잘못에 따라 식사를 줄이는 관리가 있고, 선행을 권장하는 정기를 세우고, 잘못을 지적해주는 목패가 있고, 간언을 올릴 때 치는 북을 설치하였습니다. 樂官과 太史가 시정을 諷諫(풍간)하는 시를 읽었고, 樂工이 勸善하는 잠언을 외웠으며, 大夫가 방책을 진언하고 文士가 백성들의 말을 전했습니다. 그리하여 습성과 지혜가 발달하며 규칙을 준수하여 행실에 부끄러움이 없었고 교화가 마음에서 이루어졌으며 治道에 부합하며 천성과 같이 되었습니다. 三代의 禮에서 춘분 일에 태양을 맞이하고 추분에는 달을 맞이하게 하였는데, 이는 공경의 뜻을 밝힌 것입니다. 봄과 가을에 學宮에 가서 퇴직한 원로 공경이나 대부를 모시고 음식을 준비하여 식사를 올린 것은 孝道를 밝힌 것입니다. 出行하며 수레에 방울을 울리고 걸으면서 〈採齊(채제)〉를, 빨리 걸으면서 〈肆夏(사하)〉의 악곡을 연주하게 한 것은 법도가 있음을 밝힌 것입니다. 禽獸(금수)에 대해서도 그 산 것을 보고서는 그것을 죽여 먹지 않았으며, 그 소리를 듣고서는 그 고기를 먹지 않았으니 그래서 주방을 멀리하게 한 것인데, 이는 은혜를 베풀어 仁慈의 뜻을 밝힌 것이었습니다.」

原文

「夫三代之所以長久者, 以其輔翼太子有此具也. 及秦而不然. 其俗固非貴辭讓也, 所上者告訐也, 固非貴禮義也, 所上者刑罰也. 使趙高傅胡亥而教之獄, 所習者非斬劓人, 則夷人之三族也. 故胡亥今日卽位而明日射人, 忠諫者謂之誹謗, 深計者謂之妖言, 其視殺人若艾草菅然. 豈惟胡亥之性惡哉? 彼其所以道之者非其理故也.」

| 註釋 | ○輔翼(보익) - 돕다. 보좌하다. 輔 수레의 덧방나무 보, 도울 보. ○告訐 - 남의 단점을 말하다. 訐 들추어 낼 알. ○趙高 - 시황제와 2세 황제의 환관. ○獄 - 소송. ○劓 - 코를 벨 의. 割鼻(할비). ○艾 - 쑥 애. 刈(풀 벨 예)와 같음. 菅은 골풀 관, 왕골 관.

〖國譯〗

「무릇 三代가 오래 지속한 것은 태자를 보좌하는 이런 제도가 갖추어졌기 때문이었습니다. 秦에서는 그러하지 않았습니다. 진의 습속은 사양하는 것을 귀하게 생각하지 않았고 고발을 권장하였으며 예의를 높이지 않았고 형벌을 숭상하였습니다. 환관 趙高는 胡亥에게 獄事를 가르쳤고 호해는 사람의 목을 베거나 코를 자르는 것을 배우지 않고 아예 삼족을 모두 죽이는 일을 배웠습니다. 그래서 호해는 즉위한 다음 날부터 사람을 쏘아 죽였으며 忠諫하는 자를 비방한다고 말했으며 상세히 계획하는 것을 요언이라 하였고 사람 죽이기를 마치 풀이나 잔디를 깎는 것으로 생각하였습니다. 이는 어찌 호해의 본성이 악해서 그랬겠습니까? 그를 가르친 사람이 이치에 맞지 않았기 때문이었습니다.」

原文

「鄙諺曰, '不習爲吏, 視已成事.' 又曰, '前車覆, 後車誡.' 夫三代之所以長久者, 其已事可知也, 然而不能從者, 是不法聖智也. 秦世之所以亟濫者, 其轍跡可見也, 然而不避, 是後車又將覆也. 夫存亡之變, 治亂之機, 其要在是矣. 天下之命, 縣於太子, 太子之善, 在於早諭教與選左右. 夫心未濫而先諭教, 則化易成也, 開於道術智誼之指, 則教之力也. 若其服習積貫, 則左右而已. 夫胡,粵之人, 生而同聲, 耆欲不異, 及其長而成俗, 累數譯而不能相通, 行者有雖死而不相爲者, 則教習然也. 臣故曰選左右早諭教最急. 夫教得而左右正, 則太子正矣, 太子正而天下定矣. 《書》曰, '一人有慶, 兆民賴之.' 此時務也.」

| **註釋** | ○鄙諺(비언) – 俗言. ○不習爲吏, 視已成事 – 관리가 할 일을 배우지 않고 앞에 한 일만 살핀다. 따라하기만 한다. ○法 – 본받다. ○亟濫者 – 빨리 망한 것은. 亟 빠를 극. 急也. ○縣 – 달려 있다. 縣은 懸(매달 현). ○未濫 – 濫은 放蕩也. 넘칠 남(람). ○開 – 啓發하다. ○數譯 – 자주 번역하다. ○《書》曰 – 《書經 呂刑》.

〖國譯〗

「속언에 '관리가 할 일을 배우지 않고 앞에 한 일만 살핀다.' 고 하고 또 '앞에 가던 수레가 뒤집히면 뒤의 수레가 조심한다.' 고 하였습니다. 대개 三代가 오래 지속된 것은 이미 지난 일로써 알 수 있으나 그를 따르지 않는다는 것은 聖智를 본받지 않는 것입니다. 秦代의 빠른 멸망의 자취를 또한 알 수 있으니 그 전철을 피하지 않는다면 뒤에 가는 수레 역시 전복될 것입니다. 존속과 멸망의 변환과 치안과 혼란의 기미는 바로 여기에 있습니다. 천하를 다스리는 천명은 태자에게 달려 있으니 태자가 잘 되게 하려면 조기에 교육하고 측근을 잘 뽑아야 합니다. 대개 마음이 방탕해지기 전에 깨우치고 가르친다면 교화는 쉽게 이루어지며 태자의 도덕과 학술, 지혜와 의리를 계발하는 일은 곧 가르침의 힘입니다. 그리고 바른 습관을 길들이는 것은 그 측근들입니다. 저 흉노와 남월 사람이 태어날 때 목소리도 같고 좋아하는 것도 다르지 않지만 성장하여 습관이 들여지면 아무리 여러 말을 하더라도 서로 상통하지 않으며 길을 가던 사람이 설령 죽어가더라도 상대를 위한 일을 하지 않는 것은 가르침이나 습관이 그러하기 때문입니다. 그래서 臣은 측근 신하를 잘 뽑아서 빨리 교육하는 일이 가장 급하다고 말씀드립니다. 대개 바른 교육이 이루어지고 측근들이 정직하면 태자가 정도를 갈 것이고 태자가 바르다면 천하는 안정될 것입니다. 《書經》에서 '한 사람의 경사에 억조창생이 덕을 본다.' 고 하였으니 태자교육은 당장에 해야 할 일입니다.」

原文

「凡人之智, 能見已然, 不能見將然. 夫禮者禁於將然之前, 而法者禁於已然之後, 是故法之所用易見, 而禮之所爲生難知也. 若夫慶賞以勸善, 刑罰以懲惡, 先王執此之政, 堅如金石, 行此之令, 信如四時, 據此之公, 無私如天地耳, 豈顧不用哉? 然而曰禮云禮云者, 貴絶惡於未萌, 而起教於微眇, 使民日遷善遠辠而不自知也. 孔子曰, '聽訟, 吾猶人也, 必也使毋訟乎!'

爲人主計者, 莫如先審取舍, 取舍之極定於內, 而安危之萌應於外矣. 安者非一日而安也, 危者非一日而危也, 皆以積漸然, 不可不察也. 人主之所積, 在其取捨. 以禮義治之者, 積禮義, 以刑罰治之者, 積刑罰. 刑罰積而民怨背, 禮義積而民和親. 故世主欲民之善同, 而所以使民善者或異. 或道之以德教, 或驅之以法令. 道之以德教者, 德教洽而民氣樂, 驅之以法令者, 法令極而民風哀. 哀樂之感, 禍福之應也. 秦王之欲尊宗廟而安子孫, 與湯,武同, 然而湯,武廣大其德行, 六七百歲而弗失, 秦王治天下, 十餘歲則大敗. 此亡它故矣, 湯,武之定取捨審而秦王之定取捨不審矣.

夫天下, 大器也. 今人之置器, 置諸安處則安, 置諸危處則危. 天下之情與器亡以異, 在天子之所置之. 湯, 武置天下於仁義禮樂, 而德澤洽, 禽獸草木廣裕, 德被蠻貊四夷, 累子孫數十世, 此天下所共聞也. 秦王置天下於法令刑罰, 德澤亡一有, 而怨毒盈於世, 下憎惡之如仇讎, 禍幾及身, 子孫誅絶, 此天下之所共見也. 是非其明效大驗邪! 人之言曰, '聽言之道, 必以其事觀之, 則言者莫敢妄言.' 今或言禮誼之不如法令, 教化之不如刑罰, 人主胡不引殷,周,秦事以觀之也?」

| **註釋** | ○已然 - 이미 일어난 일. ○將然 - 앞으로 일어날 일. ○未萌 - 발생하기 전에. 萌 싹 맹. ○微眇 - 微小. ○辠 - 허물 죄. 罪의 古字. ○孔子 曰~ -《論語 顔淵》. ○取舍 - 取捨. ○極 - 標準. ○積漸 - 점점 발전하다. 漸 점차 점. ○審 - 明察하다. ○蠻貊四夷(만맥사이) - 중국 주변의 소수 민족에 대한 멸시의 뜻으로 부르는 말. 蠻 오랑캐 만. 貊 북방 오랑캐 맥. ○仇讎(구수) - 원수. 仇敵.

〖國譯〗

「보통 사람의 지혜란 이미 일어난 일을 볼 수 있지만 앞으로 일어날 일은 보지 못합니다. 禮란 것은 장치 일어나기 전에 禁하는 것이고 法이란 일어난 뒤에 금하는 것이니 법의 적용은 쉽게 볼 수 있으나 禮의 효과는 잘 알 수 없습니다. 만약 상을 내려 선행을 권장하고 형벌로 악을 징계하는 선왕의 이러한 정치 효과는 金石처럼 단단하고 그러한 명령은 四時의 순환처럼 믿을 수 있었으며 그 정치의 공평함은 하늘과 땅처럼 치우침이 없는데 폐하께서는 어찌 이를 실행하지 않으시겠습니까? 그리고 '禮에 말하되' 를 반복하는 것은 악이 싹트기 전에 악을 끊고 아주 미약할 때부터 권장하여 백성들로 하여금 날마다 선을 행하고 죄를 멀리하게 하여 스스로 그런 교화가 있다는 것을 알지 못하게 하는 뜻입니다. 그래서 공자가 '소송에 대한 재판은 나도 남과 같지만 나는 필히 소송이 생기지 않게 할 것이다.' 라고 하였습니다.

백성을 위한 방책을 제시할 때는 먼저 취할 것과 버릴 것을 정해야 하는데 취사의 표준이 안에서 정해지면 안정이나 위기의 싹은 밖에서 따라옵니다. 안정이라 하여 하루 만에 이루어지는 것이 아니고 위기도 하루에 생기는 것이 아니라 모두 점차로 진행되어 온 것이니 이를 살피지 않을 수 없습니다. 군주가 어디에 관심을 두느냐는 그 취사의 내용에 달렸습니다. 예의로 백성을 다스리겠다면 예의에 관심을 갖게 되고 형벌로 다스리겠다면 형벌에 관심을 두게 됩니다. 형벌로 계속 다스리면 백성들은 원망과 배신을 하게 되지만 예의에 의한 정치를 하면 백성들은 온화하고 친해질 것입니다. 그래서 군주가 백성을 선량하게 하려는 뜻은 같으나 백성을 선으로 나가게 하는 방법은 다를 수 있습니다. 어떤 군주는 德教로 이끌고 어떤 사람은 법령으로 백성을 몰고 갑니다. 덕교로 백성을 이끌면 덕교가 백성들에게 영향을 주어 백성들이 화락하게 되지만 법령에 의거 백성들을 강제하면 법령은 극에 달해 民風은 애달프게 됩니다. 애통과 和樂의 감정에 따라 화와 복이 따라옵니다. 秦王도 종묘의 제사를 받들고 후손을 안정시키고자 한 것은 湯王이나 武王과 같았으나 탕왕과 무왕은 그 덕행을 넓게 펴 6, 7백 년이나 잃지 않았지만 진왕의 천하 통치는 10여년 만에 완전히 끝났습니다. 이렇게 망한 까닭은 다른 것이 아니라 탕왕과 무왕은 취사할 것을 정할 때 잘 살폈지만 진왕은 취사할 것을 정하면서 깊이 생각하지 않았기 때문입니다.

이 천하는 아주 큰 그릇입니다. 지금 사람이 그릇을 놔둘 때 안전한 곳에 놔두면 안전하고 위험한 곳에 두면 위태롭습니다. 천하의 정세도 그릇 보관과 다르지 않으니 천자가 이를 어디에 두느냐에 달렸습니다. 탕왕과 무왕은 천하를 仁義禮樂에 두고 德澤을 베풀었기에 금수와 초목들도 넉넉했고 그 덕이 주변 이민족에게도 미쳤고 자손들이 십수 세에 걸쳐 왕이 되었으니 이는 천하가 다 아는 일입니다. 그러나 진왕은 천하를 법령과 형벌에 두었고 덕을 베푼 것이 하나도 없었기에 원한과 독기만이 세상에 꽉 차게 되어 백성들은 원수를 대하듯 증오하였고 그 재앙이 바로 몸에 미쳤고 자손은 죽어서 단절되었으며 이는 온 세상이 다 알고 있는 것입니다.

바로 이것이 명백한 근거가 아니겠습니까! 사람들이 하는 말에 '남의 말을 듣는 방법은 필히 그 사실을 살펴야 하나니 그래서 말하는 자는 함부로 말할 수 없다.' 라고 하였습니다. 지금 혹자는 예의가 법령만 못하고 교화는 형벌만 못하다고 말하는데 폐하께서는 왜 殷과 周와 秦의 자취를 살펴보지 않으십니까?」

原文

「人主之尊譬如堂, 群臣如陛, 衆庶如地. 故陛九級上, 廉遠地, 則堂高, 陛亡級, 廉近地, 則堂卑. 高者難攀, 卑者易陵, 理勢然也. 故古者聖王制爲等列, 內有公卿,大夫,士, 外有公侯伯子男, 然後有官師小吏, 延及庶人, 等級分明, 而天子加焉, 故其尊不可及也. 里諺曰, '欲投鼠而忌器.' 此善諭也. 鼠近於器, 尙憚不投, 恐傷其器, 況於貴臣之近主乎! 廉恥節禮以治君子, 故有賜死而亡戮辱. 是以黥, 劓之罪不及大夫, 以其離主上不遠也. 禮不敢齒君之路馬, 蹴其芻者有罰, 見君之几杖則起, 遭君之乘車則下, 入正門則趨, 君之寵臣雖或有過, 刑戮之罪不加其身者, 尊君之故也. 此所以爲主上豫遠不敬也, 所以體貌大臣而厲其節也.

今自王侯三公之貴, 皆天子之所改容而禮之也. 古天子之所謂伯父, 伯舅也, 而令與衆庶同黥劓髡刖笞傌棄市之法, 然則堂亡陛虖? 被戮辱者不泰迫乎? 廉恥不行, 大臣無乃握重權, 大官而有徒隸亡恥之心虖? 夫望夷之事, 二世見當以重法者, 投鼠而不忌器之習也.」

| 註釋 | ○陛 – 섬돌 폐. ○廉 – 건물 내의 양쪽 측면. ○陵 – 오르다. ○理勢 – 도리와 형세. ○公侯伯子男 – 五爵. ○齒 – 말의 이를 세어보고 나이를 알다. ○路馬 – 輅馬. 輅 수레 노(로), 황제의 수레. ○蹴 – 밟다. 찰 축. ○芻 – 꼴 추. 말먹이. ○几杖 – 안석과 지팡이. ○豫遠 – 미리 멀리하다. ○體貌 – 예로 지켜 상대하다. 體는 禮이어야 함. ○厲 – 연마하다. 厲

갈 여(려). 숫돌. 礪의 古字. ○伯父, 伯舅(백구) – 天子가 나이가 많은 동성제후는 伯父, 이성제후는 伯舅라고 불렀다. ○黥劓髡刖笞傌棄市 – 형벌의 명칭. 黥 墨刑(묵형)할 경. 劓 코 벨 의. 髡 머리 깎을 곤. 刖 벨 월. 발뒤꿈치를 자르는 형벌. 笞 볼기칠 태. 傌 욕할 마. ○徒隸 – 복역하는 죄인. ○望夷之事 – 2세 황제(호해)가 望夷宮(망이궁)에서 피살당한 사건. ○見當 – 판결나다.

〖國譯〗

「人主의 존귀함은 대청(堂)에 비유할 수 있으며, 群臣은 섬돌이며 서민은 땅과 같습니다. 그래서 섬돌의 9계단을 올라오면 건물 옆이라도 땅에서는 멀어졌고 대청은 더 높은 것이며, 섬돌이 없다면 건물이 땅과 가까우면서 대청도 낮아지는 것입니다. 높은 곳은 오르기 어렵고 낮은 곳은 쉽게 오를 수 있는 이치와 형세는 당연한 것입니다. 그래서 옛 聖王께서 등급을 마련하였으니 안으로는 公卿과 大夫와 士가 있고 밖으로는 公侯伯子男의 5작위가 있으며, 그리고 관청의 우두머리나 말단 관리가 있고 서인이 있어 그 등급은 분명하며 이는 천자만이 올려줄 수 있으니 천자의 존엄은 누구도 따라올 수 없는 것입니다.

속언에 '쥐를 잡으려도 그릇을 깰까 꺼려한다.' 고 하였습니다. 이는 아주 좋은 비유입니다. 쥐가 그릇 가까이에 있으면 그릇을 깨칠까 걱정이 되어 때려잡지 못하는데, 하물며 주군 측근에 있는 높은 신하는 어떻겠습니까? 군주는 염치와 예절로 君子를 다스리기 때문에 죽음을 내릴 수는 있으나 肉刑을 가하지 않습니다. 때문에 묵형이나 코를 베는 형벌을 대부에게 가할 수 없는데 이는 주군의 가까이에 있기 때문입니다. 예법으로는 군주의 수레를 끄는 말의 치아를 세지 않았으며 그 말먹이를 밟으면 벌을 내렸고, 군주의 궤석이나 지팡이를 보면 일어나야 했고 주군의 가마(輦)를 보면 수레에서 내려야 했으며, 정문에 들어와서는 종종걸음으로 걸어야 했고 주군께서 총애하는 신하에게 혹 과오가 있어도 형벌을 가하지 못하는 것은 주군을 존중하기 때문이었습니다. 이는 主上을 위하여 不敬한 일을 미리 멀리하는 것이고 대신을 예의로 상대하는 것이며 그 지조를 격려하는 뜻이었습니다.

지금 王侯와 三公의 귀인들은 모두가 천자께서 낯빛을 고쳐 예로 대하는 사람들입니다. 예전에 천자가 伯父나 伯舅(백구)라고 호칭했던 사람을 일반 서민들과 같이 묵형이나 코를 베거나 수염을 자르거나 발을 자르고 볼기를 치거나 욕을 하고 기시의 형벌에 처한다면 대청에 오르는 섬돌이 없는 것과 같지 않겠습니까? 이런 형벌을 당하는 사람이 천자 가까이 있을 수 있겠습니까? 염치가 지켜지지 않는다면 대신이 막중한 권력을 쥘 수 없는 것이니 고관이 한낮 죄수처럼 부끄러움을 모르는 것이 아니겠습니까? 망이궁에서 2세가 중형을 당하듯 처형된 것은 쥐를 잡으며 그릇이 깨지는 것을 걱정하지 않았던 것입니다.」

原文

「臣聞之, 履雖鮮不加於枕, 冠雖敝不以苴履. 夫嘗已在貴寵之位, 天子改容而體貌之矣, 吏民嘗俯伏以敬畏之矣, 今而有過, 帝令廢之可也, 退之可也, 賜之死可也, 滅之可也.

若夫束縛之, 係緤之, 輸之司寇, 編之徒官, 司寇小吏詈罵而榜笞之, 殆非所以令衆庶見也. 夫卑賤者習知尊貴者之一旦吾亦乃可以加此也, 非所以習天下也, 非尊尊貴貴之化也. 夫天子之所嘗敬, 衆庶之所嘗寵, 死而死耳, 賤人安宜得如此而頓辱之哉!」

| 註釋 | ○鮮 – 새것. ○苴履(저리) – 신발 깔개로 삼다. 苴 신발 바닥 저. 履 신 리. 밟다. ○今而有過 – 지금 만약 잘못이 있다면. 而는 假說의 뜻. ○係緤(계설) – 묶어 매어 두다. 緤 고삐 설. 묶어 매다. ○輸之司寇 – 죄인을 사수에게 보내다. 司寇가 아니라 司空이어야 한다. 司空은 형벌 집행을 담당하는 관리. ○詈罵 – 꾸짖고 욕하다. 詈 꾸짖을 이(리). 罵 욕할 매. ○榜笞(방태) – 매를 때리다. 곤장을 치다. ○尊尊貴貴 – 높은 사람을 높이고 귀인을 귀하게 대하다. ○死而死耳 – 사죄면 곧 사형에 처하다. 而는 則의 뜻. ○頓辱(돈욕) – 머리를 땅에 쥐어박으며 모욕을 주다.

〖國譯〗

「제가 알기로는 신발이 아무리 새것이라도 베개 위에 놓아두지 않으며 冠이 비록 낡았어도 신발 깔개로 하지 않는다고 하였습니다. 무릇 높고 신임을 받던 자리에 있었으며 천자께서도 낯빛을 바꾸며 예로 대하였고 하급 관리나 백성들이 늘 엎드려 공경하고 두려워했던 대신이 지금 일단 죄를 지었다면 황제께서는 그만두게 하거나 물러나게 할 수도 있으며 죽음을 내리거나 멸족시킬 수도 있습니다. 그러나 죄수로 결박 지어 묶어 놓거나 司空에게 보내어 죄수에 편입시키거나 사공의 小吏가 욕을 하거나 곤장으로 때리는 것은 아마 서민들이 보게 할 수는 없습니다. 지위가 낮고 천한 백성들이 존귀자라도 일단 죄를 지으면 평민이 그보다 더 낫다고 생각하게 하는 것은 천하를 위한 일이 아니며 존귀한 사람을 존귀하게 대하는 교화가 아닙니다. 무릇 천자께서 일찍이 공경했던 사람이고 서민들이 일찍이 높였던 사람이라면 죽을 때 죽더라도 머리를 땅에 쥐어 박히는 치욕을 어찌 천인들이 볼 수 있게 하겠습니까?」

原文

「豫讓事中行之君, 智伯伐而滅之, 移事智伯. 及趙滅智伯, 豫讓釁面吞炭, 必報襄子, 五起而不中. 人問豫子, 豫子曰, '中行衆人畜我, 我故衆人事之, 智伯國士遇我, 我故國士報之.' 故此一豫讓也, 反君事讐, 行若狗彘, 已而抗節致忠, 行出乎列士, 人主使然也. 故主上遇其大臣如遇犬馬, 彼將犬馬自爲也, 如遇官徒, 彼將官徒自爲也. 頑頓亡恥, 奊詬亡節, 廉恥不立, 且不自好, 苟若而可, 故見利則逝, 見便則奪. 主上有敗, 則因而挻之矣. 主上有患, 則吾苟免而已, 立而觀之耳. 有便吾身者, 則欺賣而利之耳. 人主將何便於此?

群下至衆, 而主上至少也, 所托財器職業者粹於群下也. 俱亡恥, 俱苟妄, 則主上最病. 故古者禮不及庶人, 刑不至大夫, 所以厲寵臣之節也. 古者大臣有坐不廉而廢者, 不謂不廉, 曰 '簠簋不飾' . 坐汚穢淫亂男女亡別者, 不曰汚穢,

曰 '帷薄不修', 坐罷軟不勝任者, 不謂罷軟, 曰 '下官不職'. 故貴大臣定有其辠矣, 猶未斥然正以謼之也, 尙遷就而爲之諱也. 故其在大譴大何之域者, 聞譴何則白冠氂纓, 盤水加劍, 造請室而請辠耳, 上不執縛係引而行也. 其有中罪者, 聞命而自弛, 上不使人頸戾而加也. 其有大罪者, 聞命則北面再拜, 跪而自裁, 上不使捽抑而刑之也, 曰, '子大夫自有過耳! 吾遇子有禮矣.' 遇之有禮, 故群臣自憙, 嬰以廉恥, 故人矜節行. 上設廉恥禮義以遇其臣, 而臣不以節行報其上者, 則非人類也. 故化成俗定, 則爲人臣者主耳忘身, 國耳忘家, 公耳忘私, 利不苟就, 害不苟去, 唯義所在.

上之化也, 故父兄之臣誠死宗廟, 法度之臣誠死社稷, 輔翼之臣誠死君上, 守圄扞敵之臣誠死城郭封疆. 故曰聖人有金城者, 比物此志也. 彼且爲我死, 故吾得與之俱生, 彼且爲我亡, 故吾得與之俱存, 夫將爲我危, 故吾得與之皆安. 顧行而忘利, 守節而仗義, 故可以托不御之權, 可以寄六尺之孤. 此厲廉恥行禮誼之所致也, 主上何喪焉! 此之不爲, 而顧彼之久行, 故曰可爲長歎息者此也.」

| **註釋** | ㅇ豫讓(예양) – 춘추 말기 晉國人. 智伯(知襄子)의 食客으로 은혜를 입었으나 나중에 지백은 패망하여 죽게 된다. 예양은 趙襄子를 죽여 지백의 원수를 갚으려 했으나 여러 번 실패하였다. 나중에 다시 체포되자 조양자에게 의복을 내달라 하여 그 의복을 칼로 질러 智伯에 대한 報恩을 표시하고 자살하였다.《史記 刺客列傳》참고. ㅇ中行之君 – 中行에 봉해진 晉의 大夫

荀寅(순인). ○智伯(지백) - 晉의 大夫. 智伯瑤(지백요). ○趙滅智伯 - 趙襄子(名은 無恤, 晉의 경대부)는 지백과 싸워 지백을 죽이고 그 영지를 차지한다. ○釁面吞炭(흔면탄탄) - 얼굴에 옻나무 진을 발라 얼굴 모양을 바꾸고 숯을 삼켜 목소리를 바꾸다. 釁 피 바를 흔. ○五起而不中 - 5번 시도했으나 성공하지 못하다. ○豫子(예자) - 豫讓을 높여 부르는 호칭. ○中行衆人畜我 - 中行子는 나를 衆人(보통 사람)으로 대우했다. ○反君事讐 - 주군을 배신하고 원수를 섬기다. ○狗彘(구체) - 개와 돼지. ○如遇官徒 - 만약 벼슬아치로 대우한다면. 官徒 벼슬아치. '공무원은 영혼이 없다'라는 말의 공무원은 그냥 벼슬아치일 뿐이다. 商人이 돈만 알면 '장사치'라고 부르는데 '치'에는 멸시의 뜻이 들어있다. ○頑頓亡恥(완돈무치) - 우둔하고 염치도 모르다. 亡 없을 무(無와 同). ○奊詬(혈구) - 줏대도 없다. 奊 지조 없을 혈. 謑(바르지 못할 혜)와 通. 詬 욕할 구, 꾸짖을 구. ○亡節 - 절조나 의리도 없다. ○苟若 - 구차하게. 되는대로. 건성건성하다(馬馬虎虎). ○挻 - 끌 연. 취하다. 빼앗다. ○簠 - 祭器 이름 보. 외부는 4각, 안쪽은 원형의 제기. 簋는 제기 이름 궤. ○汚穢(오예) - 더럽다. 불결한 것. ○帷薄 - 휘장(커튼) 또는 문에 치는 가리개. ○罷軟(파연) - 무능하고 연약하다. ○下官不職 - 아래 신하가(下官) 자기 일을 감당 못하다. ○斥然 - 물리치다. ○謼 - 부를 호. ○大何 - 大責, 문책. ○白冠氂纓(백관이영) - 흰 관을 쓰고 검은 끈을 매다. 出喪할 때의 복장. 氂는 꼬리 이, 얼룩소 리. 검은 소의 털. 纓은 갓끈 영. ○盤水加劍 - 물을 담은 그릇에 칼을 얹다. 내 죄에 따라 공평하게 재판하고 죽여도 좋다는 뜻. ○造請室而請辠耳 - 죄에 따른 징벌을 요청하는 방에 가서 죄를 청하다. 造는 가다. 이르다(到也). ○自弛(자이) - 스스로 목을 매다. 弛(늦출 이)는 廢也. ○頸戾 - 목을 조르다. ○跪而自裁 - 무릎을 꿇고 자결하다. ○捽抑(졸억) - 머리채를 잡아 누르다. 捽 손으로 누를 졸. ○自憙 - 自尊自愛하다. 憙 기뻐할 희. ○嬰以廉恥 - 염치를 지키다. 嬰은 목에 두르다. 加하다. ○矜(긍) - 持와 通. ○化成俗定 - 교화하여 습관처럼 정착되다. ○主耳忘身 – 군주를 위하면서 자신을 돌보지 않다. 耳는 어조사. 語氣詞. ○害不苟去 – 손해가 된다 하여 피하지 않다. ○守圄扞敵 – 나라를 지키고 외적을 막아내다. 圄(감옥 어)는 御(막을 어) 또는 衛(지킬 위)의 誤字일 것이라는 註에 따름. ○封疆(봉강) – 변경. ○比物此志 – 사물로 자신의 뜻을 비유하다. ○不御之權 – 견제 받지 않는 대권. ○六尺之孤 – 어린 군주. ○顧彼之久行 – 오히려 그 반대를 오래 실행하고 있다. 顧는 反也. 被는 正道가 아닌 亡國으로 갈 수 있는 행위. ○長歎息者此也 –「治安策」 첫머리에 장탄식할 것이 6가지라고 하였지만 여기까지는 3가지뿐이다. 그렇다면 이는 치안책의 전부가 아니라는 뜻이다.

〖國譯〗

「豫讓(예양)이 中行에 봉해진 大夫를 섬겼는데 智伯이 中行을 토벌하고 멸망시키자 지백을 섬겼습니다. 그러다가 趙에서 지백을 멸망시키자 예양은 얼굴에 옻칠을 하고 숯을 삼켜 얼굴과 목소리를 바꾼 다음 기어코 趙襄子(조양자)에게 복수하려 하였으나 5번을 모두 실패하였습니다. 어떤 사람이 예양에게 묻자, 예양이 대답했습니다. '中行君은 나를 보통 사람과 같이 대우했기에 나는 보통 사람처럼 그를 섬겼으나 智伯은 나를 國士로 대우하였기에 나는 그의 국사로서 그의 원수를 갚아주려 한 것입니다.' 그러므로 이 예양 한 사람이 처음 주군을 배반하고 원수를 섬길 때 그 행동은 개나 돼지와 같았으나 나중에 절개를 굽히지 않고 충성을 다하여 烈士가 된 것은 그의 주군(智伯)이 그렇게 만들었습니다. 그러하기에 主上이 그 大臣을 犬馬처럼 대우하면 그도 견마가 되어 행동할 것이며 벼슬아치로 대우하면 그 또한 벼슬아치로 행동할 것입니다. 벼슬아치는 완고하며 부끄러움도 모르고 지조와 절개도 없고 염치는 아예 생각도 하지 않고 제 스스로 좋아서 하지도 않으며 마지못해 하기 때문에 이득을 보면 달려가고 좋은 것을 보면 뺏으려 덤빕니다. 主上이 패퇴하면 그런 틈을 타 이득을 챙깁니다. 主上이 걱정하는 일에 대해서는 책임을 지지 않고 수수방관하기만 합니다. 자기 몸에 도움이 될 만하면 남을 속여서 이득을 취합니다. 그렇다면 人主로서 이를 어떻게 처리하시겠습니까?

거느려야 할 신하는 수없이 많고 주상은 한 사람이기에 맡겨야 할 재물이나 할 일은 순전히 아래 신하들이 가지고 있습니다. 모든 관리들이 부끄러움도 모르고 모두 제멋대로 하려는 것을 主上은 제일 먼저 걱정해야 할 일입니다. 그러기에 옛날에 '禮는 서민까지 내려가지 않고 형벌을 大夫에게 적용될 수 없다.' 고 말한 것은 가까운 신하들의 지조를 격려하기 위한 것입니다. 옛날에 대신이 청렴하지 않아 파직해야 할 경우에 '청렴하지 않다' 라고 말하지 않고 '소중한 祭器를 꾸미지 않았다.' 고 말했습니다. 신하가 탐욕하거나 남녀 관계가 음란할 경우에는 '지저분하다' 고 말하지 않고 '휘장과 가리개를 손보지 않았다.' 라고 말했으며, 게으르고 무능하여 직분을 감당하지 못한 경우에는 '게으르고 무능하다' 라고 말하지 않고 '아래 신하로서 직분을 다 못했다.' 고 말했습니다. 그래서 고귀한 大臣이 그 죄가 확실하더라도 확실하게 내치거나 사실대로 말하지 않고 오히려 상황을 바꾸거나 돌려 말했습니다. 그래서 확실하게 견책이나 문책을 해야 할 상황에 처한 관리는 백색의 冠에 검은 끈을 매고 물을 담은 그릇에 칼을 얹어 가지고 죄를 청하는 請室에 들어가 벌을 요청하였으며 주군은 대신을 묶거나 목을 잡아끌고 가게 하지 않았습니다. 혹시 죄를 지은 관리는 명을 받으면 스스로 자살하여 주군이 사람을 시켜 목을 치거나 형벌을 가하지 않았습니다. 혹시 큰 죄를 지은 자는 어명을 들었으면 북쪽을 향해 再拜를 하고 꿇어 앉아 자결하였으며 주군이 사람을 시켜 끌고 가서 형에 처하지는 않고 '그대는 大夫로 실수를 하였도다! 나는 그대에게 예로 대하였도다.' 라고 말했습니다. 주군이 예로 대해주었기에 여러 신하들은 스스로 기쁜 마음으로 염치를 알고 긍지를 가지고 지조를 지킬 수 있었습니다. 주군은 廉恥와 禮義를 바탕으로 그 신하를 대우하기에 신하가 지조 있는 행실로 주군에게 보답하지 않는다면 사람이 아니었습니다. 그런고로 교화가 이루어지고 풍속으로 자리 잡게 되어 신하된 자는 주군을 위하여 자기 몸을 버릴 줄 알았고, 나라를 위해 가정을 버렸으며, 공익을 위해 사익을 버렸으며, 이득이 있다 하여 따르지 않았으며, 손해가 된다 하여 회피하지 않고 오로지 그 행실에 義만 있었습니다.

주군의 教化가 있기에 父兄과 같은 신하가 지성으로 종묘를 위하게 되고 법도를 지키는 신하가 사직을 위해 몸을 바치고 보필하는 신하가 주군을 위해 죽을 수 있으며, 나라를 지키고, 외적을 물리칠 신하가 진정으로 성곽이나 변경에서 죽을 수 있었습니다. 그러하기에 '聖人에게는 堅固한 城이 있다.' 고 말하는 것은 이러한 뜻을 사물로 비유한 것입니다. 그리고 저 편에서 나를 위해 죽을 수 있기에 나는 그들과 함께 살아야 하는 것이며 저 편에서 나를 위해 망해도 좋다고 하니 나는 저들과 함께 살아야 하는 것이며, 저들이 나를 위해 위험을 감수하기에 나는 저들과 함께 안전해야 합니다. 자신의 행실을 돌아보며 利를 버리고 지조를 지키면서 義를 행하기에 大臣에게 통제 받지 않는 권한을 맡길 수 있으며 어린 군주를 부탁할 수 있는 것입니다. 이는 염치를 장려하고 예의를 지켜서 얻을 수 있는 것이오니 주상께서 어찌 이를 버릴 수 있겠습니까? 이를 실행하지 않으면서 그 반대되는 것을 오래 하고 계시니 제가 장탄식을 해야 하는 것이 바로 이것입니다.」〈治安策〉

原文

是時, 丞相絳侯周勃免就國, 人有告勃謀反, 逮繫長安獄治, 卒亡事, 復爵邑, 故賈誼以此譏上. 上深納其言, 養臣下有節. 是後大臣有罪, 皆自殺, 不受刑. 至武帝時, 稍復入獄, 自寧成始.

| 註釋 | ○免就國 - 免官하고 封國으로 나가다. 40권, 〈張陳王周傳〉 참고. ○譏上 - 문제에게 忠告(規勸)하다. ○稍 - 점차로. 벼 줄기 끝 초. 점점. ○寧成(영성) - 景帝와 武帝 때의 酷吏(혹리). 90권, 〈酷吏傳〉에 立傳.

〚國譯〛

이 무렵, 승상인 絳侯 周勃이 면직하고 封國에 부임하였는데 어떤 자가 주발이 모반하려 한다는 고발이 있어 주발은 장안의 옥에 잡혀와 조사를 받았으나 끝내 아무 일도 없었으며 작위와 식읍을 회복하였는데 가의는 이를 가지고 文帝를 깨우치려는 글을 올렸다. 문제는 건의를 받아들였고 신하를 대하는데 節度가 있었다. 이후로 대신들이 죄를 지으면 모두 자살하고 형벌을 받지는 않았다. 武帝時에 이르러 점점 다시 감옥에 보냈는데. 이는 혹리인 寧成(영성)에서부터 시작되었다.

原文

初, 文帝以代王入卽位, 後分代爲兩國, 立皇子武爲代王, 參爲太原王, 小子勝則梁王矣. 後又徙代王武爲淮陽王, 而太原王參爲代王, 盡得故地. 居數年, 梁王勝死, 亡子. 誼復上疏曰,

| 註釋 | ○文帝以代王 - 文帝 劉恒(유항)은 고조 11년(前 196)에 代王으로 봉해졌었다. ○代國 - 그 영지는 지금의 河北省 일부와 山西省 일부, 내몽고 일대에 걸쳐 있어 이민족과 접경하고 있었다. ○梁王勝死 - 梁王 勝은 낙마하여 숨졌는데(文帝 11년, 前 169), 가의는 이를 심히 자책했었다. ○上疏 - 〈請封建子弟疏〉.

〖國譯〗

전에 文帝는 代王으로서 장안에 들어와 즉위하였는데 뒤에 代國을 둘로 분국하여 皇子 劉武를 代王으로 劉參을 太原王으로 봉했고 막내아들 劉勝은 梁王에 봉했다. 뒷날 다시 代王 武를 淮陽王으로 삼고 太原王 參을 代王으로 봉해 이전의 영지를 다 주었다. 몇 년 뒤에 梁王 劉勝이 죽었으나 아들이 없었다. 가의는 이에 〈請封建子弟疏〉를 올렸다. 그 상소는 아래와 같다.

原文

〈請封建子弟疏〉*

「陛下卽不定制, 如今之勢, 不過一傳再傳, 諸侯猶且人恣而不制, 豪植而大强, 漢法不得行矣. 陛下所以爲蕃扞及皇太子之所恃者, 唯淮陽,代二國耳. 代北邊匈奴, 與强敵爲鄰, 能自完則足矣. 而淮陽之比大諸侯, 廑如黑子之著面, 適足以餌大國耳, 不足以有所禁御. 方今制在陛下, 制國而令子適足以爲餌, 豈可謂工哉! 人主之行異布衣. 布衣者, 飾小行, 競小廉, 以自托於鄕黨, 人主唯天下安社稷固不耳. 高皇帝瓜分天下以王功臣, 反者如蝟毛而起, 以爲不可, 故蔪去不義諸侯而虛其國. 擇良日, 立諸子雒陽上東門之外, 畢以爲王, 而天下安. 故大人者, 不牽小行, 以成大功.」

|註釋| ○卽 – 만약. ○一傳再傳 – 一代, 二代를 지나면서. ○豪植 – 강자가 자립하다. 植은 立. ○蕃扞 – 울타리가 되어 막다. 扞 막을 한. ○淮陽 – 郡과 諸侯國으로 설치와 폐지를 반복하였는데 그 치소는 지금의 河南省 周口市 淮陽縣 일대였다. ○廑 – 겨우 근. 僅과 同. ○餌 – 먹이 이. 미끼. ○不 – 否也. ○蝟毛而起 – 고슴도치 털처럼 일어났다. 반란이 많이 일어났다. 蝟 고슴도치 위. ○蔪去 – 벨 점. 베어버리다(芟也). 제거하다.

〖國譯〗

〈請封建子弟疏〉*

「폐하께서 만약 제도를 정하지 않으신다면 지금과 같은 형세에서

1대가 지나고 2대가 지나면서 제후들은 마치 방자한 사람처럼 통제할 수 없게 되어 강자는 자립하며 더 강해질 것이고 漢의 법은 지켜질 수 없을 것입니다. 폐하께서 울타리라 생각하시고 또 황태자가 믿을 수 있는 것은 오직 淮陽國과 代國 두 나라 뿐입니다. 代國의 북쪽은 흉노이니 강적을 이웃에 두고 자신만을 지킬 수 있어도 만족해야 합니다. 그리고 회양국은 대 제후국에 비하면 겨우 얼굴에 있는 검은 점과 같아 대국의 먹잇감이 되기 좋으며 다른 세력을 견제할 수도 없습니다. 지금 통제 권한은 폐하에게 있지만 제후국을 통제한다면서 皇子로 하여금 미끼가 되게 하였으니 이 어찌 잘한 일이겠습니까?

人主의 행동은 평민과 다릅니다. 평민들은 자질구레한 행위로 꾸미고 작은 청렴을 자랑하면서 마을에서 살아가지만 나라의 主君은 천하와 사직을 편안케 하느냐 못하느냐 뿐입니다. 고조께서 천하를 대략 쪼개어 공신들을 왕으로 봉한 뒤에 배반하는 자들이 고슴도치 털처럼 일어나자, 아니 되겠다고 생각하시고 의리 없는 제후들을 제거해 버리고 나라를 비워두셨습니다. 그러다가 좋은 날을 골라 여러 자제들을 낙양의 上東門 밖으로 데리고 가서 모두 왕으로 봉하자 천하가 안정되었습니다. 그러므로 大人은 소소한 행실에 끌리지 않고 큰 공을 이루는 것입니다.」

原文

「今淮南地遠者或數千里, 越兩諸侯, 而縣屬於漢. 其吏民徭役往來長安者, 自悉而補, 中道衣敝, 錢用諸費稱此, 其苦屬漢而欲得王至甚, 逋逃而歸諸侯者已不少矣. 其勢不可久. 臣之愚計, 願擧淮南地以益淮陽, 而爲梁王立後, 割淮陽北邊二三列城與東郡以益梁, 不可者, 可徙代王而都睢陽. 梁起於新郪 以北著之河, 淮陽包陳以南揵之江, 則大諸侯之有異心者, 破膽而不敢謀. 梁足以扞齊, 趙,淮陽足以禁吳,楚, 陛下高枕, 終亡山東之憂矣, 此二世之利也. 當今恬然, 適遇諸侯之皆少, 數歲之後, 陛下且見之矣. 夫秦日夜苦心勞力以除六國之禍, 今陛下力制天下, 頤指如意, 高拱以成六國之禍, 難以言智. 苟身亡事, 畜亂宿禍, 孰視而不定, 萬年之後, 傳之老母弱子, 將使不寧, 不可謂仁. 臣聞聖主言問其臣而不自造事, 故使人臣得畢其愚忠. 唯陛下財幸!」

| 註釋 | ○越兩諸侯 – 文帝의 아들인 梁王과 淮陽王 두 제후국보다 더 멀다. 越은 過也. 지나가다. ○而縣屬於漢 – 縣으로서 漢에 소속되었다. 또 다른 주장은 縣은 遠也. 곧 縣隔의 뜻으로 해석한다. 漢의 직할지는 長安과 가까운 지역을 우선하고 먼 곳은 제후국의 영지로 주어 말하자면 漢의 울타리로 삼아야 하는데 일부 지역은 그렇지 않다. 그런 곳의 吏民이 徭役(요역)을 수행하러 오가는 비용이 만만치 않다. 그래서 제후국으로 도망가는 폐단이 있다는 것이 賈誼의 論旨이고 그런 곳은 梁國과 같은 親漢 제후국에 주어 세력을 강화시켜 주어야 한다는 뜻. ○自悉而補 – 자기 재산을 다 써 비용을 부담하다. ○中道衣敝 – 도중에 옷이 헤지다. ○稱此 – 이에 상당하다. ○逋逃 – 달아나다. 逋 달아날 포. ○列城 – 여러 縣. ○東郡 – 郡名. 治所는 濮陽縣(今 河南省 濮陽市). ○睢陽(수양) – 縣名. 今 河南省 동부의 商丘

市. ○新郪(신처) - 縣名. 今 安徽省 阜陽市 관할의 太和縣. 郪는 고을 이름 처. ○以北著之河 - 북쪽으로 황하에 연하다. 著은 닿을 착. ○陳 - 郡名. 縣名. 淮陽國의 치소. 今 河南省 周口市 淮陽縣. ○南揵之江 - 남으로는 長江에 접하다. 揵 멜 건. 접하다. ○扞 - 막을 한. ○高枕(고침) - 베개를 높이 베다. 걱정이 없다. ○二世之利也 - 世世로 이익이 되다. ○恬然 - 편안하다. ○頤指如意 - 얼굴 표정만으로 다른 사람을 마음대로 부리다. 頤는 턱이. 턱으로 지시하다. ○高拱 - 아무 일 없이 편하게 놀다. ○畜亂宿禍 - 畜은 蓄(쌓을 축)의 古字. ○自造事 - 자기주장을 내세우다. ○唯 - ~하기 바라다. 희망을 표현. ○財幸 - 결정하다. 財는 裁. 결단을 내리다.

〖國譯〗

「지금 淮南의 땅이 먼 곳은 수천리가 되어 (梁, 淮陽國) 두 나라보다 더 먼데 그 지역이 縣으로 한에 속해 있습니다. 그 관리나 백성이 장안에 요역을 하러 왕래할 때의 비용을 각자 부담하는데 중간에 옷이 떨어지고 모든 비용이 상당히 많기 때문에 漢에 속하면 고통이지만 제후 왕에게 속하면 득이 되기에 제후에게로 도망을 가는 자가 적지 않습니다. 이러한 형세가 오래 가서는 안 됩니다. 臣의 어리석은 계책이지만 淮南의 땅 모두를 淮陽國에 보태어 주고 梁王의 후계자를 책봉하고 淮陽國의 북변의 여러 성들과 東郡을 梁에게 주어야 하며, 그렇지 않다면 代王을 옮겨 睢陽(수양)에 도읍하게 해야 합니다. 梁國의 新郪縣(신처현)에서부터 북쪽으로는 황하에 닿게 하고 淮陽國은 陳縣(진현)을 포함하여 남으로는 長江까지 넓혀준다면 큰 제후국으로서 딴 마음을 품은 자라 할지라도 낙담하여 반역을 도모하지 못할 것입니다. 그렇게 되면 梁나라가 齊나 趙를 막을 수 있고 淮陽國이 충분히 吳와 楚 등을 제지할 수 있어 폐하께서는 베개를 높이 베고 山東에 대한 걱정을 하지 않아도 될 것이며 이는 후대에도 크게 이로울 것입니다. 지금 강대하게 하는 것은 상대해야 할 제후들을 약하게 하는 것이니 몇 년 뒤에는 폐하께서도 이를 확인할 수 있을 것입니다. 무릇 秦이 밤낮으로 고심하며 애써서 6국의 화를 제거하였습니다만 지금 폐하께서는 천하를 힘으로 제압하고 턱으로 마음대로 지시할 수 있는데 아무 일도 하지 않아 六國의 화를 키우게 된다면 어찌 지혜롭다고는 할 수 있겠습니까? 사실 해야 할 일을 하지 않아 혼란과 화를 키우고 살펴보기만 하고 결정을 하지 않는다면 폐하의 만년 뒤에 천하를 노모와 약한 자식에게 전해 주어 나라가 안녕하지 못하다면 이를 仁이라 할 수는 없습니다. 臣이 알기로는, 聖主께서는 신하에게 묻기만 하고 주장을 펴지 못하면 신하가 그 충성을 다하지 못하게 될 것입니다. 오직 폐하께서 결정하셔야 합니다.」

原文

文帝於是從誼計, 乃徙淮陽王武爲梁王, 北界泰山, 西至高陽, 得大縣四十餘城, 徙城陽王喜爲淮南王, 撫其民.

| 註釋 | ○淮陽王 劉武 – 문제의 둘째 아들. 경제의 아우. 文帝 12년(前168)에 梁王이 되었고 뒷날 七國의 난을 진압하는데 큰 역할을 다 했다. ○北界 – 북쪽으로 ~와 경계하다. ○高陽(고양) – 邑名. 今 河南省 開封市 杞縣 서남.

〖國譯〗

文帝는 이에 가의의 계책에 따라 곧 淮陽王 劉武를 옮겨 梁王에 봉하고 북으로 泰山을 경계로 하고 서쪽으로는 高陽까지 큰 현의 40여 성을 더 늘렸으며 城陽王 劉喜를 淮南王으로 봉해 그 백성을 위무케 하였다.

原文

時又封淮南厲王四子皆爲列侯. 誼知上必將復王之也, 上疏諫曰,

〈諫立淮南諸子疏〉*

「竊恐陛下接王淮南諸子, 曾不與如臣者孰計之也. 淮南王之悖逆亡道, 天下孰不知其罪? 陛下幸而赦遷之, 自疾而死, 天下孰以王死之不當? 今奉尊罪人之子, 適足以負謗於天下耳. 此人少壯, 豈能忘其父哉. 白公勝所爲父報仇者, 大父與伯父, 叔父也. 白公爲亂, 非欲取國代主也, 發憤快志, 剡手以沖仇人之匈, 固爲俱靡而已. 淮南雖小, 黥布嘗用之矣, 漢存特幸耳. 夫擅仇人足以危漢之資, 於策不便. 雖割而爲四, 四子一心也. 予之衆, 積之財, 此非有子胥, 白公報於廣都之中, 卽疑有剸諸, 荊軻起於兩柱之間, 所謂假賊兵爲虎翼者也. 願陛下少留計!」

| 註釋 | ㅇ淮南厲王四子 – 고조의 막내아들인 회남왕 劉長의 아들 4명.

文帝 8年에 회남왕의 어린 아들들은 대개 10세 전후여서 일단 侯에 봉했다. ○上疏－〈諫立淮南諸子疏〉. ○淮南王 悖逆亡道－44권, 〈淮南衡山濟北王傳〉 참고. ○孰不知其罪－누가 그 죄를 모르겠습니까? 孰은 누구 숙. ○負謗(부방)－비난을 받다. ○白公勝－춘추시대 楚 平王 태자 建의 아들. 태자 建이 부친과 불화로 鄭國으로 망명했다가 죽었는데 그 아들 白公勝이 아버지의 원수로 할아버지와 백부, 숙부 등을 죽였다. ○剡手以沖仇人之匈－날카로운 칼을 쥐고 원수의 가슴을 찌르다. 剡 날카로울 염. 沖 깊을 충. 찌르다(刺). 匈은 胸의 古字. ○固爲俱靡而已－사실 함께 망한 것뿐이다. 靡 쓰러질 미. 죽다. ○擅－멋대로 할 천. 禪과 通. 여기서는 왕위에 봉하다. ○子胥－伍子胥(오자서). ○白公－白公勝. ○廣都－大都. ○剸諸(전제)－專諸. 춘추시대 吳國의 자객. ○荊軻(형가)－戰國말기 燕 太子 丹이 秦王 政을 죽이려고 고용한 자객. ○兩柱之間－殿閣. 황제가 정사를 돌보는 곳. ○爲虎翼者－호랑이에게 날개를 달아주다.

〖國譯〗

그때 또 淮南 厲王(여왕, 劉長)의 四子를 모두 列侯에 봉했다. 가의는 文帝가 앞으로 이들을 다시 王으로 봉할 뜻으로 알고 이에 대한 상소를 올렸다.

〈諫立淮南諸子疏〉*

「저는 폐하께서 淮南王의 여러 아들을 접견하신 일이 신하 중 누구와 함께 협의한 방책에 의한 것인지 모르겠습니다. 회남왕의 패역무도한 죄를 천하의 누가 모르겠습니까? 폐하께서 그들을 총애하여 사면하시면 제 병으로 죽은 사람이지 부당한 일로 죽은 왕이라고 누가 생각하겠습니까? 이제 罪人의 아들을 높여 제후로 삼는다면 천하의 비방을 받게 될 뿐입니다. 이 사람들이(厲王의 아들) 아직 어리다지만 어찌 제 부친을 잊을 수 있겠습니까? (옛 楚의) 白公勝이 아버지의 원수를 갚으려 한 사람은 할아버지와 백부와 숙부였습니다. 백공승이 반란을 일으킨 것은 나라를 빼앗아 왕이 되려는 생각이 아니라 분한 마음을 풀기 위하여 흉기를 든 손으로 원수의 가슴을 찌르고 그냥 모두 함께 죽겠다는 생각뿐이었습니다. 淮南國이 비록 작다지만 黥布(경포) 반란의 바탕이 되었었는데 漢에서 존속시킨 것은 특별한 혜택이었습니다. 원수가 될 사람을 제후로 봉한 것은 漢을 위험에 빠트리게 될 것이니 漢을 위한 일이 아닙니다. 비록 회남국을 4개국으로 나눈다지만 아들 넷은 한마음입니다. 서로 군사를 도와주고 재물을 모으면 비록 伍子胥(오자서)가 없다고 하더라도 백공승이 도성에서 복수를 한 것과 같으며 剸諸(전제)와 荊軻(형가)를 어전에 세우는 것이며 뒷날의 적병을 도와 마치 호랑이에게 날개를 붙여주는 것과 같습니다. 폐하께서는 조금 유념해 주십시오.」

原文

梁王勝墜馬死, 誼自傷爲傅無狀, 常哭泣, 後歲餘, 亦死. 賈生之死, 年三十三矣.

後四歲, 齊文王薨, 亡子. 文帝思賈生之言, 乃分齊爲六國, 盡立悼惠王子六人爲王. 又遷淮南王喜於城陽, 而分淮南爲三國, 盡立厲王三子以王之.

後十年, 文帝崩, 景帝立. 三年而吳,楚,趙與四齊王合從擧兵, 西鄕京師, 梁王扞之, 卒破七國. 至武帝時, 淮南厲王子爲王者兩國亦反誅.

孝武初立, 擧賈生之孫二人至郡守. 賈嘉最好學, 世其家.

| 註釋 | ○梁王勝墜馬死 - 文帝 11년(前 169). ○傅無狀 - 太傅로서 직분을 다하지 못하다. 無狀은 실직(직무상의 과실)과 同. ○後四歲 - 文帝 15年. ○悼惠王子六人爲王 - 悼惠王(도혜왕, 前 221 - 189), 高祖의 庶長子 劉肥(유비). 고조 布衣시절의 情婦 曹氏 소생. 38권, 〈高五王傳〉 참고. ○厲王三子以王之 - 文帝 16년, 劉喜를 城陽王, 劉安을 淮南王, 劉勃을 衡山王, 劉賜을 廬江王(여강왕)에 봉했다. ○文帝崩,景帝立 - 前 157년. ○三年 - 景帝. 前 154년. ○四齊王 - 膠東王, 膠西王, 菑川王(치천왕), 濟南王. ○梁王扞之 - 梁王 劉武. 가의의 건의에 따라 梁의 영역을 크게 넓혔기에 이때 吳와 楚의 반군을 막을 수 있었다. ○兩國 - 淮南王과 衡山王. 44권, 〈淮南衡山濟北王傳〉 참고. ○孝武初立 - 前 140년. ○世其家 - 가업을 계승하다.

〖國譯〗

梁王 劉勝은 말에서 떨어져죽었는데 가의는 슬퍼하며 태부로서 직분을 다하지 못했다고 생각하여 오랫동안 통곡하다가 1년 뒤에 가의 또한 죽었다. 가의가 죽을 때 나이는 33세였다.

그 후 4년 齊 文王(劉則)이 죽었는데 아들이 없었다. 文帝는 가의의 충언을 생각하여 齊를 六國으로 나누어 悼惠王의 아들 6인을 왕으로 봉했다. 또 淮南王 劉喜를 城陽王으로 옮기고, 淮南國을 3국으로 분할하여 厲王의 아들 3인을 모두 왕으로 봉했다.

이후 10년에 문제가 죽고 景帝가 즉위하였다. 경제 3년에 吳, 楚, 趙와 4명의 齊王이 合從하고 擧兵하여 서쪽 長安으로 진격했으나 梁王이 반군을 막았고 마침내 7국을 격파하였다. 武帝 때 淮南 厲王

의 아들로 왕이 된 2국이 반역했으나 주살되었다.

武帝가 즉위한 뒤에 가의의 손자 2인이 군수가 되었다. 그중 賈嘉(가가)가 가장 호학하였고 가업을 계승하였다.

原文

贊曰, 劉向稱"賈誼言三代與秦治亂之意, 其論甚美, 通達國體, 雖古之伊,管未能遠過也. 使時見用, 功化必盛. 爲庸臣所害, 甚可悼痛." 追觀孝文玄默躬行以移風俗, 誼之所陳略施行矣. 及欲改定制度, 以漢爲土德, 色上黃, 數用五, 及欲試屬國, 施五餌三表以係單于, 其術固以疏矣. 誼亦天年早終, 雖不至公卿, 未爲不遇也. 凡所著述五十八篇, 掇其切於世事者著於傳云.

| **註釋** | ○劉向(유향) - 6권, 〈楚元王傳〉에 立傳. ○伊,管 - 伊尹(이윤)과 管仲. ○功化 - 공적과 敎化. ○玄默 - 黃老의 無爲의 治. ○屬國 - 제후국을 복속시키다. ○五餌三表 - 耳, 目, 口, 腹, 心을 이용한 흉노 유인책과 仁, 義, 信의 방책으로 흉노를 복속시켜야 한다는 방략. 賈誼의 《新書》에 있다. ○五十八篇 - 가의의 《新書》의 내용. ○掇 - 주울 철. 지적하다.

〖國譯〗

班固의 論贊 : 劉向은 "賈誼(가의)가 말한 三代와 秦의 치란에 대한 논의는 매우 훌륭하며 국정의 요체에 통달한 것으로 비록 옛날의 伊尹(이윤)이나 管仲(관중)일지라도 이보다 더 훌륭하지는 못했을 것이다. 시류에 따라 채용이 되었다면 그 공적과 교화가 크게 성공했을 것이다. 평범한 신하들에게 견제 받은 것이 매우 슬플 뿐이다." 라고 말했다. 그리고 文帝가 無爲의 통치를 몸소 실천하며 풍속을 바꾸려 한 것을 보면 가의의 건의를 채용한 것이라 할 수 있다. 그러나 제도를 바꾸는데 漢에서 土德을 바탕으로 황색을 숭상하고 數는 5를 기본으로 하고 제후국을 복속시키고 五餌(오이)와 三表로 흉노의 왕을 통제할 수 있다고 한 주장은 그 방법이 너무 소략한 것이었다. 가의가 수명이 짧아 일찍 죽어 비록 公卿이 되지는 못했지만 주군을 못 만난 것은 아니었다. 그의 저술 총 58편은 시무에 가장 절실하다고 전해온 바를 엮은 것이라 할 수 있다.

49 爰盎鼂錯傳
〔원앙,조조전〕

49-1. 爰盎

原文

爰盎字絲. 其父楚人也, 故爲群盜, 徙安陵. 高后時, 盎爲呂祿舍人. 孝文卽位, 盎兄噲任盎爲郎中.

絳侯爲丞相, 朝罷趨出, 意得甚. 上禮之恭, 常目送之. 盎進曰, "丞相何如人也?" 上曰, "社稷臣." 盎曰, "絳侯所謂功臣, 非社稷臣. 社稷臣主在與在, 主亡與亡. 方呂后時, 諸呂用事, 擅相王, 劉氏不絶如帶. 是時絳侯爲太尉, 本兵柄, 弗能正. 呂后崩, 大臣相與共誅諸呂, 太尉主兵, 適會其成功, 所謂功臣, 非社稷臣. 丞相如有驕主色, 陛下謙讓, 臣主失禮, 竊爲陛下弗取也." 後朝, 上益莊, 丞相益畏. 已而絳侯望盎曰, "吾與汝兄善, 今兒乃毁我!" 盎遂不謝.

及絳侯就國, 人上書告以爲反, 徵繫請室, 諸公莫敢爲言, 唯盎明絳侯無罪. 絳侯得釋, 盎頗有力. 絳侯乃大與盎結交.

| 註釋 | ○爰盎(원앙) - 《史記 袁盎鼂錯列傳》에는 袁盎(원앙)으로 되어 있다. 爰은 發語辭 원. 盎은 동이 앙. ○安陵(안릉) - 惠帝의 능. 縣名. 今 陝西省 咸陽市 동북. ○呂祿(여록) - 여태후의 조카. 呂釋之의 아들. 舍人은 屬官. ○任 - 보증하다. 담보하다. ○絳侯(강후) - 周勃(주발). 40권, 〈張陳王周傳〉 立傳. ○社稷臣 - 重臣. ○不絶如帶 - 끈처럼 끊어지지는 않았다. 힘은 없었다. ○本兵柄 - 병권의 바탕이었다. 병권을 장악했다. ○適會 - 공교롭게. 우연히. ○莊 - 근엄하다. ○望盎 - 望은 원망하다. ○徵繫請室 - 소환하여 請室에 묶어두다. 請室은 請罪하는 방. 피의자 대기실.

〖國譯〗

爰盎(원앙)의 字는 絲(사)이다. 그의 부친은 楚人으로 예전에 떼도둑 무리였는데 安陵縣으로 이사하였다. 高后 때 원앙은 呂祿(여록)의 舍人이 되었다. 文帝가 즉위하자 원앙의 형 爰噲(원쾌)의 보증으로 원앙은 郞中이 되었다.

강후 주발이 승상이 되어 조회를 마치고 걸어나갈 때는 매우 의기양양하였다. 文帝는 주발에게 예를 다하며 공손하였고 늘 주발을 눈으로 배웅하였다. 이에 원앙이 나아가 말했다. "丞相은 어떤 분입니까?" 문제가 말했다. "사직을 지키는 신하이다." 그러자 원앙이 말했다.

"강후는 功臣이라 할 수 있지만 사직을 지키는 신하라 할 수 없습니다. 사직을 지키는 重臣은 주군과 함께해야 하고 주군이 죽으면 함께 죽어야 합니다. 전에 여후 시절, 여씨들이 권력을 잡고 멋대로 승상이 되고 왕을 봉할 때 유씨들은 끈처럼 끊어지지는 않았습니다. 그때 강후는 太尉로 병권의 바탕이었지만 바로 잡지는 못했습니다. 呂后가 붕어하고 대신들이 함께 여씨들을 제거할 때 太尉는 병력의 주체로 우연히 성공하였을 뿐이니 社稷臣은 아닙니다. 승상이 주군 앞에서도 교만한 기색이 있고 폐하께서는 겸양하시니, 이는 신하와 주군 모두에게 예가 아니오니 폐하께서는 그렇게 하지 마시기 바랍니다."

뒤에 조회를 할 때 문제는 더욱 엄숙했고 승상은 더 두려워하였다. 얼마 뒤에 강후가 원앙을 원망하며 말했다. "나는 자네 형과 가까운데 이제는 어린아이도 나를 헐뜯는가!"

그러나 원앙은 끝까지 사과하지 않았다.

강후가 자기 封國으로 돌아갔는데 어떤 사람이 강후가 모반을 한다고 투서하였고 강후가 소환되어 피의자 대기실에 묶여 있을 때 누구도 강후를 위해 말하는 사람이 없었지만 오직 원앙만이 강후가 무죄라고 말했다. 강후가 풀려난 데는 원앙의 힘이 컸다. 주발은 이후 원앙과 아주 가까운 벗이 되었다.

原文

淮南厲王朝, 殺辟陽侯, 居處驕甚. 盎諫曰, "諸侯太驕必生患, 可適削地." 上弗許. 淮南王益橫. 謀反發覺, 上徵淮南王, 遷之蜀, 檻車傳送. 盎時爲中郎將, 諫曰, "陛下素驕之, 弗稍禁, 以至此, 今又暴摧折之. 淮南王爲人剛, 有如遇霜露行道死, 陛下竟爲以天下大弗能容, 有殺弟名, 奈何?" 上不聽, 遂行之.

| **註釋** | ○淮南厲王 – 회남왕은 고조의 막내아들 劉長으로 文帝에게는 이복동생이었다. 44권, 〈淮南衡山濟北王傳〉에 입전. ○辟陽侯(벽양후) – 審食其(심이기). 呂后의 심복. 淮南 厲王은 文帝 3년에 심이기를 죽였다. 사실이는 처벌받아야 하지만 文帝의 사면을 받았다. ○削地(삭지) – 제후의 잘못에 대한 징벌로 영지를 삭감하다. ○檻車傳送 – 함거에 태워 蜀으로 보내다. ○弗稍禁 – 서서히 禁하지 않았다. ○暴摧折之 – 갑자기(暴) 厲王을(之) 폐위하다(摧折). 摧는 꺾을 최. 부러트리다.

〖國譯〗

淮南國 厲王(劉長)이 입조했다가 辟陽侯(벽양후, 審食其)를 죽였으며 일상생활이 매우 교만하였다. 원앙이 이를 간했다. "諸侯가 너무 교만하면 틀림없이 환란을 일으킬 것이니 적당할 때에 削地를 해야 합니다."

그러나 문제는 허락하지 않았다. 회남왕은 더욱 교만해졌다. 나중에 모반 사실이 발각되자 文帝는 회남왕을 징벌하여 蜀에 옮겨 살게 하였고 함거에 태워 이송하게 하였다. 그때 원앙은 中郎將이었는데 문제에게 이를 지적했다.

"폐하께서는 평소에 회남왕이 교만하도록 방치하였으며 평소에 금지하지 않다가 이 상황이 되자 갑자기 꺾어버렸습니다. 회남왕은 사람됨이 너무 억센데 만약 서리나 이슬을 맞으면 가는 길에 죽을 수 있는데, 그러면 나중에 천하를 다스리며 포용력이 없어 동생을 죽게 했다는 말을 듣게 되면 폐하께서는 어찌 하시겠습니까?"

文帝는 원앙의 말을 따르지 않고 그대로 강행하였다.

原文

淮南王至雍, 病死. 聞, 上輟食哭, 甚哀. 盎入, 頓首請罪. 上曰, "以不用公言至此." 盎曰, "上自寬, 此往事, 豈可悔哉! 且陛下有高世行三, 此不足以毁名." 上曰, "吾高世三者何事?" 盎曰, "陛下居代時, 太后嘗病, 三年, 陛下不交睫解衣, 湯藥非陛下口所嘗弗進. 夫曾參以布衣猶難之, 今陛下親以王者修之, 過曾參遠矣. 諸呂用事, 大臣顓制, 然陛下從代乘六乘傳, 馳不測淵, 雖賁, 育之勇不及陛下. 陛下至代邸, 西鄉讓天子者三, 南鄉讓天子者再. 夫許由一讓, 陛下五以天下讓, 過許由四矣. 且陛下遷淮南王, 欲以苦其志, 使改過, 有司宿衛不謹, 故病死." 於是上乃解, 盎繇此名重朝廷.

| 註釋 | ○雍(옹) - 縣名. 今 陝西省 寶鷄市 鳳翔縣 남쪽. ○輟食(철식) - 식사를 하지 않다. 輟은 止也. ○自寬 - 생각을 너그럽게 하다. ○高世行 - 세속을 초월하다. 세속인의 행실보다 뛰어나다. ○交睫解衣 - 잠을 자고 옷을 벗다. 睫은 속눈썹 첩. 交睫 눈을 붙이다. ○曾參(증삼) - 공자의 제자. 효

자. 《孝經》 저술. ○顓制(전제) - 專制. ○不測淵 - 깊이를 알 수 없는 연못. 매우 유동적인 상황. ○賁,育 - 孟賁(맹분)과 夏育(하육), 모두 古代의 勇士. ○代邸 - 장안에 있는 대왕의 私邸(사저). ○鄕 - 向과 同. ○許由(허유) - 堯의 선양을 뿌리친 고대의 高士. ○宿衛不謹 - 신중하게 호위하지 못하다. 宿衛는 保衛. ○繇此(유차) - 由此. 이에.

〖國譯〗

淮南王이 雍縣(옹현)에 이르러 병사하자 소식을 들은 文帝는 식음을 폐하고 통곡하며 크게 슬퍼하였다. 원앙은 입조하여 머리를 숙이고 사죄했다. 문제가 말했다. "공의 말을 듣지 않아 이렇게 되었소!"

이에 원앙이 말했다.

"폐하께서는 너그러이 생각하셔야 하며 이는 지나간 일이니 후회한들 어쩌겠습니까! 그리고 폐하께서는 世人을 초월한 행실이 3가지나 있어 이 때문에 명성에 누가 되지는 않습니다."

"내게 세속인보다 나은 행실 3가지가 무엇인가?"

그러자 원앙이 말했다.

"폐하께서 代國에 계실 때 太后께서 병환 중이던 3년 동안 폐하께서는 눈을 제대로 붙이거나 옷을 벗고 편안히 주무신 적이 없으며 폐하께서 미리 맛보지 않고서는 탕약을 올리지 않았습니다. 이는 평민인 曾參(증삼)일지라도 하기 어려운 일인데 폐하께서는 王者로서 이를 행하셨으니 증삼보다 훨씬 나으신 것입니다. 呂氏들이 권력을 잡고 대신들이 전제를 할 때 폐하께서는 代國에서부터 傳車(전거)를 여섯 번이나 갈아타고 安危를 생각하지 않고 달려 오셨는데 비록 孟賁(맹분)과 夏育(하육)일지라도 폐하만 못할 것입니다. 폐하께서 장안의 代王 私邸에 오셔서 서쪽을 향하여 3번, 그리고 남쪽을 향하여 2번이나 등극을 사양하셨습니다. 옛날 許由(허유)는 한 번 사양을 했지만 폐하는 다섯 번이나 사양하셨으니 허유보다도 4번이나 많으십니다. 게다가 폐하께서는 회남왕의 거처를 옮겨서 마음고생을 좀 시켜 잘못을 깨우치려 했던 것인데 관리들이 보위를 잘못해서 병사한 것뿐입니다."

그러자 문제는 걱정을 그만두었고 조정에서 원앙의 명성은 이로부터 더 높아졌다.

原文

盎常引大體慷慨. 宦者趙談以數幸, 常害盎, 盎患之. 盎兄子種爲常侍騎, 諫盎曰, "君衆辱之, 後雖惡君, 上不覆信." 於是上朝東宮, 趙談驂乘, 盎伏車前曰, "臣聞天子所與共六尺輿者, 皆天下豪英. 今漢雖乏人, 陛下獨奈何與刀鋸之餘共載!" 於是上笑, 下趙談. 談泣下車.

| 註釋 | ○大體 - 일의 원칙이나 큰 뜻. ○慷慨(강개) - 氣槪(기개)가 있다. 원칙을 지키려는 강한 의지가 있다. ○常侍騎 - 황제의 시종 기병. ○朝東宮 - 東宮은 태후의 거처. ○六尺輿 - 황제의 수레 ○刀鋸之餘 - 刀鋸는 形具. 鋸 톱 거. 거세 당한 환관을 뜻함.

〖國譯〗

원앙은 언제나 원칙을 논하며 강한 주장을 폈다. 환관인 趙談(조담)이 자주 총애를 받으면서 여러 번 원앙을 헐뜯었고 원앙도 그것을 걱정했다. 원앙의 조카인 爰種(원종)은 常侍騎(상시기)이었는데 원앙에게 말했다.

"숙부께서 여러 사람 앞에서 조담을 욕보였기 때문에 뒤에 그가 숙부를 헐뜯어도 폐하가 조담에 대한 신임을 거두지는 않을 것입니다."

이 무렵 문제가 동궁으로 태후를 뵈러 갈 때 趙談이 驂乘(참승)했는데 원앙이 수레 앞에 엎드려 말했다.

"제가 알기로, 천자의 六尺輿(육척여, 천자 전용 수레)를 같이 타는 사람은 모두 천하 호걸이라고 하였습니다. 지금 漢에 아무리 사람이 없다 한들 폐하께서는 어찌하여 형벌 받은 사람을 옆에 태울 수 있겠습니까!"

그러자 문제는 웃으면서 조담을 내리게 하였다. 조담은 눈물을 흘리며 수레에서 내렸다.

原文

上從霸陵上, 欲西馳下峻阪, 盎攬轡. 上曰, "將軍怯邪?" 盎言曰, "臣聞千金之子不垂堂, 百金之子不騎衡, 聖主不乘危, 不僥倖. 今陛下騁六飛, 馳不測山, 有如馬驚車敗, 陛下縱自輕, 柰高廟,太后何?" 上乃止.

| 註釋 | ○霸陵(패릉) - 文帝 생전에 조성한 자신의 능묘. 今 西安市 동쪽 白鹿原 부근. 霸水 근처의 산을 이용하여 능묘를 조성했다. ○峻阪(준판) -

경사가 심한 비탈. ○攬轡(남비) - 고삐를 잡다. 만류하다. ○不垂堂 - 건물 가에 머물지 않다. 垂堂은 처마 아래. ○不騎衡(불기형) - 난간에 걸터앉지 않는다. ○騁六飛 - 여섯 필의 빠른 말을 몰다. 騁은 말 달릴 빙. ○縱自輕 - 일부러 조심하지 않다. ○柰 - 어찌 내. 奈와 同.

〖國譯〗

文帝가 패릉의 꼭대기에서 서쪽 비탈을 달려 내려가려 하자 원앙이 고삐를 잡았다. 그러자 문제가 말했다. "장군은 겁이 나는가?" 이에 원앙이 말했다.

"제가 알기로, 천금 부자의 아들은 처마 끝에 서 있지 아니하고 百金 부자 아들은 난간에 걸터앉지 않으며 聖君은 위험하게 수레를 타면서 요행을 바라지 않는다고 하였습니다. 폐하께서 여섯 필 말을 몰아 순탄하지 않은 산을 달리다가 만약 말이 놀라거나 수레가 부서질 수도 있는데 폐하께서 조심하지 않고서 어찌 고조의 묘당이나 태후를 보시렵니까?"

그러자 문제는 그만두었다.

原文

上幸上林, 皇后,愼夫人從. 其在禁中, 常同坐. 及坐, 郎署長布席, 盎引卻愼夫人坐. 愼夫人怒, 不肯坐. 上亦怒, 起. 盎因前說曰, "臣聞尊卑有序則上下和, 今陛下旣以立后, 愼夫人乃妾, 妾,主豈可以同坐哉! 且陛下幸之, 則厚賜之. 陛下所以爲愼夫人, 適所以禍之也. 獨不見 '人豕' 乎?" 於是上乃說, 入語愼夫人. 愼夫人賜盎金五十斤.

| **註釋** | ○上林－上林苑. ○禁中－宮中. ○郞署長－상림원의 관리. ○引卻－뒤로 물리다(引退). ○妾,主－첩은 愼부인, 主는 皇后. ○人豕(인시) －人彘(인체). 戚(척)夫人.

〖**國譯**〗

文帝가 上林苑에 행차할 때 皇后와 愼(신) 부인이 따라갔다. 궁중에서는 늘 같은 자리에 앉았었다. 郞署長이 자리를 배치했는데, 자리에 앉으려 할 때 원앙이 신부인의 자리를 뒤로 물렸다. 신부인이 화를 내며 앉지 않았다. 문제 역시 화를 내며 일어났다. 원앙은 바로 나아가 말했다.

"제가 알기로는, 尊卑(존비)에 서열이 있으면 상하가 화목하다고 하였는데 지금 폐하께서는 이미 황후를 두셨으니 愼夫人은 곧 첩인데 첩과 황후가 어찌 같은 자리에 앉을 수 있겠습니까! 그리고 폐하께서 신부인을 총애하신다면 후사 하십시오. 폐하께서 신부인을 위하시는 방법은 신부인에게 재앙이 될 수도 있습니다. 폐하께서는 '人돼지' 를 모르십니까?"

그러자 문제는 기뻐하면서 들어가 신부인에게 말했다. 신부인은 원앙에게 금전 50근을 하사했다.

原文

然盎亦以數直諫, 不得久居中. 調爲隴西都尉, 仁愛士卒,士卒皆爭爲死. 遷齊相, 徙爲吳相. 辭行, 種謂盎曰, "吳王驕日久, 國多奸, 今絲欲刻治, 彼不上書告君, 則利劍刺君矣. 南方卑濕, 絲能日飮, 亡何, 說王毋反而已. 如此幸得脫." 盎用種之計, 吳王厚遇盎.

| 註釋 | ○居中 – 중앙(朝廷)에 근무하다. ○調 – 뽑히다. 選任되다. ○隴西都尉 – 농서군(今 甘肅省 동남부 일대)의 도위. 도위는 郡의 군사 관련 업무 담당. ○吳王 – 당시 오왕은 劉濞(유비, 前 215 – 154. 물소리 비). 文帝의 사촌 형. 35권, 〈荊燕吳傳〉에 立傳. ○絲 – 字로 숙부를 호칭. ○刻治 – 深治. 원칙대로 처리하다. ○亡何 – 아무 일도 없다.

〚國譯〛

그렇지만 원앙이 자주 直諫(직간)을 하였기에 중앙에 오래 근무할 수 없었다. 원앙은 隴西郡(농서군)의 都尉로 선임되었는데 사졸을 아껴주었기에 사졸들은 서로 원앙을 위해 목숨이라도 버리려 하였다. 齊의 승상이 되었다가 吳의 승상으로 옮겨졌다. 원앙이 떠나려 할 때 (조카인) 爰種(원종)이 원앙에게 말했다.

"吳王은 오랫동안 교만하였기에 그 나라에는 간악한 자들이 많은데 이제 숙부께서 그들을 원칙대로 처리하려 하신다면 그들은 숙부께 上書하지도 않고 날카로운 칼로 숙부의 등을 찌를 것입니다. 거기다가 남방은 지대가 낮고 습하니 숙부께서 날마다 술만 드신다면 별일 없을 것이며 오왕에게 배반하지 말라는 말씀만 하십시오. 그러면 무사히 벗어날 수 있을 것입니다."

원앙은 원종의 계책을 따랐고 오왕은 원앙을 좋게 대우했다.

原文

盎告歸, 道逢丞相申屠嘉, 下車拜謁, 丞相從車上謝. 盎還, 媿其吏, 乃之丞相舍上謁, 求見丞相. 丞相良久乃見. 因跪曰, "願請間." 丞相曰, "使君所言公事, 之曹與長史掾議之, 吾且奏之. 則私, 吾不受私語." 盎卽起說曰, "君爲相, 自度孰與陳平,絳侯?" 丞相曰, "不如." 盎曰, "善, 君自謂弗如. 夫陳平,絳侯輔翼高帝, 定天下, 爲將相, 而誅諸呂, 存劉氏. 君乃爲材官蹶張, 遷爲隊帥, 積功至淮陽守, 非有奇計攻城野戰之功. 且陛下從代來, 每朝, 郞官者上書疏, 未嘗不止輦受. 其言不可用, 置之. 言可采, 未嘗不稱善. 何也? 欲以致天下賢英士大夫, 日聞所不聞, 以益聖. 而君自閉箝天下之口, 而日益愚. 夫以聖主責愚相, 君受禍不久矣." 丞相乃再拜曰, "嘉鄙人, 乃不知, 將軍幸敎." 引與入坐, 爲上客.

| **註釋** | ○告歸 – 휴가를 얻어 귀가하다. ○申屠嘉(신도가, ? – 前 155) – 42권, 〈張周趙任申屠傳〉에 立傳. ○媿 – 부끄러울 괴. 愧와 同. ○請間 – 개인적 면담을 청하다. ○使君 – 지방관이나 使者로 온 관리에 대한 존칭. ○之曹 – 관아에 가다. ○長史掾 – 승상부 속관의 우두머리(長史)의 하급직. ○則私 – 만약 사적인 일이라면. 則은 若. ○乃 – 시작하다. 始也. ○材官蹶張(재관궐장) – 材官은 용감한 步卒. 材士, 勇士. 蹶張은 큰 활을 한 발로 밟고 시위를 당기는 弓手. ○隊帥 – 장수. ○未嘗不止輦受 – 輦(수레)를 멈추고서 받지 않은 적이 없다. 언제 어디서나 건의를 수용했다. ○閉箝(폐겸)

－닫게 하다. 箝 재갈 먹일 겸. 집게로 집다. ○鄙人(비인) －견식이 얕은 사람. 鄙는 인색할 비. 미천하다.

〖國譯〗

원앙이 휴가를 얻어 귀가하다가 길에서 승상 申屠嘉(신도가)를 만나자 수레에서 내려 절을 올렸으나 승상은 수레에서 답례만 하였다. 원앙은 돌아와 그 아래 관리에게 면목이 없어 바로 승상의 집으로 뵈러 가서 승상을 만나고자 하였다. 승상은 한참 있다가 나왔다. 원앙이 꿇어앉아 말했다. "사적인 이야기를 드리고자 합니다." 그러자 승상이 말했다.

"使君께서 하고자 하는 말이 公事라면 승상부에 가서 長史掾(장사연)과 상의하면 내가 상주할 것이요. 만약 사적인 일이라면 나는 사적인 말을 듣지 않을 것이요."

원앙은 바로 일어서면서 말했다. "승상께서 생각할 때 승상으로서 陳平이나 絳侯(강후)에 비해 어떻다고 생각하십니까?" 승상이 말했다. "그분들만 못합니다." 원앙이 다시 말했다. "맞습니다. 승상께서도 못하다고 인정하셨습니다. 진평과 강후는 고조를 도와 천하를 안정시켰고 대장군과 승상으로 呂氏 일족을 주살하고 劉氏를 존속시켰습니다. 승상께서는 처음에 용감한 보졸이며 궁수였다가 부대장이 되었고 오래 근무하다 보니 淮陽郡의 태수가 되었으니 奇計를 실행하거나 攻城이나 野戰의 공적도 없었습니다. 그러나 폐하께서는 代國에서 등극하신 이래로 매번 조회 때마다 郞官들이 글로 상서하시는 것을 수레를 타고 가다가도 멈추게 하고 받지 않으신 적이 없었습니다. 올린 글이 채용할 수 없다면 그냥 두었습니다. 채용할 수 있는 건의는 칭찬을 하지 않으신 적이 없었습니다. 왜 그러 했겠습니까? 천하의 현명하거나 영특한 사대부들을 불러들여 듣지 못하는 바를 들을 수 있었기 때문에 폐하는 점점 더 聖明하게 되셨습니다. 그러나 승상께서는 스스로 천하 사람들의 입을 집게로 집어 말을 못하게 하니 날마다 우매해질 것입니다. 그렇다면 명철하신 폐하께서 우둔한 승상을 책망하실 것이니 승상께서는 머지않아 화를 당할 것입니다."

승상은 바로 再拜하면서 말했다. "이 신도가는 어리석은 사람이라 알지 못했으니 장군께서 깨우쳐주기 바랍니다." 그리고 안으로 인도하였고 원앙은 신도가의 上客이 되었다.

原文

盎素不好 鼂錯, 錯所居坐, 盎輒避, 盎所居坐, 錯亦避, 兩人未嘗同堂語. 及孝景郎位, 鼂錯爲御史大夫, 使吏案盎受吳王財物, 抵罪, 詔赦以爲庶人. 吳,楚反聞, 錯謂丞史曰, "爰盎多受吳王金錢, 專爲蔽匿, 言不反. 今果反, 欲請治盎, 宜知其計謀." 丞史曰, "事未發, 治之有絶. 今兵西向, 治之何益! 且盎不宜有謀." 錯猶與未決. 人有告盎, 盎恐, 夜見竇嬰, 爲言吳所以反, 願至前, 口對狀. 嬰入言, 上乃召盎. 盎入見, 竟言吳所以反, 獨急斬錯以謝吳, 吳可罷. 上拜盎爲泰常, 竇嬰爲大將軍. 兩人素相善. 是時, 諸陵長安中賢大夫爭附兩人. 車騎隨者日數百乘.

| 註釋 | ○素不好 – 평소에 사이가 나쁘다. ○鼂錯(조조, 前 200 – 154) – '晁錯', '朝錯' 으로도 표기. 鼂는 아침 조. 《史記》와 《漢書》에는 鼂錯로 기록되었다. 晁(아침 조)는 朝의 古字. 조조는 法家의 학문을 하였고 太子家令으로 근무하였기에 景帝의 신임이 두터웠다. 〈削藩策〉을 주장하여 吳楚七國의 亂의 원인을 제공하였다. ○輒 – 문득 첩. 곧바로. ○御史大夫 – 三公의 하나. 관리 감찰을 담당. ○案 – 審査(심사)하다. ○抵罪(저죄) – 죄에 해당하다. ○吳,楚反 – 吳王 劉濞(유비)와 楚王 劉戊(유무) 등 7國의 반란. ○丞史 – 御史大夫의 속관인 御史丞과 御史. ○蔽匿(폐익) – 덮어 숨기다. ○事未發 – 사건이 발생하기 전이라면. ○治之有絶 – 원앙을 治罪하면 (吳王의) 반란을 못하게 하다. ○猶與未決 – 猶豫未決(유예미결). ○竇嬰(두영, ? – 前 131) – 52권, 〈竇田灌韓傳〉에 立傳. ○願至前 – 황제 앞에서 말씀드리려 하다. ○口對狀 – 직접 뵙고 실상을 말하다. ○斬錯以謝吳 – 조조를 죽이고서 오왕에게 설명하다. ○泰常 – 太常. 종묘제사, 황족 관련 업무를 담당. ○諸陵 – 황제의 능 주변에 신도시를 건설하고 지방의 부호나 호족을 강제로 이주케 했다.

〖國譯〗

원앙은 평소에 鼂錯(조조)와 사이가 안 좋았는데 조조가 있는 곳엔 원앙이 바로 피했으며, 원앙이 있는 곳에는 조조도 마찬가지로 피하여 두 사람이 한 자리에서 이야기를 한 적이 없었다. 경제가 즉위하자 조조는 어사대부가 되었는데 관리를 시켜 원앙이 吳王으로부터 뇌물을 받은 것이 법에 저촉되는 것을 심사케 했고, 원앙은 조서에 의거 사면을 받았지만 서인으로 강등되었다. 吳楚의 반란이 알려지자 조조가 자신의 속관들에게 말했다.

"원앙이 吳王으로부터 금전을 많이 받았는데 반역을 하지 말라고 말한 것을 전적으로 덮고 숨겼다. 지금 반란을 일으켰으니 황제께 청하여 원앙을 잡아다가 치죄하면 그 반역 계획을 알 수 있을 것이다."

그러자 어사대부의 丞史(승사)들이 말했다. "사건이 터지지 않았다면 그를 치죄하여 반란을 방지했을 것입니다. 지금 반란군이 서쪽으로 진격하고 있는데 원앙을 치죄한들 무슨 이득이 있겠습니까! 또 원앙이 모의를 하지 않았을 수도 있습니다."

조조는 유예하며 결정을 못했다. 어떤 사람이 이를 원앙에게 알렸는데 원앙은 두려워서 밤에 竇嬰(두영)을 만나 吳가 반란을 일으킨 원인을 황제 앞에서 직접 말하고 싶다고 하였다. 두영이 입궁하여 아뢰자 경제는 원왕을 불러 만났다. 원앙을 궁에서 경제를 만나 吳의 반란한 까닭과 빨리 조조의 목을 베고 吳王에게 설명을 해야만 吳가 반란을 끝낼 것이라고 말했다. 경제는 원앙을 泰常(太常)에, 두영을 대장군에 임명하였다. 두 사람은 평소에 서로 친했었다. 이 무렵 황릉 주변이나 장안에 사는 현인이나 사대부들은 다투어 두 사람에게 달라붙었다. 두 사람을 따라 다니는 수레나 말이 날마다 수 百乘(백승)이 되었다.

原文

及鼂錯已誅, 盎以泰常使吳. 吳王欲使將, 不肯. 欲殺之, 使一都尉以五百人圍守盎軍中. 初, 盎爲吳相時, 從史盜私盎侍兒. 盎知之, 弗洩, 遇之如故. 人有告從史, "君知女與侍者通", 乃亡去. 盎驅自追之, 遂以侍者賜之, 復爲從史. 及盎使吳見守, 從史適在守盎校爲司馬, 乃悉以其裝齎買二石醇醪, 會天寒, 士卒飢渴, 飮醉西南陬卒, 卒皆臥. 司馬夜引盎起, 曰, "君可以去矣. 吳王期旦日斬君." 盎弗信, 曰, "何爲者?" 司馬曰, "臣故爲君從史盜侍兒者也." 盎乃驚, 謝曰, "公幸有親, 吾不足絫公." 司馬曰, "君弟去, 臣亦且亡, 辟吾親, 君何患!" 乃以刀決帳, 道從醉卒直出. 司馬與分背. 盎解節旄懷之, 屐步行七十里, 明, 見梁騎, 馳去, 遂歸報.

| 註釋 | ○盜私 – 몰래 私通하다. ○君知女與侍者通 – 승상께서는(君) 네가(女) 시녀와(與侍者) 사통한 것을(通) 알고 있다(知). ○校 – 部隊(부대). 將校란 '부대(校)를 거느리다'의 뜻. ○裝齎(장재) – 여러 가지 行裝(행장). ○醇醪(순료) – 좋은 술. 醇 진한 술 순(不雜). 醪는 막걸리 요(료). ○陬 – 모퉁이 추. ○絫 – 포갤 류. 累의 古字. 폐를 끼치다. ○弟去 – 弟는 但也. 일단. 第도 同. ○分背 – 길에서 갈라지다. ○節旄 – 부절의 깃발. ○懷之 – 감추다. 품어 간직하다. ○屐 – 나막신 극.

〖國譯〗

鼂錯(조조)가 사형당한 뒤, 원앙은 泰常(太常)으로 吳國에 사신으로 갔다. 吳王은 원앙을 장군에 임명하려 했으나 원앙을 따르지 않았다. 오왕은 원앙을 죽이려고 都尉 한 사람에게 5백 군사를 주어 원앙을 軍中에 가두고 지키게 하였다.

그전에 원앙이 吳의 승상으로 근무할 때 어떤 從史(종사)가 원앙의 시녀와 몰래 사통하였다. 원앙은 이를 알았지만 누설하지 않고 똑같이 대했다. 어떤 사람이 종사에게 "승상은 네가 시녀와 사통한 것을 알고 있다."고 말해주었다. 그러자 종사는 도망쳤다. 원앙을 말을 달려 따라가서 시녀를 종사에게 주고 다시 일하게 했었다. 원앙이 사신으로 와서 갇히자 그 종사는 원앙을 감시하는 부대의 司馬이었는데 곧바로 자신의 여러 행장을 모두 팔아 아주 좋은 술 二石을 사왔고 마침 날이 추워 사졸이 배고프고 술 생각이 날 때라서 서남 쪽 모퉁이에서 보졸들에게 마시게 하자 보졸들은 모두 취해 잠이 들었다.

司馬가 밤에 원앙을 데리고 나서며 말했다. "승상께서는 떠나야 합니다. 오왕은 내일 승상을 죽일 계획입니다." 원앙을 믿을 수가 없어 물었다. "누구이신가?" 이에 司馬가 말했다. "저는 옛날 승상의 시녀와 사통했던 종사입니다." 그러자 원앙이 놀라 사양하며 말했다. "당신에게 부모가 있을 터인데 내가 누를 끼칠 수 없다." 이에 사마가 다시 말했다. "승상께서는 일단 떠나시고 저 역시 도망할 것이며 부모는 피신시켰으니 무얼 걱정하십니까!" 그리고는 칼로 장막을 찢고 취한 보졸이 있는 길로 나왔다. 원앙은 사마와 헤어졌다. 원앙은 품에 간직했던 황제의 持節(지절)을 꺼내 깃대에 꾲아 들고 나막신을 신은 채 7십 리를 걸어 날이 밝을 무렵 梁의 기병을 만났고, 말을 달려 장안에 돌아와 보고하였다.

原文

吳,楚已破, 上更以元王子平陸侯禮爲楚王, 以盎爲楚相. 嘗上書, 不用. 盎病免家居, 與閭里浮湛, 相隨行鬪雞走狗. 雒陽劇孟嘗過盎, 盎善待之. 安陵富人有謂盎曰, "吾聞劇孟博徒, 將軍何自通之?" 盎曰, "劇孟雖博徒, 然母死, 客送喪車千餘乘, 此亦有過人者. 且緩急人所有. 夫一旦叩門, 不以親爲解, 不以在亡爲辭, 天下所望者, 獨季心,劇孟. 今公陽從數騎, 一旦有緩急, 寧足恃乎!" 遂罵富人, 弗與通. 諸公聞之, 皆多盎.

| **註釋** | ○吳,楚已破 – 吳楚의 반란은 3개월 만에 진압되었다. ○元王子平陸侯禮 – 楚 元王 劉交(高祖의 庶弟)의 아들 劉禮는 文帝 원년(前 179)에 평륙후에 봉해졌다. ○閭里 – 鄕里, 고향마을. ○浮湛(부침) – 浮沈. 세속에서 그럭저럭 살아가다. 湛 즐길 담. 담글 침(沈과 同). ○劇孟(극맹) – 인명. 遊俠(유협). 92권, 〈遊俠傳〉 참고. ○博徒(박도) – 노름꾼. ○緩急(완급) – 급한 일. 위급한 사정. ○爲解 – ~을 부탁하다. ○爲辭 – 거절하다. 사양하다. ○季心(계심) – 인명. 季布(英布)의 동생. 漢 초기의 俠客. 37권, 〈季布欒布田叔傳〉 참고. ○皆多盎 – 多는 贊許(칭찬하다. 지지하다.)

〔國譯〕

吳와 楚가 격파된 뒤에 경제는 옛날 楚 元王의 아들 平陸侯 劉禮를 楚王으로 봉했고 원앙을 楚相으로 임명하였다. 그러나 원앙은 상서하여 부임하지는 않았다. 원앙은 병으로 면관하고 고향 마을에서 그럭저럭 지내면서 마을 사람들과 鬪雞(투계)와 사냥도 하였다. 낙양 사람 劇孟(극맹)이 원앙의 집에 들른 적이 있었는데 원앙은 그를 잘 대우해 주었다. 安陵에 어떤 부자가 있었는데 원앙에게 말했다.
"내가 알기로 극맹은 노름꾼이라고 하던데 장군께서는 어찌 그런 사람과 교제를 합니까?"

그러자 원앙이 말했다.

"극맹이 비록 도박꾼이지만 그 모친이 죽었을 때 문상하러 온 수레가 천여 대가 있었는데 이는 보통 사람 이상입니다. 그리고 사람마다 위급한 때가 있습니다. 일단 위기에서 친하지 않다면 부탁할 수 없으며, 또 재산이 있든 없든 사양하지 않으니 천하에서 기대할 수 있는 사람은 겨우 季心(계심)이나 극맹 같은 사람뿐입니다. 지금 당신을 여러 사람이 겉으로는 따르지만 일단 위급할 때에 믿을 수 있겠습니까!"

원앙은 부자를 비난한 뒤 다시 교제하지 않았다. 많은 사람들이 이를 듣고 원앙을 칭송하였다.

原文

盎雖居家, 景帝時時使人問籌策. 梁王欲求爲嗣, 盎進說, 其後語塞. 梁王以此怨盎, 使人刺盎. 刺者至關中, 問盎, 稱之皆不容口. 乃見盎曰, "臣受梁王金刺君, 君長者, 不忍刺君. 然後刺者十餘曹, 備之!" 盎心不樂, 家多怪, 乃之棓生所問占. 還, 梁刺客後曹果遮刺殺盎安陵郭門外.

| **註釋** | ○居家 – 家居의 오류. ○籌策(주책) – 策略. 方策. ○語塞(어색) – 질문에 답하지 않다. ○十餘曹 – 曹는 輩也. ○安陵 – 惠帝의 능, 今 陝西省 咸陽市 渭城區.

〖國譯〗

원앙이 출사하지 않아도 경제는 때때로 사람을 보내 여러 방책을 물었다. 梁王(劉武)이 후사를 세우는데 대한 의견을 물었는데 원앙이 들어가 한 번 의견을 말한 뒤에는 더 대답하지 않았다. 梁王은 이 때문에 원앙에게 원한을 갖고 원앙을 죽이려 했다. 자객이 관중 땅에 들어와 원앙에 대해 물었는데 모두가 다 칭송뿐이었다. 그 자객이 원앙을 만나 말했다. "저는 梁王의 돈을 받고 당신을 죽이러 왔지만 당신이 長者라서 찌를 수가 없었습니다. 이 후로도 자객이 10여 명이나 더 올 것이니 대비하십시오!"

원앙은 마음도 울적했고 집안에 괴이한 일도 있자 棓生(부생)이란 점쟁이를 찾아가 점을 쳤다. 원앙이 돌아올 때 梁에서 보낸 자객이 따라와 安陵 성곽 밖에서 길을 막고 원앙을 찔러 죽였다.

49-2. 鼂錯

原文

鼂錯, 潁川人也. 學申,商刑名於軹張恢生所, 與雒陽宋孟及劉帶同師. 以文學爲太常掌故.

錯爲人峭直刻深. 孝文時, 天下亡治《尙書》者, 獨聞齊有伏生, 故秦博士, 治《尙書》, 年九十餘, 老不可徵. 乃詔太常, 使人受之. 太常遣錯受《尙書》伏生所, 還, 因上書稱說. 詔以爲太子舍人,門大夫, 遷博士.

又上書言, 「人主所以尊顯功名揚於萬世之後者, 以知術數也. 故人主知所以臨制臣下而治其衆, 則群臣畏服矣. 知所以聽言受事, 則不欺蔽矣. 知所以安利萬民, 則海內必從矣. 知所以忠孝事上, 則臣子之行備矣. 此四者, 臣竊爲皇太子急之. 人臣之議或曰皇太子亡以知事爲也, 臣之愚, 誠以爲不然. 竊觀上世之君, 不能奉其宗廟而劫殺於其臣者, 皆不知術數者也. 皇太子所讀書多矣, 而未深知術數者, 不問書說也. 夫多誦而不知其說, 所謂勞苦而不爲功. 臣竊觀皇太子材智高奇, 馭射技藝過人絶遠, 然於術數未有所守者, 以陛下爲心也. 竊願陛下幸擇聖人之術可用今世者, 以賜皇太子, 因時使太子陳明於前. 唯陛下裁察.」

上善之, 於是拜錯爲太子家令. 以其辯得幸太子, 太子家號曰'智囊'.

| 註釋 | ○鼂錯(조조) - 鼂는 아침 조. 朝의 古字. 晁(아침 조)와 同. 錯은 둘 조('厝置의 厝'라는 註)에 따름. '錯雜(착잡)의 錯(착)으로 읽을 수 있으나 따르지 않는다.'는 《漢書補註》에 의거 '조조'로 표기한다. ○穎川(영천) - 郡名. 今 河南省 중부 鄭州市 관할의 登封市 일원. ○申,商 - 申不害와 商鞅(상앙, 衛鞅). 전국시대 法家 사상가. ○刑名 - 刑名學. ○軹(지) - 縣名. 今 河南省 洛陽市의 북쪽에 있는 濟源市. ○張恢生所 - 張恢(장회, 서한의 학자) 선생의 居所. ○掌故(장고) - 옛 예악이나 제도의 典章에 대한 자문을 담당하는 직책. 업무에 따라 太常掌故, 太史掌故, 治禮掌故, 文學掌故 등으로 구분한다. 질 6백석. ○峭直刻深 - 엄격하고 강직하며 융통성이 없이 가혹하다. ○伏生(복생) - 88권, 〈儒林傳〉에 立傳. ○治《尙書》-《尙書》을 전공하다. ○上書稱說 - 師法과 학설을 요약하여 上書하다. ○太子舍人,門大夫 - 모두 태자의 屬官. ○博士 - 학술 담당. 황제의 자문에 응함. 武帝 때 오경박사를 둔 이후로는 경전도 傳授. ○術數 - 治國方略. ○欺蔽(기폐) - 속이거나 감추다. ○太子家令 - 태자의 속관. ○智囊(지낭) - 꾀주머니.

〖國譯〗

鼂錯(조조)는 潁川(영천) 사람이다. 申不害와 商鞅(상앙)의 刑名學을 軹縣(지현)의 張恢(장회) 선생의 거처에서 낙양의 宋孟(송맹)과 劉帶(유대)와 함께 한 스승 아래서 공부하였다. 그리하여 文學으로 太常掌故가 되었다.

조조는 엄격하고 강직하며 각박한 사람이었다. 文帝 재위 시에 세상에 《尙書》를 전공한 사람이 없고 오직 齊에 伏生(복생)이라는 秦의 博士가 《尙書》를 전공하였으나 나이 90세가 넘어 장안으로 부를 수가 없었다. 그래서 太常에게 조서를 내려 사람을 보내 배우도록 하였다. 太常은 조조를 보내《尙書》를 복생에게 가서 배우게 하였고 조조는 돌아와 배운 것과 학설을 上書하였다. 조서에 의거 조조는 太子舍人과 門大夫를 역임하고 博士가 되었다. 이에 조조가 상서하였다.

"君主가 존경을 받으며 萬世에 이르도록 이름을 날릴 수 있는 것은 治國의 方略을 알기 때문입니다. 그래서 군주가 신하 위에 어떻게 군림하며 통제하고 그 백성을 다스리는가를 알면 모든 신하가 두려워하며 복속합니다. 올라오는 말을 듣고 일을 처리하는가를 알면 신하가 속이거나 감추지 못합니다. 백성을 안정시키고 이롭게 하는가를 알면 천하가 틀림없이 복종하게 됩니다. 충효로 윗사람을 섬길 줄을 알게 하면 신하의 행동이 예법에 맞게 됩니다. 臣은 이 4가지가 황태자에게도 꼭 필요하다고 생각합니다. 신하들이 이를 의논하면서 혹시 皇太子가 이를 몰라도 된다고 말할지 모르지만 臣의 愚見으로는 정말로 그렇지 않습니다. 이전 시대의 군주를 살펴볼 때 그 종묘를 지키지 못하고 신하에게 피살된 군주들은 모두 치국의 방책을 몰랐던 사람이었습니다. 皇太子가 읽어야 할 책은 많지만 치국의 술수를 잘 알지 못한다면 서책의 주장을 알지도 못합니다. 많이 외우지만 그 요점을 알지 못한다면 고생만 많이 하고 얻은 것이 없는 것입니다. 臣이 볼 때 皇太子의 재능과 지혜는 높고 뛰어나며 馭車(어거)나 弓射의 기예도 보통 사람보다 크게 앞섰다고 생각하지만, 치국의 방책에 대해서는 별로 배운 것이 많지 않으니 폐하께서 마음을 쓰셔야 할 것입니다. 바라건대, 폐하께서 지금 시대에 聖人之術을 가르칠만한 사람을 골라 황태자에게 가르치게 해 주시고 때에 따라 태자로 하여금 폐하 앞에서 배운 것을 펴 보일 수 있게 해 주시기 바랍니다. 폐하께서 살펴 재가해 주시기 바랍니다."

문제는 이를 옳다고 칭찬하였고 이에 조조를 太子家令으로 임명하였다. 조조는 언변도 좋아 태자의 신임을 얻었고 태자궁에서는 조조를 '智囊(지낭)' 이라고 불렀다.

原文

是時匈奴强, 數寇邊, 上發兵以御之. 錯上言兵事, 曰,

「臣聞漢興以來, 胡虜數入邊地, 小入則小利, 大入則大利. 高后時再入隴西, 攻城屠邑, 敺略畜産. 其後復入隴西, 殺吏卒, 大寇盜. 竊聞戰勝之威, 民氣百倍, 敗兵之卒, 沒世不復. 自高后以來, 隴西三困於匈奴矣, 民氣破傷, 亡有勝意. 今茲隴西之吏, 賴社稷之神靈, 奉陛下之明詔, 和輯士卒, 底厲其節, 起破傷之民以當乘勝之匈奴, 用少擊衆, 殺一王, 敗其衆而法曰大有利. 非隴西之民有勇怯, 乃將吏之制巧拙異也. 故兵法曰, '有必勝之將, 無必勝之民.' 繇此觀之, 安邊境, 立功名, 在於良將, 不可不擇也.」

| **註釋** | ○數寇邊(삭구변) – 자주 변경을 침략하다. 寇 도둑 구. (例, 倭寇). ○胡虜(호로) – 흉노. ○隴西(농서) – 郡名. 今 甘肅省 동남부 일대. ○敺 – 驅也. 略는 노략질하다. ○沒世不復 – 죽을 때까지도 회복하지 못하다. ○今茲(금자) – 이번에. 올해. 금년에. ○和輯士卒 – 사졸을 按撫(안

무)하여, 사졸이 모두 화합하여. ○底厲(저려) – 연마하다. 고무하고 격려하다. 底는 砥(숫돌 지)와 通. ○法曰大有利 – '法曰'은 잘못 들어간 글자. ○巧拙(교졸) – 교묘함과 졸렬함. 잘하느냐 못하느냐.

〖國譯〗

이 무렵 흉노가 강성하여 자주 변경을 침략하였고 文帝는 군사를 내어 적을 막았다. 조조는 상서하여 국방을 논했다.

「臣이 알기로는, 漢이 건국한 이후 흉노가 변경에 자주 침입했는데 작게 침입하면 적게, 크게 침입하면 많이 빼앗아 갔습니다. 高后 때에 다시 농서군에 침입하여 성을 공격하고 마을을 노략질하면서 가축을 몰고 돌아갔습니다. 그 뒤에 다시 농서군에 침입하여 관리와 군사를 죽이고 크게 노략질을 하였습니다. 臣이 알기로는, 승전할 상황에서는 백성들의 기운도 백 배가 되지만 패전한 군사들의 의기는 죽을 때까지도 회복할 수 없다고 합니다. 高后 이래로 농서군은 흉노한테 3차례나 당했기에 백성들은 기가 꺾여서 이길 수 있다는 의기도 없었습니다. 금년에는 농서군의 관리들이 社稷(사직) 神靈(신령)의 가호와 폐하의 명철하신 뜻을 받들며 사졸들이 모두 화합하고 의기를 드높이며 기가 꺾였던 백성들을 격려하면서 승세를 타고 있던 흉노와 맞서 소수의 병력으로 많은 적을 공격하여 그들 왕 한 명을 죽이고 적을 무찔러 크게 이겼습니다. 이는 농서군 백성들이 용감했느냐 겁먹었느냐가 아니고 장교들이 백성을 잘 이끌었느냐 못했느냐의 차이입니다. 그러기에 병법에서도 '필승의 장수는 있지만 필승하는 백성은 없다.' 고 하였습니다. 이를 통해 본다면, 변경을 안정시키고 공명을 세우는 것은 우수한 장수에 있는 것이니 장수를 잘 선택해야만 합니다.」

原文

「臣又聞用兵, 臨戰合刃之急者三, 一曰得地形, 二曰卒服習, 三曰器用利. 兵法曰, '丈五之溝, 漸車之水, 山林積石, 經川丘阜, 屮木所在, 此步兵之地也, 車騎二不當一. 土山丘陵, 曼衍相屬, 平原廣野, 此車騎之地, 步兵十不當一. 平陵相遠, 川谷居間, 仰高臨下, 此弓弩之地也, 短兵百不當一. 兩陳相近, 平地淺草, 可前可後, 此長戟之地也, 劍楯三不當一. 萑葦竹蕭, 草木蒙蘢, 枝葉茂接, 此矛鋋之地也, 長戟二不當一. 曲道相伏, 險阸相薄, 此劍楯之地也, 弓弩三不當一. 士不選練, 卒不服習, 起居不精, 動靜不集, 趨利弗及, 避難不畢, 前擊後解, 與金鼓之指相失, 此不習勤卒之過也, 百不當十. 兵不完利, 與空手同, 甲不堅密, 與袒裼同, 弩不可以及遠, 與短兵同, 射不能中, 與亡矢同, 中不能入, 與亡鏃同, 此將不省兵之禍也, 五不當一.' 故兵法曰, '器械不利, 以其卒予敵也. 卒不可用, 以其將予敵也. 將不知兵, 以其主予敵也. 君不擇將, 以其國予敵也. 四者, 兵之至要也.」

| **註釋** | ○合刃(합인) – 교전하다. 交鋒. ○卒服習 – 병졸의 복종과 적응. ○丈五之溝 – 한길 절반쯤 되는 물도랑. ○經川 – 늘 물이 흐르는 하천.

丘阜(구부)는 丘陵. ○曼衍相屬(만연상속) – 끊이지 않고 이어지다. ○兩陳 – 陳은 陣. 진지. ○長戟(장극) – 戟은 창의 날이 두 개로 갈라져 있어 주로 찍어 당기거나 휘두르는 창. ○劍楯 – 劍은 양날의 칼. 楯은 방패 순. ○萑葦竹蕭(추위죽소) – 풀과 갈대, 대나무나 쑥대. 萑는 풀이 많을 추. 葦는 갈대 위. ○蒙蘢(몽롱) – 초목이 무성하고 빽빽한 모양. ○矛鋋(모연) – 자루가 긴 창과 짧은 창. 矛는 주로 찌르기 전용. 鋋은 쇠자루의 짧은 창. ○起居不精 – 일어서거나 앉는 것에 익숙하지 않다. ○動靜不集 – 움직임과 멈춤이 똑같지 않다. ○避難不畢 – 도망칠 때 빠르지 못하다. 畢은 快速(쾌속). ○前擊後解 – 전진하여 공격하고 후퇴하여 쉬다. ○袒裼(단석) – 웃통을 벗다. ○不省兵 – 병기를 검사하지 않다.

〖國譯〗

「그리고 臣이 아는 用兵述에 교전하기 전에 꼭 알아야 할 3가지가 있으니 첫째 지형 파악, 둘째 군졸 훈련, 셋째 兵器의 정비입니다. 병법에서는 '한길 반 깊이의 물도랑에 수레가 잠길 정도의 물이 있고 산림에 돌이 많고 늘 물이 흐르는 하천과 구릉지에 초목이 자란다면 보병으로 싸워야 할 곳이니 車騎兵 두 사람이 보병 하나를 당할 수 없다. 土山의 언덕이 연속 이어져 있고 平原의 廣野는 車騎兵을 쓸 지형이니 보병 10명이 기병 하나를 당할 수 없다. 평지가 양쪽으로 멀고 사이에 하천과 계곡이 있고 위에서 아래를 내려다 볼 수 있다면 이는 활과 쇠뇌로 싸워야 할 곳이니 短兵의 병졸 100명이라도 궁수 하나를 못 당한다. 양쪽 군진이 가깝고 평지에 키 작은 풀이 깔려있고 앞이나 뒤로 움직일 수 있다면 긴 창(長戟)을 써야 할 곳이니 칼과 방패를 든 병졸 3명이 槍兵 하나를 당하지 못한다. 구부러진 길에 높거나 험한 지형이 이어졌다면 검과 창으로 싸워야 하니 궁수 3명이라도 칼을 든 한 명을 당할 수 없다. 무사들을 제대로 선발하지 않고 병졸을 훈련시키지 않아서 앉고 서는 동작도 서투르고 동작과 멈춤도 같지 않으며 달려도 따라가지 못하고 후퇴할 때 빠르지 못하며 전진 공격이나 후퇴 정지에 북과 징 소리의 지시도 모른다면 이는 사졸을 훈련시키지 못한 탓이니 이런 병력은 100명이라도 적 10명을 당하지 못한다. 무기가 날카롭지 못하다면 빈손이나 마찬가지이고 갑옷이 튼튼하지 않다면 웃통을 벗은 것과 같으며, 활이 멀리가지 못한다면 칼과 창이나 마찬가지이고, 쏘아도 맞추지 못한다면 화살을 버리는 것이고, 맞히어도 뚫지 못한다면 화살촉이 없는 것과 마찬가지이니 이는 장수가 무기를 잘 검사하지 못한 손실이며 이러한 군사 5명이라도 적 1명을 이길 수 없다.' 고 하였습니다.

그러하기에 병법에서 '무기가 나쁘면 병졸을 적에게 넘겨주는 것이다. 병졸이 쓸 만하지 않다면 그 장수를 적에게 주는 것이며 그 장수가 병법을 모른다면 그 대장을 적에게 주는 것이다. 군주가 대장을 잘 고르지 못했다면 나라를 적에게 주는 것이다.' 라고 하였습니다." 이 4가지가 用兵에서 가장 중요한 요체입니다.」

原文

「臣又聞小大異形, 彊弱異勢, 險易異備. 夫卑身以事强, 小國之形也, 合小以攻大, 敵國之形也, 以蠻夷攻蠻夷, 中國之形也. 今匈奴地形技藝與中國異. 上下山阪, 出入溪澗, 中國之馬弗與也, 險道傾仄, 且馳且射, 中國之騎弗與也, 風雨罷勞, 飢渴不困, 中國之人弗與也, 此匈奴之長技也. 若夫平原易地, 輕車突騎, 則匈奴之衆易撓亂也, 勁弩長戟, 射疏及遠, 則匈奴之弓弗能格也. 堅甲利刃, 長短相雜, 游弩往來, 什伍俱前, 則匈奴之兵弗能當也. 材官騶發, 矢道同的, 則匈奴之革笥木薦弗能支也. 下馬地鬪, 劍戟相接, 去就相薄, 則匈奴之足弗能給也, 此中國之長技也. 以此觀之, 匈奴之長技三, 中國之長技五. 陛下又興數十萬之衆, 以誅數萬之匈奴, 衆寡之計, 以一擊十之術也.」

| 註釋 | ○彊弱 – 强弱. ○敵國 – 敵은 역량이 서로 맞먹다. ○中國 – 中原의 국가. 漢. ○弗與也 – 같지 않다. ○傾仄(경측) – 기울다. 仄은 側의 古字. ○且馳且射 – 달리며 쏘다. ○撓亂(요란) – 어지럽게 흩어지다. 헝클어뜨리다. 攪亂(교란)하다. ○弗能格也 – 格은 막다(抵擋). ○什伍俱前 – 5인 1伍. 2伍가 1什. ○材官騶發 – 용감한 보병의 병사가 화살을 발사하다. 騶 좋은 화살 추.(騶矢는 矢之善者也). ○革笥 – 가죽으로 만든 갑옷. 笥 네모진 상자 사. ○木薦(목천) – 목제 방패. 薦 깔자리 천. ○去就相薄 – 뒤섞여 혼전하다.

〖國譯〗

「그리고 臣이 알기로는 적의 대소에 따라 형태를 달리하고, 강약에 따라 세력을 달리 해야 하고, 지형의 험준함과 평탄에 따라 방비를 달리해야 한다고 하였습니다. 몸을 낮추어 강자를 섬기는 것은 소국의 형세이고, 작은 세력을 모아 大를 공격하기는 대등한 나라의 형세이며, 이민족으로 이민족을 견제하게 만드는 것은 중원을 차지한 국가의 형세입니다. 지금 흉노의 지형과 기술은 중국과 다릅니다. 산비탈을 오르내리고 계곡을 따라 공격하고 후퇴하는 일을 중원의 기마병은 그들만 못하며 비탈진 험한 길을 달리며 활을 쏘는 전술은 중국의 기병이 똑같지 못하고, 비바람과 피로와 기갈을 이겨내기로는 중국인이 흉노만 못하니 이것들은 흉노의 장기입니다. 그러나 평원의 평지에서 빠른 수레와 기병의 돌격에 흉노의 무리는 쉽게 무너지고 강한 활과 긴 창, 그리고 평지에서 멀리 쏘는 공격을 흉노의 활로는 막을 수가 없습니다. 튼튼한 갑옷과 날카로운 무기와 길고 짧은 칼이 함께 섞이고 이리저리 옮겨가며 쏘는 쇠뇌와 줄지어 공격하면 흉노의 병졸은 감당하지 못합니다. 궁수가 쏘는 좋은 화살로 과녁을 쏘아대면 흉노의 갑옷이나 나무 방패로는 견딜 수가 없습니다. 下馬하여 땅에서 싸울 때 칼과 창이 서로 부딪치며 서로 뒤섞여 공격한다면 흉노의 병력은 대응하지 못하니 이는 중국의 장기입니다. 이를 본다면 흉노의 장기는 셋이고 중국의 장기는 다섯입니다. 그리고 폐하께서 수십만의 군사를 출동시켜 수만의 흉노를 토벌하는 것은 다수로 소수를 압박하는 방책이니, 곧 하나(소수의 흉노)에 대하여 열 개(다수의 漢軍)로 공격하는 전술입니다.」

原文

「雖然, 兵, 匈器, 戰, 危事也. 以大爲小, 以彊爲弱, 在俯卬之間耳. 夫以人之死爭勝, 跌而不振, 則悔之亡及也. 帝王之道, 出於萬全. 今降胡<u>義渠</u>蠻夷之屬來歸誼者, 其衆數千, 飮食長技與匈奴同, 可賜之堅甲絮衣, 勁弓利矢, 益以邊郡之良騎. 令明將能知其習俗和輯其心者, 以陛下之明約將之. 卽有險阻, 以此當之, 平地通道, 則以輕車材官制之. 兩軍相爲表裏, 各用其長技, 衡加之以衆, 此萬全之術也. 傳曰, "狂夫之言, 而明主擇焉." 臣錯愚陋, 昧死上狂言, 唯陛下財擇.」

| **註釋** | ○危事 - 위험한 일. ○俯卬之間 - 고개를 한 번 숙였다가 올리는 사이. 짧은 시간. ○跌而不振 - 넘어지면 일어날 수 없다. 패전하면 그만큼 회복이 어렵다. 跌 넘어질 질. 振은 起也. ○義渠(의거) - 중국 서북쪽의 흉노 계열 소수민족의 이름. 今 甘肅省 동북부 慶陽市 일대에 분포. ○歸誼 - 歸義. 歸附하다. ○輯 - 모을 집. 集과 同. ○衡 - 橫과 同. ○昧死 - 죽음을 무릅쓰고. 죽기를 각오하다. ○財擇 - 裁擇. 판단하여 採擇하다.

〖國譯〗

「그렇지만 兵器는 흉기이며 전쟁은 위험한 일입니다. 大國이 小國으로, 强國이 弱國으로 바뀌기는 고개를 한 번 숙였다가 드는 순간의 일입니다. 대저 사람이 죽어야 얻을 수 있는 승리이고 넘어지면 일어나기가 불가능합니다. 帝王의 道는 만전을 기해야 합니다. 이번에 蠻夷(만이)인 義渠族(의거족)이 투항하여 歸義한 자들은 그 무리가 수천 명이며 음식과 장기가 흉노와 같다 하니 그들에게 튼튼한 갑옷과 솜옷, 좋은 활과 화살을 하사하시어 국경 郡의 기병으로 충원해야 합니다. 그들의 습속을 알고 그들의 마음을 모을 수 있는 똑똑한 장수를 시켜 폐하의 명철하신 약속으로 그들을 거느리셔야 합니다. 만약 험악한 곳에서 싸워야 한다면 그들로 싸우게 하고 평지의 길이 통하는 곳이라면 漢의 輕車과 기병으로 흉노를 제압해야 합니다. 양군(漢軍과 투항한 義渠族)이 안팎으로 하나가 되어 각기 그 장기를 살리고 측면에서 다수의 군사를 보충한다면 이는 萬全의 방책이 될 것입니다. 전해오는 말에 '미친 사람의 말도 明主는 채택한다.' 고 하기에 臣 鼂錯(조조)는 우매하지만 죽음을 무릅쓰고 狂言을 올리오니 폐하께서 판단하시어 받아주시기 바랍니다.」

原文

文帝嘉之, 乃賜錯璽書寵荅焉, 曰, "皇帝問太子家令, 上書言兵體三章, 聞之. 書言 '狂夫之言, 而明主擇焉', 今則不然, 言者不狂, 而擇者不明, 國之大患, 故在於此. 使夫不明擇於不狂, 是以萬聽而萬不當也."

|註釋| ○璽書(새서) - 詔書. ○寵荅(총답) - 은총이 들어 있는 答書. 寵은 尊. 荅은 答과 同. ○兵體三章 - 전쟁의 요점인 得地形, 卒服習, 器用利 3가지.

〖國譯〗

文帝는 (鼂錯의) 상서를 훌륭하다 생각하여 조조에게 옥새를 찍은 문서〔詔書〕를 내려 존경의 뜻으로 답했다.

"皇帝가 太子家令에게 말하나니, 상서하여 말한 兵體三章을 잘 보았노라. 글에서 '狂夫의 말도 明主는 받아들인다.' 라고 하였으나 지금은 그러하지 않으니 상서한 사람은 미치지 않았고 받아들일 사람은 명철하지 못하니 나라의 큰 걱정거리가 바로 이것일 것이다. 명철하지 못한 사람으로 하여금 미치지 않은 사람의 말을 받아들이게 하니 그 말은 만 번을 들어도 만 번을 감당 못할 것 같도다."

原文

錯復言守邊備塞, 勸農力本, 當世急務二事, 曰,

「臣聞秦時北攻胡貉, 築塞河上, 南攻楊粵, 置戍卒焉. 其起兵而攻胡,粵者, 非以衛邊地而救民死也, 貪戾而欲廣大也, 故功未立而天下亂. 且夫起兵而不知其勢, 戰則爲人禽, 屯則卒積死. 夫胡貉之地, 積陰之處也, 木皮三寸, 冰厚六尺, 食肉而飲酪, 其人密理, 鳥獸毳毛, 其性能寒. 楊粵之地少陰多陽, 其人疏理, 鳥獸希毛, 其性能暑. 秦之戍卒不能其水土, 戍者死於邊, 輸者僨於道. 秦民見行, 如往棄市, 因以讁發之, 名曰'讁戍'. 先發吏有讁及贅壻,賈人, 後以嘗有市籍者, 又後以大父母,父母嘗有市籍者, 後入閭, 取其左. 發之不順, 行者深怨, 有背畔之心. 凡民守戰至死而不降北者, 以計爲之也. 故戰勝守固則有拜爵之賞, 攻城屠邑則得其財鹵以富家室, 故能使其衆蒙矢石, 赴湯火, 視死如生. 今秦之發卒也, 有萬死之害, 而亡銖兩之報, 死事之後不得一算之復, 天下明知禍烈及己也. 陳勝行戍, 至於大澤, 爲天下先倡, 天下從之如流水者, 秦以威劫而行之之敝也.」

| 註釋 | ○守邊備塞 – 변경 수비와 塞外(새외) 지역 방비책. ○胡,貉(호,맥) – 胡는 흉노족. 貉은 북방 종족(貊과 同). ○楊,粵(양,월) – 揚州의 南越. 지금의 福建省 일대. '揚州와 南越'이라는 註도 있지만 따르지 않음. ○貪戾(탐려) – 貪慾. ○勢 – 地勢. 자연환경. ○爲人禽 – 적인에게 사로잡히다. 禽은 擒과 通. ○積死 – 병사하다. ○木皮三寸 – 추운 지방이라 나무껍질도 두껍다는 뜻. ○其人密理 – 그 사람들은 살갗도 두껍다. 理는 肌肉(기육, 피부). ○毳毛(취모) – 솜털. 毳는 솜털 취. ○疏理 – 피부가 얇다. ○輸者 – 군수품을 운반하는 사람. ○僨 – 넘어질 분. 죽다. ○見行 – 행군이나 운반하러 가게 되다. ○謫 – 귀양 보내다. ○謫戍(적수) – 유배된 戍卒. ○贅婿(췌서) – 데릴사위. 여자 집에 얹혀사는 사람. 贅 혹 췌, 군더더기. ○市籍者 – 호적에 상인으로 오른 사람. ○大父母 – 조부모. ○左 – 閭左. 마을의 좌측에 사는 사람. 천민. ○背畔 – 背叛. ○降北者 – 투항자. ○以計爲之也 – 어떤 이득을 취하려고 하다. ○財鹵 – 財物을 얻다. ○銖兩之報 – 아주 적은 보상. 銖(수)는 1냥의 24분의 1. 銖兩은 미소한 量. ○一算之復 – 성인이 일 년에 부담하는 인두세(一算 – 120文)를 면제하다. 復(부)는 부세를 면제하다. ○威劫(위겁) – 무력으로 협박하다. ○敝 – 病弊(병폐).

〖國譯〗

鼂錯(조조)는 다시 변방수비와 농업을 권장하는 두 가지 정책을 지금 당장 시행해야 한다고 상소하였다.

「臣이 알기로는, 秦 시대에 북쪽으로 흉노와 맥족을 토벌하면서 황하 북쪽에 요새를 쌓았으며, 남쪽으로 揚州의 越人(월인)을 공격하면서 戍卒(수졸)을 배치하였습니다. 그때 起兵하여 흉노와 월인을 토벌한 것은 변경을 지켜 백성들의 죽음을 구하려는 뜻이 아니라 탐욕과 영토 확장 때문이었기에 성공하지도 못했고 천하는 혼란해졌습니다.

군사를 동원하면서 그 지세를 모르고서 싸웠다면 적의 포로가 되고 주둔했다면 병졸들은 병사하게 됩니다. 흉노와 맥족의 땅은 陰氣(음기)가 모인 곳이기에 나무도 그 껍질이 3치나 되고 얼음 두께가 여섯 자나 되며 육류와 동물의 젖을 먹고 살며 사람의 피부도 두껍고 새나 짐승들은 솜털이 빽빽하여 천성이 추위를 견딜 수 있습니다. 楊粵(양월)의 땅은 음기가 적고 양기가 많아 그 사람들은 피부가 얇으며 새나 짐승도 털이 적어 천성적으로 더위를 견딥니다. 秦의 戍卒은 그런 풍토에 견디지 못하니 防戍(방수)하는 병졸은 변경에서 죽고 운반하는 자는 길에서 쓰러져 죽었습니다. 秦의 백성들이 그런 곳에 가게 되었다면 죽으러 가는 것처럼 생각했기 때문에 귀양을 보내듯 보내야만 했으며 '謫戍(적수)'라고 하였습니다. 처음에는 관리로 죄를 지었거나 처가살이하는 사람 또는 상인을 보냈으나 이후로는 호적에 상인으로 오른 사람, 그리고 그 조부나 부모가 상인 호적을 가졌던 사람들을 보냈고 나중에는 마을의 왼편에 사는 천민들을 보냈습니다. 골라 보내는 것도 쉽지 않았고 가는 사람도 원망이 많아 배반하려는 마음뿐이었습니다. 그 백성들이 죽을 때까지 싸우며 항복하지 않았던 것은 마음에 계획이 있기 때문이었습니다. 그리하여 戰勝하거나 굳게 지키면 상으로 벼슬을 받았으며 성을 공격하고 마을을 살육하면서 그들 재물을 노획하여 부자가 될 수 있었기에 날아오는 화살이나 돌에 맞섰고 불속에 뛰어들며 죽어야 사는 것처럼 생각하였습니다. 지금에서 秦처럼 군졸을 차출한다면 온갖 죽음과 많은 폐해만 있고 아주 조그만 보상도 없으며 죽어도 1년 인두세를 면제해주는 것도 없기에 온 천하 사람들이 재앙이 자신에게 닥쳤다고 생각할 것입니다.

陳勝이 방수하러 가다가 大澤鄕(대택향)에 이르러 천하를 위해 먼저 부르짖자 천하가 마치 물 흐르듯이 따라간 것은 秦이 무력으로 협박하며 그렇게 했던 병폐 때문이었습니다.」

原文

「胡人衣食之業不著於地, 其勢易以擾亂邊境. 何以明之? 胡人食肉飮酪, 衣皮毛, 非有城郭田宅之歸居, 如飛鳥走獸於廣壄, 美草甘水則止, 草盡水竭則移. 以是觀之, 往來轉徙, 時至時去, 此胡人之生業, 而中國之所以離南晦(畝)也. 今使胡人數處轉牧行獵於塞下, 或當燕,代, 或當上郡,北地, 隴西, 以候備塞之卒, 卒少則入. 陛下不救, 則邊民絶望而有降敵之心, 救之, 少發則不足, 多發, 遠縣才至, 則胡又已去. 聚而不罷, 爲費甚大, 罷之, 則胡復入. 如此連年, 則中國貧苦而民不安矣.」

| 註釋 | ○不著於地 – 땅(농사)에 있지 않다. ○酪 – 진한 우유 낙. 우유를 끓여 만든 음료. 진한 술 낙. ○廣壄(광야) – 廣野. 壄(들 야)는 野의 古字. ○衣皮毛 – 여기서 衣는 동사. 입다. ○往來轉徙 – 오가며 이동하다. ○南晦(남무) – 田地. 家鄕. 晦는 畝(이랑 무)의 古字. ○燕(연) – 今 河北省 북부, 北京지역. ○代 – 今 山西省 동북부와 河北省 서북부. ○上郡,北地, 隴西 – 모두 郡名. ○候 – 엿보다. 정찰하다.

〖國譯〗

「胡人〔흉노〕들 입고 먹는 바탕은 땅에 있지 않기에 변경에서 툭하면 소란을 피울 수 있는 형세입니다. 그것을 어찌 알겠습니까? 흉노는 육식을 하고 가축의 젖을 마시며 모피 옷을 입는데 성곽이나 농토와 집이 있는 것이 아니고, 광야의 새나 짐승과 같아 좋은 풀과 샘물이 있으면 멈춰 살다가 풀이 없어지고 물이 마르면 이동합니다. 이를 본다면 오가며 이동하고 때에 따라 머물다가 떠나는데, 이는 흉노들의 생업이지만 중국인들에게는 고향 마을을 떠나는 것입니다. 지금 흉노들이 자주 邊塞(변새) 지역에서 이동하며 사냥을 하는 곳은 어떤 때는 燕(연)이나 代國이거나 때로는 上郡이나 北地郡 또는 隴西郡에 해당하는데 변경을 지키는 군사를 엿보아 군사가 적으면 침입합니다. 폐하께서 구원을 하지 않으면 변경의 백성들은 절망하여 적에게 항복하려는 마음을 갖게 되고, 구원을 하더라도 군사가 적으면 막기에 부족하고 많은 군사를 동원하여 먼 곳의 현에서 도착할 때쯤이면 흉노는 벌써 떠난 뒤입니다. 군사를 징집하고 해산하지 않는다면 그 비용이 매우 많고 해산시키면 흉노가 다시 침입합니다. 이렇게 해마다 반복한다면 중국은 가난과 고통을 겪게 되고 백성들은 불안하게 됩니다.」

原文

「陛下幸憂邊境, 遣將吏發卒以治塞, 甚大惠也. 然令遠方之卒守塞, 一歲而更, 不知胡人之能, 不如選常居者, 家室田作, 且以備之. 以便爲之高城深塹, 具藺石, 布渠答, 復爲一城其內, 城間百五十步. 要害之處, 通川之道, 調立城邑, 毋下千家, 爲中周虎落. 先爲室屋, 具田器, 乃募辠人及免徒復作令居之, 不足, 募以丁奴婢贖罪及輸奴婢欲以拜爵者, 不足, 乃募民之欲往者. 皆賜高爵, 復其家. 予冬夏衣, 廩食, 能自給而止. 郡縣之民得買其爵, 以自增至卿. 其亡夫若妻者, 縣官買與之. 人情非有匹敵, 不能久安其處. 塞下之民, 祿利不厚, 不可使久居危難之地. 胡人入驅而能止其所驅者, 以其半予之, 縣官爲贖其民. 如是, 則邑里相救助, 赴胡不避死. 非以德上也, 欲全親戚而利其財也. 此與東方之戍卒不習地勢而心畏胡者, 功相萬也. 以陛下之時, 徙民實邊, 使遠方亡屯戍之事, 塞下之民父子相保, 亡係虜之患, 利施後世, 名稱聖明, 其與秦之行怨民, 相去遠矣.」

| **註釋** | ○治塞(치새) – 변새 지역을 다스리다. ○深塹(심참) – 깊은 참호. 塹 구덩이 참. ○藺石 – 조약돌. 藺은 골풀 인. 성 위에서 적에게 던지는 돌. ○渠答(거답) – 마름쇠. 기병의 침입을 막기 위해 땅에 매설하는 마름모꼴 또는 삼각형의 쇳조각. ○爲中周虎落 – 虎落은 짐승을 잡기 위해 풀이나 나뭇가지로 위장한 함정. ○田器 – 농기구. ○辠人(죄인) – 辠 허물 죄. 罪의 古字. ○免徒復作(면도부작) – 징역형(徒)을 면제하고 대신 勞役을 하는 사람. ○廩食(늠식) – 국가 창고의 식량. ○以自增至卿 – 여기서 卿은 신분상 卿에 해당한다는 의미이지, 실무를 담당하는 관리란 뜻은 아니다. ○匹敵(필적) – 짝. 배우자. ○入驅 – 침입하여 노략질하다. ○縣官 – 국가 관청에 대한 범칭. 지방행정단위의 縣이 아님. ○以其半予之 – 흉노가 노략질해 가는 것을 용감하게 막거나 싸워 되찾을 경우 그 절반을 공을 세운 사람에게

주어야 한다는 의미. ○赴胡不避死 – 흉노가 쳐들어와도 죽음을 피하지 않는다. ○徙民實邊 – 백성을 이사시켜(徙民) 변경의 인구를 늘리다. ○亡係虜之患 – 포로로 잡혀가는 걱정이 없다.

〖國譯〗

「다행히도 폐하께서 변경을 걱정하시어 장교를 보내고 병졸을 내어 변경을 안정시키는 큰 은혜를 베푸셨습니다. 그러나 먼데서 데려온 병졸이 지키면서 일 년이면 교대하게 되어 흉노의 능력을 알지 못하니 평상시 거처하며 집에서 농사짓는 사람을 뽑아 대비하는 것만 못합니다. 상황에 따라 높은 성에 깊은 참호를 파고 투석을 준비하고 마름쇠를 매설하며 그 지역에 150보 정도의 거리에 보루를 설치하게 합니다. 중요한 길목이나 강물로 통하는 길을 계산하여 성읍을 만들되 1,000호 이상은 되어야 하고 그 주변에 함정을 파 놓습니다. 먼저 집을 짓고 농기구를 갖추되 죄인을 모집하거나 징역을 면제하고 노역을 하는 사람을 모아 살게 하되 부족하면 젊은 속죄 노비나 팔려온 노비로 벼슬을 사고 싶은 자들을 모집하고 그래도 부족하면 백성들 중에 이주하기를 원하는 자를 모집합니다. 그들에게 높은 작위를 주고 가정을 갖게 해 줍니다. 겨울과 여름옷을 주고 국가의 곡식을 공급하여 자급할 정도가 되면 중지합니다. 각 군현의 백성이 그 작위를 살 경우 많이 사서 卿에도 오를 수 있게 해 줍니다. 만약 남편이나 아내가 죽으면 나라에서 사람을 사다가 줍니다. 사람의 인정이란 것이 짝이 없으면 그곳에서 오래 살 수 없습니다. 변경 지역의 백성들은 녹봉이나 이득이 많지 않으면 그런 위험한 지역에 오래 살려 하지 않습니다. 흉노가 쳐들어 왔을 때 그 노략질을 막거나 되찾아 올 경우 그 절반을 그 사람에게 주고 (노략질 당한 물건은) 나라에서 백성에게 보상을 해 주어야 합니다. 이렇게 한다면 마을 사람들이 서로 도우며 흉노가 쳐들어와도 죽음을 두려워하지 않을 것입니다. 이는 황상의 은덕이 아니라 부모형제를 지키려 하는 것이며 그만한 재물의 이득이 있기 때문입니다. 이는 동방에서 戍卒(수졸)로 차출되어 지세도 모르고 흉노를 두려워하는 자에 비해 그 효과는 만 배가 될 것입니다. 폐하가 재위하시면서 백성을 옮겨 변방을 채우면 먼 지방에서 데려오는 수졸이 없어도 변새의 백성들이 부자가 서로를 지키면서 포로로 끌려가는 걱정을 하지 않을 것이니, 후세를 이롭게 하는 것이라서 폐하의 명철하신 성덕을 칭송할 것이니 이는 秦의 백성들 원성을 사는 것과 큰 차이가 있을 것입니다.」

原文

上從其言, 募民徙塞下. 錯復言,

「陛下幸募民相徙以實塞下, 使屯戍之事益省, 輸將之費益寡, 甚大惠也. 下吏誠能稱厚惠, 奉明法, 存恤所徙之老弱, 善遇其壯士, 和輯其心而勿侵刻, 使先至者安樂而不思故鄕, 則貧民相募而勸往矣. 臣聞古之徙遠方以實廣虛也, 相其陰陽之和, 嘗其水泉之味, 審其土地之宜, 觀其屮木之饒. 然後營邑立城, 製里割宅, 通田作之道, 正阡陌之界, 先爲築室, 家有一堂二內, 門戶之閉, 置器物焉, 民至有所居, 作有所用, 此民所以輕去故鄕而勸之新邑也. 爲置醫巫, 以救疾病, 以修祭祀, 男女有昏, 生死相恤, 墳墓相從, 種樹畜長, 室屋完安, 此所以使民樂其處而有長居之心也.」

| 註釋 | ○輸將之費 – 물자 수송비용. 將은 보내다(送也). 益省의 益은 점차, 점점. ○能稱厚惠 – 폐하의 厚惠에 맞게. ○存恤 – 사람을 보내 위로하고 돌보다. 恤 동정할 휼. ○勿侵刻 – 각박하게 하지 않다. 勿 말 물. 금지사. ○相募而勸往 – 함께 가고 싶어 하며 이주를 권하다. 募는 慕(그리워할 모)와 通. 앞의 募民의 募와는 다른 의미. ○廣虛 – 광활하고 황폐한 땅(曠墟). ○屮木 – 草木. 屮는 艸의 古字. ○割宅 – 집터를 나누다. ○阡陌(천맥) – 논밭의 경계. 경작지의 길. 南北爲阡 東西爲陌. ○一堂二內 – 본채와 東房과 西房. ○昏 – 婚. 結婚. ○種樹 – 나무를 심다. ○畜長 – 가축을 키우다. 長은 育也.

〖國譯〗

文帝는 鼂錯(조조)의 건의대로 백성들을 모집하여 변새지방에 이사하게 하였다. 조조는 다시 상서하였다.

「폐하께서 성은으로 백성을 모아 변새지역으로 함께 이사시켰기에 백성들의 국경 주둔과 방수 일도 줄고 물자 운반 비용도 줄었으니 큰 혜택을 베푸신 것입니다. 지방 관리들도 성의를 다해 성은에 맞춰 법을 지키며 이사해 온 노약자를 구휼하고 장정을 대우하며 온화한 마음으로 각박하게 대하지 않아 먼저 온 사람들이 안락하게 살며 고향을 생각하지 않아도 되게 하였으니 빈민들이 서로 가고자 하며 이주를 권하였습니다.

臣이 알기로는, 옛날의 먼 곳에 백성을 이사시켜 광활한 땅에 사람을 채우는 일이란 그곳의 음양의 조화를 먼저 보고 그곳의 물이 먹을 수 있는가를 맛보며 토지의 비옥 여부를 살피었고 초목이 무성한가도 먼저 살폈습니다. 그런 연후에 모여 살 邑과 城을 세우고 마을과 집터를 나누고 경작지의 길을 만들며 경작지 내의 경계를 반듯하게 한 뒤에 우선 집을 지었는데 집은 본채와 동서 쪽에 방이 있으며 대문을 만들고 살림도구를 준비하여 백성들이 도착하면 살림을 하고 경작하게 하여 백성들이 가벼운 마음으로 고향을 떠나 새로운 성읍에 이주하도록 권하였습니다. 의원과 무당도 데려와서 병을 고치게 하고 제사를 지낼 수 있게 하였으며, 남녀가 결혼을 하고 생사에 서로 도우며 무덤을 같이 만들고 나무를 심었으며 가축을 기르게 하였으니, 이는 백성들로 하여금 이주지에서 즐겁게 살 수 있게 하여 오래 거주할 마음을 갖게 하는 것이었습니다.」

原文

「臣又聞古之制邊縣以備敵也, 使五家爲伍, 伍有長, 十長一里, 里有假士, 四里一連, 連有假五百, 十連一邑, 邑有假候, 皆擇其邑之賢材有護, 習地形知民心者. 居則習民於射法, 出則教民於應敵. 故卒伍成於內, 則軍正定於外. 服習以成, 勿令遷徙, 幼則同游, 長則共事. 夜戰聲相知, 則足以相救, 晝戰目相見, 則足以相識, 驩愛之心, 足以相死. 如此而勸以厚賞, 威以重罰, 則前死不還踵矣. 所徙之民非壯有材力, 但費衣糧, 不可用也, 雖有材力, 不得良吏, 猶亡功也.」

| 註釋 | ○制 – 編制(편제)하다. 조직하다. ○里有假士 – 里에는 假士를 두었다. 이때 假는 '大'의 뜻. 假五百, 假侯 모두 동일. ○假五百 – 五百은 帥名. 숫자 500이 아니다. ○賢材有護 – (주민을) 보호할 능력이 있는 우수한 인재. ○軍正定於外 – 여기서 軍正은 軍政. ○勿令遷徙 – 이사를 가지 못하게 하다. ○驩 – 기뻐할 환. 歡과 동. ○還踵(선종) – 발길을 돌리다. 떠나가다. 還 돌아올 환. 돌릴 선(旋, 轉의 뜻). ○材力 – 才能.

〖國譯〗

「또 臣이 알기로는, 옛날에 변방 고을을 편제하여 적에 대비하였으니 5家를 伍(오)라 하고 伍에 그 長을 선임하고 10명의 長을 모아 1里로 하여 里에 假士를 선임하였으며 4里를 1連으로 하고 連에 假五百을 두며 10連을 1邑으로 하고 읍에는 假候(가후)를 두는데 모두 그 읍을 방호하고 지형에 익숙하고 민심을 잘 아는 사람 중에서 고릅니다. 그리하여 생활하면서 백성들에게 射法을 연습시키고 동원했을 경우 백성들에게 적에 대응하는 방법을 가르칩니다. 그리하여 내부적으로 卒伍가 만들어지면 외적에 대해서 軍政이 정립되는 것입니다. 익숙해지게 되면 이사를 가지 못하게 하며 어려서부터 같이 놀고 장성해서는 일을 같이 하게 합니다. 밤에 전투를 하면 목소리를 알아 서로 구원할 수 있고 낮에 싸우면 서로를 보아서 알기에 좋아하고 아껴주면서 죽을 때까지 함께 할 수 있습니다. 이러면서 후한 상을 주어 권장하고 엄한 벌로 조심하게 한다면 전진하여 죽을지언정 발길을 돌리지는 않을 것입니다. 이주시킨 백성들이 장성했다하여 능력이 있는 것은 아니며 의복이나 식량을 주었다 하여 쓸 수 있는 것은 아니며 재능이 있다 하여도 우수한 관리를 얻지 못한다면 성공하지 못할 것입니다.」

原文

「陛下絶匈奴不與和親, 臣竊意其冬來南也, 壹大治, 則終身創矣. 欲立威者, 始於折膠, 來而不能困, 使得氣去, 後未易服也. 愚臣亡識, 唯陛下財察.」

| 註釋 | ○意 – 疑之也. 추측하다. ○終身創矣 – 죽을 때까지 겁을 먹다. 創은 傷處(상처). 한번 혼나서 겁을 먹다(懲創). ○折膠(절교) – 가을에 활 만드는 작업을 처음 시작할 때. 여기서는 일의 시작부터. 또는 처음부터. ○得氣 – 得意. 흉노가 승리하여 우쭐한 마음으로 돌아가게 하다. ○財察 – 裁察. 판단하여 살펴보다.

〖國譯〗

「폐하께서 흉노와 단절하는 것은 화친만 못하지만, 臣의 생각으로는 혹 겨울에 그들이 남침할 경우 한번 크게 이기면 그들은 죽을 때까지 겁을 먹을 것입니다. 위세를 보이려면 처음부터 잘 해야 하는데 그들이 침입했을 때 꺾지 못하여 우쭐대며 돌아가게 한다면 이후 쉽게 복속하지 않을 것입니다. 어리석은 신하로 식견도 없지만 폐하께서 판단하여 통찰하시길 바랍니다.」

原文

後詔有司擧賢良文學士, 錯在選中. 上親策詔之, 曰,

「惟十有五年九月壬子, 皇帝曰, "昔者大禹勤求賢士, 施及方外, 四極之內, 舟車所至, 人跡所及, 靡不聞命, 以輔其不逮. 近者獻其明, 遠者通厥聰, 比善戮力, 以翼天子. 是以大禹能亡失德, 夏以長楙. 高皇帝親除大害, 去亂從, 並建豪英, 以爲官師, 爲諫爭, 輔天子之闕, 而翼戴漢宗也. 賴天之靈, 宗廟之福, 方內以安, 澤及四夷. 今朕獲執天子之正, 以承宗廟之祀, 朕旣不德, 又不敏, 明弗能燭, 而智不能治, 此大夫之所著聞也. 故詔有司,諸侯王,三公,九卿及主郡吏, 各帥其志, 以選賢良明於國家之大體, 通於人事之終始, 及能直言極諫者, 各有人數, 將以匡朕之不逮. 二三大夫之行當此三道, 朕甚嘉之, 故登大夫于朝, 親諭朕志. 大夫其上三道之要, 及永惟朕之不德, 吏之不平, 政之不宣, 民之不寧, 四者之闕, 悉陳其志, 毋有所隱. 上以薦先帝之宗廟, 下以興愚民之休利, 著之於篇, 朕親覽焉, 觀大夫所以佐朕, 至與不至. 書之, 周之密之, 重之閉之. 興自朕躬, 大夫其正論, 毋枉執事. 烏虖, 戒之! 二三大夫其帥志毋怠!」

| **註釋** | ○賢良文學 – 漢代 인재 추천의 한 부분. 賢良은 才德으로, 문학은 經學 실력을 보아 추천. 賢良은 인재 등용 방법 중 特科에 속했고 孝廉과 茂材는 常科였다. 현량은 재덕이 고루 출중하다는 뜻. 일단 추천을 받으면 對策에 응하고 거기서 高第에 속하면 바로 관리에 임용되었다. 漢代 選官에

서는 賢良을 가장 우대, 중시했다. ○惟十有五年九月壬子 - 文帝 15년(前 165). 惟는 年月日 앞에 오는 助詞. ○施及方外 - 方外(境外, 먼 지방)에 까지 미치다. 施는 延也. ○不逮 - 不及. ○比善戮力 - 함께 선을 행하고 힘을 모으다. 比는 和也. 戮(죽일 육)은 合치다. ○以翼天子 - 翼(날개 익)은 助也. ○長楙 - 오래 번영하다. 楙(무성할 무)는 美也. ○大害 - 큰 해독. 秦의 폭정. ○亂從 - 禍亂의 흔적. 자취. 從은 踪(자취 종)과 通. ○官師 - 師는 長也. ○主郡吏 - 郡守. ○二三大夫 - 모든 대부들. ○三道 - 위에서 말한 國體, 人事, 直言(언론). ○永惟 - 깊이 생각하다. 永은 深也. 惟은 思也. ○休利 - 休는 美也. 장점과 利點. ○著之於篇 - 이를 글로 지어 올려. 篇은 木簡. 册. ○興自朕躬 - 朕을 깨우치다. 興은 開啓. ○枉執事 - 일을 바르게 처리하지 않고 왜곡하거나 改惡하다.

〖國譯〗

그 뒤에 조서에 의거 담당 관리가 賢良文學의 文士를 천거하였는데 鼂錯(조조)도 거기에 뽑혔다. 文帝는 천거된 자들에게 친히 조칙을 내렸다.

「때는 15년 9월 壬子日에 황제가 말하노라.

"옛날에 大禹께서는 부지런히 賢士를 구하였는데 멀리 지방은 물론 四極의 안, 舟車가 다니고 사람 발길이 미칠 수 있는 곳까지 모든 사람이 命에 따라 천자가 미치지 못하는 것을 보필케 하였다. 그리하여 가깝게는 明智에 공헌하고 멀게는 聰慧을 깨우쳐 善에 나아가도록 힘을 합쳐 천자를 도왔다. 이 때문에 大禹께서는 德을 잃지 않았으며 夏는 오래 번성하였도다. 高皇帝께서는 친히 秦의 큰 해악을 제거하셨고 혼란의 자취를 없앴으며 여러 호걸과 힘을 모아 나라를 함께 건립하시고 관청의 長이 된 자들이 諫諍(간쟁)을 하여 천자의 부족한 부분을 채우게 하여 漢의 종실의 어른이 되셨도다. 이는 영험한 하늘이 도움이며 종묘의 福으로 이로써 해내가 안정되었으며 그 혜택은 四夷에게도 미쳤도다. 지금 朕(짐)이 천자의 정도를 지키면서 종묘의 제사를 이어가지만, 짐은 덕이 부족하고 또 영민하지도 못하며 촛불만큼도 밝지 못하고 지혜는 치국에도 부족하나니 이는 나라안 大夫들도 다 보고 들었을 것이다. 그래서 모든 관리와 제후왕과 3공 9경 및 군수들은 각자 자신의 뜻을 다해 국가의 大體에 밝고 인사의 終始에 능통하고 직언으로 極諫할 수 있는 현량한 인재를 정해진 수대로 선발하고 천거하여 짐의 생각이 미치지 못하는 것을 바로 잡을 수 있게 도와주기 바라노라. 모든 대부들의 천거가 이 3가지 조건에 맞는다면 짐은 매우 기쁘게 생각할 것이니 이에 大夫를 조정에 보내어 짐의 뜻을 친히 알리는 바이다. 여러 관리들은 위의 3가지 요체를 상서하면서 朕의 不德과 관리들의 불공정, 정령이 실행되지 못함이나 백성들의 괴로움 등 이 4가지 부족한 바를 아무 숨김없이 그 뜻을 모두 개진하기 바라노라. 위로는 先帝의 종묘에 천거하고 아래로는 백성에게 도움이 되는 것을 깨우칠 수 있도록 글로 지어 올리면 짐이 친히 읽을 것이며 대부들이 짐을 보좌하는 것이 지성인지 아닌가를 볼 수 있을 것이로다. 그 방책을 글로 지어 여러 일에 대하여 세밀히 또 중시하거나 고치도록 할 것이로다. 대부들은 짐을 직접 깨우치도록 그 정론을 펴되 이를 소홀히 하지 말지어다. 오호라! 이를 명심할 지어라! 여러 대부들은 그 뜻을 태만히 하지 말지어라!」

原文

錯對曰,「平陽侯臣窋, 汝陰侯臣竈, 潁陰侯臣何, 廷尉臣宜昌, 隴西太守臣昆邪所選賢良太子家令臣錯昧死再拜言. 臣竊聞古之賢主莫不求賢以爲輔翼, 故黃帝得力牧而爲五帝先, 大禹得咎繇而爲三王祖, 齊桓得筦子而爲五伯長. 今陛下講於大禹及高皇帝之建豪英也, 退托於不明, 以求賢良, 讓之至也. 臣竊觀上世之傳, 若高皇帝之建功業, 陛下之德厚而得賢佐, 皆有司之所覽, 刻於玉版, 藏於金匱, 歷之春秋, 紀之後世, 爲帝者祖宗, 與天地相終. 今臣窋等乃以臣錯充賦, 甚不稱明詔求賢之意. 臣錯屮茅臣, 亡識知, 昧死上愚對, 曰,」

| 註釋 | ○平陽侯臣窋 - 曹參의 아들 曹窋(조줄). 窋 뾰족하게 나올 줄. ○汝陰侯臣竈 - 夏侯嬰(하후영)의 아들 夏侯竈(하후조). 竈는 부엌 조(灶同). ○潁陰侯(영음후) 臣何 - 灌嬰(관영)의 아들 灌河. ○力牧(역목) - 황제의 신하. 黃帝를 중국인들은 실제 조상이라 하지만 신화적 인물로 보아야 한다. ○五帝 - 司馬遷의 《史記》에서는 黃帝, 顓頊(전욱), 帝嚳(제곡), 堯, 舜을 열거하였다. ○咎繇(구요) - 禹의 신하. 皐陶(고요). 陶 화락하게 즐길 요. ○三王祖 - 夏 禹王, 商 湯王, 周 文王. ○筦子(관자) - 管子, 管仲. ○五伯(오패) - 五霸〔오패, 齊 桓公, 晉 文公, 楚 莊王, 宋 襄公〈또는 吳王 闔閭(합려)〉, 秦 穆公〈또는 越王 勾踐(구천)〉〕 또는 齊 桓公, 秦 穆公, 晉 文公, 宋 襄公, 吳王 夫差를 꼽기도 한다. 伯는 우두머리 패. 霸와 同. ○刻於玉版 - 玉板에 새겨두다. 영구히 보전하다. ○藏於金匱 - 금궤에 보관하다. 철저하게 보존하다. ○充賦(충부) - 숫자나 채우다. 자기 겸손의 표현. ○屮茅(철모) - 草

野. 屮은 풀철. 茅는 띠 모. 잔디.

〖國譯〗

이에 鼂錯(조조)가 對策을 지어 말했다.

「平陽侯 臣 曹窋(조줄), 汝陰侯 臣 夏侯竈(하후조), 潁陰侯(영음후) 臣 灌何(관하), 정위 臣 宜昌(의창, 성씨 미상), 隴西(농서)태수 臣 公孫昆邪(공손곤야)가 賢良으로 선발한 太子家令 臣 鼂錯(조조)는 죽음을 무릅쓰고 재배하며 말씀드립니다. 臣이 알기로는, 고대의 賢主는 求賢하여 輔翼(보익)으로 삼지 않은 이가 없었으니 그리하여 黃帝는 力牧(역목)을 얻었기에 최초의 五帝가 되었고, 大禹는 咎繇〔고요, 皐陶(고요)〕를 얻어 三王의 祖가 되었으며, 齊의 桓公은 管子〔管仲〕를 얻어 五伯(오패. 伯는 霸)의 우두머리가 되었습니다. 지금 폐하께서 大禹와 高皇帝께서 호걸들과 함께 건국하셨다고 말씀하시면서 폐하께서 不明하시기에 賢良을 얻고자 하신다고 겸양으로 가탁하시니 이는 사양이 지나치신 것입니다. 臣이 上世부터 전해온 사실을 볼 때 고조의 건국하신 공적이나 폐하께서 후덕하시며 賢臣의 보좌를 받고자 求賢하시는 뜻은 모든 관리들이 볼 때 玉版(옥판)에 새겨 金匱(금궤)에 보관하며 春秋〔歷史〕에 기록하여 후세에 남겨할 일이기에 帝者의 祖宗이며 천지와 함께 오래 기억될 것이라 생각합니다. 지금 臣 曹窋(조줄) 등이 臣을 천거한 것은 숫자나 채운 것이기에 폐하의 명철하신 求賢의 조서에 어울리지 못합니다. 臣 조조는 초야의 신하로 지식도 없지만 죽음을 무릅쓰고 우매한 대책을 올리겠습니다. 저의 대책은 아래와 같습니다.」

原文

「詔策曰‘明於國家大體’, 愚臣竊以古之五帝明之. 臣聞五帝神聖, 其臣莫能及, 故自親事, 處於法宮之中, 明堂之上, 動靜上配天, 下順地, 中得人. 故衆生之類亡不覆也, 根著之徒亡不載也, 燭以光明, 亡偏異也, 德上及飛鳥, 下至水蟲草木諸產, 皆被其澤. 然後陰陽調, 四時節, 日月光, 風雨時, 膏露降, 五穀孰, 妖孽滅, 賊氣息, 民不疾疫. 河出圖, 洛出書, 神龍至, 鳳鳥翔, 德澤滿天下, 靈光施四海. 此謂配天地, 治國大體之功也.」

| 註釋 | ○親事 – 몸소 政事를 처리하다. ○法宮 – 正殿. ○明堂 – 천자가 공식적인 朝會, 祝賀, 教學, 祭祀 등 국가 의식을 거행하는 건물. ○根著之徒(근착지도) – 모든 식물. ○四時節 – 四季의 節氣가 순조로움. ○膏露降(고로강) – 甘露가 내리다. 태평성세의 상징. ○孰 – 익다(熟也). ○賊氣息 – 賊氣(음양이 부조화하여 생길 수 있는 재앙)가 사라지다. ○河出圖 – 伏羲氏(복희씨)가 다스릴 때 黃河에서 龍馬가 圖版을 지고 나왔다고 한다. 洛水(낙수)에서 등에 문자가 쓰여 있는 神龜가 출현하였다.

〖國譯〗

「폐하의 詔策에서 ‘국가의 大體에 밝은 인재’를 말씀하셨는데, 우매한 저의 생각으로는 고대의 五帝가 바로 이에 밝았다고 생각합니다. 제가 알기로는, 五帝의 神聖은 그 신하들이 따를 수 없었기에 국가 대사를 친히 처리하셨으며 正殿에 거처하시거나 明堂에 계실 때 그 동정이 위로는 하늘의 뜻에 맞으시고 아래로는 地德에 순응하셨고 그 중간에 인심에 순응하셨습니다. 그래서 사라지는 생명이 없었으며, 뿌리를 가진 모든 생명이 열매를 맺었고, 촛불처럼 모든 곳을 밝혀 치우침이 없었으며, 은덕이 위로는 날아다니는 새들이나 아래로는 물속과 초목의 모든 생명이 모두 그 은택을 입었습니다. 그리하여 음양이 조화를 이루어 사계절이 순조로웠으며, 일월이 빛나고 풍우가 때를 맞추었고 감로가 내렸으며, 오곡이 잘 익었고 요사한 기운이 없어졌으며, 음양의 부조화에 따른 나쁜 기운도 사라져서 백성들은 질병에 걸리지 않았습니다. 황하에서 도판을 등에 진 龍馬가 나왔고 洛水에서 문자가 있는 神龜가 나왔으며, 神龍이 나타나고 鳳凰이 날아오르니 온 천하에 그 덕택이 가득했으며 사해에 신령한 빛이 찬란했습니다. 이는 天地의 뜻에 맞은 것이며 治國의 大體에 따른 공적이었습니다.」

原文

「詔策曰 '通於人事終始', 愚臣竊以古之三王明之. 臣聞三王臣主俱賢, 故合謀相輔, 計安天下, 莫不本於人情. 人情莫不欲壽, 三王生而不傷也, 人情莫不欲富, 三王厚而不困也, 人情莫不欲安, 三王扶而不危也, 人情莫不欲逸, 三王節其力而不盡也. 其爲法令也, 合於人情而後行之, 其動衆使民也, 本於人事然後爲之. 取人以己, 內恕及人. 情之所惡, 不以强人, 情之所欲, 不以禁民. 是以天下樂其政, 歸其德, 望之若父母, 從之若流水, 百姓和親, 國家安寧, 名位不失, 施及後世. 此明於人情終始之功也.」

| 註釋 | ○人事 - 여기서는 文物이나 史迹의 뜻. ○終始 - 始終.《大學》에 '物有本末 事有終始'란 말이 있다. 종시는 '따르다.' '순환하다.'라는 의미도 있다. 앞의 '國家大體'는 '정치의 목표'라면 '人事終始'는 '정책으로 추진할 실무'라 해석할 수 있다. ○三王 - 夏 禹王, 商 湯王, 周 文王. ○取人以己 - 남에게 요구할 것은 먼저 자신에게 요구하다. ○內恕及人(내서급인) - 나에 대한 너그러움을 다른 사람까지 확대하다. 상대방의 입장에서 문제를 생각하다. 推己及人曰 恕. ○名位 - 관리의 등급. 질서.

〖國譯〗

「詔策에서 '人事의 終始에 通한 인재'를 말씀하셨는데 어리석은 저의 생각으로는 고대의 三王이 이를 분명히 하였습니다. 臣이 알기로는, 삼왕의 왕과 신하가 모두 현명하였기에 함께 생각하고 서로 보필하여 천하의 태평을 추구하되 인정을 바탕으로 하지 않은 것이 없었습니다. 인정은 오래살기를 바라지 않는 것이 없으니 삼왕은 태어난 생명을 다치게 하지 않았으며, 인정에 부유하고 싶지 않은 사람이 없기에 삼왕은 넉넉히 베풀고 곤궁하게 하지 않았고, 인정은 누구나 평안하길 바라기에 삼왕은 백성을 돕되 위태롭게 하지 않았으며, 인정에 누구나 편한 것을 바라기에 삼왕은 백성의 노력을 아껴 소진하지 않게 하였습니다. 법령을 시행하는데 인정에 맞는다면 시행을 하였고 백성을 동원하여 일을 시킬 때에도 인정에 바탕을 두고서 일을 시켰습니다. 남에게 바라는 것을 나에게 먼저 요구하였으며 자신을 용서하는 마음으로 남을 생각하였습니다. 인정이 하기 싫어하는 것을 남에게 강요하지 않았으며 인정이 하고 싶어 하는 것을 백성에게 금하지 않았습니다. 이 때문에 천하의 백성들이 (三王의) 다스림을 기뻐하였고 그 德에 귀의하기를 마치 부모를 바라보듯 하였으며 그 명령에 따르기를 물이 흘러가듯 하였으니 백성들은 서로 화친했으며 나라는 안녕을 누렸고 名位(秩序)를 잃지 않았으며 그 시혜는 후세까지 남았습니다. 이는 인정을 잘 알아 그에 따랐기에 이룩한 공적이었습니다.」

原文

「詔策曰 '直言極諫', 愚臣竊以五伯之臣明之. 臣聞五伯不及其臣, 故屬之以國, 任之以事. 五伯之佐之爲人臣也, 察身而不敢誣, 奉法令不容私, 盡心力不敢矜, 遭患難不避死, 見賢不居其上, 受祿不過其量, 不以亡能居尊顯之位. 自行若此, 可謂方正之士矣. 其立法也, 非以苦民傷衆而爲之機陷也, 以之興利除害, 尊主安民而救暴亂也. 其行賞也, 非虛取民財妄予人也, 以勸天下之忠孝而明其功也. 故功多者賞厚, 功少者賞薄. 如此, 斂民財以顧其功, 而民不恨者, 知與而安己也. 其行罰也, 非以忿怒妄誅而從暴心也, 以禁天下不忠不孝而害國者也. 故辠大者罰重, 辠小者罰輕. 如此, 民雖伏辠至死而不怨者, 知辠罰之至, 自取之也. 立法若此, 可謂平正之吏矣. 法之逆者, 請而更之, 不以傷民, 主行之暴者, 逆而復之, 不以傷國. 救主之失, 補主之過, 揚主之美, 明主之功, 使主內亡邪辟之行, 外亡騫汚之名. 事君若此, 可謂直言極諫之士矣. 此五伯之所以德匡天下, 威正諸侯, 功業甚美, 名聲章明. 擧天下之賢主, 五伯與焉, 此身不及其臣而使得直言極諫補其不逮之功也. 今陛下人民之衆, 威武之重, 德惠之厚, 令行禁止之勢, 萬萬於五伯, 而賜愚臣策曰 '匡朕之不逮', 愚臣何足以識陛下之高明而奉承之!」

| 註釋 | ○五伯(오패) - 五霸 同. 伯 우두머리 패. ○屬之以國 - 신하에게(之) 국정을 위탁하다. 屬은 맡길 촉. 委託. ○誣 - 속일 무. 깔보다. ○矜 - 뽐낼 긍. 자랑하다. 불쌍히 여기다. ○機陷 - 올가미를 씌우다. 함정을 파놓다. 책략을 쓰다. ○斂 - 거둘 염(렴). ○顧其功 - 공을 보상하다. 顧는 품삯을 주다. ○邪辟之行 - 사악한 행위. ○騫汚(건오) - 체면을 손상시키고 오욕을 당하다. 騫은 이즈러질 건. 어긋나다. ○萬萬 - 萬의 萬倍.

〖國譯〗

「詔策에서 '直言과 極諫' 을 말씀하셨는데, 어리석은 저는 五伯(오패)의 신하들이 이를 명확하게 실행했다고 생각합니다. 제가 알기로는, 오패는 그 신하들만 못했기에 국정을 신하에게 위탁했고 신하는 책임을 지고 섬겼습니다. 오패를 도왔던 신하란 사람들은 자신을 깨끗이 하며 윗사람을 속이지 않았으며 법령을 지켜 私情을 용납하지 않았고, 마음과 몸을 다 바치면서 뽐내지 않았으며 환난을 당해도 죽음을 회피하지 않았고, 賢士을 만나 그 위에 군림하지 않았으며, 녹봉을 받더라도 그 양을 초과하지 않았는데 이렇게 하지 않고서는 높은 자리에 있을 수가 없었습니다. 스스로 이러 하였으니 가히 方正之士라 할 수 있었습니다. 그들이 법을 만들면서 백성을 괴롭히거나 다치게 하거나 함정에 몰아넣으려 하지 않았고 백성을 이롭게 하고 해악을 없애려 하였으며 주군을 높이고 安民하며 포악에서 구하려 하였습니다. 그들이 상벌을 실행하면서 백성의 재물을 멋대로 빼앗아 함부로 주지 않았으며 백성들에게 충효를 권장하고 그 공적을 밝혔습니다. 그래서 공이 크면 후하게 상을 주었고 공적이 작으면 상도 적었습니다. 이처럼 백성 재물로 그 공적을 보상해도 백성이 원망하지 않은 것은 그 공적으로 백성이 편안히 살 수 있음을 알았기 때문입니다. 벌을 실행하면서도 분노대로 함부로 죽이거나 포악한 생각으로 벌하지 않았으며 천하에 不忠不孝와 나라를 해치는 짓을 금하였습니다. 그래서 죄가 크면 무거운 형벌을 받았고 죄가 가벼우면 가벼운 벌을 받았습니다. 이리하여 백성들이 죄를 지어 죽더라도 원망이 없었던 것은 죄에 따라 벌을 받는 것이고 자신이 지은 죄 때문이라고 알았기 때문입니다. 이렇게 법을 집행하다면 가히 공정한 관리라 할 수 있습니다. 법이 잘못된 것은 주청하여 고쳤기에 법으로 백성을 해치지 않고 포악한 자에게만 적용되었으며 잘못된 법은 보완하였기에 나라에 해가 되지 않았습니다. 五霸의 신하들은 主君의 실수를 바로잡고 주군의 과오를 보완하면서 주군의 장점을 선양하고 주군의 공적을 널리 알려 주군으로 하여금 안으로는 사악한 행실이 없게 하였고 밖으로는 허물과 오명이 없도록 보필하였습니다. 이처럼 주군을 섬긴다면 가히 직언으로 극간하는 관리라 할 수 있습니다. 이것이 바로 오패가 덕으로 천하를 바로 잡고 위엄으로 제후의 자리를 바로 하고 아름다운 업적을 이룩한 까닭일 것입니다. 천하의 賢主를 열거할 때 오패를 열거하는 것은 그들 자신이 신하만 못했지만 직언하고 극간하는 신하가 있어 남이 따라갈 수 없는 공적을 이루도록 도움을 받았기 때문입니다. 지금 폐하께서는 많은 백성을 거느리시고 무위를 떨치시며 덕과 은혜를 많이 베푸시고 포악을 금지하셨으니 이는 오패 공적의 만의 만 배가 될 만하시며, 폐하께서 어리석은 저에게 조책을 내려 '朕이 미치지 못하는 바를 바로 잡으라'는 말씀을 어리석은 제가 어찌 폐하의 高明을 알아 받들 수 있겠습니까!」

原文

「詔策曰 '吏之不平, 政之不宣, 民之不寧', 愚臣竊以秦事明之. 臣聞秦始並天下之時, 其主不及三王, 而臣不及其佐, 然功力不遲者, 何也? 地形便, 山川利, 財用足, 民利戰. 其所與並者六國, 六國者, 臣主皆不肖, 謀不輯, 民不用, 故當此之時, 秦最富强. 夫國富强而鄰國亂者, 帝王之資也, 故秦能兼六國, 立爲天子. 當此之時, 三王之功不能進焉. 及其末塗之衰也, 任不肖而信讒賊, 宮室過度, 耆欲亡極, 民力罷盡, 賦斂不節. 矜奮自賢, 群臣恐諛, 驕溢縱恣, 不顧患禍. 妄賞以隨喜意, 妄誅以快怒心, 法令煩憯, 刑罰暴酷, 輕絶人命, 身自射殺, 天下寒心, 莫安其處. 姦邪之吏, 乘其亂法, 以成其威, 獄官主斷, 生殺自恣. 上下瓦解, 各自爲制. 秦始亂之時, 吏之所先侵者, 貧人賤民也. 至其中節, 所侵者富人吏家也, 及其末塗, 所侵者宗室大臣也. 是故親疏皆危, 外內咸怨, 離散逋逃, 人有走心. 陳勝先倡, 天下大潰, 絶祀亡世, 爲異姓福. 此吏不平, 政不宣, 民不寧之禍也. 今陛下配天象地, 覆露萬民, 絶秦之跡, 除其亂法, 躬親本事, 廢去淫末, 除苛解嬈, 寬大愛人, 肉刑不用, 辠人亡帑. 非謗不治, 鑄錢者除, 通關去塞, 不孽諸侯, 賓禮長老, 愛卹少孤. 辠人有期, 後宮出嫁, 尊賜孝悌, 農民不租, 明詔軍師, 愛士大夫, 求進方正, 廢退奸邪. 除去陰刑, 害民者誅, 憂勞百姓, 列侯就都, 親耕節用, 視民不奢. 所爲天下興利除害, 變法易故, 以安海內者, 大功數十, 皆上世之所難及, 陛下行之, 道純德厚, 元元之民幸矣.」

| 註釋 | ○佐 – 補佐. 三王의 신하. ○不遲(부지) – 遲 늦을 지. ○不輯(부집) – 不和. 輯은 集也. ○帝王之資 – 제왕이 될 조건. ○矜奮自賢 – 힘을 믿고 오만하고 잘 한다고 여기다. ○驕溢縱恣(교일종자) – 교만이 넘치고 멋대로 행동하다. ○煩憯(번참) – 번잡하고 참혹하다. ○身自射殺 – (2세 황제가) 몸소 사람을 사살하다. 身自射殺人으로 해석해야 문리가 통함. ○逋逃(포도) – 逋 달아날 포. ○覆露(복로) – 恩澤을 널리 베풀다. ○解嬈 – 번잡한 것을 없애다. 嬈 번거로울 뇨. ○亡帑(망노) – 妻子에게 연좌되지 않다. 帑(노)는 孥(자식 노, 처자 노)와 同. ○非謗不治 – 非謗(비방)은 誹謗. 공개적으로 비평하다. ○鑄錢者除 – 鑄錢律(주전률)을 폐지하다. 백성들이 鑄錢할 수 있었다. ○不孽諸侯 – 제후를 서자처럼 대우하지 않았다. ○辠人有期 – 罪人에게 刑期가 있었다. ○陰刑 – 宮刑. ○視民 – 백성들에게 보여주다. 視는 示와 通. ○元元之民 – 百姓.

〖國譯〗

「詔策에서 '관리의 불공평과 정령이 널리 행해지지 않으며 백성들의 고통' 을 말씀하셨는데 우매한 저의 생각으로는 秦의 정사가 확실한 증거라고 생각합니다. 臣이 알기로는, 전에 秦이 천하를 차지했을 때 그 군주는 三王보다 못했고 秦의 신하도 三王을 보필하는 신하에 미치지 못했지만 그 功力이 뒤지지 않은 이유가 무엇이겠습니까? 그것은 지리적 위치가 좋고 산천의 이점. 풍족한 국가 財用과 백성들이 전쟁에 능했기 때문이었습니다. 秦이 6국을 병합했는데 6국의 신하나 군주들이 모두 무능하고 대책도 좋지 않았으며 백성도 가난하였으며 秦은 가장 부강했습니다. 하나의 나라가 부강하고 다른 나라가 혼란하다면 이는 제왕이 될 수 있는 유리한 바탕이었기에 진은 6국을 병합하고 천자로 등극하였습니다. 그러한 시절에는 三王과 같은 정치는 이루어질 수 없었습니다. 그 끝 무렵 쇠퇴하는 시기에 무능한 자에게 정사를 맡기고 참소하는 자를 신임하였으며 궁궐은 지나치게 크고 욕망은 끝이 없었으며 백성들은 탈진했고 나라의 착취는 절도가 없었습니다. 모두가 난폭하고 잘난체 하면서 여러 신하들은 아첨에 두려워 떨면서도 교만하고 멋대로 방자하며 재앙이라 생각하지도 못했습니다. 함부로 생각나는 대로 상을 주었고, 함부로 죽여 기분을 풀었으며, 법령은 복잡하고도 엄격하였으며, 형벌은 포악하고 가혹했으며, 사람 목숨을 함부로 죽였으며, 황제도 직접 사람을 쏘아 죽였으니 온 천하가 겁에 질렸고 어디든 안전한 곳이 없었습니다. 간사한 관리들은 악법을 이용하여 위세를 부렸고 獄官이 재판을 주도하며 살리고 죽이기를 멋대로 하였습니다. 상하가 모두 瓦解(와해)되었고 모두가 제재를 당했습니다. 진이 혼란한

시기에 제일 먼저가 당한 것은 가난하고 미천한 백성이었습니다. 그 다음으로는 부호나 관리들이 침탈을 받았고 그 끝 무렵에 가서는 종실과 대신들이 당했습니다. 이렇게 되자 황제와 가깝거나 멀거나 모두가 위기에 처했고 내외 백성 모두가 원한을 갖고 흩어져 도망하며 사람마다 달아나려는 마음뿐이었습니다. 陳勝이 먼저 반기를 들자 천하가 한꺼번에 무너지면서 宗室의 제사가 끊기고 세상이 망하며 다른 姓을 가진 것이 福이 되었습니다. 이 모두가 바로 관리의 불공평이며 정치가 제대로 되지 않고 백성들이 편안할 수 없었기 때문에 당한 재앙이었습니다.

지금 폐하께서는 천지의 덕에 부합하시며 만민에게 큰 혜택을 베푸시고 秦의 행적을 단절케 하면서 악법을 제거하시며 몸소 근본을 세우시고 문란한 말기 증상을 폐기하시며 가혹하고 번잡한 법을 없앴으며 관대하게 백성을 사랑하시어 肉刑을 폐지하고 죄인의 처자까지 이어지는 처벌을 폐지하셨습니다. 비방한다고 죄로 다스리지 않으시며 鑄錢律을 폐지했고 관문의 통행을 막지도 않게 하셨으며 제후들을 천대하지 않고 장로를 예로 대우하며 어린 고아들을 불쌍히 돌보아 주셨습니다. 죄인의 형기를 지키게 하였으며 후궁의 궁녀들을 출가시켰고 효도하는 자를 우대하며 상을 내리시고 농민에게 세금을 걷지 않으면서 군사들을 대우했고 사대부를 아끼시며 행실이 방정한 사람을 뽑고 간사한 사람을 물리치셨습니다. 宮刑을 못하게 하고 백성 해치는 자를 처형하시며 백성들을 걱정하고 위로하시며 열후들을 각자 나라로 돌아가게 하셨고 친히 경작하며 절약하시어 백성들에게 검소한 모습을 보여주셨습니다. 천하를 이롭게 하려 해악을 제거하셨고 옛 법을 바꾸고 고쳐 海內를 편안케 하신 것으로 그 크신 공적 수십 가지는 이전 시대의 누구도 따라올 수 없는 것으로 폐하께서 이를 실천하셨기에 왕도가 純一하고 베푸신 덕이 많으니 모든 백성의 행복이옵니다.」

原文

「詔策曰 '永惟朕之不德', 愚臣不足以當之.

詔策曰 '悉陳其志, 毋有所隱', 愚臣竊以五帝之賢臣明之. 臣聞五帝其臣莫能及, 則自親之, 三王臣主俱賢, 則共憂之, 五伯不及其臣, 則任使之. 此所以神明不遺, 而賢聖不廢也, 故各當其世而立功德焉. 傳曰 '往者不可及, 來者猶可待, 能明其世者謂之天子', 此之謂也. 竊聞戰不勝者易其地, 民貧窮者變其業. 今以陛下神明德厚, 資財不下五帝, 臨制天下, 至今十有六年, 民不益富, 盜賊不衰, 邊境未安, 其所以然, 意者陛下未之躬親, 而待群臣也. 今執事之臣皆天下之選已, 然莫能望陛下清光, 譬之猶五帝之佐也. 陛下不自躬親, 而待不望清光之臣, 臣竊恐神明之遺也. 日損一日, 歲亡一歲, 日月益暮, 盛德不及究於天下, 以傳萬世, 愚臣不自度量, 竊爲陛下惜之. 昧死上狂惑草茅之愚, 臣言惟陛下財擇.」

|**註釋**| ○神明不遺 - 神明의 德을 버리지 못하다. 不遺는 不棄也. ○賢聖不廢也 - 성현의 명성을 없앨 수 없다. ○傳曰 - 《呂氏春秋 聽言》에 나오

는 말이나 의미가 조금 다르다는 註가 있다. ○來者猶可待 – 다가올 미래에는 누구든 立功할 수 있다는 뜻. ○明其世 – 시대의 특성이나 흐름을 잘 알다. ○資財 – 하늘로부터 받은 재능. 財는 材와 通. ○至今十有六年 – 본 詔策을 내린 것이 '十有五年 九月' 인데, 여기서 16년이라 한 것은 당시 10월이 歲首이기 때문에 16년이라 했다는 註가 있다. ○選已 – 選矣. 已는 종결어미로 矣와 通. ○淸光 – 淸明한 光輝. 恩澤. ○譬之猶 – 譬如. ○究於天下 – 究는 끝. 竟也.

〖國譯〗

「詔策에서 '朕의 不德을 오래 생각해보라.' 고 하셨지만 이는 어리석인 신하가 감당할 수 없습니다.

詔策에서 '하고 싶은 말을 모두 다하여 숨기는 것이 없게 하라.' 고 하셨는데, 저는 五帝의 현명한 신하들이 이를 밝혔다고 생각합니다. 臣이 알기로, 五帝의 신하들은 능력이 五帝에 미치지 못했기에 오제가 친정을 하였고, 三王은 주군과 신하가 모두 현명하여 함께 국사를 걱정하였으며 五伯(오패, 伯는 霸)는 신하의 능력만 못했기에 신하에게 위임하였습니다. 이는 五帝의 神明을 버리지 않은 것이며 신하들의 똑똑한 명성을 폐기하지 않은 것이어서 각각 그 시대 상황에 따라 공적을 이룬 것입니다. 전해오는 말에 '지난 일이야 어쩔 수 없지만 다가오는 시대에는 기대를 할 수 있나니 시대를 잘 아는 사람을 천자라 부를 수 있다.' 라 한 것은 이를 말한 것입니다. 제가 알기로는 싸워 이기지 못하면 장소를 달리하고 가난한 백성은 그 직업을 바꾼다고 하였습니다. 지금 폐하께서는 총명하시고 후덕하시며 타고난 재능이 五帝보다 못하지 않으신데 천하를 다스리시기 지금 16년에 백성이 더 부유하지 못하고 도적이 줄어들지 않으며 변경이 태평하지 않는 까닭은 폐하가 五帝처럼 친히 다스리지 않으시고 여러 신하들의 능력을 기다리고 계시기 때문입니다. 지금 국정을 담당하는 신하들은 천하에서 고른 사람들이지만 폐하의 영명하신 덕택만을 기다리지 않는 자가 없으니 비유하자면 五帝의 신하들과 같습니다. 폐하께서 친히 정사를 이끌지 않으시며 능력을 발휘할 수 있는 신하들을 기대할 수도 없으니 이는 폐하의 총명을 버리는 것과 같다고 臣은 생각합니다. 하루하루가 지나고 일 년이 또 지나가며 세월은 자꾸 저무는데 폐하의 盛德은 온 천하 끝까지 미치지 못한 채로 이어진다면 제 능력을 헤아리지도 못하는 어리석은 저이지만 폐하에게 매우 애석한 일이라는 생각이 듭니다. 죽음을 무릅쓰고 두서없이 초야의 어리석은 뜻을 상서하오니 폐하께서 판단하시어 가려주시기 바랍니다.」

原文

時, 賈誼已死, 對策者百餘人, 唯錯爲高第, 繇是遷中大夫. 錯又言宜削諸侯事, 及法令可更定者, 書凡三十篇. 孝文雖不盡聽, 然奇其材. 當是時, 太子善錯計策, 爰盎諸大功臣多不好錯.

| **註釋** | ○高第 – 성적이 좋아 상위에 오르다. 前茅. 前列. 先頭. ○繇是 – 由是. ○中大夫 – 郞中令의 속관. 政事의 議論을 담당. ○太子 – 뒷날 景帝.

〖國譯〗

이때, 賈誼(가의)는 이미 죽었고, 對策을 올린 자 100여 명이었는데 오직 鼂錯(조조)만이 상위에 뽑혔고 이 때문에 中大夫로 승진하였다. 그리고 조조는 제후의 영지 삭제와 법령을 고쳐야 하는 일 등 모두 30여 편을 건의하였다. 문제가 그런 건의를 다 채용하지는 않았지만 그 재능을 높이 평가하였다. 그 당시 태자는 조조의 계책이 옳다고 생각했지만 爰盎(원앙)과 상위의 공신들은 대부분 조조를 좋아하지 않았다.

原文

景帝卽位, 以錯爲內史. 錯數請間言事, 輒聽, 幸傾九卿, 法令多所更定. 丞相申屠嘉心弗便, 力未有以傷. 內史府居太上廟堧中, 門東出, 不便, 錯乃穿門南出, 鑿廟堧垣. 丞相大怒, 欲因此過爲奏請誅錯. 錯聞之, 卽請間爲上言之. 丞相奏事, 因言錯擅鑿廟垣爲門, 請下廷尉誅. 上曰, "此非廟垣, 乃堧中垣, 不致於法." 丞相謝. 罷朝, 因怒謂長史曰, "吾當先斬以聞, 乃先請, 固誤." 丞相遂發病死. 錯以此愈貴.

| 註釋 | ○景帝卽位 – 前 156년. ○內史 – 長安의 치안을 담당. ○幸傾九卿 – 황제의 信任이 9경보다 나았다. ○申屠嘉(신도가) – 42권, 〈張周趙任申屠傳〉에 立傳. ○太上廟 – 고조의 아버지 묘당. ○堧中(연중) – 안의

담과 바깥 담 사이의 공터. 堧 빈터 연. ○鑿廟堧垣(착묘연원) – 묘당의 공터 담장을 무너뜨리다. 鑿은 뚫을 착. 垣은 담 원. ○不致於法 – 법에 저촉되지 않는다.

〖國譯〗

景帝가 즉위하여 조조를 內史에 임명하였다. 조조는 그전에 아뢰었던 일을 자주 주청하였고 그때마다 받아들여지니 9경보다 더 신임을 받았고 법령도 많이 개정하였다. 丞相 申屠嘉(신도가)는 조조가 마음에 들지 않았지만 저지할 힘이 없었다. 內史府는 太上廟의 빈터에 있었는데 문이 동쪽으로 나가게 되어 불편하여 조조는 남쪽으로 문을 내어 출입하려고 묘당의 빈터 담장을 뚫었다. 승상 신도가는 대노하면서 이를 문제 삼아 조조를 죽여야 한다고 주청하려고 하였다. 조조는 이를 알고 틈을 보아 경제에게 먼저 말했다. 승상이 업무를 상주하면서 조조가 묘당의 담을 헐어 출입문을 만들었으니 廷尉에게 보내 처형해야 한다고 주청하였다.

이에 경제가 말했다. "거기는 묘당의 담이 아니고 공터의 담이니 법에 저촉되지는 않는다." 승상은 사죄하였다. 조회를 마치고 승상은 화가 나서 長史에게 말했다. "응당 먼저 참수한 다음에 주청했어야 하는데 정말 잘못했다." 승상 신도가는 곧 병이 나서 죽었다. 조조의 명성은 이로써 더 높아졌다.

原文

遷爲御史大夫, 請諸侯之辠過, 削其支郡. 奏上, 上令公卿,列侯,宗室雜議, 莫敢難, 獨竇嬰爭之, 繇此與錯有隙. 錯所更令三十章, 諸侯讙嘩. 錯父聞之, 從潁川來, 謂錯曰, "上初卽位, 公爲政用事, 侵削諸侯, 疏人骨肉, 口讓多怨, 公何爲也?" 錯曰, "固也. 不如此, 天子不尊, 宗廟不安." 父曰, "劉氏安矣, 而鼂氏危, 吾去公歸矣!" 遂飮藥死, 曰 "吾不忍見禍逮身."

| **註釋** | ○辠過(죄과) - 罪過. ○支郡 - 변두리 郡縣. ○雜議 - 합동으로 논의하다. ○讙嘩(환화) - 시끄럽다. 說往說來하다. 喧嘩(훤화)와 同. 讙은 시끄러울 환. 嘩는 시끄러울 화. ○公爲政用事 - 아들이 현직 관리이기에 公이라 호칭했다. ○讓 - 꾸짖다. 책망하다.

〖國譯〗

승진하여 御史大夫가 되자 제후의 罪過에 대하여 그 변두리 군현을 삭감해야 한다고 주장하였다. 안건이 상주되자 경제는 공경과 열후, 종실이 함께 논의하게 하였는데 감히 반대하는 사람이 없었으나 오직 竇嬰(두영)만이 이를 반대하였고 이 때문에 조조와 틈이 벌어졌다. 조조가 개정하려는 조항이 30章이나 되자 제후들의 의논이 매우 분분하였다. 조조의 부친이 潁川(영천)에서 올라와 조조에게 말했다. "황제가 즉위한지 얼마 안 되어 어사대부로 정무를 수행하면서 제후의 영지를 삭감하여 남의 골육을 소원하게 한다고 꾸짖고 원망이 많은데 어찌할 것인가?" 그러자 조조가 말했다. "그렇습니다. 이렇게 하지 않으면 천자를 높이지 못하고 종묘가 불안해집니다." 그러자 부친이 말했다. "劉氏야 안정되겠지만 우리 鼂氏(조씨)

는 위태로울 것이니 나는 너를 두고 가겠다!" 나중에 약을 마시고 죽으면서 말했다. "내 몸에 화가 닥치는 것을 차마 못 보겠노라."

原文

後十餘日, 吳,楚七國俱反, 以誅錯爲名. 上與錯議出軍事, 錯欲令上自將兵, 而身居守. 會竇嬰言爰盎, 詔召入見, 上方與錯調兵食. 上問盎曰, "君嘗爲吳相, 知吳臣田祿伯爲人虖? 今吳楚反, 於公意何如?" 對曰, "不足憂也, 今破矣." 上曰, "吳王卽山鑄錢, 煮海爲鹽, 誘天下豪桀, 白頭擧事, 此其計不百全, 豈發虖? 何以言其無能爲也?" 盎對曰, "吳銅鹽之利則有之, 安得豪桀而誘之! 誠令吳得豪桀, 亦且輔而爲誼, 不反矣. 吳所誘, 皆亡賴子弟, 亡命鑄錢奸人, 故相誘以亂." 錯曰, "盎策之善." 上問曰, "計安出?" 盎對曰, "願屛左右." 上屛人, 獨錯在. 盎曰, "臣所言, 人臣不得知." 乃屛錯. 錯趨避東箱, 甚恨. 上卒問盎, 對曰, "吳,楚相遺書, 言高皇帝王子弟各有分地, 今賊臣鼂錯擅適諸侯, 削奪之地, 以故反名爲西共誅錯, 復故地而罷. 方今計, 獨有斬錯, 發使赦吳楚七國, 復其故地, 則兵可毋血刃而俱罷." 於是上默然良久, 曰, "顧誠何如, 吾不愛一人謝天下." 盎曰, "愚計出此, 唯上孰計之." 乃拜盎爲泰常, 密裝治行.

| 註釋 | ○以誅錯爲名 – 조조를 주살하겠다는 명분을 내세우다. ○而身居守 – (조조는) 자신이 (장안에) 남아 지키다. ○調兵食 – 군량 조달. ○田祿伯(전록백, ? – 前 154) – 吳王 劉濞(高祖 작은형의 아들. 文帝의 사촌 형, 景帝의 당숙)의 대장군. 나중에 유비가 兵敗하면서 살해되었다. 35권, 〈荊燕吳傳〉 참고. ○今破矣 – 곧 격파될 것입니다. 今은 卽也. ○白頭 – 연장자. 노인. 吳王 劉濞는 文帝로부터 几杖(궤장)을 특별히 하사받은 宗室의 원로였다. 35권, 〈荊燕吳傳〉 참고. 白頭를 반군이 흰 수건을 머리에 둘렀기 때문에 백두군이라고 한다는 해석도 있지만 좀 무리이다. ○百全 – 모든 것이 다 갖추어지다. ○願屛左右 – 屛은 가릴 병. 물리치다. ○東箱(동상) – 동쪽 側室(측실). ○卒 – 마침내. 竟也. ○顧誠何如 – 실제 정황이 어떠한가를 살펴서. ○密裝治行 – 비밀리에 출장을 준비하다.

〖國譯〗

그 10여일 후에 吳와 楚 七國이 함께 모반하면서 조조를 주살하겠다는 명분을 내세웠다. 경제와 조조는 군사 출동을 협의하면서 조조는 경제가 몸소 군사를 거느리고 자신은 장안에 머물면서 수비하고자 하였다. 그때 두영이 爰盎(원앙)에 대한 말을 하였고 경제가 원앙을 불러 알현했는데, 경제는 마침 조조와 군량 조달을 협의하고 있었다. 경제가 원앙에게 물었다. "공은 전에 오국의 승상이었으니 吳의 田祿伯이란 사람을 아는가? 지금 吳楚가 반역했는데 공의 생각은 어떠한가?" 원앙이 대답하였다. "걱정하실 것 없으니 곧 격파될 것입니다." 경제가 말했다. "吳王은 산에 들어가 鑄錢을 하고 바닷물을 끓여 소금을 만들면서 천하의 호걸들을 모았고 노인이 거사하는데 그 계획이 완전하지 않다면 어찌 발병을 하겠는가? 무슨 이유로 그들이 별일 없을 것이라 하는가?" 이에 원앙이 대답하였다.

“吳나라에 구리나 소금의 이득은 있습니다만 어찌 호걸들을 모아 동참케 했겠습니까? 진정 吳나라가 호걸들을 모았다면 오왕을 보필하더라도 義를 지켜 반역하지 않게 했을 것입니다. 오나라가 끌어 모은 것은 모두 무뢰한 사람들과 망명하여 주전이나 하려던 奸人들이라서 반역을 권유한 것입니다.” 그러자 조조가 말했다. “원앙의 대책이 좋을 것 같습니다.” 경제가 “어떤 계책이 있는가?”라고 묻자, 원앙이 말했다. “좌우를 물리쳐 주십시오.” 경제가 좌우를 물러가게 하자 조조만 남았다. 이에 원앙이 말했다. “제가 말씀드리고자 하는 것은 다른 신하가 알아서는 안 됩니다.” 그러자 조조를 나가라 했다. 조조는 동쪽 측실로 빨리 걸어 나가면서 매우 한스러워했다. 그 뒤에 경제가 묻자 원앙이 대답하였다.

“오와 초가 서로 서신을 보내서 말하기를, 고조가 자제들을 왕으로 봉해 영지를 나누어주었는데 지금 賊臣 조조가 제후들을 멋대로 옮기거나 그 영지를 삭탈하고 있다면서 반란의 명분으로 서쪽으로 진격하여 함께 조조를 주살하고 옛 땅을 수복하면 끝내겠다고 하였습니다. 지금의 계책으로서는 단 한 가지이니 조조를 참수한 다음에 사신을 보내 吳楚 7국을 사면하면서 옛 영지를 회복시켜 준다면 군사의 칼에 피를 바르지 않고도 모두 끝날 것입니다.” 그러자 경제는 말없이 한참을 있다가 말했다. “실제 정황이 어떠한가를 살펴보고, 내가 천하에 양보해야 한다면 한 사람을 아까워하지는 않을 것이다.” 이에 원앙이 말했다. “어리석은 계책을 말씀드렸지만 폐하께서 계책을 숙고해 주시길 바랄 뿐입니다.” 경제는 원앙을 泰常(太常)에 임명한 뒤 비밀리에 출장을 준비케 하였다.

原文

後十餘日, 丞相青翟,中尉嘉,廷尉敺劾奏錯曰, "吳王反逆亡道, 欲危宗廟, 天下所當共誅. 今御史大夫錯議曰, '兵數百萬, 獨屬群臣, 不可信, 陛下不如自出臨兵, 使錯居守. 徐, 僮之旁吳所未下者可以予吳.' 錯不稱陛下德信, 欲疏群臣百姓, 又欲以城邑予吳, 亡臣子禮, 大逆無道. 錯當要斬, 父母妻子同産無少長皆棄市. 臣請論如法." 制曰, "可." 錯殊不知. 乃使中尉召錯, 紿載行市. 錯衣朝衣, 斬東市.

| 註釋 | ○青翟(청적) – 人名. 陶青翟. 무제시 승상에 임명된 嚴青翟이라는 註도 있다. ○中尉嘉 – 성씨 미상. ○廷尉敺 – 人名 張敺. ○劾 – 탄핵하다. 캐물을 핵. ○徐,僮 – 縣名. ○要斬 – 허리를 자르다. 要는 腰의 古字. ○同産 – 형제자매. ○紿載行市 – 속여 태우고 시가를 순행하다. 紿 속일 태. ○衣朝衣 – 朝衣(朝服)를 입다.

〖國譯〗

10여 일 후, 승상 陶青翟(도청적), 中尉인 嘉(가), 廷尉인 張敺(장구) 등이 鼂錯(조조) 탄핵을 상주하며 말했다. "吳王이 반역 무도하여 종묘를 위태롭게 하니 마땅히 천하가 함께 주살해야 합니다. 이번에 어사대부 조조는 토벌을 의논하면서 '수백만의 군사를 신하 중 한 사람에게 맡기는 것은 신뢰할 수 없으니 폐하께서 직접 군사를 거느리시는 것만 못하고 조조는 남아 지키겠다.' 고 하였습니다. 조조가 폐하의 성덕과 신의를 칭송하지 않고 群臣과 백성을 소원하게 하였고 성읍을 吳에 줄 수 있다고 말한 것은 신하의 근본을 망각한 대역

무도한 일이니 조조는 마땅히 허리를 베어야 하며 부모와 처자, 그리고 형제자매의 아이나 어른 할 것 없이 모두 棄市(기시)해야 합니다. 臣들은 법대로 처리하기를 주청합니다."

制書에 "可"라 하였는데 조조는 이를 전혀 모르고 있었다. 이어 中尉를 시켜 조조를 불러 거짓으로 조조를 태우고 시가를 순행하였다. 조조는 조복을 입은 채 東市에서 처형되었다.

原文

錯已死, 謁者僕射鄧公爲校尉, 擊吳,楚爲將. 還, 上書言軍事, 見上. 上問曰, "道軍所來, 聞鼂錯死, 吳,楚罷不?" 鄧公曰, "吳爲反數十歲矣, 發怒削地, 以誅錯爲名, 其意不在錯也. 且臣恐天下之士箝口不敢復言矣." 上曰, "何哉?" 鄧公曰, "夫鼂錯患諸侯强大不可制, 故請削之, 以尊京師, 萬世之利也. 計劃始行, 卒受大戮, 內杜忠臣之口, 外爲諸侯報仇, 臣竊爲陛下不取也." 於是景帝喟然長息, 曰, "公言善. 吾亦恨之!" 乃拜鄧公爲城陽中尉.

| **註釋** | ○謁者僕射(알자복야) – 郎中令의 屬官. 僕射(복야)는 본래 우두머리란 뜻으로 각 분야별로 복야가 있었다. 侍中僕射, 博士僕射, 尙書僕射, 謁者僕射 등이 그 예이다. ○道軍所來 – 道는 由. '종군하는 곳에서 왔으니'. ○箝口(겸구) – 입에 재갈을 물리다. ○以尊京師 – 여기서 경사는 漢의 수도. 곧 황제를 뜻함. ○卒受大戮(졸수대륙) – 갑자기 형벌을 받아 죽다. 卒은 倉卒(창졸)간에. ○杜忠臣之口 – 杜는 닫다. 막다. ○城陽中尉 – 제후국

城陽國〔당시 王은 齊 悼惠王 劉肥의 손자인 劉喜. 今 山東省 日照市 관할의 莒縣(거현) 일대〕의 치안과 군사 담당관.

〖國譯〗

鼂錯(조조)가 죽은 뒤, 謁者僕射(알자복야)인 鄧公(등공)은 校尉가 되어 吳와 楚를 토벌하는 장수였다. 돌아와 군사에 관한 上書를 했고 景帝를 알현하였다. 경제가 물었다. "종군하던 곳에서 왔으니 조조가 죽었다는 소식을 듣고 반군이 군사를 해산했는가? 아니했는가?" 등공이 말했다. "吳가 반역한 것은 수십 년이었고 삭지하는 조처에 분노하여 조조를 주살하겠다는 명분이었지만 그 뜻은 조조에 있지 않았습니다. 그리고 臣은 천하 士人들의 입에 재갈을 물려 언로가 막힐까 걱정이 됩니다." "왜 그렇게 생각하는가?" 鄧公이 대답하였다. "저 조조는 제후들이 강대해져서 통제가 불가능한 것을 걱정하여 삭지를 주장하며 황제를 높이려는 뜻이었고 이는 萬世에 이로운 일이었습니다. 계획이 시행되려는데 갑자기 죽음을 당하였으니 안으로는 충신들의 입을 막았고 밖으로는 제후들이 미워하는 사람을 죽여주었으니 제 생각으로는 폐하께서 취하지 말았어야 했습니다."

그러자 경제는 크게 한숨을 쉬고 말했다. "公의 말이 맞다. 나 역시 후회하고 있다!" 그리고 등공을 城陽國 중위에 임명하였다.

原文

鄧公, 成固人也, 多奇計. 建元年中, 上招賢良, 公卿言鄧先. 鄧先時免, 起家爲九卿. 一年, 復謝病免歸. 其子章, 以修黃老言顯諸公間.

| 註釋 | ○成固 – 縣名. 今 陝西省 漢中市 관할의 城固縣. ○建元年中 – 武帝의 연호 前 140 – 135년. ○鄧先(등선) – 鄧先生이라는 註와 이름이 先이라는 註가 있는데 다음에 아들 이름 章과 연결하여 鄧先을 人名으로 옮겼다.

〖國譯〗

鄧公은 成固縣 사람으로 奇計가 많았다. 建元 연간에 武帝가 賢良 인재를 초빙할 때 공경들이 鄧先(등선)을 추천하였다. 당시 등선은 면관한 상태였는데 고향에서 바로 9경의 반열에 올랐다. 일 년 뒤에 다시 병을 핑계로 사직하고 귀향하였다. 그 아들 鄧章은 黃老學을 공부하여 관리들 사이에 알려졌었다.

原文

贊曰, 爰盎不好學, 亦善傅會, 仁心爲質, 引義慷慨. 遭孝文初立, 資適逢世. 時已變易, 及吳壹說, 果於用辯, 身亦不遂. 鼂錯銳於爲國遠慮, 而不見身害. 其父睹之, 經於溝瀆, 亡益救敗, 不如趙母指括, 以全其宗. 悲夫! 錯雖不終, 世哀其忠. 故論其施行之語著於篇.

| 註釋 | ○傅會(부회) – 상황에 잘 적응하다. 附和하다. 附會와 同. ○資適逢世 – 자질에 맞는 때를 만나다. 資는 才質. ○時已變易(시이변역) – 시대가 바뀌다. 文帝 다음 경제가 즉위하다. ○果於用辯 – 과감하게 말을 잘하다. 조조를 죽이게 할 정도로 언변을 잘 구사했다. ○身亦不遂 – 그 자신도 나아가지 못하다. 원앙은 楚國의 승상으로 끝났다. ○經於溝瀆 – 도랑에서 목을 매다. 經은 목을 매다. 조조의 부친은 음독자살했지만 班固가 《論語 憲問》의 '豈若匹夫匹婦之爲諒也, 自經於溝瀆而莫之知也?' 을 인용하여 그 죽음이 아무런 의미도 없다는 것을 말했다. ○趙母 – 전국시대 趙나라 趙括(조괄)의 모친. 조괄은 趙奢(조사)의 아들로 用兵에 뛰어났지만 공리공담을 좋아하였다. 조괄이 대장군이 되려 하자 조괄의 어머니는 '아들이 허튼 소리를 많이 하니 대장군 재목이 아니다.' 라며 趙王에게 글을 올렸다. 조왕이 그대로 임명하자 조괄의 어머니는 '나중에 아들이 죄를 짓더라도 다른 가족에게는 연좌처벌하지 말라.' 는 약속을 받아냈다. 조괄이 나중에 패전했으나 조괄만 처형당하고 다른 가족은 무사했다.

〖國譯〗

班固의 論贊 : 爰盎(원앙)이 비록 학문을 좋아하지는 않았지만 상황판단을 잘 했으며 그 바탕은 어진 마음으로 분연히 대의를 따르려 하였다. 문제가 즉위하면서 그 재능이 시류를 잘 탔었다. 그러나 시대가 바뀌고 吳王의 반란 대책으로 과감한 언변을 구사하였지만 자신도 그것으로 끝이었다.

鼂錯(조조)는 나라를 멀리 내다본 방책을 꾸몄지만 자신이 당할 줄은 예상 못했다. 그의 부친이 예견했지만 도랑에서 자살하여 가문의 멸망을 막지 못하였으니, 趙括(조괄)의 모친이 아들을 지목하여 자기 종족을 지킨 것만도 못했다. 슬프도다! 조조가 끝을 잘 보지는 못했지만 세상은 그 충성심을 애도하였다. 그래서 그가 건의한 여러 대책을 여기에 옮겨 적었다.

50 張馮汲鄭傳
〔장,풍,급,정전〕

50-1. 張釋之

原文

張釋之字季, 南陽堵陽人也. 與兄仲同居, 以貲爲騎郎, 事文帝, 十年不得調, 亡所知名. 釋之曰, "久宦減仲之産, 不遂." 欲免歸. 中郎將爰盎知其賢, 惜其去, 乃請徙釋之補謁者. 釋之旣朝畢, 因前言便宜事. 文帝曰, "卑之, 毋甚高論, 令今可行也." 於是釋之言秦,漢之間事, 秦所以失, 漢所以興者. 文帝稱善, 拜釋之爲謁者僕射.

| 註釋 | ○張釋之(장석지, 생졸년 미상) - 《史記 張釋之馮唐列傳》 참고.

○南陽 - 郡名. 治所는 宛縣(今 河南省 南陽市). 堵陽(도양)은 縣名. 今 河南省 南陽市 方城縣. ○貲 - 재물 자. 재산. 여기서는 돈을 내고 관직을 얻음. 漢制에 재산이 10만전 이상이어야 관리가 될 수 있는데 景帝는 4만전 이상이면 관리가 될 수 있게 하라는 조서를 내렸다. 5권, 〈景帝紀〉 참고. ○騎郎 - 황제를 호위, 侍衛하는 낭관. ○調 - 승진하다. ○減仲之產 - 형의 자산을 축내다. 낭관은 자비로 의상이나 馬具를 준비해야만 했다. ○便宜事 - 便國宜民할 政事. ○卑之 - 卑近(비근)한 일을 말하라. 三皇五帝 시절 이야기는 그만두라는 의미. ○謁者僕射(알자복야) - 낭중령의 속관. 謁者(질 6백석)의 우두머리. 알자는 황제의 시종. 서한에서 알자는 정원이 70명이었다. 알자복야는 秩(녹봉)이 比千石.

〖國譯〗

張釋之(장석지)의 자는 季(계)인데 南陽郡 堵陽縣(도양현) 사람이다. 형인 張仲과 동거하며 형의 재산으로 騎兵郎官이 되어 文帝를 모시었는데 10년이 되도록 승진하지 못했고 이름이 알려지지도 않았다. 이에 장석지가 말했다. "오랫동안 벼슬한다면서 형의 재산만 축내고 승진하지도 못했다." 그래서 사직하고 귀향하려고 했다.

中郎將이던 爰盎(원앙)은 장석지가 현명한 사람인 것을 알고 있었기에 떠나는 것을 애석히 여기며 주청하여 장석지를 謁者(알자)에 보임하였다. 장석지는 조회를 마치고 틈을 보아 문제께 나아가 국가와 백성을 위한 정사를 말했다. 이에 문제가 말했다. "비근한 일을 말하라. 고담준론이 아닌 지금 실행할 수 있는 것을 말하라."

이에 장석지는 秦과 漢이 교체하며 秦이 망하고 漢이 흥한 일을 말했다. 문제는 칭찬하였고 장석지를 謁者僕射(알자복야)에 임명했다.

原文

從行, 上登虎圈, 問上林尉禽獸簿, 十餘問, 尉左右視, 盡不能對. 虎圈嗇夫從旁代尉對上所問禽獸簿甚悉, 欲以觀其能口對響應亡窮者. 文帝曰, "吏不當如此邪? 尉亡賴!" 詔釋之拜嗇夫爲上林令. 釋之前曰, "陛下以絳侯周勃何如人也?" 上曰, "長者." 又復問, "東陽侯張相如何如人也?" 上復曰, "長者." 釋之曰, "夫絳侯,東陽侯稱爲長者, 此兩人言事曾不能出口, 豈效此嗇夫喋喋利口捷給哉! 且秦以任刀筆之吏, 爭以亟疾苛察相高, 其敝徒文具, 亡惻隱之實. 以故不聞其過, 陵夷至於二世, 天下土崩. 今陛下以嗇夫口辯而超遷之, 臣恐天下隨風靡, 爭口辯, 亡其實. 且下之化上, 疾於景響, 擧錯不可不察也." 文帝曰, "善." 乃止不拜嗇夫. 就車, 召釋之驂乘, 徐行, 行問釋之秦之敝. 具以質言. 至宮, 上拜釋之爲公車令.

| 註釋 | ○虎圈 – 호랑이 우리. 圈 우리 권(養獸之所也). 감방. ○上林尉 – 상림원의 책임자인 上林令의 속관. 상림원에는 12명의 尉를 두어 관리하게 하였는데 그중 한 사람일 것임. ○禽獸簿(금수부) – 동물 현황을 정리한 문서. ○嗇夫(색부) – 人夫, 관리. ○旁 – 곁 방(旁과 동). ○甚悉(심실) – 매우 상세하다. ○觀 – 여기서는 示의 뜻. ○響應 – 말이 끝나자마자 응답하다(如響應聲). ○吏不當如此邪 – 관리란 응당 이와 같아야 하지 않겠는가? ○亡賴(무뢰) – 재능이 없다. ○東陽侯 張相如(? – 前 165) – 고조의 공신. 文帝 때 대장군으로 흉노의 침략을 저지. ○喋喋利口 – 말이 빠르고 이

야기를 잘함. 喋 재잘거릴 첩. ○亟疾(극질) − 아주 빠르다. 亟 빠를 극. 자주 기. ○徒文具 − 한낱 문서만 만들다. ○陵夷(능이) − 차츰 쇠약해지다. 쇠퇴하다. ○風靡(풍미) − 휩쓸다. 靡 쓰러질 미. ○疾於景嚮 − 빛이나 소리보다 빠르다. 景 햇살. 햇볕. 그림자 영. 影과 通. 景嚮은 影響(영향) 同. ○擧錯(거조) − 행동거지. 擧措와 同. ○拜 − 관직을 수여하다. 받다. ○驂乘(참승) − 황제를 모시고 수레 우측에 타는 사람. ○行問 − 타고 가면서 묻다. ○具以質言 − 아주 성실하게 말하다. 質은 誠也, 또는 '있었던 사실'로 풀이하였다. ○公車令 − 公車司馬令. 衛尉의 속관. 宮門 경비와 詔令 전달을 담당.

〖國譯〗

장석지가 文帝를 수행했는데, 문제가 호랑이 우리에 가서 上林尉에게 짐승의 장부에 관하여 10가지를 물었으나 상림위는 주위를 돌아볼 뿐 대답을 하나도 하지 못했다. 호랑이 우리 담당 인부가 옆에서 상림위를 대신하여 문제의 질문 모두에 대하여 아주 상세히 대답하면서 마치 능숙한 대답이 끝이 없는 것을 보여주듯 하였다. 그러자 문제가 말했다. "관리란 응당 이와 같아야 하지 않겠는가? 상림위는 아는 것이 없도다."

문제는 장석지에게 그 인부를 上林令에 임명하라고 명했다. 이에 장석지가 앞으로 나가 말했다. "폐하께서는 絳侯(강후, 周勃)를 어떠한 사람이라고 생각하십니까?" 문제가 말했다. "長者이다." 장석지가 다시 물었다. "東陽侯 張相如는 어떤 사람입니까?" 문제가 다시 말했다. "長者이다." 이에 장석지가 말했다.

"저 絳侯와 東陽侯가 장자로 일컬어지지만 그 두 분은 별로 말이 많지 않았습니다. 지금 어찌하여 저 인부의 말을 많이 잘하며 빠른

응대만을 본받게 하겠습니까? 전에 秦에서는 문서를 만드는 하급 관리를 신임하면서 빨리 가혹하게 처리하는 것을 잘한다고 평가하였는데 그 병폐는 한낱 문서나 만들고 측은하게 여기는 마음도 없었습니다. 이 때문에 그 과오를 말해주는 사람이 없어 겨우 2世에 이르러 쇠퇴하여 천하가 흙담이 무너지듯 멸망하였습니다. 지금 폐하께서 말을 잘한다고 저 인부를 순서를 넘어 임용하면 말만 잘하고 실질이 없어도 된다는 풍조가 천하를 휩쓸게 될까 저는 걱정이 됩니다. 그리고 빛이나 소리보다도 더 빨리 아래에서부터 위로 퍼져 나갈 것이니 폐하의 조치는 불가불 잘 살펴보아야 합니다."

이에 文帝는 "바른 말이다"라고 말했다. 그리하여 인부에게 관직을 수여하지는 않았다.

문제는 수레에 올라 장석지를 驂乘(참승)으로 태우고 천천히 가면서 장석지에게 秦의 병폐에 관해 물었고 장석지는 성실하게 대답하였다. 궁에 도착하자 문제는 장석지를 公車令에 임명하였다.

原文

頃之, 太子與梁王共車入朝, 不下司馬門, 於是釋之追止太子, 梁王毋入殿門. 遂劾不下公門不敬, 奏之. 薄太后聞之, 文帝免冠謝曰, "教兒子不謹." 薄太后使使承詔赦太子, 梁王, 然後得入. 文帝繇是奇釋之, 拜爲中大夫.

頃之, 至中郎將. 從行至霸陵, 上居外臨廁. 時愼夫人從, 上指視愼夫人新豐道, 曰, "此走邯鄲道也." 使愼夫人鼓瑟,上自倚瑟而歌, 意凄愴悲懷. 顧謂群臣曰, "嗟乎! 以北山石爲槨, 用紵絮斮陳漆其間, 豈可動哉!" 左右皆曰, "善." 釋之前曰, "使其中有可欲, 雖錮南山猶有隙, 使其中亡可欲, 雖亡石槨, 又何慼焉?" 文帝稱善. 其後, 拜釋之爲廷尉.

| **註釋** | ○太子與梁王 - 태자 劉啓(景帝)와 梁王 劉武(前 184 - 144). 皇后 竇氏 소생. ○不下司馬門 - 황궁의 外門. 여기서 下馬하여 보행해야만 했다. ○薄太后 - 文帝의 생모. ○中郞將 - 황제의 시위 업무 책임자. ○霸陵(패릉) - 文帝 생전에 조성한 자신의 능묘. 今 陝西省 長安縣 동쪽. 灞河(파하)에 가까워서 灞陵(파릉)이라고도 쓴다. ○居外臨廁 - 건물 밖 능묘의 가장자리 물가에 서 있다. 문제가 패릉에 행차한 기록은 〈楚元王傳〉의 劉向에 관한 기록에서도 볼 수 있다. ○愼夫人從 - 문제의 총애를 받았는데 趙의 邯鄲(한단) 출신. ○新豐 - 縣名. 今 陝西省 西安市 臨潼區 동북. ○倚瑟而歌 - 瑟의 곡조에 맞추어 노래하다. 廁 뒷간 측. 양쪽으로 물을 끼고 있는 곳. ○北山 - 산 이름. 이곳에서 美石이 생산되었다. ○槨 - 덧널 곽. ○紵絮(저서) - 모시로 만든 실과 솜. ○斮陳(착진) - 잘라서 관 안을 채우다. 벨 착. ○漆其間 - 그 사이에 옻칠을 하다. 漆 옻 칠. ○豈可動哉 - 어찌 열 수 있겠는가? 무덤을 도굴할 수 없을 것이다. ○錮 - 막을 고. 쇠를 녹여 틈새를 막다. ○其中有可欲 - 그 안에 욕심을 낼만한 것이 있다면. 곧 분묘 안에 많은 부장품이 있다면. ○又何慼焉 - 무슨 걱정이 있겠습니까? 慼 근심할 척.

〖**國譯**〗

얼마 후, 太子와 梁王이 함께 수레를 타고 입조하다가 司馬門 앞에서 내리지 않자 장석지가 따라가서 제지시키고 태자와 양왕을 殿門 안으로 들어가지 못하게 했다. 그리고는 公門(司馬門)에서 내리지 않은 不敬을 탄핵하고 상주하였다. 薄太后가 이 사실을 알았는데 文帝가 관을 벗어 사죄하며 말했다. "아들을 잘못 가르쳤습니다." 薄太后가 사람을 시켜 태자와 양왕을 사면한다는 조서를 보낸 뒤에야 들어올 수 있었다. 문제는 이 때문에 장석지를 달리 보았고 장석지를 中大夫에 임명하였다.

얼마 뒤 장석지는 中郎將이 되었다. 문제를 수행해 霸陵(패릉)에 도착했고 문제는 바깥쪽 물 가장자리에 서 있었다. 그때 愼(신)夫人이 따라갔는데 문제가 신 부인에게 新豐의 길을 가리키며 말했다. "저리로 가면 邯鄲(한단)으로 가는 길이다." 그리고서는 愼夫人에게 瑟(슬)을 연주하게 하고 문제가 몸소 슬의 가락에 맞춰 노래를 하였는데 그 뜻이 매우 처량하고 슬펐다. 문제가 여러 신하들을 돌아보며 말했다.

"아! 北山의 돌로 덧널(槨)을 만들고 모시와 솜으로 안을 채우고 그 틈을 옻으로 칠한다면 어찌 열 수 있겠는가?" 左右에서 모두가 "그렇습니다."라고 말했는데, 張釋之가 앞에 나와 말했다.

"그 안에 욕심을 낼만한 것이 있다면 비록 남산을 땜질해서 막더라도 뚫을 틈이 있겠지만 그 안에 욕심낼만한 것이 없다면 비록 덧널이 없다 한들 무엇을 걱정하겠습니까?"

文帝는 옳은 말이라고 칭찬하였다. 그 뒤에 장석지를 廷尉(정위)에 임명하였다.

原文

頃之, 上行出中渭橋, 有一人從橋下走, 乘輿馬驚. 於是使騎捕之, 屬廷尉. 釋之治問. 曰, "縣人來, 聞蹕, 匿橋下. 久, 以爲行過, 旣出, 見車騎, 卽走耳." 釋之奏當, "此人犯蹕, 當罰金." 上怒曰, "此人親驚吾馬, 馬賴和柔, 令它馬, 固不敗傷我乎? 而廷尉乃當之罰金!" 釋之曰, "法者, 天子所與天下公共也. 今法如是, 更重之, 是法不信於民也. 且方其時, 上使使誅之則已. 今已下廷尉, 廷尉, 天下之平也, 壹傾, 天下用法皆爲之輕重, 民安所錯其手足? 唯陛下察之." 上良久曰, "廷尉當是也."

| **註釋** | ○中渭橋 - 渭水(위수)에 놓인 다리. 주석에 의하면 진시황 때 만든 中渭橋(咸陽 동남 2십 리)와 漢 武帝 때 만든 便橋(함양 서쪽 10리)가 있었다고 한다. ○蹕 - 길 치울 필〔淸道〕. 匿은 숨을 익. 숨기다. ○奏當 - 판결한 것을 아뢰다. 當은 判罪. ○馬賴和柔 - 말의 성질이 온화하다. ○當罰金 - 犯蹕(범필)하면 벌금이 4냥이었다. ○且方其時 - 그리고 바로 그때에. ○上使使誅之則已 - 폐하께서 사람을 시켜 죽여 버렸으면 끝입니다. 현지에서 죽였다면 법대로 판결을 할 필요도 없다는 뜻. ○壹傾 - 일단 불공정해지면. ○民安所錯其手足 - 安은 어디에. 焉也. 錯 둘 조. 措也. 置也.

〖**國譯**〗

얼마 뒤 文帝가 中渭橋를 행차하는데 어떤 사람이 다리 아래에서 나와 달아났고 황제 수레의 말이 놀랬다. 그러자 기병을 보내 체포하여 정위에게 넘겼다. 장석지가 죄인을 조사케 했다. 속관이 "장안縣 사람이 길을 치우라는 소리를 듣고 다리 아래 숨었습니다. 오래 있다가 지나갔으리라 생각하여 나왔다가 수레와 말을 보고 달아난 것입니다."라고 보고하였다. 장석지는 "이 사람이 길 치우라는 명령을 어겼으니 벌금에 해당합니다."라고 판결을 상주하였다. 문제가 화를 내며 말했다. "그 사람이 직접 짐의 말을 놀라게 했고 말의 성질이 온순했지만 다른 말이었다면 틀림없이 나를 다치게 하지 않았겠는가? 그런데 정위는 그 사람에게 벌금을 내라고 하는가!"

그러자 장석지가 말했다.

"법이란 천자나 천하의 백성에게나 한 가지이어야 합니다. 지금 법이 이러한데 더 무거운 벌에 처한다면 백성들이 법을 불신할 것입니다. 게다가 폐하께서 사람을 시켜 바로 처형했다면 거기서 끝이었습니다. 지금은 이미 정위에게 넘겨졌고 정위는 온 천하에 공평해야 하며 한번 기울어져서 천하에 법 적용에 경중을 달리 한다면 백성들은 손발을 어떻게 놀리겠습니까? 폐하께서 살펴주시기 바랍니다."

문제가 잠시 뒤에 말했다. "정위의 판결이 옳도다."

原文

其後人有盜高廟座前玉環, 得, 文帝怒, 下廷尉治. 案盜宗廟服御物者爲奏, 當棄市. 上大怒曰, "人亡道, 乃盜先帝器! 吾屬廷尉者, 欲致之族, 而君以法奏之, 非吾所以共承宗廟意也." 釋之免冠頓首謝曰, "法如是足也. 且罪等, 然以逆順爲基. 今盜宗廟器而族之, 有如萬分一, 假令愚民取長陵一抔土, 陛下且何以加其法乎?" 文帝與太后言之, 乃許廷尉當. 是時, 中尉條侯周亞夫與梁相山都侯王恬啓見釋之持議平, 乃結爲親友. 張廷尉繇此天下稱之.

| 註釋 | ○高廟 - 고조의 묘당. ○得 - 범인을 잡다. ○案 - 법조항을 적용하다. ○族 - 멸족하다. ○且罪等 - 죄의 등급. ○逆順爲基 - 도리에 거슬리느냐 맞느냐가 판결의 기준이 되다. ○長陵 - 고조의 능묘. ○一抔 - 한 줌. 抔 움켜쥘 부. ○條侯 周亞夫(? - 前 143) - 周勃의 아들. 40권, 〈張陳王周傳〉에 입전. ○山都侯 王恬啓(왕염계, ? - 前 160) - 고조의 공신. 경제의 이름(啓)을 피휘하여 開로 쓴 판본도 있다. ○議平 - 議論이 공정하다. 일처리가 공평하다. ○繇此(유차) - 由此, 이로부터.

〖國譯〗

그 뒤, 어떤 사람이 高祖 묘당 앞에 있는 옥으로 만든 고리를 훔쳤는데 법인을 체포하자 문제는 화를 내며 정위에 넘겨 治罪하게 하였다. 장석지는 宗廟 服御物을 훔친 자의 조항을 적용하여 棄市(기시)하라고 판결하였다. 이에 문제가 大怒하며 말했다.

"사람이 법도가 없어도 선제 묘당의 기물을 훔치다니! 내가 정위에게 넘긴 것은 멸족시키기를 바란 것인데 정위는 법대로 알린다니 내가 종묘를 받드는 뜻은 아니다."

그러자 장석지가 관을 벗어놓고 머리를 조아리며 말했다.

"법에 의거, 이것이 최고의 처벌입니다. 그리고 죄의 등급은 도리에 맞느냐 안 맞느냐에 바탕을 두고 정해야 합니다. 지금 종묘의 기물을 훔쳤다고 멸족시킨다면, 萬에 하나라도, 가령 어리석은 백성이 長陵에서 흙을 한 줌 가져갔다면 폐하께서는 그 법에 무엇을 더 보태어 적용하시겠습니까?"

文帝가 태후에게 이를 말했고 정위의 판결이 옳다고 승인하였다. 이 무렵 中尉인 條侯 周亞夫와 梁國의 승상인 山都侯 王恬啓(왕염계)는 장석지의 의론이 공정한 것을 보고 친우가 되었다. 張廷尉는 이로부터 천하 사람들의 칭송을 들었다.

原文

文帝崩, 景帝立, 釋之恐, 稱疾. 欲免去, 懼大誅至, 欲見, 則未知何如. 用王生計, 卒見謝, 景帝不過也. 王生者, 善爲黃老言, 處士. 嘗召居廷中, 公卿盡會立. 王生老人, 曰 "吾襪解", 顧謂釋之, "爲我結襪!" 釋之跪而結之. 旣已, 人或讓王生, "獨奈何廷辱張廷尉如此?" 王生曰, "吾老且賤, 自度終亡益於張廷尉. 廷尉方天下名臣, 吾故聊使結襪, 欲以重之." 諸公聞之, 賢王生而重釋之.

釋之事景帝歲餘, 爲淮南相, 猶尙以前過也. 年老病卒. 其子摯, 字長公, 官至大夫, 免. 以不能取容當世, 故終身不仕.

| **註釋** | ○釋之恐 – 경제가 태자였을 때 司馬門에서 下車하지 않은 일을 탄핵했었기에 보복을 두려워했다. ○不過也 – 책망하지 않았다. ○黃老言 – 黃帝와 老子의 학설. 無爲의 治를 주장. ○處士 – 隱士. ○盡會立 – 모두가 서 있다. 서서 기다리다. ○吾襪解 – 내 버선 끈이 풀렸다. 襪 버선 말. ○讓 – 비난하다. ○廷辱(정욕) – 조정에서 욕을 보이다. ○聊 – 일부러. 聊

애오라지 요(료). ○取容 – 자기 뜻을 굽혀 세상에 영합하다.

〖國譯〗

文帝가 붕어하고 景帝가 즉위하자 장석지는 두려워 병을 핑계 대었다. 사직하고 떠나자니 큰 처벌이 닥칠 것 같고 나아가 알현하자니 어떻게 해야 할지 몰랐다. 王生이 일러준 방법으로 마침내 들어가 사죄하니 경제는 책망하지 않았다.

王生이란 사람은 黃老의 학설에 밝은 處士이었다. 일찍이 궁중에 불려와 출입했는데 한번은 공경들이 모두 서서 황제를 기다렸다. 왕생은 노인이었는데 "내 버선 끈이 풀렸다"라고 말하더니 장석지를 돌아보면서 "내 버선 끈 좀 매주시오."라고 말했다. 장석지는 무릎을 꿇고 버선 끈을 매 주었다. 그 뒤에 어떤 사람이 왕생을 비난하였다. "하필 왜 조정에서 장정위를 그처럼 욕을 보였습니까?" 이에 왕생이 말했다. "나는 늙고 미천한 사람인지라 내 생각에 내가 어떻게 장정위를 도와줄 방법이 없었소. 정위는 천하가 다 아는 명신인데 내가 일부러 버선 끈을 매달라고 해서 그 명성을 높여주려 했을 뿐이요." 여러 사람들이 이 이야기를 전해 듣고 왕생을 현명하다 하면서 장석지를 더욱 존중하였다.

장석지는 1년 여 경제를 섬기다가 회남국의 승상이 되었는데 이전의 과오 때문이었을 것이다. 장석지는 늙어서 병으로 죽었다. 그 아들 張摯(장지)의 字는 長公인데 대부 반열에 오르고 사직하였다. 그는 뜻을 굽혀가며 당시 세태에 어울릴 수 없어 이후 죽을 때까지 관직에 나가지 않았다.

50-2. 馮唐

原文

馮唐, 祖父趙人也. 父徙代, 漢興徙安陵. 唐以孝著, 爲郞中署長, 事文帝. 帝輦過, 問唐曰, "父老何自爲郞? 家安在?" 具以實言. 文帝曰, "吾居代時, 吾尙食監高祛數爲我言趙將李齊之賢, 戰於鉅鹿下. 吾每飮食, 意未嘗不在鉅鹿也. 父老知之乎?" 唐對曰, "齊尙不如廉頗,李牧之爲將也." 上曰, "何已?" 唐曰, "臣大父在趙時, 爲官帥將, 善李牧. 臣父故爲代相, 善李齊, 知其爲人也." 上旣聞 廉頗,李牧爲人, 良說, 乃拊髀曰, "嗟乎! 吾獨不得廉頗,李牧爲將, 豈憂匈奴哉!" 唐曰, "主臣! 陛下雖有廉頗,李牧, 不能用也." 上怒, 起入禁中. 良久, 召唐讓曰, "公衆辱我, 獨亡間處虖?" 唐謝曰, "鄙人不知忌諱."

| 註釋 | ○馮唐(풍당, 생졸년 미상) - 馮 성 풍. 탈 빙. 《史記 張釋之馮唐列傳》 참고. ○安陵 - 縣名. 今 陝西省 咸陽市 동북. ○郞中署長 - 郞中으로 부서의 長. ○父老 - 노인네. 文帝가 보아도 노인이었기에 이렇게 호칭했을 것이다. ○何自 - 何由, 왜? ○尙食監(상식감) - 代王의 식사 담당관. 高祛(고거)는 人名. ○鉅鹿(거록) - 郡名. 치소는 今 河北省 邢台市(형태시). 鉅鹿縣. ○廉頗(염파) - 趙의 장군. 完璧歸趙(완벽귀조)의 藺相如(인상여)와 負荊請罪(부형청죄), 刎頸之交(문경지교) 故事의 주인공. 《史記 · 廉頗藺相如列

傳》 참고. ○李牧(이목, ? – 前 229) – 戰國時代 趙國 名將. 李牧, 白起, 王翦, 廉頗(염파)를 戰國 四名將으로 꼽는다. ○何已 – 何以. 왜 그런가? 已는 以와 通. ○帥將 – 主將. ○良說(양열) – 기뻐하다. ○拊髀(부비) – 허벅지를 치다. 髀는 허벅지(大腿) 비. ○主臣 – 主君의 신하인 저는! 신하가 자신의 의견을 말하기 전에 하는 말. '惶恐(황공)' 과 같은 의미. ○獨亡間處虖 – 유독 조용한 틈이나 장소가 없었는가? ○忌諱(기휘) – 禁忌. 꺼리다.

〖國譯〗

馮唐(풍당)의 조부는 趙나라 사람이었다. 부친이 代國으로 이사했다가 漢이 건국되고 安陵縣으로 이사했다. 풍당은 효자로 알려졌는데 郎中의 부서장으로 문제를 섬겼다. 문제가 연을 타고 지나가다가 풍당에게 물었다. "父老는 무슨 까닭으로 낭중이 되었는가? 어디에 사시는가?" 풍당은 사실대로 대답하였다. 문제가 말했다.

"내가 代國에 있을 때 나의 尙食監인 高祛(고거)라는 사람이 趙의 장군 李齊가 현명했고 鉅鹿郡에서 싸웠다는 이야기를 자주 했었소. 나는 매번 식사 때마다 늘 거록의 싸움을 떠올리는데, 노인네도 알고 있소?" 그러자 풍당이 대답하였다. "李齊(이제)는 廉頗(염파)장군이나 李牧(이목)장군만 못합니다." 문제가 물었다. "왜 그러한가?" 이에 풍당이 말했다.

"臣의 祖父가 趙에서 主將으로 근무할 적에 李牧(이목)과 친했습니다. 臣의 부친은 代國의 승상으로 李齊(이제) 장군과 친하게 지냈기에 그분의 사람됨을 알고 있었습니다."

문제도 전에 염파와 이목의 사람됨을 알고 있었기에 기뻐하며 허벅지를 치며 말했다.

"아! 내가 염파나 이목과 같은 장수를 얻지 못했지만 그런 장수만 있다면 어찌 흉노를 걱정하겠는가!" 그러자 풍당이 말했다. "황공하옵니다! 폐하께서는 염파와 이목 같은 장수가 있어도 등용하시지 못할 것입니다." 그러자 문제는 화를 내며 일어나 궁중으로 돌아갔다. 얼마 뒤에 풍당을 불러 꾸짖듯 말했다. "여러 사람이 있는데서 나를 모욕했는데 왜 조용한 곳이 없었단 말인가?" 이에 풍당이 사죄하였다. "어리석은 사람이라서 조심할 줄을 몰랐습니다."

原文

當是時, 匈奴新大入朝那, 殺北地都尉卬. 上以胡寇爲意, 乃卒復問唐曰, "公何以言吾不能用頗,牧也?" 唐對曰, "臣聞上古王者遣將也, 跪而推轂, 曰, '閫以內寡人制之, 閫以外將軍制之. 軍功爵賞, 皆決於外, 歸而奏之.' 此非空言也. 臣大父言李牧之爲趙將居邊, 軍市之租皆自用饗士, 賞賜決於外, 不從中覆也. 委任而責成功, 故李牧乃得盡其知能, 選車千三百乘, 彀騎萬三千匹, 百金之士十萬, 是以北逐單于, 破東胡, 滅澹林, 西抑强秦, 南支韓,魏. 當是時, 趙幾伯. 後會趙王遷立, 其母倡也, 用郭開讒, 而誅李牧, 令顏聚代之. 是以爲秦所滅. 今臣竊聞魏尙爲雲中守, 軍市租盡以給士卒, 出私養錢, 五日壹殺牛, 以饗賓客軍吏舍人, 是以匈奴遠避, 不近雲中之塞. 虜嘗一入, 尙帥車騎擊之, 所殺甚衆. 夫士卒盡家人子, 起田中從軍, 安知尺籍伍符? 終日力戰, 斬首捕虜, 上功莫府, 一言不相應, 文吏以法繩之. 其賞不行, 吏奉法必用. 愚以爲陛下法太明, 賞太輕, 罰太重. 且雲中守尙坐上功首虜差六級, 陛下下之吏, 削其爵, 罰作之. 繇此言之, 陛下雖得李牧, 不能用也. 臣誠愚, 觸忌諱, 死罪!" 文帝說. 是日, 令唐持節赦魏尙, 復以爲雲中守, 而拜唐爲車騎都尉, 主中尉及郡國車士.

十年, 景帝立, 以唐爲楚相. 武帝卽位, 求賢良, 擧唐. 唐時年九十餘, 不能爲官, 乃以子遂爲郞. 遂字王孫, 亦奇士. 魏尙, 槐里人也.

| **註釋** | ○朝那(조나) – 縣名. 今 寧夏回族自治區 固原市 동남. ○北地 – 郡名. 今 甘肅省 동부의 慶陽市 서북 일대. ○都尉卬 – 都尉인 孫卬(손앙). ○跪而推轂 – 꿇어 앉아 戰車의 바퀴를 밀다. 공경의 표시. ○闑 – 문에 세운 말뚝 얼. 곧 宮門. ○軍市之租 – 군부대 근처 시장에서 걷는 세금. ○中覆(중복) – 조정의 명령. ○彀騎萬三千匹 – 기병의 말 13,000필. 彀는 활 당길 구. ○百金之士 – 큰 상을 받을 수 있는 무사. ○東胡 – 내몽고의 동부와 요령성 북부 일대에 거주하던 흉노족의 갈래. ○澹林(담림) – 今 河北省 북부 일대에 살던 부족. ○趙幾伯 – 趙는 거의 霸者(패자)에 가까웠다. ○趙王遷 – 趙의 幽王(재위 前 235 – 228). 趙는 前 222년에 秦에게 멸망한다. ○郭開讒 – 환관 곽개의 아첨. 李牧이 반역한다고 무고하여 이목을 죽이게 한다. 顔聚(안취)는 趙의 장군. ○魏尙(위상) – 관리의 이름. ○雲中 – 郡名. 치소는 雲中縣. 今 內蒙古 呼和浩特市(內蒙古自治區의 首府) 서남. ○家人子 – 서민 가정의 아들. ○尺籍 – 부대원 명부. 伍符는 부대원 符節(일종의 신분증). ○莫府 – 幕府. 장군의 지휘부. ○一言不相應 – 단 하나라도 문서와 맞지

않으면. ○罰作之 – 그에게 노역의 징벌을 내리다. ○主中尉 – 경사의 치안을 담당하는 中尉에 관한 업무를 관장하다. 中尉는 秩를 2천석의 고급 武官이다. ○唐時年九十餘 – 다른 기록에는 古稀를 넘긴 나이에 천거되었다고 했는데 이 기록이 합리적이다. 하여튼 풍당의 出仕가 늦은 것은 사실이었다. 後世의 學者나 文人이 馮唐의 사적에 근거를 두고 '老來難以得志'라는 말을 했다. ○槐里(괴리) – 縣名. 今 陝西省 咸陽市 관할의 興平市.

〖國譯〗

그때에, 흉노가 다시 朝那縣(조나현)에 대거 침입하여 北地郡 都尉 孫卬(손앙)을 죽였다. 문제는 흉노의 침입을 걱정하며 다시 풍당을 불러 물었다. "公은 왜 내가 염파와 이목 같은 장군을 등용 못할 것이라 했는가?" 이에 풍당이 말했다.

"臣이 알기로는, 옛날에 王者가 장군을 출정시킬 때 무릎을 꿇고 전거의 바퀴를 밀며 말했다고 합니다. '궁문 안의 일은 과인이 처리하겠지만 궁문 밖은 장군이 처리하시오. 군공에 따른 작위나 상을 주는 것을 모두 밖에서 처리한 다음에 돌아와 상주하면 됩니다.' 이는 빈말이 아니었습니다. 臣의 조부께서 말씀하기로는, 李牧이 장군으로 변경에 있을 때 軍市에서 걷는 세금을 모두 군사를 먹이는데 사용했고 상을 주는 것도 밖에서 결정하고 중앙의 명령에 따르지 않았습니다. 임무를 주고 성공을 독려했기에 이목은 능력 있는 사람을 알았으며 수레 1,300승과 궁사의 말 13,000필, 그리고 용감한 병사 10만을 모았으며 이로써 북으로는 흉노를 축출하고 東胡族을 격파하였으며 澹林族(담림족)을 없애고 서쪽으로는 강한 秦의 세력을 억제하여 남쪽으로 韓과 魏를 지켜주었습니다. 이때의 趙나라는 거의

霸者에 가까웠습니다. 뒤에 趙王 遷(천)이 즉위하였는데 그 어머니는 樂人이었고 환관 郭開의 참언을 믿고 李牧을 죽인 뒤에 顔聚(안취)를 임명하였습니다. 이 때문에 秦에게 멸망했습니다. 지금 臣이 알기로는, 魏尙(위상)이 雲中郡의 태수였는데 軍市의 수입으로 사졸을 먹이고 개인 돈을 써가면서 5일마다 소를 1마리 잡아 賓客(參謀)과 軍吏와 舍人들에게 잔치를 베풀었고 이 때문에 흉노는 멀리 도망하여 雲中의 요새 근처에 가까이 오지 않았습니다. 적이 한번 습격했었는데 위상이 車騎軍을 거느리고 공격하여 매우 많은 적을 사살하였습니다. 그 士卒들은 전부 보통 백성의 아들로 농사를 짓다가 종군하였으니 그들이 무슨 군사의 명부나 符節(부절)을 알았겠습니까? 종일 힘껏 싸우며 적의 머리를 베어 幕府로 공을 보고하였는데 말이 하나라도 틀리면 문서를 만드는 관리는 법으로 처리하였습니다. 그러니 그 상을 줄 수도 없었고 관리는 법조항만 적용하였습니다. 어리석은 생각이지만 폐하의 법은 너무 세세하고 상은 너무 적고 벌은 너무 무겁습니다. 그래서 雲中 태수는 가장 큰 공을 세우고도 포로의 숫자가 6명이 맞지 않는다 하여 폐하는 위상을 관리에게 넘겨 그 작위를 삭감하고 노역의 징벌을 내렸습니다. 이런 것 때문에 폐하께서는 李牧과 같은 장수를 얻더라고 등용하지 못할 것이라고 말씀드렸습니다. 신이 너무 어리석어 폐하의 심기를 건드렸으니 죽을죄를 지었을 뿐입니다!"

그 말에 문제는 기뻐하였다. 그 날로 풍당에게 持節을 주어 위상을 사면하여 다시 운중군 태수에 임명하였고 풍당을 車騎都尉로 임명하여 中尉와 郡國의 군사에 관한 업무를 주관케 하였다.

그리고 10년이 지나 경제가 즉위하였고 풍당은 楚의 승상이 되었다. 武帝가 즉위하고 賢良한 인재를 등용할 때 풍당을 천거하였다. 풍당은 그때 나이가 90이 넘었기에 관리에 임명될 수 없어 그 아들 馮遂(풍수)를 낭중에 임명하였다. 풍수의 字는 王孫인데 그 또한 특이한 士人이었다. 魏尙(위상)은 槐里縣(괴리현) 사람이었다.

50-3. 汲黯

原文

汲黯字長孺, 濮陽人也. 其先有寵於古之衛君也. 至黯十世, 世爲卿大夫. 以父任, 孝景時爲太子洗馬, 以嚴見憚.

武帝卽位, 黯爲謁者. 東粵相攻, 上使黯往視之. 至吳而還, 報曰, "粵人相攻, 固其俗, 不足以辱天子使者." 河內失火, 燒千餘家, 上使黯往視之. 還報曰, "家人失火, 屋比延燒, 不足憂. 臣過河內, 河內貧人傷水旱萬餘家, 或父子相食, 臣謹以便宜, 持節發河內倉粟以振貧民. 請歸節, 伏矯制罰." 上賢而釋之, 遷爲滎陽令. 黯恥爲令, 稱疾歸田里. 上聞, 乃召爲中大夫. 以數切諫, 不得久留內, 遷爲東海太守.

| 註釋 | ○汲黯(급암, ? - 前 112) - 汲은 물 길을 급. 黯 어두울 암. 《史記 汲鄭列傳》 참고. ○濮陽(복양) - 縣名. 今 河南省 동북부의 濮陽市. ○以父任 - 부친의 관직에 의해 관직에 임명되다. 일종의 蔭敍(음서)에 의한 벼슬. ○太子洗馬 - 太子 수행원. 洗馬는 馬前 先導. 洗 깨끗할 선. 先과 通. ○以嚴見憚 - 엄격한 행실로 다른 사람이 敬畏(경외)했다. ○東粵(동월) - 東越, 지금의 福建省 일대의 원주민. ○河內 - 郡名. 治所는 懷縣〔今 河南省 焦作市 관할의 武陟縣(무척현)〕. ○振貧民 - 빈민을 賑恤(진휼)하다. ○矯制 - 황제의 명령이라고 假託(가탁)하다. ○中大夫 - 황제의 顧問(고문), 의론을 담당. 無 定員, 고정 직무. 中大夫, 太中大夫, 諫大夫의 구분이 있었다. 武帝時에 中大夫를 光祿大夫라 하였고 秩은 比二千石이니 고위직이었다. ○以數切諫 - 자주 심하게 간쟁하다. ○留內 - 內職에 근무하다. 長安의 관청. ○東海 - 郡名. 치소는 郯縣(담현), 今 山東省 남부의 臨沂市(임기시) 관할 郯城縣.

〖國譯〗

汲黯(급암)의 字는 長孺(장유)로 濮陽縣(복양현) 사람이다. 그 조상은 衛君(위군)의 총애를 받았다고 한다. 급암에 이르기까지 10여 世에 대대로 卿大夫의 관직에 있었다. 급암은 부친의 직위로 관직에 들어와 景帝 때 太子洗馬였는데 매우 엄정하여 남들이 敬畏(경외)하였다.

武帝가 즉위하고 급암은 謁者(알자)가 되었다. 東粵人(동월인)들이 서로 싸운다 하여 무제는 급암을 보내 살펴보게 하였다. 급암은 吳郡까지 갔다가 돌아와 보고하였다.

"越人들이 서로 전쟁을 하는 것은 그 풍속에 따른 것이기에 천자의 사자가 고생할 필요가 없습니다."

河內郡에서 화재로 민가 1천여 채가 불탔는데 무제가 급암을 시찰 보냈다. 돌아와 보고하기를 "민가에서 실화하고 집들이 붙어 있어 불이 번진 것이라서 걱정을 하지 않아도 됩니다. 臣이 河內郡에 들려보니 빈민들이 수해와 旱害(한해)를 당해 1만여 민가에서 간혹 부자간에 서로 잡아먹을 지경이라서 폐하의 부절로 하내군 창고의 곡식을 내어 빈민들을 구휼하였습니다. 폐하의 부절을 반납하며 폐하의 명을 가탁한 벌을 받고자 합니다."

무제는 잘했다고 생각하여 급암을 풀어주며 滎陽縣令(형양현령)으로 발령을 내었다. 급암은 현령이 된 것을 수치로 여겨 병을 핑계대고 고향으로 돌아갔다. 무제가 이를 알고 바로 불러 中大夫에 임명하였다. 급암은 심한 간쟁을 자주 했기에 內職에 계속 근무하지 못하고 東海郡 太守가 되었다.

原文

黯學黃,老言, 治官民, 好淸靜, 擇丞史任之, 責大指而已, 不細苛. 黯多病, 臥閤內不出. 歲餘, 東海大治, 稱之. 上聞, 召爲主爵都尉, 列於九卿. 治務在無爲而已, 引大體, 不拘文法.

爲人性倨, 少禮, 面折, 不能容人之過. 合己者善待之, 不合者弗能忍見, 士亦以此不附焉. 然好遊俠, 任氣節, 行修潔. 其諫, 犯主之顔色. 常慕傅伯,爰盎之爲人. 善灌夫,鄭當時及宗正劉棄疾. 亦以數直諫, 不得久居位.

| 註釋 | ○治官民 – 治官理民. 하급 관리를 거느리고 백성을 다스리다. ○丞史 – 郡丞(군승)과 長史(장사). 郡守(景帝 이후로는 太守)는 秩 이천석의 행정 총책임자이고 郡尉(경제 이후로는 都尉)는 무관으로 군의 군사를 담당하며 秩은 比二千石이었다. 군수와 군위는 그 아래 보조관으로 郡丞과 長史를 두었는데 질 6백석이었다. 郡내의 재판과 법률, 감옥 업무를 담당하는 決曹(결조)가 있고 그 아래 掾(연)과 史(사)의 하급 관리가 있었다. ○大指 – 要旨. 要點. ○細苛 – 사소한 일(小節)을 엄히 따지지 않다. ○主爵都尉(주작도위) – 列侯와 爵位에 관한 업무 담당자. ○文法 – 문서나 법령. ○性倨 – 倨慢(거만)한 성질. ○面折(면절) – 맞대놓고 꾸짖거나 책망하다. ○行修潔 – 당당하고 깔끔하게 행동하다. ○犯主之顏色 – 주군의 체면을 세워주지 않다. 顏色은 面子, 面目. ○傅伯(부백) – 梁 孝王의 장수. 강직한 성품이었다. ○爰盎(원앙) – 19권, 〈爰盎鼂錯傳〉에 立傳. ○灌夫(관부, ? – 前 131) – 字 仲孺. 淮陽太守, 燕國 丞相 역임. 武安侯 田蚡(전분)에게 득죄하여 처형되었다. 22권, 〈竇田灌韓傳〉에 立傳. ○鄭當時(정당시) – 武帝時 濟南太守, 江都相, 大司農 역임. ○宗正 – 宗室 관련 업무 담당관. ○劉棄疾(유기질) – 劉棄(유기). 武帝 元朔 4년(前 125)에 종실에 임명되었다.

〖國譯〗

汲黯(급암)은 黃老의 사상을 배웠는데 관리와 백성을 다스리면서도 청정한 생활을 좋아하였는데 군승이나 長史에게 일을 맡기고 큰 일만 챙길 뿐 사소한 일을 엄히 따지지 않았다. 급암은 병이 많아 관사에 누워 지내며 외출도 없었다. 일 년 남짓에 東海郡이 아주 잘 다스려졌다고 칭송이 많았다. 武帝가 이를 알고 불러 主爵都尉에 임명하니 九卿의 반열에 올랐다. 업무를 처리하면서 無爲(무위)의 뜻에 의거 큰 원칙을 따르며 문서나 법령에 구애받지 않았다.

급암의 됨됨이는 거만 솔직하고 예절을 따지지 않았으며 대놓고 면박하며 남의 잘못을 용납하지 않았다. 뜻에 맞으면 잘 대했지만 맞지 않으면 상면도 하려 않았기에 士人들이 따르지 않았다. 그러나 협객을 좋아하고 의리와 지조가 있었으며 행실이 깔끔하였다. 급암이 간쟁할 때는 황제의 체면도 생각하지 않았다. 늘 傅伯(부백)과 爰盎(원앙) 같은 사람을 흠모하였다. 灌夫(관부)와 鄭當時, 그리고 宗正인 劉棄疾(유기질)과 친했다. 직간을 자주하여 한 자리에 오래 있지 못했다.

原文

是時, 太后弟武安侯田蚡爲丞相, 中二千石拜謁, 蚡弗爲禮. 黯見蚡, 未嘗拜, 揖之. 上方招文學儒者, 上曰吾欲云云, 黯對曰, "陛下內多欲而外施仁義, 奈何欲效唐,虞之治乎!" 上怒, 變色而罷朝. 公卿皆爲黯懼. 上退, 謂人曰, "甚矣, 汲黯之戇心!" 群臣或數黯, 黯曰, "天子置公卿輔弼之臣, 寧令從諛承意, 陷主於不誼虖? 且已在其位, 縱愛身, 奈辱朝廷何!"

| 註釋 | ○太后 – 武帝의 생모 王太后. ○武安侯 田蚡(전분, ? – 前 131) – 전분의 同母異父 누나인 王氏가 景帝의 두 번째 황후가 되어 劉徹을 낳았고, 유철이 태자에서 경제의 뒤를 이어 즉위하니 곧 武帝이다. 전분은 武帝의 외삼촌. 아주 못생겼으나 文辭가 뛰어났다. 전분은 太尉와 승상을 역임하였고 유학을 존숭하며 오경박사 제도를 마련하였다. 蚡 두더지 분. 22권, 〈竇

田灌韓傳〉에 立傳.《史記 魏其田蚡列傳》 참고. ○中二千石 – 九卿의 봉록. 월 180斛(곡, 10斗가 1斛). ○拜 – 절을 하다. 무릎을 꿇고 머리를 숙여 땅에 대거나 상반신을 많이 굽혀 예를 표함. 揖(읍)은 拱手(공수, 가슴에서 두 손을 맞잡음)한 손을 얼굴 앞에까지 올리고 허리를 약간 굽혔다 펴면서 손을 내리는 인사. ○吾欲云云 – 云云은 여차여차하다. 무제는 요순을 본받아 仁義를 펴겠다는 말을 했을 것이다. ○唐, 虞 – 堯와 舜. ○戇心(당심) – 어리석음. 戇은 어리석을 당. 외고집. ○數黯(수암) – 급암을 책망하다. 數(shǔ)는 죄상을 나무라다. 책망하다. ○不誼 – 不義. ○縱 – 가령 ~한다면. 卽使. ○奈辱朝廷何 – 조정을 욕되게 한다면 어떻게 하겠는가? 奈 ~ 何는 ~을 어찌하겠는가? 奈何는 反問의 뜻을 나타냄.

〖國譯〗

이때 王太后의 동생인 武安侯 田蚡(전분)이 승상이었는데 中二千石 관리가 배알할 때 전분은 답례를 하지 않았다. 급암이 전분을 만날 때면 절을〔拜〕 하지 않고 揖(읍)만 하였다. 무제가 이런 저런 말을 하자 급암이 대꾸하였다. "폐하께서는 마음속으로는 많은 욕심을 갖고 있으면서 밖으로는 仁義를 베푼다고 하시니 어찌 堯와 舜을 본받을 수 있겠습니까!" 무제는 화가 나 얼굴을 붉히고 조회를 끝냈다. 公卿들이 모두 급암 때문에 두려워 떨었다. 무제는 들어가 측근에게 말했다. "정말 심하도다. 급암의 어리석은 마음이여!"

여러 신하 중 어떤 이가 급암을 책망하자 급암이 말했다.

"천자가 公卿과 輔弼(보필)할 신하를 두었는데 신하들이 아부하고 뜻만 따른다면 主君을 불의에 빠뜨리는 것 아닌가? 그리고 그런 자리를 차지하고서 제 몸만 사리면서 조정을 욕되게 한다면 어찌해야 하는가!"

原文

黯多病, 病且滿三月, 上常賜告者數, 終不瘉. 最後, 嚴助爲請告. 上曰, "汲黯何如人也?" 曰, "使黯任職居官, 亡以愈人, 然至其輔少主守成, 雖自謂賁,育弗能奪也." 上曰, "然. 古有社稷之臣, 至如汲黯, 近之矣!"

| 註釋 | ○病且滿三月 – 漢에서는 병으로 3달간 근무하지 못했다면 사임해야만 했다. ○賜告者數 – 특차 휴가가 여러 번이었다. 數는 한 번이 아니었다(非一也). ○瘉 – 병 나을 유. 癒와 同. ○嚴助(엄조) – 무제의 신하, 辭賦 작자로도 유명. 본명 莊助. 朱買臣, 淮南王 劉安과 교우. 劉安 謀反에 연루되어 처형. 34권, 〈嚴朱吾丘主父徐嚴終王賈傳〉에 입전. ○愈人 – 남보다 뛰어나다. ○賁,育 – 猛賁(맹분)과 夏育(하육), 古代의 勇士. ○弗能奪也 – 그 뜻을 굽히게 할 수 없다.

〖國譯〗

급암은 병이 많았는데 병을 앓아 3월이 다 차면 무제가 다시 병가를 아뢰게 하기를 여러 번이었으나 끝내 완쾌하지 못했다. 마지막으로 嚴助(엄조, 庄助)를 시켜 휴가를 신청케 하였다. 무제가 물었다. "급암은 어떤 사람이라 생각하는가?" 엄조가 대답하였다. "급암이 관직에서 업무처리는 다른 사람보다 나은 것이 없지만 어린 주군을 도와 守成하게 한다면 孟賁이나 夏育이라 부를 수 있는 사람이라도 그 뜻을 빼앗지 못할 것입니다."

그러자 무제가 말했다. "그렇다. 옛날에 사직을 지키는 신하가 있다 하였는데 급암과 같은 사람이 이에 가까울 것이다!"

原文

大將軍青侍中，上踞廁視之. 丞相弘宴見，上或時不冠. 至如見黯，不冠不見也. 上嘗坐武帳，黯前奏事，上不冠，望見黯，避帷中，使人可其奏. 其見敬禮如此.

| 註釋 | ○青 – 衛青(위청, ? – 前 106) – 字 仲卿. 衛子夫의 남동생. 노비 출신. 위자부가 나중에 무제의 황후(衛后, 衛思后로 추존)가 되자 크게 출세, 흉노 토벌에 공이 많아 대장군이 되었다. 이때는 대장군이 되기 전이다. 25권, 〈衛靑霍去病傳〉에 입전. ○侍中 – 황제 시종관. 加官의 칭호. ○踞廁 – 의자에 정좌하지 않고 되는대로 걸터앉다. 踞는 웅그릴 거. 廁은 뒷간 측. 平床의 가장자리. ○弘 – 公孫弘(공손홍, 前 200 – 121), 獄吏에서 출세. 武帝 時 御史大夫, 丞相 역임. 平津侯. 28권, 〈公孫弘卜式兒寬傳〉에 입전. ○武帳(무장) – 공무를 처리하는 임시 장막. 그 안에 5종의 병기를 비치했다.

〖國譯〗

대장군 衛青이 시중일 때 무제는 평상에 걸터앉아서 위청을 만났다. 승상 公孫弘을 사적으로 인견할 때 무제는 가끔 관을 쓰지 않았다. 그러나 급암을 만날 때는 관을 쓰지 않고서는 알현하지 않았다. 무제가 武帳(무장) 앞에 있다가 급암이 상주하러 오는 것을 보자 관을 쓰지 않고 있던 무제는 안으로 들어가서 상주하는 것을 수락한다고 하였다. 급암을 예우하기가 이와 같았다.

原文

張湯以更定律令爲廷尉, 黯質責湯於上前, 曰, "公爲正卿, 上不能褒先帝之功業, 下不能化天下之邪心, 安國富民, 使囹圄空虛, 何空取高皇帝約束紛更之爲? 而公以此無種矣!" 黯時與湯論議, 湯辯常在文深小苛, 黯憤發, 罵曰, "天下謂刀筆吏不可爲公卿, 果然. 必湯也, 令天下重足而立, 仄目而視矣!"

| 註釋 | ○張湯(장탕, ? - 前 115) - 武帝 때 유명한 酷吏(혹리). 59권, 〈張湯傳〉에 입전. ○質責 - 대면하여 책망하다. ○褒 - 크게 장려하다. 일으킬 포. ○囹圄 - 감옥. 囹은 감옥 영(령). 圄 감옥 어. 가두다. ○約束紛更 - 約法의 정신을 어기고 법령을 개정하다. ○無種 - 후손이 없다. 멸족당할 것이다. ○文深小苛 - 문서나 법령 적용이 가혹하고 세밀하다. ○刀筆吏 - 문서나 만드는 하급 관리. ○重足而立 - 두발을 모아서다. 꼼짝 못하게 하다. ○仄目而視矣 - 곁눈으로 보다. 두려워 바로 보지도 못하다. 仄(기울 측)은 側(곁 측)의 古字. ○重足仄目(중족측목) - 몹시 두려워하는 모양. 成語로 쓰이고 있다.

〖國譯〗

張湯(장탕)은 법률을 많이 고쳤고 정위가 되었는데 급암은 장탕을 무제의 면전에서 질책하며 말했다.

"公은 正卿이 되어 위로는 先帝의 功業을 널리 기리지도 못하고 아래로는 천하 백성들의 사악함을 교화하여 나라를 안정시키거나 백성을 부유하게 만들거나 감옥을 비게 하지도 못하면서 어이하여

高皇帝의 약속을 어지럽게 바꾸기만 일삼는가? 아마 공은 이 때문에 후손이 없을 것이다."

급암이 가끔 장탕과 논쟁을 하면 장탕은 늘 문서나 법령을 가혹하고 세밀하게 적용하였기에 급암은 크게 화를 내며 욕을 했다.

"세상 사람들이 도필리가 공경이 되어서는 안 된다더니 과연 그러하다. 꼭 장탕과 같이 한다면 세상 사람들은 꼼짝도 못하고 바로 쳐다보지도 못할 것이다!"

原文

是時, 漢方征匈奴, 招懷四夷. 黯務少事, 間常言與胡和親, 毋起兵. 上方鄕儒術, 尊公孫弘, 及事益多, 吏民巧. 上分別文法, 湯等數奏決讞以幸. 而黯常毁儒, 面觸弘等徒懷詐飾智以阿人主取容, 而刀筆之吏專深文巧詆, 陷人於罔, 以自爲功. 上愈益貴弘,湯, 弘,湯心疾黯, 雖上亦不說也, 欲誅之以事. 弘爲丞相, 乃言上曰, "右內史界部中多貴人宗室, 難治, 非素重臣弗能任, 請徙黯." 爲右內史數歲, 官事不廢.

| 註釋 | ○招懷 – 招納 按撫(안무)하다. ○務少事 – 일을 줄이려고 애쓰다. ○吏民巧 – 잔재주를 부리다. 舞文弄法(무문농법)하다. ○分別文法 – 문서나 법령을 세밀하게 하다. ○決讞以幸 – 중대한 안건을 황제에게 결재를 올려 신임을 얻으려 하다. 讞은 죄를 의논할 언(얼). ○面觸(면촉) – 면전

에서 건드리다. 面斥하다. ○懷詐飾智(회사식지) – 거짓된 마음으로 奸智를 발휘하다. ○阿 – 아부하다. 언덕 아. ○深文巧詆(심문교저) – 법조문의 뜻을 왜곡하여 교묘하게 죄에 얽어매다. ○欲誅之以事 – 급암을 죽이려 애를 쓰다. ○內史 – 수도의 치안 담당 관리. 京兆尹(경조윤). 좌,우내사가 있었다. ○界部 – 관할 지역 내.

〖國譯〗

이 무렵 漢에서는 匈奴 정벌을 시작했고 사방의 이민족을 불러 회유하는 정책을 폈다. 급암은 국사를 줄이려 애썼기에 틈만 나면 흉노와의 화친과 군사를 일으키지 말 것을 건의했었다. 무제는 바야흐로 유학에 마음이 쏠려 공손홍을 높이 등용하자 국사는 더 많아졌고 관리와 백성들은 잔재주를 부렸다. 무제는 문서나 법령을 세밀히 시행케 하였고 張湯 등은 자주 큰 안건을 만들어 올려 신임을 얻으려 애썼다. 그러나 급암은 언제나 유학자들을 비난하고 공손홍 등이 거짓된 마음으로 간지를 꾸며 황제에게 아부하고 도필리들은 오로지 법조문의 뜻을 왜곡하여 교묘하게 죄를 엮어 사람을 법망에 빠트리고 그것을 공적으로 생각한다고 면전에서 책망하거나 비난하였다. 무제가 공손홍과 장탕을 더 높이 등용하면서 공손홍과 장탕 등은 속으로 급암을 미워하였고 무제 또한 급암을 좋아하지 않았기에 급암을 죽이려는 생각뿐이었다. 공손홍이 승상이 되자 바로 무제에게 상주하였다.

"右內史의 관할 지역에는 귀인과 종실들이 많이 거주하여 다스리기가 어려우며 평소에도 重臣이 아니라면 임무를 감당하기 어려우니 급암을 우내사로 발령하시길 주청합니다."

급암이 右內史로 재직한 몇 년 동안 정사가 흐트러지지 않았다.

原文

大將軍<u>青</u>旣益尊, 姊爲皇后, 然<u>黯</u>與亢禮. 或說<u>黯</u>曰, "自天子欲令群臣下大將軍, 大將軍尊貴, 誠重, 君不可以不拜." <u>黯</u>曰, "夫以大將軍有揖客, 反不重耶?" 大將軍聞, 愈賢<u>黯</u>, 數請問以朝廷所疑, 遇<u>黯</u>加於平日. <u>淮南王</u>謀反, 憚<u>黯</u>, 曰, "<u>黯</u>好直諫, 守節死義, 至說<u>公孫弘</u>等, 如發蒙耳."

| **註釋** | ○姊 - 손윗누이 자. 姐 同. 衛子夫를 말함. ○亢禮(항례) - 대등한 예를 취하다. 分庭亢禮. 亢 높을 항. 맞서다. 대등하다. ○揖客 - 서로 揖을 할 수 있는 사람. 平交. 대장군이 자신을 낮춰 직위가 낮은 사람과 서로 읍을 한다면 그것이 대장군을 돋보이게 한다는 뜻. ○淮南王謀反 - 회남왕 劉安, 武帝 元狩 元年(前 122년)에 모반. ○至說公孫弘等 - 공손홍 등을 설득하기는. 說의 音은 세. ○如發蒙耳 - 어린아이 깨우치는 것과 같다. 아주 쉬운 일이다. 蒙(몽)은 무지, 몽매. 글자를 처음 배우는 어린아이〈蒙童(몽동)〉.

〖國譯〗

大將軍 衛青(위청)이 더욱 존귀한 자리에 올랐고 그 누나가 황후가 되었는데, 급암은 위청에게 대등한 예를 취했다. 어떤 사람이 급암에게 말했다. "천자께서는 群臣들이 대장군보다 아래에 처하기를 바라시고 대장군의 존귀함이 실제로 중요하니 당신도 절을(拜) 하지

않을 수 없을 것입니다." 그러자 급암이 말했다.

"대장군에게 읍을 할 수 있는 사람이 있다는 것이 도리어 높이는 것이 아닙니까?" 대장군 위청이 그 말을 듣고서는 급암을 더욱 현명한 사람이라 생각하며 자주 청해서 정사에 대하여 물었고 급암을 평소보다 더 예우하였다.

淮南王 劉安이 모반하면서 급암을 두려워하며 말했다. "급암은 직간을 잘하고 절의를 지켜 죽을 것이나 공손홍 등을 설득시키기는 어린아이 가르치는 것과 같을 것이다."

原文

上旣數征匈奴有功, 黯言益不用. 始黯列九卿矣, 而公孫弘,張湯爲小吏. 及弘,湯稍貴, 與黯同位, 黯又非毁弘,湯. 已而弘至丞相, 封侯, 湯御史大夫, 黯時丞史皆與同列, 或尊用過之. 黯褊心, 不能無少望, 見上, 言曰, "陛下用群臣如積薪耳, 後來者居上." 黯罷, 上曰, "人果不可以無學, 觀汲黯之言, 日益甚矣."

| **註釋** | ○稍貴(초귀) – 점점 높아지다. ○或尊用過之 – 혹은 높이 등용되어 급암보다 높아졌다. ○褊心 – 생각이 좁다. ○不能無少望 – 조금의 원망도 없을 수는 없었다. 望은 원망. ○積薪 – 장작(薪)을 쌓다. 薪은 땔나무. 장작.

〖國譯〗

무제는 여러 번 흉노를 원정하여 이겼기에 더욱 급암의 말을 받아들이지 않았다. 처음에 급암이 9경의 반열에 올랐을 때 공손홍과 장탕은 하급 관리였었다. 공손홍과 장탕이 점점 승진하여 급암과 같은 자리가 되었지만 급암은 여전히 공손홍과 장탕을 비난하였다. 얼마 후, 공손홍이 승상에 오르고 제후에 봉해졌으며 장탕은 어사대부가 되었고 급암 아래에 있던 丞이나 史들이 같은 반열에 있거나 혹은 더 높이 등용되었다. 급암은 좁은 생각에서 조금의 원망이 없을 수는 없었기에 무제를 알현하면서 말했다.

"폐하께서는 신하 등용을 마치 장작을 쌓듯 하시니 나중 사람이 윗자리를 차지합니다."

급암이 물러나자 무제가 말했다. "사람이 배우지 않을 수 없는 것이니 급암의 말을 보면 날마다 더 심해진다."

原文

居無何, 匈奴渾邪王帥衆來降, 漢發車二萬乘. 縣官亡錢, 從民貰馬. 民或匿馬, 馬不具. 上怒, 欲斬長安令. 黯曰, "長安令亡罪, 獨斬臣黯, 民乃肯出馬. 且匈奴畔其主而降漢, 徐以縣次傳之, 何至令天下騷動, 罷中國, 甘心夷狄之人乎!" 上默然. 後渾邪王至, 賈人與市者, 坐當死五百餘人. 黯入, 請間, 見高門, 曰, "夫匈奴攻當路塞, 絶和親, 中國擧兵誅之, 死傷不可勝計, 而費以巨萬百數. 臣愚以爲陛下得胡人, 皆以爲奴婢, 賜從軍死者家, 鹵獲, 因與之, 以謝天下, 塞百姓之心. 今縱不能, 渾邪帥數萬之衆來, 虛府庫賞賜, 發良民侍養, 若奉驕子. 愚民安知市買長安中 而文吏繩以爲闌出財物如邊關乎? 陛下縱不能得匈奴之贏以謝天下, 又以微文殺無知者五百餘人, 臣竊爲陛下弗取也." 上弗許, 曰, "吾久不聞汲黯之言, 今又復妄發矣." 後數月, 黯坐小法, 會赦, 免官. 於是黯隱於田園者數年.

| **註釋** | ○居無何 - 오래지 않아(過了不久). 얼마 후. ○渾邪王(혼야왕, 昆邪王, ? - 前 120) - 漢代 匈奴 單于 아래 諸王의 하나. 張掖郡〔장액군, 今 甘肅省 張掖市(장액시)〕 일대를 차지하고 있다가 武帝 元狩 2년(前 121)에 霍去病(곽거병)의 원정으로 격파되어 그 무리 4만여 명(號 十萬)이 투항하였다. 혼야왕은 1만 호의 식읍을 받고 濕陰侯〔습음후, 漯陰侯(탑음후)〕에 봉해졌으나 封을 받은 해에 죽었다. 그 무리들은 隴西郡, 北地郡 등 5개 郡에 분산 수용되었다. 漢은 이들의 원 거주지에 酒泉郡〔今 甘肅省 서북부 河西走廊(하서주랑)의 서쪽 酒泉市〕을 설치하고 통치하였다. ○帥衆來降(솔중내항) - 무리를 거느리고 투항해 오다. ○縣官 - 天子의 다른 이름. '國家' 라는 의미로 통용. '縣의 관리' 라는 뜻이 아님. 顯官(고급 관원)과 다른 뜻. ○甘心 - 달가워하다. 만족해하다. 여기서는 夷狄之人의 환심을 사려 하다. ○坐當死五百餘人 - 국경의 胡市에 출입할 때는 무기나 쇠붙이를 지니고 출입할 수 없다는 법 조항이 있었고 장안에서 흉노와 거래할 때도 그 법이 적용된다 하여 일반 백성은 그런 조항을 모르고 거래하다가 500여 명이 처형되었다고 한다. ○高門 - 未央宮 내에 있는 高門殿. ○鹵獲(노획) - 전투에서 얻은 포로나 재물. 鹵는 虜, 擄(사로잡을 노)와 通. ○塞百姓之心 - 塞(색)은 만족시키다. ○若奉驕子 - 교만한 자식을 시중드는 것과 같다. ○闌出財物 - 멋

대로 재물을 반출하다. 闌은 가로막을 난(란). 멋대로. ○贏 – 이가 남을 영. 이득, 내기에서 이기다. ○微文(미문) – 그 내용이 확실하지 않은 법조문.

〖國譯〗

얼마 뒤에, 匈奴의 渾邪王(혼야왕)이 무리를 거느리고 투항해 오자 나라에서는 수레 2만 승을 동원하면서 나라에 돈이 없어 민간의 말을 貰(세)내었다. 어떤 백성들이 말을 감추기도 하여 말이 모자랐다. 무제가 노하여 長安令을 사형시키려 하였다. 그러자 급암이 말했다. "長安令은 죄가 없으니 다만 臣 급암을 참수하면 백성들이 말을 내놓을 것입니다. 그리고 흉노가 그 주군을 배반하고 우리에게 투항하는 것이니 순차적으로 각 현에서 다음 현으로 넘기면 되는데 무엇 때문에 온 천하를 시끄럽게 하고 중국을 지치게 하면서 오랑캐들의 마음을 흡족하게 하십니까?"

무제는 아무 말도 하지 않았다. 그 뒤에 혼야왕이 도착하자 상인으로 그들과 거래한 사람 5백여 명이 법에 걸려 사형되었다. 이에 급암이 궁중에 들어와 뵙기를 청하고 (미앙궁 내의) 高門殿에서 무제를 알현하며 말했다.

"흉노가 쳐들어오면 길을 막고 화친을 끊으며 온 나라가 군사를 내어 토벌할 때 죽고 다친 자를 이루 다 셀 수 없었으며 그 비용이 수백만이었습니다. 臣의 어리석은 생각이지만 흉노를 잡았다면 모두 노비로 만들어 종군하다 죽은 자의 집에 내려주고 또 노획한 재물도 나눠주어서 백성들에게 사례하며 그들 마음을 채워주어야 합니다. 지금 설령 그렇게 할 수 없다 하더라도 혼야왕을 따라온 수만 무리에게 상을 주느라고 나라의 창고가 바닥나고 양민을 동원하여 시중들고 부양하는 것은 마치 교만한 자식을 시중드는 것과 같습니다. 어리석은 백성들이 장안에서 그들과 거래할 때 文吏들이 법에 얽어맨 재물을 변경의 관문에서와 같이 함부로 가지고 나갈 수 없다는 것을 어찌 알았겠습니까? 폐하께서 흉노에서 얻은 재물로 백성들에게 사과하지는 않더라도 잘 알려지지도 않은 조항으로 무지한 백성 5백여 명을 죽인 것은 폐하께서 해서는 안 될 일이라고 臣은 생각합니다."

무제는 허락하지 않으며 말했다. "내가 오랫동안 급암의 말을 들을 수 없었더니 오늘 또 망발을 하는구나."

몇 달 뒤에 급암은 사소한 죄에 걸렸으나 사면을 받자 관직을 사임하였다. 그리고 급암은 몇 년 동안 전원에 은거하였다.

原文

會更立五銖錢, 民多盜鑄錢者, 楚地尤甚. 上以爲淮陽, 楚地之郊也, 召黯拜爲淮陽太守. 黯伏謝不受印綬, 詔數强予, 然後奉詔. 召上殿, 黯泣曰, "臣自以爲塡溝壑, 不復見陛下, 不意陛下復收之. 臣常有狗馬之心, 今病, 力不能任郡事. 臣願爲中郎, 出入禁闥, 補過拾遺, 臣之願也." 上曰, "君薄淮陽邪? 吾今召君矣. 顧淮陽吏民不相得, 吾徒得君重, 臥而治之." 黯旣辭, 過大行李息, 曰, "黯棄逐居郡, 不得與朝廷議矣. 然御史大夫湯智足以距諫, 詐足以飾非, 非肯正爲天下言, 專阿主意. 主意所不欲, 因而毁之, 主意所欲, 因而譽之. 好興事, 舞文法, 內懷詐以御主心, 外挾賊吏以爲重. 公列九卿不早言之何? 公與之俱受其戮矣!" 息畏湯, 終不敢言. 黯居郡如其故治, 淮陽政淸. 後張湯敗, 上聞黯與息言, 抵息罪. 令黯以諸侯相秩居淮陽. 居淮陽十歲而卒.

| 註釋 | ○五銖錢(오수전) - 漢 건국 후에도 秦의 半兩錢이 유통되었다. 오수전은 漢의 銅錢으로 그 무게가 五銖(1兩은 15.5g, 1兩은 24銖. 1銖는 0.65g)이며 표면에 '五銖'라는 二字가 양각되었다. 武帝 元狩 5년(前 118) 최초로 주조된 이후 後漢, 魏, 晉을 거쳐 隋까지 주조 통용되어 唐 高祖 武德 4年(621)에 공식적으로 폐지되었지만 민간에서는 여전히 유통되었다. ○淮陽(회양) - 郡名. 치소는 陳縣(今 河南省 周口市 淮陽縣). ○塡溝壑(전구학) - 구덩이에 묻히다. 죽다. 溝 도랑 구. 壑 골짜기 학. 개천. ○狗馬之心 - 충성심. ○力不能 - 매우 하지 못하다. 力은 심히. 매우. ○禁闥(금달) - 궁궐 문. 궁궐. ○補過拾遺 - 빠지거나 소홀히 한 것을 보완하다. ○吏民不相得 - 관리나 백성이 제 자리를 못 찾았다. ○吾徒得君重 - 나는 다만 경의 명성과 신망을 얻고자 한 것이다. ○大行李息 - 大行令 李息. 경제 때 대행령을 무제 때 大鴻臚(대홍려)로 개명하였다. 대홍려는 九卿의 하나. 제후와 이민족에 관련한 업무 담당. ○公與之俱受其戮矣 - 공은 그와(장탕) 함께 죽게 될 것이다. ○抵息罪 - 李息이 죄가 있다고 판결하다. ○以諸侯相秩 - 秩(질)은 俸祿(봉록), 군의 태수보다 제후국 승상의 녹봉이 더 많았다.

〖國譯〗

그때 五銖錢(오수전)을 다시 주조하는데 민간에서 몰래 주전하는 자들이 많았는데 특히 楚 지역에서 더욱 심했다. 무제는 淮陽郡이

楚의 접경 지역이기에 급암을 불러 회양태수에 임명하려고 생각하였다. 급암은 엎드려 사양하며 인수를 받지 않았지만 詔命으로 여러 번 강요하자 나중에 명에 따랐다. 급암은 전각에 불려가 눈물을 흘리며 말했다.

"臣은 스스로 구렁텅이에 빠져 죽을 때까지 폐하를 뵐 수 없을 것으로 생각했고 폐하께서 다시 부르시리라 생각도 못했습니다. 臣은 언제나 폐하께 충성을 다할 마음이 있지만 병들은 몸이라 한 郡의 행정을 절대로 감당하지 못할 것입니다. 臣은 中郎으로 궁에 출입하면서 폐하께서 혹 챙기지 못한 일이 있어 보완할 수 있기를 바랄 뿐입니다."

그러자 무제가 말했다. "君은 회양군을 경시하는가? 나는 이후에 다시 경을 부를 것이요 돌아보면 회양군의 관리와 백성들은 제 자리를 못 찾고 있기에 짐은 다만 卿의 명망을 빌리려 한 것이니 가서 누워서라도 다스리도록 하오." 급암이 물러나와 大行令 李息을 만나서 말했다.

"내가 쫓겨나듯 郡에 나가기에 조정에서 가히 의논을 할 수는 없소. 그러나 어사대부 장탕의 지모로 족히 바른 말을 저지할 수 있고 거짓으로는 비리를 잘 꾸밀 수 있지만 천하를 바로 잡을 말을 하는 것도 아니고 전적으로 폐하의 뜻에 아부만 하고 있소. 폐하가 하지 않으려는 일이면 그 뜻에 따라 헐뜯고 폐하가 바라는 것이라면 그에 따라 칭송을 합니다. 일을 일으키기를 좋아하고 문서나 법을 가지고 장난질이나 치면서 내심으로는 거짓된 생각으로 폐하의 생각을 가로막고 밖으로는 나쁜 관리들을 끼고 권위를 세우려 하고 있소. 公은 九卿의 반열에서 여태껏 아무 말도 안하는 것은 무엇 때문인가?"

이식은 두려워 끝내 아무 말도 할 수 없었다. 급암은 군에 내려가서 예전처럼 다스렸고 회양군의 정사는 투명해졌다. 뒷날 장탕이 죽은 뒤, 무제는 급암이 이식에게 했던 말을 전해 듣고 이식은 죄를 지었다고 판결하였다. 그리고 급암에게 제후의 승상과 같은 대우로 회양태수 직책을 수행케 하였다. 회양태수로 10년을 근무하다가 급암은 죽었다.

原文

卒後, 上以黯故, 官其弟仁至九卿, 子偃至諸侯相. 黯姊子司馬安亦少與黯爲太子洗馬. 安文深巧善宦, 四至九卿, 以河南太守卒. 昆弟以安故, 同時至二千石十人. 濮陽段宏始事蓋侯信, 信任宏, 官亦再至九卿. 然衛人仕者皆嚴憚汲黯, 出其下.

| 註釋 | ○蓋侯信 - 景帝 王皇后의 오빠인 王信. ○信任宏 - 왕신이 段宏(단굉)을 보증하고 추천하다. 임은 保擧. ○嚴憚(엄탄) - 敬畏하다.

〖國譯〗

급암이 죽은 뒤에 무제는 급암을 생각하여 그의 동생 汲仁(급인)을 九卿의 반열에 등용하였고 아들 汲偃(급언)은 제후국의 승상이 되었다. 급암 누나의 아들 司馬安 역시 젊어서 급암처럼 太子洗馬가 되었다. 사마안은 법조문 해석이 매우 각박하였고 영리하게 관직을 수행하여 4번이나 九卿의 반열에 올랐다가 河南太守로 죽었다. 그 형제들은 사마안의 덕분에 같은 시절에 2천석 고관이 된 사람이 10명이나 되었다.

濮陽縣(복양현) 사람 段宏(단굉)은 처음에 蓋侯(개후) 王信(왕신)을 섬겼는데 왕신의 보증과 천거로 관직이 9경에 올랐었다. 그러나 衛人으로 출사한 사람들은 모두 급암을 경외하였고 그 아래에서 배출되었다고 한다.

50-4. 鄭當時

原文

鄭當時字莊, 陳人也. 其先鄭君嘗事項籍, 籍死而屬漢. 高祖令諸故項籍臣名籍, 鄭君獨不奉詔. 詔盡拜名籍者爲大夫, 而逐鄭君. 鄭君死孝文時.

| 註釋 | ○鄭當時 - 《史記 汲鄭列傳》 참고. ○名籍 - '項籍' 이라고 이름을 부르다.

〖國譯〗

鄭當時의 字는 莊(장)으로 陳縣 사람이다. 그 선친인 鄭君(정군)은 전에 項籍(항적. 항우)를 섬기었는데 항적이 죽자 漢에 속했다. 고조는 옛 항적의 신하들에게 항적의 이름을 부르도록 명하였는데 정군만 홀로 그 명에 따르지 않았다. 詔命에 의거 항적이라 부른 사람들은 모두 大夫가 되었지만 정군은 방축되었다. 정군은 文帝 때 죽었다.

原文

當時以任俠自喜, 脫張羽於厄, 聲聞梁,楚間. 孝景時, 爲太子舍人. 每五日洗沐, 常置驛馬長安諸郊, 請謝賓客, 夜以繼日, 至明旦, 常恐不遍. 當時好黃老言, 其慕長者, 如恐不稱. 自見年少官薄, 然其知友皆大父行, 天下有名之士也.

| **註釋** | ○張羽 – 梁 孝王의 장수. 22권, 〈竇田灌韓傳〉의 韓安國에 관한 기록 참고. ○厄 – 재앙 액. ○洗沐(세목) – 관리의 휴가일. ○諸郊 – 교외의 여러 곳. ○不稱 – 마음에 들지 않다. ○大父行(대부항) – 祖父의 연배에 해당하는 사람들.

〖國譯〗

정당시는 스스로 협객의 행실을 좋아하였는데 張羽를 위기에서 벗어나게 하여 그 이름이 梁과 楚國에 널리 알려졌었다. 경제 때 太子舍人이 되었다. 매 5일마다 洗沐日(세목일)이 되면 역마를 장안 교외 곳곳에 보내 빈객을 초청하여 낮부터 밤늦도록 새벽까지 즐기면서 혹 소홀한 점이 있을까 걱정하였다. 정당시는 黃老의 학설을 좋아하였는데 그가 흠모하는 장자들이 혹 마음에 흡족해하지 않을까 걱정하였다. 자신이 나이가 어리고 낮은 관직이었지만 그가 벗으로 사귀는 사람은 모두 조부의 연배에 해당하는 천하의 유명한 인사들이었다.

原文

武帝卽位, 當時稍遷爲魯中尉, 濟南太守, 江都相, 至九卿爲右內史. 以武安,魏其時議, 貶秩爲詹事, 遷爲大司農.

當時爲大吏, 戒門下, "客至, 亡貴賤亡留門者." 執賓主之禮, 以其貴下人. 性廉, 又不治產, 卬奉賜給諸公. 然其饋遺人, 不過具器食. 每朝, 候上間說, 未嘗不言天下長者. 其推轂士及官屬丞史, 誠有味其言也, 常引以爲賢於己. 未嘗名吏, 與官屬言, 若恐傷之. 聞人之善言, 進之上, 唯恐後. 山東諸公爲此翕然稱鄭莊.

| 註釋 | ○魯中尉 – 제후국. 國都 魯縣〔今 山東省 曲阜(곡부)〕. 中尉는 郡國의 치안 군사 담당관. ○濟南(제남) – 郡名. 治所는 今 山東省 濟南市 동쪽. ○江都 – 제후국, 국도는 廣陵(今 江蘇省 揚州市) 북쪽. ○武安,魏其時議 – 武安侯 田蚡(전분)과 魏其侯 竇嬰(두영)의 쟁의에 끼어들다. 22권, 〈竇田灌韓傳〉에 立傳. ○詹事(첨사) – 황후와 태자의 가사를 담당하는 관직. 詹 이를 첨, 볼 첨. ○大司農 – 農政과 租稅, 국가 재정 담당관. ○亡貴賤 – 貴賤을 不問하고. ○以其貴下人 – 높은 지위를 낮춰 사람을 대하다. ○卬奉賜給諸公 – 봉록이나 하사품을 받으면 여러 사람에게 나눠 주었다. ○饋遺人(궤유인) – 남에게 보내는 것은. ○不過具器食 – 한 그릇의 음식물에 불과

했다. ○推轂(추곡) - 천거하다. ○誠有味其言也 - 진실하게 좋은 말로 하였다. 味其言은 美言. 좋은 말. ○未嘗名吏 - 관리들의 이름을 부르지 않았다. ○山東 - 崤山(효산) 以東. ○翕然(흡연) - 한가지로. 일치하여. 翕 합할 흡, 모일 흡.

〖國譯〗

武帝가 즉위하고서 정당시는 魯國의 中尉와 濟南郡의 太守, 江都國의 승상을 차례로 역임하고 九卿의 반열인 右內史가 되었다. 그러나 武安侯 田蚡과 魏其侯 竇嬰(두영)의 논쟁 때문에 강등되어 詹事(첨사)가 되었다가 승진하여 大司農이 되었다.

鄭當時가 고급 관리로 있을 때 문지기에게 "손님이 오면 귀천을 불문하고 대문에서 기다리지 않게 하라." 주의를 주었다. 정당시는 賓主의 예를 지키면서 자신의 지위를 낮춰 사람을 대하였다. 청렴한 성품에 또 재산을 늘리려 하지 않았고 봉록이나 하사품을 받으면 여러 사람에게 나눠 주었다. 그렇지만 타인에게 주는 것은 한 그릇의 음식물에 불과하였다. 매번 조회에 武帝의 틈을 보아 말을 하되 천하의 賢人長者 이야기를 아니한 적이 없었다. 그가 文士나 관속인 하급 관리들 추천할 때는 진실이 담긴 좋은 말을 하였고 늘 자신보다 나은 점을 말하였다. 관리들의 이름을 함부로 부르지 않았으며 관리들과 이야기를 할 때는 혹 상대가 마음 상하지 않을까 조심하였다. 다른 사람의 선행에 대한 말을 들으면 곧 황제에게 추천하면서 자신도 그런 선행을 못할까 걱정하였다. 효산 동쪽의 여러 사람들은 이 때문에 모두가 鄭莊(鄭當時)을 칭송하였다.

原文

使視決河, 自請治行五日. 上曰, "吾聞鄭莊行, 千里不繼糧, 治行者何也?" 然當時以朝, 常趨和承意, 不敢甚斥臧否. 漢征匈奴, 招四夷, 天下費多, 財用益屈. 當時爲大司農, 任人賓客僦, 入多逋負. 司馬安爲淮陽太守, 發其事, 當時在此陷罪, 贖爲庶人. 頃之, 守長史. 遷汝南太守, 數歲, 以官卒. 昆弟以當時故, 至二千石者六七人.

當時始與汲黯列爲九卿, 內行修. 兩人中廢, 賓客益落. 當時死, 家亡餘財.

先是, 下邽翟公爲廷尉, 賓客亦塡門, 及廢, 門外可設爵羅. 後復爲廷尉, 客欲往, 翟公大署其門, 曰, "一死一生, 乃知交情, 一貧一富, 乃知交態, 一貴一賤, 交情乃見."

| 註釋 | ○決河 – 황하의 제방이 터지다. ○治行 – 行裝(行李)을 준비하다. ○斥 – 반대하다. 指斥. 臧否(장부)는 선악. 옳거나 나쁜가. ○任人賓客僦 – 빈객을 보증하여 운반하게 하다. 僦는 세낼 추. 일꾼을 사다. 수송 책임자로 고용하다. ○逋負(포부) – 달아나거나 돈을 떼어먹다. 逋는 달아날 포. ○守長史 – 장사로 강등 임명되다. 守는 높은 직위를 낮은 직급에 임용하다. ○內行修 – 품행을 단정히 하다. ○下邽(하규) – 縣名. 今 陝西省 華縣. ○翟 – 꿩 적. 성씨 책, 지명 책. 책공의 글은《史記 汲鄭列傳》에 '太史公 曰' 의 일부이다. ○塡門(전문) – 내객이 많아 문에 꽉 차다. ○爵羅 – 참새 그물을 치다. 爵은 雀(참새 작)과 通. ○大署 – 大書하다.

【國譯】

정당시가 황하의 제방 터진 곳을 파악하러 출장을 갈 때 자신이 행장을 준비하는 기간 5일을 신청하였다. 그러자 무제가 말했다. "나는 鄭莊이 천리 밖 출장을 가도 양식을 준비하지 않는다고 들었는데 왜 행장을 준비한다고 하는가?"

전에도 정당시는 조회를 하면서 늘 황제의 뜻에 따랐고 감히 옳은가 그른가를 철저하게 따지려 하지 않았다. 漢에서 흉노를 정벌하고 사방의 이민족을 회유하는데 비용 지출이 많아 나라 재정이 점점 부족해졌다. 정당시가 大司農으로 재직하며 빈객들을 보증하여 재물을 수송케 하였는데 그들 중 도망가거나 금액을 축낸 사람이 많았다. 司馬安이 淮陽郡 太守로 그 문제를 고발하여 정당시가 처벌을 받았는데 돈으로 속죄하고 서인이 되었다. 얼마 뒤에 長史로 강등 임용되었다. 汝南太守로 나가 몇 년 재직하여 재직 중에 죽었다. 그 형제들이 정당시 덕분에 2천석 고관에 이른 자가 6, 7인이나 되었다.

鄭當時가 처음에 汲黯(급암)과 함께 九卿에 올랐을 때 품행도 바로 가지려 노력했다. 두 사람이 중간에 벼슬을 그만두자 빈객도 크게 줄었다. 정당시가 죽었을 때 집안에는 여분의 재산이 없었다.

이보다 앞서 下邽縣(하규현)의 翟公(책공)이 정위가 되었을 때, 빈객이 대문을 메웠으나 관직에서 물러나자 대문 밖에 참새 그물을 칠 정도였다. 뒤에 다시 정위가 되자 빈객들이 찾아오려 하였다. 이에 책공이 대문에 크게 써 붙였다. "죽었다가 다시 살아나니 사귀는 정을 알았도다. 가난했다 부자 되니 사귀는 꼴을 알았고 고귀했다가 미천해지니 그 우정을 보았노라."

原文

贊曰, 張釋之之守法, 馮唐之論將, 汲黯之正直, 鄭當時之推士, 不如是, 亦何以成名哉! 揚子以爲孝文帝詘帝尊以信亞夫之軍, 曷爲不能用頗,牧? 彼將有激云爾.

| 註釋 | ○推士 – 인사 추천. ○揚子 – 揚雄. 87권, 〈揚雄傳〉에 입전. ○詘 – 굽힐 굴. 信은 伸. ○亞夫之軍 – 周亞夫의 군사. 文帝가 주아부의 細柳營을 방문하며 주아부의 군령을 준수했다. ○有激 – 장수를 격려하는 방법.

〖國譯〗

班固의 論贊 : 張釋之(장석지)의 준법과 馮唐(풍당)의 장수의 자질에 대한 논의, 汲黯(급암)의 정직과 鄭當時(정당시)의 인재 추천이 옳지 않았다면 어떻게 그 명성을 얻을 수 있었겠는가! '孝文帝는 황제의 존엄을 굽히면서 周亞夫의 군령을 따라 주었는데 어찌 廉頗(염파)와 李牧(이목) 같은 장수를 등용 못했겠는가?' 라고 揚雄은 생각했었다. 그것도 아마 장수를 격려하는 방법의 하나였을 것이다.

저자 약력

陶硯 진기환陳起煥

서울 대동세무고등학교 교장을 역임하였고 개인 문집으로《陶硯集》출간.

주요 저서로는 중국 고전소설《儒林外史》국내 최초 번역,《史記講讀》,《史記 人物評》,《中國의 土俗神과 그 神話》,《中國의 신선이야기》,《上洞八仙傳》,《三國志 故事成語 辭典》,《三國志 故事名言 三百選》,《三國志의 지혜》,《三國志 人物評論》,《精選 三國演義 原文 註解》,《中國人의 俗談》,《水滸傳 評說》,《金甁梅 評說》,《논술로 읽는 論語》,《十八史略 中(下)·下(上)·下(下)》,《唐詩三百首 上·中·下》共譯,《唐詩逸話》,《唐詩絶句》,《王維》,《漢書(一)·(二)권》외

E-mail : jin47dd@hanmail.net

原文 註釋 國譯

漢書(三)
한 서

초판 인쇄 2016년 12월 20일
초판 발행 2016년 12월 26일

역 주 | 진기환
발행자 | 김동구
디자인 | 이명숙·양철민
발행처 | 명문당(1923. 10. 1 창립)
주 소 | 서울시 종로구 윤보선길 61(안국동)
우체국 010579-01-000682
전 화 | 02)733-3039, 734-4798(영), 733-4748(편)
팩 스 | 02)734-9209
Homepage | www.myungmundang.net
E-mail | mmdbook1@hanmail.net
등 록 | 1977. 11. 19. 제1~148호

ISBN 979-11-85704-94-4 (04910)
ISBN 979-11-85704-78-4 (세트)
30,000원